建设工程项目管理

全国高等职业院校『互联网+』新形态信息化教材

全国高职高专建设工程管理类系列规划教材

主 编／廖劲松 邢 霖

JIANSHE GONGCHENG XIANGMU GUANLI

天津大学出版社
TIANJIN UNIVERSITY PRESS

内 容 简 介

本教材共分 11 章，内容包括建设工程项目管理概述，建设工程项目管理组织，流水施工原理，网络计划技术，施工组织设计，建设工程施工进度管理，建设工程施工项目质量管理，建设工程施工成本管理，建设工程施工安全管理，建设工程职业健康安全与环境管理，施工项目信息管理、风险管理和工程验收备案保修等。

本教材适合作为高职高专院校工程造价、建设工程管理、工程监理等专业的教学用书，也可作为相关专业岗位培训的教材，或供土建工程有关技术、管理人员学习和参考。

图书在版编目(CIP)数据

建设工程项目管理 / 廖劲松, 邢霖主编. — 天津 : 天津大学出版社, 2020.1（2022.1重印）

ISBN 978-7-5618-6580-4

Ⅰ. ①建… Ⅱ. ①廖… ②邢… Ⅲ. ①基本建设项目－项目管理－高等职业教育－教材 Ⅳ. ①F284

中国版本图书馆CIP数据核字(2019)第292783号

出版发行 天津大学出版社
地 址 天津市卫津路92号天津大学内（邮编:300072）
电 话 发行部:022-27403647
网 址 www.tjupress.com.cn
印 刷 廊坊市海涛印刷有限公司
经 销 全国各地新华书店
开 本 210mm×297mm
印 张 15.25
字 数 516千
版 次 2022年1月第2版
印 次 2022年1月第5次
定 价 48.00元

前言

建设工程施工技术、施工工艺和建筑材料的创新和发展，计算机技术、互联网技术与建设工程行业的融合发展，带来了项目管理理论、方法的变革与创新，加上教学改革、专业和课程建设发展的要求，项目管理教材建设需要与时俱进。这是编写本教材的初衷。

高职学生应以素质教育为基础，以能力培养为主线，以满足用人单位的实际需求为目标。教材要体现对高职学生教育的新要求，内容上应以工程实践为主导，与建设行业实行职业资格制度的现状相结合，与现行法律法规、规范标准相一致，反映当前先进的工程技术和项目管理方法，让学生通过对本教材的学习，较快地成为具有实际工作能力的建设工程项目管理人才。这是编写本教材的目标。

本书对高职学生应掌握的基础性理论知识点予以保留，对一些理论性较强、应用不多的知识点进行了弱化或删除，对近几年新颁布、新修订的一些法律法规、规范标准等予以更新。因此，本书在内容上，注重收集和引入工程实例，深入浅出、简明扼要、图文并茂、通俗易懂，融专业技术知识、项目管理知识以及最新的相关法规、规范于一体。在编排上，每章在开始时提出学习目标和能力目标，在结束时有本章小结，前后呼应，使学生目标明确，思路清晰；每章编有教学情景，包括理论情景和实例情景，引入学习后应掌握的问题和实际案例，使学生带着问题去学习，从而掌握项目管理的基本概念、基本原理及基本方法，同时通过案例学习和项目实训具备施工方案设计和项目管理的能力。这是本教材的编写特色。

本书第 1、2、5、6、9、10 章由重庆建筑工程职业学院廖劲松编写，第 3、4、11 章由重庆建筑工程职业学院邢霖编写，第 7 章由重庆房地产职业学院王伟编写，第 8 章由重庆建筑工程职业学院高倩编写。全书由廖劲松和邢霖担任主编，高倩担任第一副主编，王伟担任第二副主编。在本书的修订过程中，韩玉麒老师提出了很多建议，在此表示感谢。

编者在编写本书的过程中，得到了全国高职高专教育土建类专业教学指导委员会领导和同行、专家的大力支持和帮助，也得到天津大学出版社有限责任公司崔成山老师的支持和帮助，在此，向他们表示诚挚的感谢！本书引用和参考了有关单位的专业文献、资料，在书中未一一注明出处，在此谨向它们的作者表达歉意和衷心的感谢！

本书中配有大量丰富的教学资源，能实现翻转课堂教学，具体包括 PPT、视频、慕课、在线测试 、师生互答……详见免费在线开放课程：http://www.xueyinonline.com/detail/218914368，如有问题或建议反馈，请发邮件至邮箱 ccshan2008@sina.com 或添加微信：273926790。

在线开放课程　　课程 PPT

由于编者的水平有限，书中错误和疏漏之处在所难免，敬请广大读者和专家批评指正。

编者

2020 年 1 月

目录

第 1 章　建设工程项目管理概述

教学目标

学习目标：了解项目和项目管理的概念和特征；了解建筑产品的特点；熟悉我国建设工程的建设程序和施工项目的建设程序；熟悉建筑施工的特点和施工管理的特点；熟悉建设工程项目管理的主体和分类；掌握建设工程项目、建设工程施工项目及其管理的基本概念和特征；掌握建设工程项目管理的目标、任务和内容；掌握施工项目管理规划的概念、内容、编写程序和实施要点。

能力目标：具备初步确定建设活动各阶段任务的能力；具备初步确定施工项目管理各阶段任务的能力；能正确判别建设各方的目标、任务及其内容；具备认识建设工程施工项目管理的程序、内容和目标的能力；具备编写施工项目管理规划大纲和实施规划的能力。

教学情景

理论情景：建设活动是一种多行业、多部门密切配合的综合性比较强的经济活动，涉及面广、环节多。因此，建设活动必须有组织、有计划、按顺序地进行，那么，这个顺序是什么？施工企业如何对施工项目进行计划、组织、管理？

实例情景：某市甲公司拟建一栋商用大楼，那么，该公司从产生建楼意向到商用大楼投入使用，需要经过哪些阶段？该公司在各个阶段需要做哪些工作？该市乙建筑公司接到了甲公司商用大楼的投标邀请书，如果乙公司欲承建该商用大楼，那么，乙公司从产生承建意向到工程保修期满需要经过哪些阶段？乙公司在各个阶段需要做哪些工作？

同样是建一栋商用大楼，我们有时候称之为建设项目，有时候称之为施工项目，有时候称之为勘察设计项目，为什么？同样是建一栋商用大楼，甲公司与乙公司的管理任务、内容、范围有什么不同？乙公司项目管理规划大纲及项目管理实施规划如何编制？本章将对这些问题逐一简单阐述。

1.1 建设工程项目管理的概念

1.1.1 项目、建设工程项目及建设工程施工项目

1. 项目

项目是在一定约束条件(主要是限定质量、时间和费用)下具有特定目标和专门组织的一次性任务或活动。项目主要包括活动的过程和成果。简单地说,建造一栋大楼、一个工厂、一个大坝、一条铁路,开发一个油田,举办一届运动会,组织一次文艺晚会等,都可以称为一个项目。

项目具有以下特征。

(1)项目具有一次性(单件性)

一次性是项目的最主要特征,也可称为单件性。它指的是没有两个完全相同的项目,其不同点表现在本身和最终成果上。只有认识项目的一次性,才能有针对性地根据项目的特殊性和要求进行管理。

(2)项目具有明确的目标

项目的目标有成果目标和约束性目标。成果目标是指项目的功能性要求;约束性目标是指限制条件,凡是项目都有自己的约束条件,项目只有满足约束条件才能成功。限定的时间、限定的费用、限定的质量,通常称为项目的三大目标,其是项目目标完成的前提。

(3)项目作为管理对象具有整体性

一个项目就是一个整体管理对象,在按其需要配置生产要素时,必须以总体效益的提高为标准,做到数量、质量、结构的整体优化。由于内外环境是变化的,所以管理和生产要素的配置也是动态的。项目中的一切活动都是相互关联的,从而构成一个整体。

(4)项目具有独特的生命周期

项目过程的一次性,决定了每个项目都有自己的生命周期。任何项目都有明确的起点(开始)时间和终点(结束)时间,它只在一段有限的时间内存在。

(5)项目受不确定因素的影响

影响项目目标实现的不确定因素包括主观因素和客观因素。客观因素又包括政治因素、组织因素、经济因素、管理因素和技术因素等。

2. 建设工程项目

建设工程项目是指为完成依法立项的新建、扩建、改建工程而进行的有起止日期且要达到规定要求的一组相互关联的受控活动,包括策划、勘察、设计、采购、施工、试运行、竣工验收和考核评价等阶段。

建设工程项目形成周期可分为立项阶段、决策阶段、实施阶段和建成后使用阶段。建设工程项目一般可以进一步划分为单项工程、单位工程、分部工程和分项工程。

建设工程项目具有以下特征。

①建设工程项目是在一个总体设计和初步设计范围内,由一个或若干个互相有内在联系的单项工程所组成的,建制中实行统一核算、统一管理的建设单位。

②建设工程项目在一定的约束条件下,以形成固定资产为特定目标。约束条件有以下三个方面:一是时间约束,即一个建设工程项目有合理的建设工期目标;二是资源约束,即一个建设工程项目有一定的投资总量目标;三是质量约束,即一个建设工程项目有预期的生产能力、技术水平或使用效益目标。

③建设工程项目需要执行必要的解释程序和经过特定的建设过程,即一个建设工程项目从提出建设的

设想与建议、方案拟订、可行性研究、评估、决策、勘察、设计、施工一直到竣工、试运行和交付使用，是一个有序的全过程。

④建设工程项目按特定的任务进行一次性组织。其表现为建设过程的一次性实施，建设地点的一次性固定，设计单一，施工单件。

⑤建设工程项目具有投资限额标准。达到一定限额投资的项目才作为建设工程项目，不满足限额标准的称为零星固定资产购置。

3. 建设工程施工项目

建设工程施工项目是建设工程施工企业在自施工承包投标开始到保修期满为止的全过程中完成的项目。

建设工程施工项目具有以下特征。

①施工项目是建设工程项目中的单项工程或单位工程的施工任务。

②施工项目是以建设工程施工企业为管理主体的。

③施工项目的范围是由建设工程施工合同界定的。

从上述特征来看，只有单位工程、单项工程和建设工程项目的施工任务才称得上建设工程施工项目。分部分项工程的结果不是施工企业的最终产品，故不能称作建设工程施工项目，而是建设工程施工项目的组成部分。

1.1.2　项目管理、建设工程项目管理及建设工程施工项目管理

1. 项目管理

项目管理是指在一定的约束条件下，为达到项目的目标对项目所实施的计划、组织、指挥、协调和控制的过程。因此，项目管理的对象是项目。项目管理的职能同所有管理的职能相同。需要特别指出的是，项目的一次性要求项目管理具有程序性、全面性和科学性，要求用系统的观念、理论和方法进行管理。

2. 建设工程项目管理

建设工程项目管理是项目管理的一类，其管理对象是建设工程项目。它是在建设工程项目的生命周期内，用系统的理论、观念和方法对建设工程项目进行计划、组织、指挥、控制和协调的管理活动。它按项目既定的质量要求、动用时间、投资总额、资源限制和环境条件实现建设工程项目目标。

建设工程项目的管理者应由建设活动的各参与方组成，包括业主单位、设计单位和施工单位，一般由业主单位进行建设工程项目的总管理。全过程建设工程项目管理包括从编制项目建议书至项目竣工验收交付使用的全过程。由设计单位进行的建设工程项目管理一般限于设计阶段，称为设计项目管理；由施工单位进行的建设工程项目管理一般在建设工程项目的施工阶段，称为施工项目管理；由业主单位进行的全过程建设工程项目管理，称为业主项目管理；业主单位如委托给监理单位进行监督管理，则称为工程项目建设监理。

3. 建设工程施工项目管理

建设工程施工项目管理是施工企业运用系统的观念、理论和科学技术对施工项目进行计划、组织、监督、控制、协调等一系列管理活动的总称。

建设工程施工项目管理具有以下特征。

①建设工程施工项目管理的主体是工程施工企业。建设单位和设计单位都不进行施工项目管理。由建设单位和监理单位进行的工程项目管理中涉及的施工阶段管理仍属建设项目管理，因此不能算作施工项目管理。

②建设工程施工项目管理的对象是施工项目。施工项目的特点决定了施工项目管理的特殊性，主要是生产活动与市场交易活动同时进行，先有交易活动，后有“产成品”（竣工项目），买卖双方都投入生产管理。

③建设工程施工项目管理要求强化组织协调工作。施工项目生产活动的单件性，使产生的问题难以补

救或虽可补救但后果严重；参与施工的人员不断在流动，需要采取特殊的流水方式，组织工作量很大；施工在晚间、露天进行，工期长，需要的资金多；施工活动涉及复杂的经济关系、技术关系、法律关系、行政关系和人际关系等。以上原因使施工项目管理中的组织协调工作艰难、复杂、多变，因此必须强化组织协调，才能保证施工顺利进行。主要方法是优选项目经理，建立项目管理机构，配备称职的管理人员，努力使管理工作科学化、信息化，建立起动态的控制体系。

施工项目管理与建设工程项目管理在管理任务、管理内容、管理范围和管理主体方面不同，具体见表 1-1。

表 1-1 施工项目管理与建设工程项目管理的区别

区别特征	施工项目管理	建设工程项目管理
管理任务	生产出工程产品，获得利润	取得符合要求的、能发挥效益的固定资产
管理内容	涉及从投标开始至保修期满为止的全部生产组织与管理及维修	涉及投资周转和建设的全过程管理
管理范围	工程承包合同规定的承包范围，是建设工程项目、单项工程或单位工程的施工	可行性研究报告确定的所有工程，是一个建设工程项目
管理主体	建设工程施工企业	建设单位或其委托的咨询（监理）单位

1.2 建设工程项目与建设工程施工项目的建设程序

1.2.1 建设工程项目的建设程序

1. 建设工程项目的建设程序的概念

建设工程项目的建设程序是指在建设项目建设全过程中各项工作必须遵循的先后顺序。我国的基本建设程序分为八个阶段，即项目建议书阶段、可行性研究阶段、勘察设计阶段、施工准备阶段、施工阶段、动用前（或使用前）准备阶段、竣工验收阶段和保修阶段（含项目后评价）。

①项目建议书阶段：项目建议书的编制和项目建议书的审批。

②可行性研究阶段：可行性研究报告的编制和可行性研究报告的审批。

③勘察设计阶段：工程水文地质勘察、初步设计、技术设计和施工图设计。

④施工准备阶段：技术经济资料准备、施工现场准备、劳动要素准备和冬雨期施工准备。

⑤施工阶段：施工。

⑥动用前（或使用前）准备阶段：做好生产或使用前的物质和技术准备工作。

⑦竣工验收阶段：竣工验收的准备和竣工验收的组织。

⑧保修阶段（含项目后评价）：后服务、回访、保修和后评价。

其中，项目建议书阶段和可行性研究阶段统称为项目决策阶段；勘察设计阶段、施工准备阶段、施工阶段、动用前（或使用前）准备阶段、竣工验收阶段和保修阶段（含项目后评价）统称为项目实施阶段；保修期结束以后的正常生产运行阶段称为使用阶段或营运阶段。

2. 项目决策阶段

（1）项目建议书

项目建议书是建设单位向主管部门提出的要求建设某一具体项目的建议性文件，是对拟建项目的轮廓设想。其主要作用是为推荐一个拟建项目进行初步说明，论述它建设的必要性、条件的可行性和获得的可能性，供主管部门和相关单位选择并确定是否进行下一步工作。

项目建议书的内容一般包括以下五个方面。

①建设项目提出的必要性和依据。

②拟建工程规模和建设地点的初步设想。

③资源情况、建设条件、协作关系等的初步分析。

④投资估算和资金筹措的初步设想。

⑤经济效益和社会效益的估计。

项目建议书的审批程序：根据项目的规模和级别，项目建议书由建设单位通过其主管部门报行业主管部门和当地发展改革部门审查、报批。项目建议书报经有审批权限的部门批准后，才可以进行可行性研究，并为其提供依据和基础。

（2）可行性研究

项目建议书经批准后，应紧接着进行可行性研究工作。可行性研究是项目决策的核心，是对建设项目在技术、工程和经济上是否可行进行全面的科学分析论证工作，是技术经济的深入论证阶段，为项目决策提供可靠的技术经济依据。其研究的主要内容如下。

①建设项目提出的背景、必要性、经济意义和依据。

②拟建项目规模、产品方案、市场预测。

③技术工艺、主要设备、建设标准。

④资源、材料、燃料供应和运输及水、电条件。

⑤建设地点、场地布置及项目设计方案。

⑥环境保护、防洪、防震等要求与相应措施。

⑦劳动定员及培训。

⑧建设工期和进度建议。

⑨投资估算和资金筹措方式。

⑩经济效益和社会效益分析。

可行性研究的主要任务是对多种方案进行分析、比较，提出科学的评价意见，推荐最佳方案。在可行性研究的基础上，由建设单位或其委托有资质的工程咨询单位编制可行性研究报告。

可行性研究报告的审批程序：我国对可行性研究报告的审批权限作出了明确规定，建设单位必须按规定将编制好的可行性研究报告送交有审批权限的部门审批。经批准的可行性研究报告是初步设计的依据，不得随意修改和变更。如果在建设规模、产品方案等主要内容上需要修改或突破投资控制限额，应经原批准单位复审同意。

3. 项目实施阶段

（1）勘察设计

这个阶段主要是根据批准的可行性研究报告，进行工程地质和水文地质勘察、初步设计和施工图设计，编制设计概算。勘察设计文件是安排建设项目和进行工程施工的主要依据。勘察设计文件一般由建设单位通过招投标或直接委托有相应资质的勘察设计单位进行勘察设计。编制设计文件是一项复杂的工作，设计之前和设计之中都要进行大量的调查和勘测工作，在此基础之上，将建设项目的要求逐步具体化，变成指导施工的工程图纸及其说明书。

设计是分阶段进行的。一般项目进行两阶段设计，即初步设计和施工图设计。技术上比较复杂和缺少设计经验的项目采用三阶段设计，即在初步设计阶段后增加技术设计阶段。

1）初步设计

初步设计是对批准的可行性研究报告所提出的内容进行概略的设计，作出初步的实施方案（大型、复杂的项目，还需绘制建筑透视图或制作建筑模型），进一步论证该建设项目在技术上的可行性和经济上的合理性，解决工程建设中重要的技术和经济问题，并通过对工程项目所作出的基本技术经济规定，编制项目总概算。初步设计由建设单位组织审查并报有关部门审批，初步设计经批准后，不得随意改变建设规模、建设地址、主要工艺过程、主要设备和总投资等控制指标。

2）技术设计

技术设计是在初步设计的基础上，根据更详细的调查研究资料，进一步确定建筑、结构、工艺、设备等的技术要求，以使建设项目的设计更具体、更完善，技术经济指标达到最优。

3）施工图设计

施工图设计是在前一阶段的设计基础上将项目进一步形象化、具体化、明确化，完成建筑、结构、水、电、气、工业管道以及场内道路等全部施工图纸、工程说明书、结构计算书及施工图预算等。在工艺方面，应具体确定各种设备的型号、规格及各种非标准设备的制作、加工和安装图。

（2）施工准备

施工准备工作在可行性研究报告批准后就可着手进行。通过技术、物资和组织等方面的准备，为工程施工创造有利条件，使建设项目能连续、均衡、有节奏地进行。其主要工作内容如下。

①征地、拆迁和场地平整。

②完成施工用水、电、通信及道路等工程。

③收集设计基础资料，组织设计文件的编审。

④组织设备和材料订货。

⑤组织施工招投标，择优选定施工单位。

⑥办理开工报建手续。

施工准备工作基本完成，具备了工程开工条件之后，由建设单位向有关部门提交开工报告。有关部门对工程建设资金的来源、资金是否到位以及施工图出图情况等进行审查，符合要求后批准开工。做好建设项目的准备工作，对于提高工程质量、降低工程成本、加快施工进度都有着重要的保障作用。

（3）施工

施工是建设程序中时间最长、工作量最大、资源消耗最多的阶段，是将计划和施工图变为实物的过程，是项目实施、建成投产、发挥投资效益的关键环节。因此要做到计划、设计、施工三个环节互相衔接，投资、工程内容、施工图纸、设备材料、施工力量全面落实，以保证建设计划的全面完成。施工之前要认真做好图纸会审工作，编制施工图预算和施工组织设计，明确投资、进度、质量的控制要求。施工中要严格按照施工图和图纸会审记录施工，如需变动应取得建设单位和设计单位的同意；要严格执行有关施工标准和规范，确保工程质量；按合同规定的内容全面完成施工任务。

（4）动用前（使用前）准备

动用前准备即生产准备，是项目投产前由建设单位进行的一项重要工作。它是衔接建设和生产的桥梁，是从建设阶段转入生产经营阶段的必要条件。建设单位应及时组成专门班子或机构做好生产准备工作。

生产准备工作因工程类型不同而有所区别，一般应包括下列内容。

①组建生产经营管理机构，制定管理制度和有关规定。

②招收并培训生产和管理人员，组织人员参加设备的安装、调试和验收。

③生产技术的准备和运营方案的确定。

④原材料、燃料、协作产品、工具、器具、备品和备件等生产物资的准备。

⑤其他必需的生产准备。

（5）竣工验收

按批准的设计文件和合同规定的内容建成的工程项目，其中生产性项目经负荷试运转和试生产合格，并能够生产合格产品的;非生产性项目符合设计要求,能够正常使用的,都要及时组织验收,办理固定资产移交手续。竣工验收是全面考核建设成果、检验设计和工程质量的重要步骤,也是投资成果转入生产或使用的标志。建设工程施工质量验收应符合以下要求。

①参加工程施工质量验收的各方人员应具备规定的资格。

②单位工程完工后,施工单位应自行组织有关人员进行检查评定,并向建设单位提交工程验收报告。

③建设单位收到工程验收报告后,应由建设单位(项目)负责人组织施工(含分包单位)、设计、监理等单位(项目)负责人进行单位(子单位)工程验收。

④单位工程质量验收合格后,建设单位应在规定时间内将工程竣工验收报告和有关文件报建设行政管理部门备案。

(6)保修(含项目后评价)

建设工程项目一般经过 1~2 年的生产运营(或使用)后,要进行一次系统的项目后评价。建设项目后评价是我国建设程序新增加的一项内容,目的是肯定成绩、总结经验、研究问题、吸取教训、提出建议、改进工作,不断提高项目决策水平和投资效果。项目后评价一般分项目法人的自我评价、项目行业的评价和计划部门(或主要投资方)的评价三个层次组织实施。

1.2.2　建设工程施工项目的建设程序

施工项目建设程序是拟建工程项目在整个施工阶段必须遵循的客观规律。它是长期施工实践经验的总结,反映了整个施工阶段必须遵循的先后次序。施工项目建设程序由下列各环节组成。

建设工程施工项目的建设程序

1.3　建筑产品、建筑施工和施工管理的特点

1.3.1　建筑产品的特点

1.3.2　建筑施工的特点

建筑产品的特点

建筑施工的特点

1.3.3　施工管理的特点

施工管理的特点是由建筑产品的特点和建筑产品生产的特点决定的,施工管理必须考虑和适应这些特点,进行有针对性的管理。

1. 多变性

建筑产品的建造时间长、建造地质和地域差异、环境变化、政策变化、价格变化等因素使得整个过程充满了变数和变化。

2. 广交性

在整个建筑产品的施工过程中,参与的单位和部门繁多,作为一个项目管理者,要上至与国家机关各部门的领导,下至与施工现场的操作工人打交道,需要协调各方面和各层次之间的关系。

1.4 建设工程项目管理的主体与分类

参与建设工程项目建设管理的各方(管理主体)在工程项目建设中均存在项目管理。

项目承包人受业主委托承担建设工程项目的勘察、设计及施工,它们有义务对建设工程项目进行管理。一些大、中型工程项目,发包人(业主)因缺乏项目管理经验,也可委托项目管理咨询公司或监理单位代为进行项目管理。

在项目建设中,业主、勘察设计单位和施工项目承包人所处的地位不同,对同一个项目各自承担的任务不同,其项目管理的任务也是不相同的。如在费用控制方面,业主要控制整 个项目建设的投资总额,而施工项目承包人考虑的是控制该项目的施工成本;在进度控制方面,业主应控制整个项目的建设进度,而设计单位主要控制设计进度,施工项目承包人控制所承包部分的工程施工进度。

1.4.1 建设工程项目管理的主体

在项目管理规范中明确了项目管理的主体分为项目发包人(简称发包人)和项目承包人(简称承包人)。项目发包人是按招标文件或合同约定、具有项目发包主体资格和支付合同价款能力的当事人以及取得该当事人资格的合法继承人。项目承包人是按合同约定、被发包人接受的具有项目承包主体资格的当事人以及取得该当事人资格的合法继承人。在项目分包过程中,承包人有时也可以作为发包人出现。

1. 项目发包人

①国家机关等行政部门。

②国内外企业。

③在分包活动中的原承包人。

2. 项目承包人

①勘察设计单位:建设工程勘察单位;建设工程设计单位。

②中介机构:工程咨询单位;招标代理单位;监理咨询单位;试验检测单位;工程造价审计单位;建设工程法律咨询单位。

③施工企业:综合性总包施工企业;专业分包施工企业;劳务分包施工企业。

④设备材料供应商。

⑤加工、运输商。

1.4.2 建设工程项目管理的分类

按建设工程生产组织的特点,一个项目往往由众多参与单位承担不同的建设任务,而各参与单位的工作性质、工作任务和利益不同,因此就形成了不同类型的项目管理。由于业主方是建设工程项目生产过程的总集成者——人力资源、物质资源和知识的集成,也是建设工程项目生产过程的总组织者,因此对于一个建设工程项目而言,虽然有代表不同利益方的项目管理,但是业主方的项目管理是管理的核心。

按建设工程项目不同参与方的工作性质和组织特征划分,项目管理有如下几种类型。

①业主方的项目管理。

②设计方的项目管理。

③施工方的项目管理。

④供货方的项目管理。

⑤建设工程项目总承包方的项目管理等。

投资方、开发方和由咨询公司(监理方)提供的代表业主方利益的项目管理服务都属于业主方的项目管理。施工总承包方和分包方的项目管理都属于施工方的项目管理。材料和设备供应方的项目管理属于供货方的项目管理。建设项目总承包有多种形式,如设计和施工任务综合的承包,设计、采购和施工任务综合的承包(简称 EPC 承包)等。它们的项目管理属于建设项目总承包方的项目管理。

1.5　建设工程项目管理的目标和任务

1.5.1　业主方项目管理的目标和任务

业主方项目管理服务于业主的利益,其项目管理的目标包括项目的投资目标、进度目标和质量目标。其中,投资目标指的是项目的总投资目标;进度目标指的是项目动用的时间目标,也即项目交付使用的时间目标,如工厂建成可以投入生产、道路建成可以通车、办公楼可以启用、旅馆可以开业的时间目标等;项目的质量目标不仅涉及施工的质量,还包括设计质量、材料质量、设备质量和影响项目运行或运营的环境质量等。质量目标包括满足相应的技术规范和技术标准的规定以及满足业主方相应的质量要求。

项目的投资目标、进度目标和质量目标之间既矛盾又统一,它们之间的关系是对立统一的。要加快进度往往需要增加投资,要提高质量往往也需要增加投资,过度地缩短工期会影响质量目标的实现,这表现出目标之间关系矛盾的一面;但通过有效的管理,在不增加投资的前提下,也可缩短工期和提高工程质量,这反映了目标之间关系统一的一面。

建设工程项目的全寿命周期包括项目的决策阶段、实施阶段和使用阶段。项目的实施阶段包括设计前的准备阶段、设计阶段、施工阶段、动用前准备阶段和保修期。招投标工作分散在设计前的准备阶段、设计阶段和施工阶段中进行,因此可以不单独列为招投标阶段。

业主方的项目管理工作涉及项目实施阶段的全过程,即在设计前的准备阶段、设计阶段、施工阶段、动用前准备阶段和保修期分别进行如下工作:安全管理;投资控制;进度控制;质量控制;合同管理;信息管理;组织和协调。

其中,安全管理是项目管理中最重要的任务,因为安全管理关系到人身的健康与安全,而投资控制、进度控制、质量控制和合同管理等则主要涉及物质、利益。

1.5.2　设计方项目管理的目标和任务

设计方作为项目建设的一个参与方,其项目管理主要服务于项目的整体利益和设计方本身的利益。其项目管理的目标包括设计的成本目标、设计的进度目标、设计的质量目标和项目的投资目标。项目的投资目标能否实现与设计工作密切相关。

设计方的项目管理工作主要在设计阶段进行,但它也涉及设计前的准备阶段、施工阶段、动用前准备阶段和保修期。

设计方项目管理的任务包括如下几方面。

①与设计工作有关的安全管理。

②设计成本控制和与设计工作有关的工程造价控制。

③设计进度控制。

④设计质量控制。

⑤设计合同管理。

⑥设计信息管理。

⑦与设计工作有关的组织和协调。

1.5.3 供货方项目管理的目标和任务

供货方作为项目建设的一个参与方，其项目管理主要服务于项目的整体利益和供货方本身的利益。其项目管理的目标包括供货方的成本目标、供货的进度目标和供货的质量目标。

供货方的项目管理工作主要在施工阶段进行，但它也涉及设计前的准备阶段、设计阶段、动用前准备阶段和保修期。

供货方项目管理的主要任务包括如下几方面。

①供货的安全管理。

②供货方的成本控制。

③供货的进度控制。

④供货的质量控制。

⑤供货合同管理。

⑥供货信息管理。

⑦与供货有关的组织与协调。

1.5.4 建设工程项目总承包方项目管理的目标和任务

业主在项目决策之后，通过招标择优选定建设工程总承包方全面负责建设工程项目的实施全过程，直至最终交付使用功能和质量符合合同文件规定的工程项目。因此，建设工程总承包方的项目管理工作涉及项目实施全过程，即设计前的准备阶段、设计阶段、施工阶段、动用前准备阶段和保修期。显然，总承包方必须在合同条件的约束下，依靠自身的技术和管理优势，通过优化设计及施工方案，在规定的时间内，保质保量并且安全地完成工程项目的承建任务。其项目管理主要服务于项目的利益和建设工程项目总承包方本身的利益。其项目管理的目标包括项目的总投资目标和总承包方的成本目标、项目的进度目标和项目的质量目标。

建设工程项目总承包方项目管理的主要任务包括以下几方面。

①安全管理。

②投资控制和总承包方的成本控制。

③进度控制。

④质量控制。

⑤合同管理。

⑥信息管理。

⑦与建设项目总承包方有关的组织和协调。

1.5.5 施工方项目管理的目标和任务

施工方作为项目建设的一个参与方，其项目管理主要服务于项目的整体利益和施工方本身的利益。其项目管理的目标包括施工的成本目标、施工的进度目标和施工的质量目标。

施工方的项目管理工作主要在施工阶段进行，但它也涉及设计前的准备阶段、设计阶段、动用前准备阶段和保修期。在工程实践中，设计阶段和施工阶段往往是交叉的，因此施工方的项目管理工作也涉及设计阶段。

1. 施工方项目管理的任务

施工方项目管理的任务包括以下内容：施工安全管理；施工成本控制；施工进度控制；施工质量控制；施工合同管理；施工信息管理；与施工有关的组织与协调。

施工方是承担施工任务的单位的总称。它可能是施工总承包方、施工总承包管理方、分包施工方、建设工程项目总承包的施工任务执行方或仅仅提供施工劳务的劳务分包方。施工方担任的角色不同，其项目管理的任务和工作重点也会有差异。

2. 施工总承包方的管理任务

施工总承包方对所承包的建设工程承担施工任务的执行和组织的总的责任，它的主要管理任务如下。

①负责整个工程的施工安全、施工总进度控制、施工质量控制和施工的组织与协调等。

②控制施工的成本（这是施工总承包方内部的管理任务）。

③施工总承包方是工程施工的总执行者和总组织者，它除了完成自己承担的施工任务以外，还负责组织和指挥它自行分包的分包施工单位和业主指定的分包施工单位的施工（业主指定的分包施工单位有可能与业主单独签订合同，也可能与施工总承包方签约，不论采用何种合同模式，施工总承包方应负责组织和管理业主指定的分包施工单位的施工，这是国际惯例），并为分包施工单位提供和创造必要的施工条件。

④负责施工资源的供应组织。

⑤代表施工方与业主方、设计方、工程监理方等外部单位进行必要的联系和协调等。

分包施工方承担合同所规定的分包施工任务以及相应的项目管理任务。若采用施工总承包或施工总承包管理模式，分包方（不论是一般的分包方，还是由业主指定的分包方）必须接受施工总承包方或施工总承包管理方的工作指令，服从其总体的项目管理。

3. 施工总承包管理方的主要特征

施工总承包管理方对所承包的建设工程承担施工任务组织的总的责任，它的主要特征如下。

①一般情况下，施工总承包管理方不承担施工任务，主要进行施工的总体管理和协调。如果施工总承包管理方通过投标（在平等条件下竞标）获得一部分施工任务，则它也可参与施工。

②一般情况下，施工总承包管理方不与分包方和供货方直接签订施工合同，这些合同都由业主方直接签订。若施工总承包管理方应业主方的要求，协助业主参与施工的招标和发包工作，则其参与工作的深度由业主方决定。业主方也可能要求施工总承包管理方负责整个施工的招标和发包工作。

③不论是业主方选定的分包方，还是经业主方授权由施工总承包管理方选定的分包方，施工总承包管理方都承担对其的组织和管理责任。

④施工总承包管理方和施工总承包方承担相同的管理任务和责任，即负责整个工程的施工安全控制、施工总进度控制、施工质量控制和施工的组织与协调等。因此，由业主方选定的分包方应经施工总承包管理方的认可，否则施工总承包管理方难以承担对工程管理的总的责任。

⑤负责组织和指挥分包施工单位的施工，并为分包施工单位提供和创造必要的施工条件。

⑥与业主方、设计方、工程监理方等外部单位进行必要的联系和协调等。

1.5.6 施工方项目管理的主体、客体和内容

1. 施工方项目管理的主体

在投标、签订工程承包合同以后，施工方项目管理的主体便是以施工项目经理为首的项目经理部（即项目管理层）。

2. 施工方项目管理的客体

施工方项目管理的客体是具体的施工对象、施工活动及相关的劳动要素。

3. 施工方项目管理的内容

(1)建立施工项目管理组织

①由企业采用适当的方式选聘称职的施工项目经理。

②根据施工项目组织原则,选用适当的组织形式,组建施工项目管理机构,明确责任、权限和义务。

③在遵守企业规章制度的前提下,根据施工项目管理的需要,制定施工项目管理制度。

(2)进行施工项目管理规划

施工项目管理规划是对施工项目管理组织、内容、方法、步骤、重点进行预测和决策,做具体安排的纲领性文件。施工项目管理规划的主要内容如下。

①进行工程项目分解,形成施工对象分解体系,以便确定阶段控制目标,从局部到整体地进行施工活动和施工项目管理。

②建立施工项目管理工作体系,绘制施工项目管理工作体系图和施工项目管理工作信息流程图。

③编制施工管理规划,确定管理点,形成文件,以利于执行(这个文件类似于施工组织设计)。

(3)进行施工项目的目标控制

施工项目的目标有阶段性目标和最终目标。实现各项目标是施工项目管理的目的。所以施工项目管理应当坚持以控制论原理和理论为指导,进行全过程的科学控制。

施工项目的控制目标有以下几项。

①进度控制目标。

②质量控制目标。

③成本控制目标。

④安全控制目标。

由于在施工项目目标的控制过程中会不断受到各种客观因素的干扰,各种风险都有发生的可能性,故应通过组织协调和风险管理对施工项目目标进行动态控制。

(4)劳动要素管理和施工现场管理

施工项目的劳动要素是施工项目目标得以实现的保证,它主要包括劳动力、材料、机械设备、资金和技术(即5M)。施工现场的管理对于节约材料、节省投资、保证施工进度、创建文明工地等方面都至关重要。

这部分的主要内容如下。

①分析各项劳动要素的特点。

②按照一定原则、方法对施工项目劳动要素进行优化配置,并对配置状况进行评价。

③对施工项目的各项劳动要素进行动态管理。

④进行施工现场平面图设计,做好现场的调度与管理。

(5)施工项目的组织协调

组织协调为目标控制服务,其内容包括以下几方面。

①人际关系的协调。

②组织关系的协调。

③配合关系的协调。

④供求关系的协调。

⑤约束关系的协调。

这些关系发生在施工项目管理组织内部、施工项目管理组织与其外部相关单位之间。

(6)施工项目的合同管理

由于施工项目管理是在市场条件下进行的特殊交易活动的管理,这种交易活动从招标、投标工作开始,贯穿项目管理的全过程,因此必须依法签订合同,进行履约经营。合同管理体制直接关系到项目管理及工程施工的技术经济效果和目标的实现。因此，要从招标、投标开始，加强工程承包合同的签订、履行管理。合同管理是一项执法、守法活动，市场有国内市场和国际市场，因此合同管理势必会涉及国内和国际上的有关法规和合同文本、合同条件，在合同管理中应予高度重视。为了取得经济效益，还必须注意搞好工程索赔，讲究方法和技巧，为获取索赔提供充分的证据。

(7)施工项目的信息管理

施工项目管理是一项复杂的现代化的管理活动。进行施工项目管理、施工项目目标控制和动态管理，必须依靠信息管理，而信息管理又要依靠电子计算机辅助进行。

(8)施工项目管理总结

从管理的循环来说，管理的总结既是对管理计划、执行、检查阶段经验和问题的提炼，又是进行新的管理所需信息的来源，其经验可作为新的管理标准和制度，其问题有待下一循环的管理予以解决。施工项目管理由于其一次性的特点，更应注意总结，依靠总结不断提高管理水平，丰富和发展工程项目管理学科。

1.6 建设工程项目管理的内容和施工项目管理策划

1.6.1 建设工程项目管理的内容

建设工程项目管理应包括以下内容。

①项目管理策划(包括项目管理规划大纲、项目管理实施规划和项目管理配套策划)。

②项目组织管理。

③项目进度管理。

④项目质量管理。

⑤设计与技术管理。

⑥项目职业健康安全生产管理。

⑦项目绿色建造与环境管理。

⑧项目投资(成本)管理。

⑨项目采购与投标管理。

⑩项目合同管理。

⑪项目资源管理。

⑫项目信息和知识管理。

⑬项目风险管理。

⑭项目沟通管理。

⑮项目收尾管理。

建设工程项目管理是根据各项目管理主体的任务对以上各内容的细分。

1.6.2 施工项目管理策划

项目管理策划应由项目管理规划策划和项目管理配套策划组成。项目管理规划策划应包括项目管理规划大纲和项目管理实施规划。项目管理配套策划应包括项目管理规划策划以外的所有项目管理策划内容。

组织应建立项目管理策划的管理制度，确定项目管理策划的管理职责、实施程序和控制要求。项目管理策划应包括：分析、确定项目管理的内容与范围；协调、研究和形成项目管理策划结果；检查、监督、评价项目管理策划过程；履行其他确保项目管理策划的规定责任。

1. 施工项目管理规划大纲

它是施工项目管理工作中具有战略性、全面性和宏观性的指导文件，是由组织的管理层和组织委托的项目管理单位编制的。大型和群体工程的施工组织总设计属于此类。

2. 施工项目管理实施规划

它对施工项目管理规划大纲进行细化，使其具有可操作性。施工项目管理实施规划由项目经理组织编制。

1.6.3 施工项目管理实施规划与施工组织设计和质量计划的关系

大中型项目应单独编制项目管理实施规划。承包人的项目管理实施规划可以用施工组织设计和质量计划代替，但应能满足项目管理实施规划的要求，这就要求注意三者的相容性，避免重复性工作。

1.6.4 施工项目管理规划大纲

1. 施工项目管理规划大纲的作用

施工项目管理规划大纲是施工项目管理工作中具有战略性、全面性和宏观性的指导文件。其作用如下。

①作为编制投标文件的战略指导与依据。

②在投标合同谈判和签订合同中贯彻执行。

③作为中标后编制施工项目管理实施规划的依据。

2. 编制施工项目管理规划大纲应遵循的步骤

编制施工项目管理规划大纲应遵循下列步骤。

①明确项目需求和项目管理范围。

②确定项目管理目标。

③分析项目实施条件，进行项目工作结构分解。

④确定项目管理组织模式、组织结构和职责分工。

⑤规定项目管理措施。

⑥编制项目资源计划。

⑦报送审批。

3. 施工项目管理规划大纲的编制依据

施工项目管理规划大纲的编制依据如下。

①项目文件、相关法律法规和标准。

②招标文件及发包人对招标文件的解释补充、说明与修改、补充招标文件的内容。

③工程现场环境调查资料。

④发包人提供的工程信息和资料。

⑤有关本工程投标的竞争信息。

⑥承包人对本工程投标策略和本工程施工的总体战略。

⑦类似项目的经验资料。

4. 施工项目管理规划大纲的编制内容

施工项目管理规划大纲的编制内容如下。

①施工项目概况。

②施工项目范围管理。

③施工项目目标管理，包括合同要求的目标、企业对施工项目的要求。

④施工项目管理组织，包括拟订的施工项目组织构架，对专业性施工任务的组织方案，对施工项目管理组织的方案。

⑤施工项目采购与投标管理。

⑥工期目标规划和施工总进度计划（进度管理）。

⑦质量管理。

⑧施工预算成本目标规划（成本管理）。

⑨施工风险预测和安全目标规划（安全生产管理）。

⑩绿色建造与环境管理。

⑪施工项目资源管理。

⑫施工项目信息管理。

⑬施工项目沟通与相关方管理。

⑭施工项目风险管理。

⑮施工项目收尾管理。

5. 施工项目管理规划大纲文件应具备的内容

施工项目管理规划大纲文件应具备的内容如下。

①项目管理目标和职责规定。

②项目管理程序和方法要求。

③项目管理资源的提供和安排。

1.6.5　施工项目管理实施规划

1. 施工项目管理实施规划的作用

施工项目管理实施规划应作为整个工程施工管理的执行计划和施工项目管理规范。在施工过程中它还要做进一步的分解，由施工项目经理、经理部各部门和各工程小组、分包人在施工项目的各个阶段中执行。它比施工项目管理规划大纲更具体，更细致，更注重操作性。

2. 施工项目管理实施规划的编制步骤

施工项目管理实施规划的编制步骤如下。

①了解相关方的要求。

②分析项目的具体特点和环境条件。

③熟悉相关的法规和文件。

④实施编制活动。

⑤履行报批手续。

3. 施工项目管理实施规划的编制要求

施工项目管理实施规划的编制要求如下。

①确定施工项目管理实施规划目录及框架，分工编写，汇总协调，统一审查，修改定稿，报批。

②规划大纲内容应得到全面深化和具体化。

③实施规划范围应满足实现项目目标的实际需要。

④实施项目管理规划的风险应处于可接受的水平。

⑤应在企业管理层的领导下，由项目经理组织编写并监督执行。

⑥应符合施工合同和项目管理规划大纲的要求。

⑦应在工程开工之前编写完成并报企业管理层批准和备案。

4. 施工项目管理实施规划的编制依据

施工项目管理实施规划的编制依据如下。

①适用的法律、法规和标准。

②工程施工合同及其相关文件。

③施工项目管理规划大纲。

④项目设计文件。

⑤工程情况和特点。

⑥项目资源和条件。

⑦有价值的历史数据。

⑧项目团队的能力和水平。

5. 施工项目管理实施规划的内容

①项目概况:工程特点,建设地点的特征,施工条件,施工项目管理特点及总体要求,施工项目的工作清单。

②施工项目管理总体工作安排:该项目的质量、进度、成本及安全总目标,拟投入的最高人数和平均人数,分包规划、劳务供应规划、物资供应规划,工程施工段和分项工程的划分及总的施工顺序安排。

③组织方案:施工项目经理部的组织结构和人员安排,总工作流程和制度设置,施工项目经理部各部门的责任矩阵,施工项目过程中的控制、协调、总结分析与考核工作过程的规定。

④设计与技术措施:施工流向和施工程序,施工段划分,施工方法、技术工艺和施工机械选择,工程分包策略和分包方案,材料供应方案,设备供应方案,安全施工设计。

⑤施工进度计划:应按照施工项目管理规划大纲、施工合同的要求,编制详细的施工进度计划;如果是群体项目,则施工进度计划应分层次编制;施工进度计划应使用网络计划技术与应用计算机技术;进度计划应分阶段、分层次、分专业工种输出。

⑥质量计划。

⑦成本计划。

⑧安全生产计划。

⑨绿色建造与环境管理计划。

⑩资源需求与采购计划:资源供应范围,资源需要量计划,主要劳动力、主要材料、主要设备资源使用计划。

⑪信息管理计划。

⑫沟通管理计划。

⑬风险管理计划。

⑭项目收尾计划。

⑮项目现场平面布置图:施工平面图应按照国家和行业规定的制图标准绘制。

⑯项目目标控制计划。

⑰技术经济指标计算与分析。

1.6.6 施工项目管理配套策划

施工项目管理配套策划

本章小结

本章主要介绍了建设工程项目、施工项目及其管理的概念和区别，工程项目建设程序，建筑产品、建筑产品施工、施工管理的特点，建设工程项目管理的主体、分类、目标、任务及其内容和项目管理规划。通过本章的学习，首先使学生对本课程的性质、任务及项目管理的相关概念有一个清晰的认识，从而为今后的学习和工作打好基础；其次，使学生对我国的建设活动及施工企业的施工活动规律、步骤以及每一步骤的任务能够熟练掌握，从而理清以后各个学习章节的逻辑顺序及相互关系；最后，让学生更准确地掌握建设工程项目管理的目标、任务和内容等知识，从而为积极投身建设工程项目管理做好理论储备。

本章的特点是概括性、理论性较强而实践性较弱，故在本章的学习中应理解性地学习和宏观地掌握。

思考题

1. 简述项目的概念和特征。
2. 什么是建设工程项目？它有哪些特征？
3. 什么是建设工程项目管理？施工项目管理有哪些特征？
4. 施工项目管理与建设工程项目管理有什么区别？
5. 建设工程项目的建设程序是怎样的？
6. 施工项目的建设程序包括哪几个方面？
7. 可行性研究的内容有哪些？
8. 简述施工准备的工作内容。
9. 建筑施工的特点是什么？施工管理的特点是什么？
10. 建设工程项目管理的主体有哪些？
11. 简述业主方项目管理的目标和任务。
12. 简述设计方项目管理的目标和任务。
13. 简述施工方项目管理的目标和任务。
14. 施工方项目管理的内容有哪些？
15. 施工项目管理规划大纲的作用和编制步骤是什么？
16. 施工项目管理规划大纲的编制内容有哪些？
17. 施工项目管理实施规划的内容主要包括哪些？
18. 项目管理配套策划的依据和内容是什么？

第2章 建设工程项目管理组织

教学目标

学习目标：熟悉组织的基本原理、组织的管理职能和组织的构成要素；熟悉项目组织机构的设置程序；掌握常见的建设工程组织管理模式与施工项目组织形式；熟悉施工项目经理的地位和责、权、利；了解建造师执业资格制度；熟悉施工项目经理部与公司、业主、监理、分包方的各种关系和相应的协调工作。

能力目标：能利用所学知识判断设置的一个项目管理组织机构是否符合要求；能认识到施工项目经理和项目管理班子的责任、地位，熟知施工项目经理部的建立、运行和解体等各个过程；具备妥善协调和处理施工项目经理部各种关系的能力。

教学情景

理论情景：组织论是比较成熟的理论，那么组织论在施工项目管理中是如何应用的？你想知道施工企业是怎样组建施工项目组织机构（施工项目经理部）的吗？你想考建造师吗？报考建造师的条件有哪些？建造师执业资格制度在我们国家已经建立，建造师与项目经理有什么关系？你想当项目经理吗？项目经理有什么职责、权利和义务？在施工项目中主要组织协调哪几层关系？本章将会从这些方面入手，逐一解决这些在施工项目组织管理中常见的问题。

2.1 组织的基本原理

2.1.1 相关概念

1. 组织

“组织”有两种含义。第一种含义是作为名词出现的，指组织机构，即按一定的领导体制、部门设置、层次划分、职责分工等构成的有机整体，其目的是处理人和人、人和事、人和物的关系。第二种含义是作为动词出现的，指组织行为，即通过一定权力和影响力，为达到一定目标，对所需资源进行合理配置的行为，目的是处理人和人、人和事、人和物的关系。

所谓组织，就是为了使系统达到它的特定目标，使全体参加者经分工与协作以及设置不同层次的权力和责任制度，从而构成的一种人的组合体。组织的概念有以下三层含义。

（1）组织具有目的性

目标是组织存在的前提，即组织必须有目标。

（2）组织具有协作性

没有分工与协作就不是组织，组织必须有适当的分工和协作，这是组织效能的保证。

（3）组织具有制度性

没有不同层次的权力和责任制度就不能实现组织活动和组织目标，组织必须建立权力责任制度。

2. 组织结构

组织内部的各构成部分及其相互间所确立的较为稳定的相互关系和联系方式，即组织中各部门或各层次之间所建立的相互关系，称为组织结构。以下几方面反映了组织结构的基本内涵。

①确定正式关系与职责的形式。

②向组织各部门或个人分派任务和各种活动的方式。

③协调各个分离活动和任务的方式。

④组织中的权力、地位和等级关系。

3. 组织结构与职权、职责的关系

（1）组织结构和职权的关系

组织结构和职权之间存在着一种直接的相互关系。因为组织结构中有分工，有分工就有职位，有职位就有职权，组织结构为职权关系提供了一定的格局，职权指的是组织中成员之间的关系，职权关系的格局就是组织结构。

（2）组织结构与职责的关系

组织结构与组织中各部门及各成员的职责和责任的分派直接有关。有职位就有职权，从而也就有了职责。组织结构为职责的分配和确定奠定了基础，依靠组织结构可以确定机构和人员职责的分派，从而可以有效开展各项管理活动。

4. 组织设计

组织设计就是对组织活动及组织结构的设计过程。优秀的组织设计对于提高组织活动的效能具有重大的作用。

组织设计要注意以下两个方面：一是组织设计是管理者在系统中建立一种高效相互关系的合理化的、有意识的过程，这个过程既要考虑系统的内部因素，又要考虑系统的外部因素；二是形成组织结构是组织设计的最终结果。

5. 组织论

组织理论的研究分为两个方面：组织结构学和组织行为学。它们是相互联系的两个分支学科。组织结构学重点进行组织的静态研究，即什么是组织，什么样的组织才具有精干、高效、合理的结构；组织行为学重点进行组织的动态研究，即怎样才能建立良好的组织关系，并使组织发挥最佳的效能。

组织论是一门综合性学科，它主要研究系统的组织结构模式、组织分工和工作流程组织（如图 2-1 所示）。其中组织结构模式反映了一个组织系统中各子系统之间或各元素（各工作部门或各管理人员）之间的指令关系。指令关系指的是哪一个工作部门或哪一位管理人员可以对哪一个工作部门或哪一位管理人员下达工作指令。组织分工反映了一个组织系统中各子系统或各元素的工作任务分工和管理职能分工。组织结构模式和组织分工都是相对静态的组织关系，属于组织结构学研究的内容。工作流程组织则可反映一个组织系统中各项工作之间的逻辑关系，是一种动态关系，属于组织行为学研究的内容。

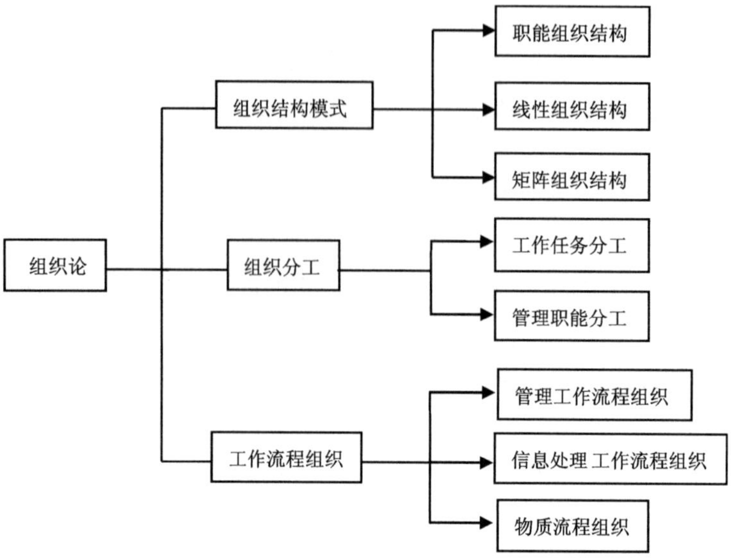

图 2-1　组织论的基本内容

6. 组织工具

组织工具是组织论的应用手段，用图或表等形式表示各种组织关系，它包括以下内容。

（1）项目结构图

项目结构图（Project Diagram，或称 WBS—Work Breakdown Structure）是一个组织工具，它通过树状图的方式对一个项目的结构进行逐层分解，以反映组成该项目的所有工作任务（如图 2-2 所示，详见 2.2 节）。矩形框表示工作任务（或第一层、第二层子项目等），矩形框之间用直线连接。

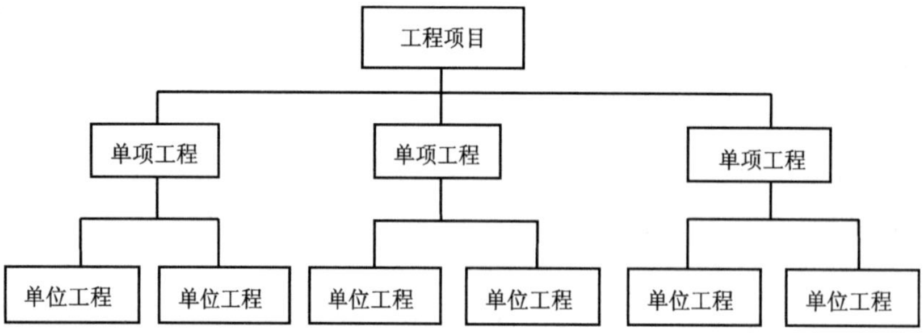

图 2-2　项目结构图

（2）组织结构图（管理组织结构图）

组织结构图是用来描述组织结构模式的一个重要组织工具。在组织结构图（如图 2-3 所示）中，矩形框表示工作部门，上级工作部门对其直接下属工作部门的指令关系用单向箭线表示。

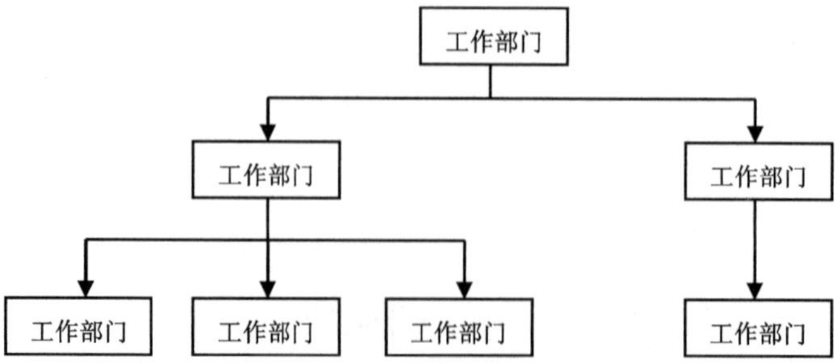

图 2-3　组织结构图

（3）合同结构图

合同结构图是用来反映一个建设项目参与单位之间的合同关系的组织工具（如图 2-4 所示），矩形框表示一个建设项目的参与单位，参与单位之间用双向箭线连接。

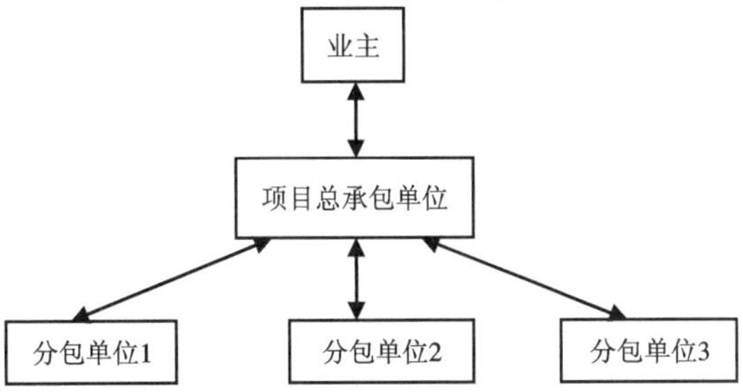

图 2-4　合同结构图

（4）工作任务分工表

业主方和项目各参与方都有各自的项目管理任务，都应编制各自的项目管理任务分工表。

对施工方来说，每一个建设项目都应编制项目管理任务分工表，这是一个项目的施工组织设计文件的一部分。在编制前应结合项目的特点，对项目实施各阶段的管理任务进行详细分解，明确项目经理和各管理任务主管部门或主管人员的工作任务，从而绘制工作任务分工表。

在工作任务分工表中应明确各项工作由哪个部门（或个人）负责（或主办），由哪些工作部门（或个人）配合或参与，主办、协办和配合在表中分别用三个不同的符号表示（如表 2-1 所示）。在任务分工表的每一行中，即每一个任务都至少有一个主办工作部门。

表 2-1　工作任务分工表

工作任务	工作部门				
	项目经理办公室	成本控制部	进度控制部	质量控制部	信息管理部
工作任务 1	☆	○	○	△	○
工作任务 2	△	☆	○	△	○
工作任务 3	○	○	☆	△	△
工作任务 4	△	○	○	☆	△

注：☆—主办；△—协办；○—配合。

（5）管理职能分工表

管理职能的内涵包括：提出问题、筹划（提出解决问题的可能方案，并对多个可能方案进行分析）、决策、执行和检查。

业主方和项目各参与方都有各自的项目管理任务和管理职能分工，因此都应编制各自的项目管理职能分工表。管理职能分工表（如表 2-2 所示）是用表的形式反映各工作部门（各工作岗位）对各项工作的项目管理职能分工。管理职能分工表也可用于企业管理。

表 2-2　管理职能分工表

工作任务	工作部门				
	项目经理办公室	成本控制部	进度控制部	质量控制部	信息管理部
管理任务 1	PDC	E	E	C	E
管理任务 2	P	DC	E	P	E
管理任务 3	DC	E	PE	PE	E
管理任务 4	DC	P	E	E	E

注：P—筹划；D—决策；E—执行；C—检查。

(6)工作流程图

工作流程组织包括:管理工作流程组织,如投资控制、进度控制、合同管理、付款和设计变更等;信息处理工作流程组织,如与生成月度进度报告有关的数据处理流程;物质流程组织,如钢结构深化设计工作流程、弱电工程物资采购工作流程、外立面施工工作流程等。

工作流程图是用图的形式反映一个组织系统中各项工作之间的逻辑关系,用于描述工作流程组织。工作流程图是一个重要的组织工具,在工作流程图中,矩形框表示工作,箭线表示工作之间的逻辑关系,菱形框表示判别条件(如图 2-5 所示)。

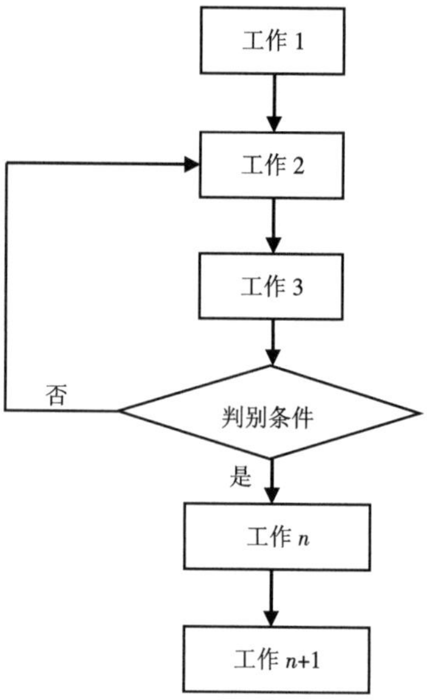

图 2-5　工作流程图

2.1.2　项目组织的管理职能

1. 策划

策划即为实现既定目标,对未来项目实施过程进行规划、安排的活动。

2. 决策

决策是项目管理组织中最高管理者从多个可行方案中选择一个最佳实施方案的管理活动,是管理中最基本、最核心的职能。

3. 组织

组织即通过建立以项目经理为中心的组织保证系统来确保项目目标的实现。

4. 指挥

指挥即上级对下级的领导和监督。

5. 协调

协调即加强沟通,使各层次、各部门步调一致,确保系统的正常运转。

6. 控制

控制即采用科学的方法和手段排除影响组织目标实现的干扰因素,纠正偏差,按组织目标和要求运行。

7. 激励

激励就是利用精神和物质手段,调动组织成员实现组织目标的积极性和工作热情,并对失职者予以惩罚的管理活动。

2.1.3　项目组织构成要素

组织构成一般呈上小下大的形式,其组成要素包括管理层次、管理跨度、管理部门和管理职能等。

1. 管理层次

管理层次是指从最高管理者到最基层工作人员的等级层次的数量。管理组织机构一般分为以下三个层次。

①决策层:由项目经理及项目技术负责人组成,它的任务是确定项目目标和大政方针。

②中间控制层(协调层和执行层):由专业工程师组成,起着承上启下的作用,具体负责规划的落实、目标控制及合同实施管理。

③作业层(操作层):从事操作和完成具体任务,由熟练的作业技能人员组成。

此种组织系统是金字塔式结构,自上而下权责递减,人数递增。管理层次过多,信息传递慢,协调难;管理层次过少,管理内容多,难度大。

2. 管理跨度

管理跨度是指一名上级管理人员直接有效地管理下级人员的数量。管理跨度取决于需要协调的工作量。管理跨度的弹性很大,影响因素也很多。在设计组织机构时应根据管理者的特点,结合工作的性质以及被管理者的素质来确定管理跨度,跨度大小与分层多少有关,层次多,跨度小,反之亦然。

3. 管理部门

管理部门是组织机构内部专门从事某个方面业务工作的单位。要根据组织目标与工作内容确定管理部门,形成既相互分工又相互配合的组织系统。

4. 管理职能

组织设计中应确定各部门的职能,使各部门能够有职有责,尽职尽责。

2.1.4 项目组织机构设置的原则

1. 集权与分权统一的原则

施工项目管理实行项目经理责任制,故项目的管理权集中在项目经理手中。项目经理可根据需要将部分权力交给各子项目或专业工程师。在项目组织中,实际上不存在绝对的集权与绝对的分权。在项目经理部的设置中,应根据工程的规模、特点、地理位置,项目经理的能力、精力,下属工程师的工作经验、能力和工作性质综合考虑确定。如工程规模小、建设地点较集中、工程难度大,则可采取相对集权的形式;如工作地点较分散、工程规模较大、工程难度较小或下属工作经验和工作能力较强,则可采取适当的分权形式。

2. 分工协作的原则

专业分工的目的是提高项目管理专业化程度和工作效率。协作是在分工的基础上实现各部门、各专业的协调配合,使组织机构形成有机统一的整体。

在分工中应注意:组织机构应尽可能按照专业设置;工作分工要严格,每个人要熟悉所承担的任务以提高工作效率。

在协作中应注意:注重主动协调,使各方关系逐步走上规范化、程序化,应运用具体可行的协调配合办法。

3. 责权一致的原则

责权一致就是要在项目管理组织中明确划分职责与权力范围,什么样的岗位和职务就应赋予什么样的权力,不同的岗位要行使不同的职权、履行不同的责任,做到责任和权力相一致,只有这样才能使组织系统得以正常运行。权责不一致对组织的效能损害是极大的。权大于责容易产生瞎指挥、滥用权力的官僚主义;责大于权则会影响管理人员的积极性、主动性和创造性,使组织缺乏应有的活力。

4. 才职相称的原则

某个人要完成某个岗位上的某项工作必须有相应的知识和技能。可通过适当的考察(如面谈、测验等)方式全面了解每个人的知识、经验、才能、兴趣等,并根据工作岗位的需要进行评审、比较和选择。采用科学的方法进行职务的设置和人员的评审,使每个人现有的和可能有的才能与其职务的要求相适应,做到人尽其才,才有所用。

5. 精干高效的原则

管理跨度与管理层次应相互协调,组织机构应比较精干。这样才能有效减少工作中不必要的环节,提高工作效率且便于管理。

6. 动态弹性的原则

组织机构既要有相对的稳定性,不能轻易变动,又要随组织内部和外部条件的变化,根据长远目标作出相应的调整与变化,使组织机构具有较强的适应能力。

工程施工企业应根据承担的施工任务,设立由项目经理、项目技术负责人、项目质量负责人、项目安全负责人和专业工程及其他管理人员组成的项目管理组织机构,项目经理是履行施工合同的全权负责人,行使合同授予的权力,施工企业应当以书面形式明确授权于项目经理以使其能够正确行使权力,履行具体管理职责,并领导其他管理人员的工作。

2.1.5 组织活动的基本原理

通常情况下，若干个人联合起来共同协作的组织可以完成个人无法办到的事情，但不同的联合和不同的组织机构，其组织活动的效果是不一样的。为保证组织活动所产生的效果，一般应遵循以下基本原理。

组织活动的基本原理

2.1.6 项目组织机构设置的程序

项目组织机构设置的程序如图 2-6 所示。

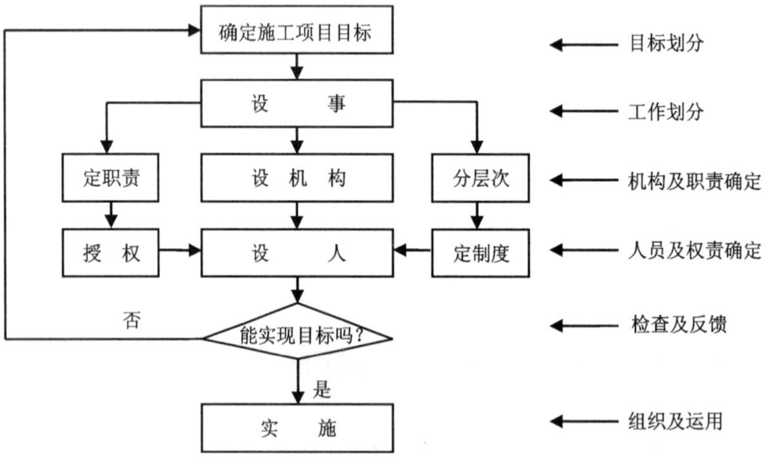

图 2-6 组织机构设置

2.1.7 组织的调整

1. 组织调整的概念

组织调整是指根据工作的需要和环境的变化，分析原有的项目组织系统的缺陷、适应性和效率，对原组织系统进行调整和重新组合，包括组织形式的变化、人员的变动、规章制度的修订或废止、责任系统的调整以及信息流通系统的调整等。

2. 组织调整的原因

组织调整的原因如下。

①组织工作受到工程项目计划调整的制约。

②受到社会制度和管理的影响和制约。

③必须适应其环境条件。

2.2 施工项目结构分解

2.2.1 施工项目结构分解的概念

施工项目结构分解就是将一个庞大的施工项目进行划分，使之变成若干个便于管理的较小单元。

随着经济的发展和施工技术的进步，建筑规模较大的工程项目和具有综合使用功能的建筑物已不少见。

这些建筑物的施工周期长，内部设施多，结构复杂，涉及施工人员多，千头万绪，如何对它们进行有序的管理呢？这就要求对其进行结构分解。结构分解是一个逐步分解的过程，先将项目划分成若干个子项目，再对每一个子项目进行分解，最后划分为若干个较小的便于管理的基本单元。在管理的时候，只要确保每个单元符合要求，即可保证整个工程满足要求。若将逐级分解的项目结构通过树状图的方式表示出来，以反映组成该项目的所有工作任务，就形成了项目结构图。项目结构图是一个组织管理的工具。在分解的时候，要考虑施工项目管理的目标，使两者（任务与目标）统一起来，以便达到目标管理的目的。

一个建设项目（如图 2-7 所示）由一个或若干个单项工程组成，而一个单项工程由一个或几个单位工程组成，一个单位工程包含若干个分部工程，而一个分部工程又由诸多分项工程组成，一个分项工程又由一个或几个检验批组成，因此检验批是建筑施工项目验收和管理的最小单位。具体划分可参见《建筑工程施工质量验收统一标准》（GB 50300—2013）。

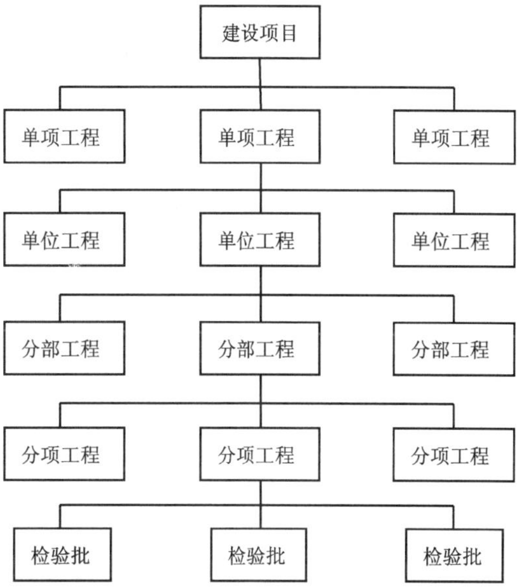

图 2-7　建设项目的结构分解图

1. 建设项目

建设项目是指具有一个完整的设计任务书，按一个总体设计进行施工，建成后具有完整的体系，可以独立形成生产能力或使用价值的建设工程。

2. 单项工程

单项工程是指具有独立的设计文件，可以独立施工，建成后能够独立发挥生产能力或（和）效益的工程，如办公楼、教学楼、宿舍等。单项工程是建设项目的组成部分。

3. 单位工程

单位工程是指具有独立设计，可以独立组织施工，但完成后不能独立发挥效益的工程。建筑工程包括一般土建工程、工业管道工程、电气照明工程等单位工程。设备安装工程包括机械设备安装工程、通风设备安装工程、电气设备安装工程等单位工程。

4. 分部工程

分部工程是单位工程的组成部分。按主要部位划分，建筑共有九大分部，其中建筑工程部分有四人分部：地基与基础工程、主体结构工程、屋面工程和装修装饰工程。安装工程有五大分部：建筑给水排水及采暖工程、建筑电气工程、智能建筑工程、通风与空调工程和电梯安装工程等。

5. 分项工程

分项工程主要按工种、材料、施工工艺、设备类别等进行划分，它是由专业工种完成的产品，如砌体工程、模板工程、钢筋工程、现浇结构工程。

6. 检验批

分项工程可以由一个或若干个检验批组成。检验批可根据施工及质量控制和专业验收需要按楼层、施工段、变形缝等进行划分。检验批是工程正常施工管理和质量验收过程中的最基本的单元，分项工程划分成检验批进行验收，有助于及时纠正施工中出现的质量问题，确保工程质量符合施工实际需要。

2.2.2　分解后施工项目管理的范围

分解后施工项目管理的范围

2.3 建设工程项目发承包模式与施工项目组织形式

2.3.1 建设工程项目发承包模式

建设工程项目发承包模式包括平行发承包模式、设计或施工总分包模式、项目总承包模式和总承包管理模式，如表 2-3 所示。

表 2-3 建设工程项目发承包模式

模式	特点	优点	缺点
平行发承包	1）将建设工程的设计、施工以及材料设备采购的任务分解，分别发包给若干个设计单位、施工单位和材料设备供应单位，并分别与各方签订合同 2）分解任务与确定合同数量、内容时应考虑工程情况、市场情况、贷款协议要求等因素	1）有利于缩短工期，设计阶段与施工阶段形成搭接关系 2）有利于质量控制 3）有利于业主选择承建单位，合同内容比较单一、合同价值小、风险小，无论大型承建单位还是中小型承建单位都有机会竞争	1）合同关系复杂，组织协调工作量大 2）投资控制难度大，总合同价不易确定，工程招标任务量大，施工过程中设计变更和修改较多
设计或施工总分包	业主将全部设计或施工任务发包给一个设计单位或一个施工单位作为总包单位，总包单位可以将其部分任务再分包给其他承包单位	1）有利于组织管理和合同管理，协调工作量较少 2）有利于投资控制。总包合同价格可以较早确定，也易于控制 3）有利于质量控制。既有分包单位的自控，又有总包单位的监督，还有工程监理单位的检查 4）有利于工期控制	1）建设周期较长。不仅不能将设计阶段与施工阶段搭接，而且施工招标需要的时间也较长 2）竞争相对不甚激烈，总包单位都要在分包报价的基础上加收管理费向业主报价，报价可能较高
项目总承包	业主将工程设计、施工、材料和设备采购等工作全部发包给一家承包公司，由其进行实质性设计、施工和采购，最后向业主交出一个已达到动用条件的工程	1）合同关系简单，协调工作量小 2）缩短了建设周期，设计阶段与施工阶段相互搭接 3）利于投资控制，可以提高项目的经济性，但并不意味着项目总承包的价格低	1）招标发包工作难度大，合同管理难度较大 2）业主择优选择承包方范围小，容易导致合同价格较高 3）质量控制难度大
总承包管理	1）将工程建设任务发包给专门从事项目管理的单位，再由它分包给若干设计、施工和材料设备供应单位，并在实施中进行项目管理 2）不直接进行设计与施工，没有自己的设计和施工力量	合同管理、组织协调比较有利，进度控制也有利	1）监理工程师对分包的确认工作十分关键 2）项目总承包管理单位自身经济实力一般较弱，而承担的风险相对较大

2.3.2 施工项目组织形式

1. 施工项目组织形式的概念

组织形式亦称为组织结构的类型，是指一个组织以什么样的结构方式去处理层次、跨度、部门设置和上下级关系。

2. 施工项目组织形式的种类

施工项目组织形式主要包括直线式、工作队式、部门控制式、矩阵式、事业部式、职能式和直线职能式。

（1）直线式项目组织（如图 2-8 所示）

①特征：每一工作部门只能对其直接的下属部门下达工作指令；每个工作部门只有一个直接的上级部门。

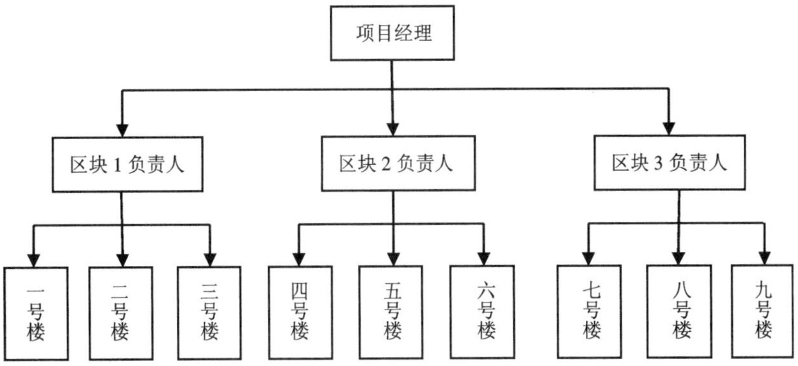

图 2-8　直线式项目组织

②适用范围：一般适合中小型规模的施工项目任务，不适合特大型规模的项目。

③优点：指令源单一，信息传递迅速，有利于统一指挥；职责分明，隶属关系明确，决策迅速。

④缺点：专业分工差，横向联系困难，对管理者要求高，是“全能式的个人”管理。

（2）工作队式项目组织（如图 2-9 所示）

工作队式项目组织是完全按照对象原则组建的项目组织，企业职能部门处于服务地位。

①特征：一般由公司任命项目经理，由项目经理在企业内招聘或抽调职能人员组成项目组织，项目经理指挥，独立性强；管理班子成员与原部门脱离领导与被领导关系，原单位只负责业务指导和考查；项目结束后，项目机构撤销，人员回原部门和岗位。

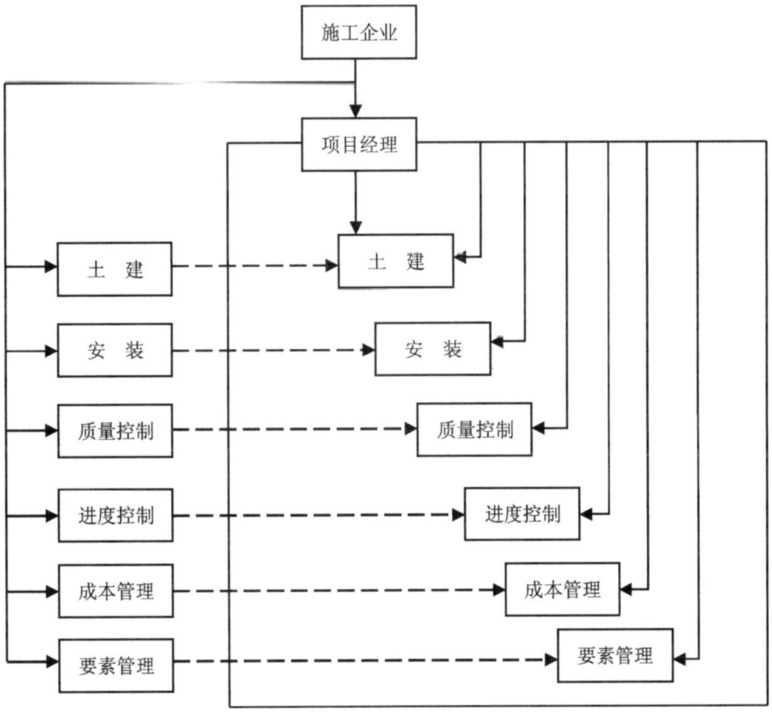

图 2-9　工作队式项目组织

②适用范围：工期要求紧迫的大项目，要求多工种部门密切配合的项目。

③优点：能充分发挥专家作用，解决问题迅速；项目经理权力集中，决策及时；不打乱企业原建制，项目经理易于协调关系。

④缺点：临时组合，需经过一个磨合期；同一时期工作量差别大，忙闲不均；同一专业人员分配在不同项目上，交流困难，专业职能部门的优势无法发挥。人才紧缺而项目多时，不宜采用这种项目组织形式。

(3)部门控制式项目组织(如图 2-10 所示)

部门控制式项目组织是按照职能原则建立的项目组织,是在不打乱企业现行建制的条件下,把项目委托给企业内某一专业部门或施工队,由单一部门的领导负责项目实施的项目组织形式。

①特征:由被委托部门领导在本部门组织人员负责实施的项目组织。

②适用范围:适用于小型的、专业性较强、不需涉及众多部门参与的施工项目。

③优点:项目机构启动快;项目经理无须专门训练便能进入状态;职责明确,职能单一,便于协调。

④缺点:人员固定,不利于精简机构,不能适应大型项目管理的需要。

(4)矩阵式项目组织(如图 2-11 所示)

矩阵式项目组织把职能原则和对象原则结合起来,吸收了工作队式项目组织和部门控制式项目组织的优点,发挥职能部门的纵向优势和子项目组织的横向优势,形成了一种纵向职能机构和横向子项目机构相交叉的"矩阵"形组织形式。

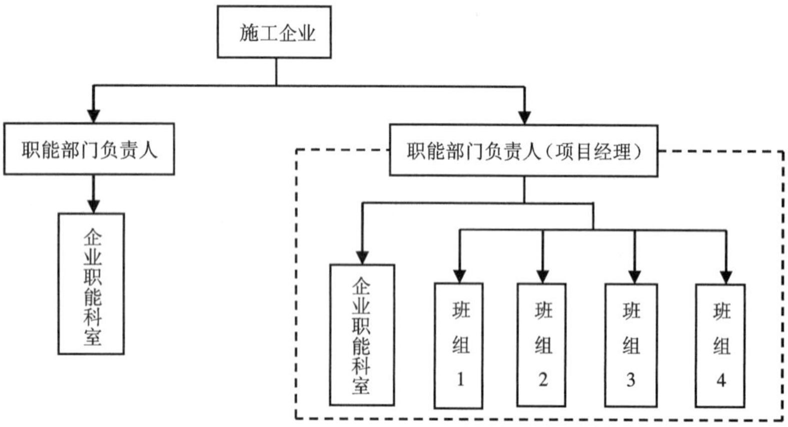

图 2-10　部门控制式项目组织

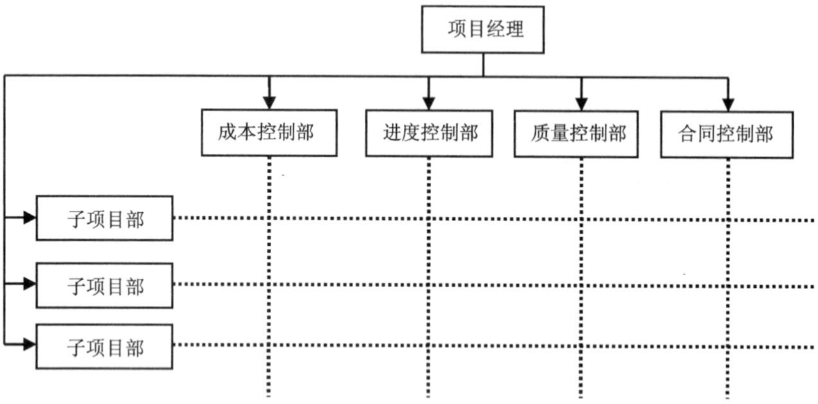

图 2-11　矩阵式项目组织

①特征:子项目机构与职能部门结合,每个结合部接受双重领导(接受两个指令源的指令);各子项目经理有各职能部门支持,有利于协同作战。

②适用范围:适用于同时承担多个工程项目管理的企业;适用于大型复杂的施工项目。

③优点:兼有部门控制式和工作队式两种组织的优点;能以尽可能少的人力实现多项目管理的高效率;有利于解决复杂问题。

④缺点:身兼多职易造成顾此失彼;双重领导协调不好易造成矛盾。为了解决双重领导的矛盾,有两种方法:第一种,在结合部出现双重领导矛盾时,由组织的最高管理者协调或决策;第二种,在设立矩阵式组织时,事先规定以纵向职能部门的指令为主或以横向子项目机构的指令为主,以减轻组织最高管理者的协调工

作量。

(5)事业部式项目组织(如图 2-12 所示)

①特征:事业部对企业来说是职能部门,在企业外有相对独立的经营权,可以是一个独立单位;项目经理由事业部选派,一般对事业部负责。

②适用范围:事业部式项目组织适用于大型经营性企业的工程承包,特别适用于远离公司本部的工程承包。

③优点:事业部式项目组织有利于延伸企业的经营职能;有利于扩大企业的经营业务;便于开拓企业的业务领域;有利于迅速适应环境变化以加强项目管理。

④缺点:企业对项目经理的约束力减小,协调指导的机会减少,有时会造成企业结构松散,故必须加强制度约束,加大企业的综合协调能力。

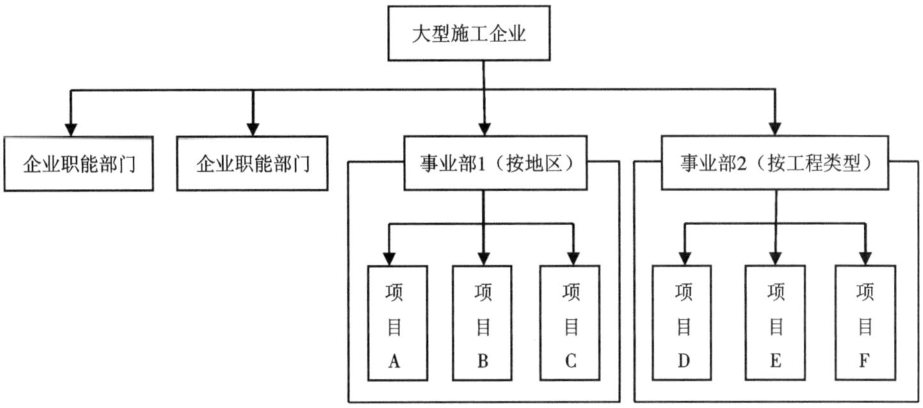

图 2-12 事业部式项目组织

(6)职能式项目组织(如图 2-13 所示)

职能式项目组织是指在项目管理机构内部下设各目标职能机构并明确或授予其相应的管理职责和权力,分别从职能角度对基层管理组织进行业务管理。

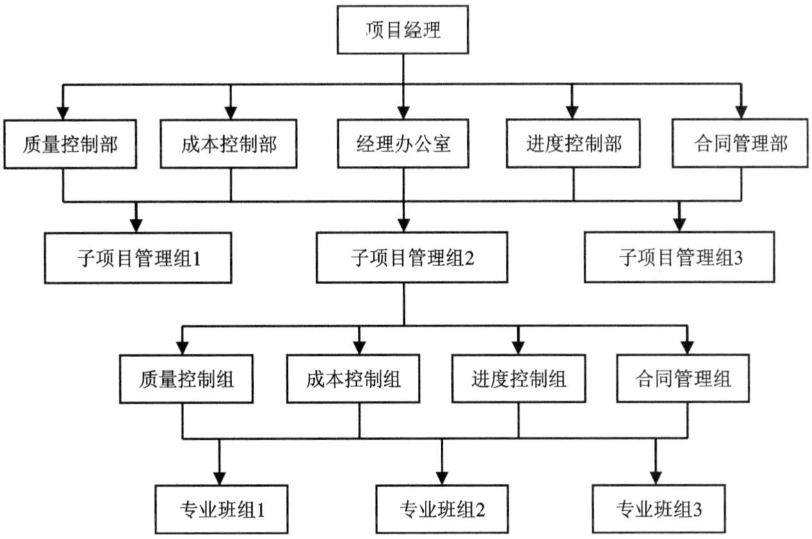

图 2-13 职能式项目组织

①特征:目标职能机构在项目经理授权的范围内直接就其主管的业务向下下达命令和指示;下级有多个指令源。

②适用范围:适用于大、中型建设工程项目或地理位置相对集中的工程项目。

③优点：目标控制职能化，充分发挥各职能机构的专业管理优势；专职专家，专家专管；减轻项目经理的负担。

④缺点：下级人员受多头领导，易发生指令上的矛盾；在确立组织机构时注意职责的明确性，加强职能部门间的协调。

（7）直线职能式项目组织（如图 2-14 所示）

直线职能式项目组织是吸收了直线式项目组织和职能式项目组织的特点而形成的一种组织形式。

①特征：既保持了直线式组织权力集中、统一指挥的优点，又可以发挥专业管理职能机构和人员的作用。

②适用范围：直线职能式项目组织适用于中小型工程项目。

③优点：集中领导、统一指挥、职责清楚，有利于提高办事效率；专业管理职能机构和人员为指挥部门提供参谋作用。

④缺点：职能管理部门与指挥部门易产生矛盾；各职能管理部门横向联系较差，不利于协同解决问题；信息传递线路长，不利于相互协调，效率较低。

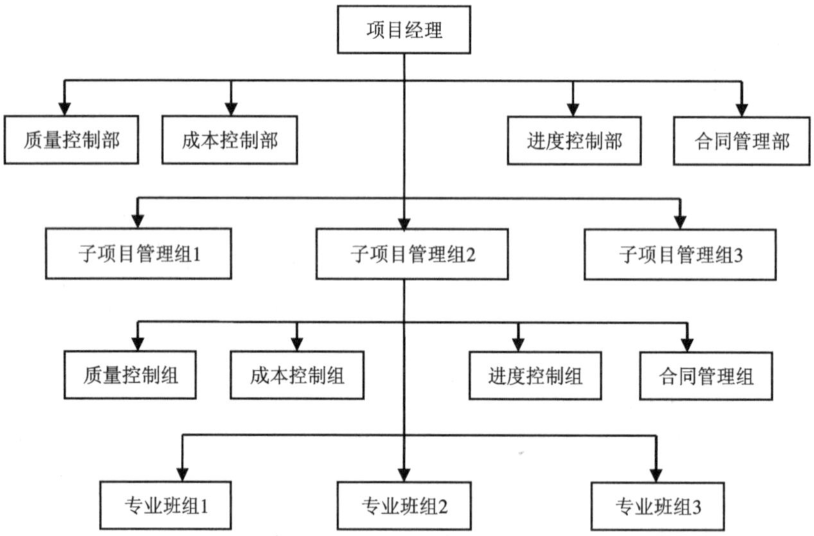

图 2-14　直线职能式项目组织

2.4　施工项目经理部、项目经理及建造师制度

2.4.1　施工项目经理部

1. 施工项目经理部概述

施工项目经理部是在企业的支持下由项目经理组建并领导的一次性的施工现场管理组织机构，负责施工项目从开工到竣工全过程生产经营的综合管理，承担施工项目目标实现的全面责任，是接受施工企业职能部门的指导、监督、检查、服务和考核，并负责对项目资源进行合理使用和动态管理的施工企业的项目管理层，应在项目启动前建立，在项目完成后或按合同约定解体。施工项目经理部的组织结构应根据项目的规模、结构、复杂程度、专业特点、人员素质和地域范围确定。施工项目经理部所制定的规章制度应报上一级组织管理层批准。

2. 施工项目经理部的地位

施工项目经理部是施工项目管理的中枢，施工项目责、权、利的落脚点。对企业来说，它是项目的责任组织，就一个施工项目对企业全面负责。对于建设单位来说，它是建设单位成果目标的直接责任者，是建设单位直接监督控制的对象。对于项目内部成员而言，它是项目的直接管理者，是成员共同利益的代表者和保证者。

确立项目经理部的地位，关键在于正确处理项目经理与项目经理部之间的关系。从总体上说，施工项目经理与施工项目经理部的关系可以总结为两句话：一是施工项目经理部受施工项目经理领导；二是施工项目经理是施工项目经理部利益的代表和全权负责人，其一切行为必须符合施工项目的整体利益。

3. 施工项目经理部的性质

施工项目经理部是企业内部相对独立的一个综合性的责任单位，其性质可以归结为三 个方面。

①相对独立性。施工项目经理部的相对独立性是指它与企业存在着双重关系。一方面，它作为企业的下属单位，同企业存在着行政隶属关系，要服从企业的全面领导；另一方面，它是一个施工项目独立利益的代表，存在着独立的利益，同企业形成一种经济承包或其他的经济责任关系。

②综合性。施工项目经理部的综合性主要指如下几个方面：首先，应当明确施工项目经理部是企业所属的经济组织，主要职责是管理施工项目的各种经济活动；其次，其管理职能是综合的，包括计划、组织、控制、协调、指挥等多方面；最后，其管理业务是综合的，从横向看包括人、财、物、生产和经营活动，从纵向看包括施工项目实施全过程。

③临时性。施工项目经理部的临时性是指它仅是企业一个施工项目的责任单位，要随着项目的开工而成立，随着项目的竣工而解体。

4. 施工项目经理部的作用

施工项目经理部的作用如下。

①负责施工项目从开工到竣工的全过程施工生产的管理。

②项目经理部是项目经理的办事机构。

③项目经理部是一个组织体。

④项目经理部是代表企业履行工程承包合同的主体。

5. 施工项目经理部的设置规模

通常，当工程项目的规模达到以下要求时均应建立独立的项目经理部：5×10^3 m² 以上的公共建筑、工业建筑；1×10^4 m² 以上的住宅；投资在 500 万元以上的其他工程项目。至于建筑面积在 1×10^4 m² 以下的群体工程，建筑面积在 5×10^3 m² 以下的单体工程，按照项目经理责任制有关规定，可实行项目授权代管和栋号承包。

项目经理部一般设有一级、二级、三级共三个等级，其设置条件如表 2-4 所示。

表 2-4　施工项目经理部的分类

类别	建筑面积（$\times 10^4$ m²）		投资额（千万元）	人员配置数量（人）
	群体工程	单体工程		
一级项目经理部	≥ 15	≥ 10	≥ 8	30~45
二级项目经理部	10 ≤建筑面积 <15	5 ≤建筑面积 <10	3 ≤投资额 <8	20~30
三级项目经理部	2 ≤建筑面积 <10	1 ≤建筑面积 <5	0.5 ≤投资额 <3	15~20

6. 施工项目经理部的设置原则

施工项目经理部是施工项目的组织管理机构，所以项目经理部的设置除首先应满足组织机构设置的一般原则外，尚应结合施工项目的特点满足下列要求。

①应根据项目管理规划大纲确定的组织形式，同时考虑企业对经理部的管理方式设置项目经理部。项目组织形式应与企业对施工项目的管理方式有关，与企业对项目经理部的授权有关，以便实现企业的对口指导。不同的组织形式对项目经理部的管理力量和管理职责提出了不同要求，同时也提供了不同的管理环境。

②要根据施工项目的规模、复杂程度和专业特点设置项目经理部。例如，大型项目经理部可以设职能部、处；中型项目经理部可以设处、科，小型项目经理部一般只需设职能人员即可。如果项目的专业性强，便可设置专业性强的职能部门，如水电处、安装处、打桩处等。

③项目经理部是一个具有弹性的一次性管理组织，应随工程任务的变化而进行调整，不应搞成一级固定性组织。项目经理部不应有固定的作业队伍，而应根据施工的需要，从劳务分包公司或劳务市场吸收人员，进行优化组合和动态管理。

④项目经理部的人员配置应面向现场，满足现场的计划与调度、技术与质量、成本与核算、劳务与物资、安全与文明施工的需要，而不应设置专管经营与咨询、研究与发展、政工与人事等与项目施工关系较少的非生产性管理部门。项目经理部可以设置工程技术部门、质量监控部门、经营核算部门、物资采购部门和测试计量部门等。

⑤在项目管理机构建成以后，应建立有益于组织运转的管理制度。

7. 施工项目经理部的设立步骤

施工项目经理部的设立步骤如下。

①根据项目管理规划大纲、项目管理目标责任书及合同要求明确项目经理部的管理任务。

②根据管理任务分解和归类，明确组织结构。

③根据组织结构，确定岗位职责、权限以及人员配置。

④制定工作程序和管理制度。

⑤由组织管理层审核认定。

8. 施工项目经理部的管理制度

从施工项目经理部的角度来看，项目经理部应执行企业已有的一整套管理制度，同时根据本项目管理的特殊需要建立自己的制度，一般包括以下几点。

①项目管理岗位责任制。

②技术与质量管理制度。

③安全管理制度。

④图纸和技术档案管理制度。

⑤计划、统计与进度报告制度。

⑥成本核算制度。

⑦材料、机械、设备管理制度。

⑧文明施工和场容管理制度。

⑨例会和组织协调制度。

⑩分包及劳务管理制度。

⑪信息管理制度。

9. 施工项目经理部的活动要求

施工项目经理部的活动要求如下。

①应执行管理制度。

②应履行管理程序。

③应实施计划管理，保证资源的合理配置和有序流动。

④应注重项目实施过程的指导、监督、考核和评价。

10. 施工项目经理部的解体

(1)施工项目经理部的解体条件

施工项目经理部的解体条件如下。

①工程已经交工验收,并完成竣工结算。

②与各分包单位已结算完毕。

③已与发包人签订了《工程质量保修书》。

④项目管理目标责任书已经履行完成。

⑤各项善后工作已与企业主管部门协商一致并办理了有关手续。

(2)施工项目经理部解体程序与善后工作

在施工项目全部竣工交付验收签字起 15 日内,项目经理部可向企业提交解体报告,经企业批准,即可解体。但是项目经理部在解聘工作人员时,为使其在人才劳务市场上有一定的求职时间,要提前发给解聘人员两个月的岗位效益工资。企业相关职能部门负责该工程项目的保修,工程剩余价款的结算以及回收。

(3)施工项目经理部效益审计评估和债权债务处理

①项目经理部剩余材料的处理。

②项目经理部自购的通信、办公等小型固定资产的处理。

③项目经理部的工程成本盈亏审计及奖惩兑现。

④施工项目经理部解体要做到人走账清、物净,不留任何尾巴。

(4)施工项目经理部解体时的有关纠纷裁决

项目经理部与企业有关职能部门发生矛盾时,由企业经理裁决;项目经理部与劳务、专业分公司及栋号作业队发生矛盾时,按业务分工由企业劳动人事管理部门、经营部门和工程管理部门裁决。所有仲裁的依据,原则上是双方签订的合同和施工工程签证。

2.4.2 施工项目经理

1. 施工项目经理的概念

施工项目经理(以下简称项目经理),是指受企业法定代表人委托对工程项目施工过程全面负责的项目管理者,是建筑施工企业法定代表人在工程项目上的代表人。

大中型项目的项目经理必须取得工程建设类相应专业注册执业证书。项目经理不应同时承担两个或两个以上未完项目的领导岗位的工作。在项目运行正常的情况下,组织不应随意撤换项目经理。由于特殊原因需要撤换项目经理时,应进行审计并按有关合同规定报告相关方。

2. 施工项目经理的特征

在国际上,施工项目经理的主要特征如下。

①项目经理是企业任命的一个项目的项目管理班子的负责人(领导人),但他并不一定是(多数不是)一个企业法定代表人在工程项目上的代表人,因为一个企业法定代表人在工程项目上的代表人在法律上赋予其的权限范围太大。

②项目经理的任务仅限于主持项目管理工作,其主要任务是项目目标的控制和组织协调。

③有些文献中明确规定,项目经理不是一个技术岗位,而是一个管理岗位。

④项目经理是一个组织系统中的管理者,至于他是否有人权、财权和物资采购权等管理权限,则由其上级确定。

我国在施工企业中引入项目经理的概念已有多年,取得了显著的成绩;但是在推行项目经理责任制的过程中也有不少误区,如企业管理的体制与机制和项目经理责任制不协调,在企业利益与项目经理的利益之间出现矛盾,不恰当地、过分扩大项目经理的管理权限和责任。

3. 施工项目经理的任务

项目经理的任务包括项目的行政管理和项目管理两个方面。

(1)项目经理在项目施工管理过程中的主要行政管理任务

①贯彻执行国家和工程所在地政府的有关法律、法规和政策,执行企业的各项管理制度。

②严格财务制度,加强财经管理,正确处理国家、企业与个人的利益关系。

③执行项目承包合同中由项目经理负责履行的各项条款。

④项目经理在承担工程项目施工的管理过程中,应当按照建筑施工企业与建设单位签订的工程承包合同,与本企业法定代表人签订项目承包合同,并在企业法定代表人授权范围内行使管理权力。

(2)项目经理在项目施工管理过程中的主要项目管理任务

①施工安全管理。

②施工成本控制。

③施工进度控制。

④施工质量控制。

⑤工程合同管理。

⑥工程信息管理。

⑦工程组织与协调等。

4. 施工项目经理的素质要求

①具备符合项目管理要求的能力,善于进行组织协调与沟通。

②具备相应的项目管理经验和业绩。

③具备项目管理需要的专业技术、管理、经济、法律和法规知识。

④具备良好的职业道德和团结协作精神,遵纪守法、爱岗敬业、诚信尽责。

⑤身体健康,精力充沛。

5. 项目管理目标责任书

项目管理目标责任书应在项目实施之前由法定代表人或其授权人与项目经理协商制定。项目管理目标责任书属于组织内部明确责任的系统性管理文件,其内容应符合组织制度要求和项目自身特点。

(1)编制项目管理目标责任书的依据

①项目合同文件。

②组织管理制度。

③项目管理规划大纲。

④组织的经营方针和目标。

⑤项目特点和实施条件与环境。

(2)项目管理目标责任书的内容

①项目管理实施目标。

②组织与项目经理部之间的责任、权限和利益分配。

③项目现场质量、安全、环保、文明、职业健康和社会责任目标。

④项目设计、采购、施工、试运行等管理的内容和要求。

⑤项目所需资源的获取和核算办法。

⑥法定代表人向项目经理委托的相关事项。

⑦项目经理和项目经理部应承担的风险。

⑧项目应急事项和突发事件处理的原则和方法。

⑨项目管理效果和目标实现的评价原则、内容和方法。

⑩项目实施过程中相关责任和问题的认定和处理原则。

⑪项目完成后对项目经理的奖惩依据、标准和办法。

⑫项目经理解职和项目经理部解体的条件及办法。

⑬缺陷责任期、质量保修期及之后对项目经理的相关要求。

(3)项目管理目标责任书应遵循的原则

①组织应对项目管理目标责任书的完成情况进行考核和认定,并根据考核结果和项目管理目标责任书的奖罚规定,对项目经理和项目经理部进行奖励和处罚。

②项目管理目标责任书应根据项目实施变化进行补充和完善。

③满足组织管理目标的要求。

④满足合同的要求。

⑤预测相关的风险。

⑥具体且可操作性强。

⑦便于考核。

6. 施工项目经理应履行的职责

①项目管理目标责任书规定的职责。

②工程质量安全责任承诺书中应履行的职责。

③组织或参与编制项目管理规划大纲、项目管理实施规划,对项目目标进行系统管理。

④主持制定并落实质量、安全技术措施和专项方案,负责相关的组织协调工作。

⑤对各类资源进行质量监控和动态管理。

⑥对进场的机械、设备、工器具的安全、质量和使用进行监控。

⑦建立各类专业管理制度,并组织实施。

⑧制定有效的安全、文明和环境保护措施并组织实施。

⑨组织或参与评价项目管理绩效。

⑩进行授权范围内的任务分解和利益分配。

⑪按规定完善工程资料,规范工程档案文件,准备工程结算和竣工资料,参与工程竣工验收。

⑫接受审计,处理项目经理部解体的善后工作。

⑬协助和配合组织进行项目的检查、鉴定和评奖申报。

⑭配合组织完善缺陷责任期的相关工作。

7. 项目经理应具有的权限

①参与项目招标、投标和合同签订。

②参与组建项目经理部。

③参与组织对项目各阶段的重大决策。

④主持项目经理部工作。

⑤决定授权范围内的项目资源的使用。

⑥在组织制度框架下制定项目经理部管理制度。

⑦参与选择并直接管理具有相应资质的分包人。

⑧参与选择大宗资源的供应单位。

⑨在授权范围内与项目相关方进行直接沟通。

⑩法定代表人和组织授予的其他权力。

8. 施工项目经理的责任

项目经理应接受法定代表人和组织机构的业务管理,组织有权对项目经理给予奖励和处罚。

项目经理应承担施工安全和质量的责任,要加强对建筑业企业项目经理市场行为的监督管理,对发生重大工程质量安全事故或市场违法违规行为的项目经理,必须依法予以严肃处理。

项目经理对施工承担全面管理的责任:工程项目施工应建立以项目经理为首的生产经营管理系统,实行项目经理责任制。项目经理在工程项目施工中处于中心地位,对工程项目施工负有全面管理的责任。

项目经理由于主观原因或工作失误有可能承担法律责任和经济责任。政府主管部门追究的主要是法律责任,企业追究的主要是经济责任。但是,如果由于项目经理的违法行为而导致企业遭受损失,企业也有可能追究其法律责任。

在国际上,项目经理是施工企业内的一个工作岗位,项目经理的责任由企业领导根据企业管理的体制和机制以及项目的具体情况而定。企业针对每个项目有十分明确的管理职能分工表,在该表中明确项目经理对哪些任务承担策划、决策、执行、检查等职能,同时其将承担相应的策划、决策、执行、检查等责任。

9. 项目经理的利益与奖罚

①获得工资和奖励。

②项目完成后,按照项目管理目标责任书的规定,经审计后给予奖励或处罚。

③获得评优表彰等奖励。

2.4.3 建造师执业资格制度

建造师执业资格制度

2.5 施工项目组织协调

2.5.1 施工项目的组织协调

1. 施工项目组织协调的含义

施工项目的组织协调是为施工项目预定的目标控制服务的,是指科学正确地处理工程施工过程中的各种关系。

2. 组织协调的内容

施工项目组织协调的内容包括人际关系、组织关系、配合关系、供求关系及约束关系的协调。

3. 施工项目组织协调的范围

施工项目组织协调的范围,是由其与施工项目管理组织关系的松散与紧密状况决定的。施工项目的组织协调分为以下三层。

(1)内部关系

这是紧密的自身机体关系,应通过行政的、经济的、制度的、信息的、组织的和有关法律的等多种方式进行协调,特别注意不同部门、不同岗位之间的结合部,它们是纠纷的重点,更应该做好协调,否则可能出现遗漏和矛盾。

(2)近外层关系

这是指直接的和间接的合同关系,如施工项目经理部与业主、监理单位、分包单位及设计单位的关系,都属于近外层关系。因此,合同就成为近外层关系协调的主要工具。

(3)远外层关系

这是一种比较松散的关系,如项目经理部与政府部门(如消防部门、安监部门、质监部门)、白蚁防治部门、施工现场环境相关单位的关系，均属于远外层关系。这些关系的处理没有固定的模式，协调起来也比较困难，应按有关法规、公共关系准则、经济联系、规章制度等处理。如与政府部门的关系是请示、报告、汇报、接受领导的关系；与施工现场相关单位的关系是遵守有关规定、争取给予支持的关系。

2.5.2　施工项目经理部的主要工作关系

1. 项目经理部与企业及主管部门的主要关系

①在党务、行政、生产管理上，根据企业党委和经理的指令以及企业管理制度，项目经理部受企业有关职能部门、科室的指导，二者既是上下级行政关系，又是服务与服从、监督与执行的关系，也就是说企业层次的生产要素调控体系要服务于项目层次的生产要素的优化配置，同时项目生产要素的动态管理要服从于企业主管部门的宏观调控。企业要对项目管理全过程进行必要的监督调控。项目经理部则要按照与企业签订的责任状，尽职尽责地抓好项目的具体实施。

②在经济往来上，根据企业法定代表人与项目经理签订的《项目管理目标责任书》，严格履约以实结算，建立双方平等的经济责任关系。

③在业务管理上，项目经理部作为企业内部项目的管理层，接受企业职能部门、科室的业务指导和服务。一切统计报表，包括技术、质量、预算、定额、工资、外包队的使用计划及各种资料都要按系统管理和有关规定准时报送主管部门。其主要业务管理关系包括计划统计、财务核算、材料供应、周转料具供应、预算及经济洽商签证、质量管理、安全管理、行政管理、测试计量等工作。

2. 项目经理部的外部关系

(1)总分包之间的关系

项目管理中总包单位与分包单位在施工配合中，处理经济利益关系的原则是严格按照 双方签订的总分包合同与国家有关政策及企业的规章制度办理，实事求是。

(2)与劳务作业层之间的关系

由于实行两层分离，项目经理部与劳务作业层之间实质已经构成了甲乙双方平等的经济合同关系，所以在组织施工过程中难免发生一些矛盾。在处理这方面矛盾时必须做到三个坚持：坚持履行合同；坚持相互尊重、支持，协商解决问题；坚持服务为本，不把自己放在高级地位，而是尽量为作业层创造条件，特别是不损害劳务作业层的利益。

(3)土建与安装分包的关系

本着“有主有次，确保重点”的原则，安排好土建、安装施工。定期召开现场协调会，及时解决施工交叉中的矛盾和存在的问题。关于土建与安装工程的协调配合，详见 2.5.3 节内容。

(4)与业主的关系

项目组织和业主对工程承包合同负有共同履约的责任。在项目实施过程中，项目组织和业主发生多种业务关系，不同的实施阶段这些业务关系的内容不同，必须正确处理这些关系。

1)施工准备阶段

项目经理作为公司在项目上的法定代表人代表应参与工程承包合同的洽谈和签订，熟悉各种洽谈记录和签订过程。在承包合同中应明确相互的权、责、利，业主要保证落实资金、材料、设计、建设场地和外部水、电、路，而项目经理部负责落实施工必需的劳动力、材料、机具、技术及场地准备等。项目经理部负责编制施工组织设计，并参加业主的施工组织设计审核会。开工条件具备后应及时提出开工报告。

2)施工阶段

这阶段的主要业务关系有以下几方面。

①材料、设备的交验。现场管理组织负责提出应由业主供应的材料、设备的供应计划，并根据有关规定对业主供应的材料、设备进行交接验收。供应到现场的各类物资必须在项目经理部调配下统一设库、统一保

管、统一发料、统一加工并按规定结算。

②进度控制。业主和现场组织都希望工程能按计划进度推进。双方应共同商定一级网络计划，并由双方主要负责人在一级网络计划上签字，将其作为工程承包合同的附件，各自做好该做的工作，共保一级网络计划的实现。项目经理部应及时向业主提交施工进度计划表、月份施工作业计划、月份施工统计报表等，并接受业主的检查、监督。

③质量控制。项目组织应对质量严格要求，注意尊重业主的监督，对重要的隐蔽工程，如地槽及基础的质量检查，应请业主代表参加认证并签字，认定合格后方可进入下道工序。对暖、卫、电、空调、电梯及设备安装等专业工程项目的质量验收，也应请业主代表参加。项目组织应及时向业主或业主代表提交材料报验单、进场设备报验单、施工放样报验单、隐蔽工程验收通知、工程质量事故报告等材料，以便业主代表对工程质量进行分析、监督和控制。

④合同关系。甲乙双方是平等的合同关系，双方都应真心诚意共同履约，一旦发生合同问题，应分情况按有关规定处理。对于合同纠纷，首先应协商解决，协商不成时才向合同管理机关申请调解、仲裁，或诉请人民法院审判解决。施工期间，一般合同问题切忌诉讼，遇到非常棘手的合同问题，不妨暂时回避，等待时机，另谋良策。只有当对方严重违约而使自己的利益受到重大损失时才采用诉讼手段。

⑤签证问题。在项目施工中，出现一些设计变更和项目增减等现象是不可避免的。因此，现场签证成为甲乙双方都十分关心的事。对较大的设计变更和材料代用，应经原设计部门签证，甲乙双方根据签证文件办理工程增减，调整施工图预算。对于不可抗拒的灾害，国家规定的材料、设备价格的调整等，可商请业主代表签证，据以结算工程款。

⑥收付进度款。项目经理部应根据已完工程量及收费标准，计算已完工程价值，编制"工程价款结算单"和"已完工程月报表"，送交业主代表办理签证结算。业主应在合同规定的期限内办理完签证和支付手续。

3)交工验收阶段

当全部工程或单项工程已经竣工时，双方应按规定及时办理交工验收手续。项目组织应按交工资料清单整理有关交工资料，验收后交业主保管。验收中项目组织应依据技术文件、承包合同、中间验收签证及验收规范，对业主提出的问题作出详细解释。对存在的问题，应采取补救措施，尽快达到设计、合同、规范的要求。

作为施工单位，在处理与业主的关系时，应把履行合同放在第一位，坚持以合同为依据，同时本着"友好协商、调解"的原则处理纠纷。

(5)与监理的关系

监理单位与承包商都属于企业，是平等的主体。在工程项目建设上，它们之间没有直接的合同。监理单位之所以对工程项目建设中的行为进行监督，一是因为业主的授权，二是因为承包商在承包合同中也事先予以承认。同时，国家相关法律法规也赋予监理单位监督建设法规、技术法规实施的职责。项目经理部必须接受监理工程师的监理，并为其开展工作提供方便，按照要求提供完整的原始记录、检测记录、技术及经济资料。现场组织与监理工程师的业务关系极为密切，主要表现在以下几方面。

①合同签订阶段：在商签合同过程中，一般是监理单位代表业主与施工单位谈判，以便达成签订合同的协议。商签合同及合同的订立，奠定了在整个施工过程中监理与施工双方关系的基础。

②施工准备阶段：在施工准备过程中，业主的责任可以自行完成，也可以委托给承包商完成。监理单位的责任是，代表业主督促承包商完成应担负的准备工作，以便工程早日开工。监理单位应认真审核施工准备情况以及承包商的开工报告，并下令开工。

③施工和竣工阶段：该阶段的业务关系主要发生在工程质量控制、工程成本控制、进度控制、合同管理和信息管理等各方面。监理单位根据业主的授权和国家相关的法律法规规定，享有的权利一般包括：工程规

模、设计标准和使用功能的建议权，材料和施工质量的确认权与否决权，施工进度和工期的确认权与否决权，工程合同内工程款支付与工程结算的确认权与否决权，组织协调主持权等。

针对上述与监理方的关系，要求施工方尽可能做到：在施工过程中，严格按照监理工程师批准的施工组织设计、施工方案进行管理，接受监理工程师的验收及检查，如有问题，按照监理工程师的要求进行整改；对分包方进行严格管理，杜绝现场施工分包队伍不服从监理工程师管理的现象，使监理工程师的一切指令得到全面的执行；所有进入现场的成品、半成品、设备、材料、器具等主动向监理工程师提交合格证或质保书、复试报告；严格进行质量检查，确保监理工程师能顺利开展工作，对可能出现工作意见不一致的情况，遵循“先执行监理工程师的指导，后磋商统一”的原则，维护监理工程师的权威性。

（6）与周围居民等之间的关系

施工前施工方应公布连续施工时间，办理夜间施工手续，向周围居民、单位做好解释，取得业主、居委会及环保、环卫、城管、交通等部门的支持，如工期不是很紧，尽量避开夜间和中午进行强噪声施工（主要避开晚上 20:00 至次日 6:00），同时采取措施控制噪声、垃圾、扬尘等。

（7）与其他单位的关系

施工中除了经常和建设单位、监理单位有较多的业务关系之外，还与设计单位、质量监督部门以及政府主管部门、行业管理部门有一定的联系，所以应与它们取得联系，主动争取它们的支持和帮助，充分利用它们各自的优势，为工程项目服务。

3. 施工项目经理部的内部关系

施工项目经理部的内部关系主要是领导与协作关系。项目经理部内部关系需要靠内部分工、分责、分权、分利来处理，一般都是通过与项目经理签订责任书或协议等手段来实现。

2.5.3　安装与土建工程的配合

安装与土建工程的配合

本章小结

本章介绍了组织的基本原理，重点研究系统的组织结构模式、组织分工和工作流程组织；介绍了常见的建设工程项目发承包模式及施工项目组织形式，说明了各自的特点和优缺点；介绍了施工项目经理部的基本知识以及各种关系的组织协调等内容；讲述了施工项目经理的素质要求、任务、责、权、利以及建造师执业资格制度；介绍了施工项目的组织协调和安装与土建工程的配合。

思考题

1. 什么是组织？有何含义？
2. 组织论主要的研究系统有哪些？
3. 项目组织的构成要素有哪些？
4. 组织工具有哪些？
5. 项目组织的管理职能是什么？
6. 组织机构设置的原则有哪些？组织机构的设置程序是怎样的？
7. 建设工程项目发承包有哪几种模式？各有哪些特点和优缺点？
8. 施工项目管理组织的形式有哪些？请分别简述直线式、职能式、直线职能式和矩阵式项目管理组织的特征、优缺点和适用范围。
9. 简述项目经理部的性质和作用。
10. 简述施工项目经理部的设置原则和设立步骤。

11. 项目经理部管理制度有哪些?
12. 项目经理有哪些职责和权限? 要承担哪些责任?
13. 简述注册建造师和项目经理的关系。
14. 一、二级建造师分哪些专业? 报考一、二级建造师需要满足什么条件?
15. 通常情况下施工项目的组织协调分为哪几层?
16. 简述项目经理部在施工阶段要处理好哪些业务关系。
17. 在施工准备阶段,如何处理好安装与土建工程的配合?

第3章 流水施工原理

教学目标

学习目标：熟悉常用的施工组织方式及其各自的特点；掌握流水施工参数的意义和各参数的确定方法；掌握流水施工的组织。

能力目标：具备判别各种施工组织方式优劣的能力；具备为不同的施工过程选择合适的施工组织方式的能力；具备横道进度计划的阅读和执行能力；具备为一般分部（分项）工程编制横道进度计划的能力。

教学情景

理论情景：流水施工组织方式是一种在施工现场广泛应用的施工组织方式，那么流水施工与其他施工组织方式相比有哪些优点？组织流水施工的条件是什么？流水施工参数有哪些？怎么确定这些参数？流水施工的几种施工组织方式都有哪些特点？如何组织流水施工？本章一一阐明这些问题，并进一步理论联系实际，深入探讨流水施工在工程实践中的具体运用。

实例情景：某学校三堵长度相同的围墙的施工划分为基槽开挖、混凝土基础施工、墙体砌筑、墙面抹灰四个施工过程，其中每堵墙所需的工作队及工期如下：基槽开挖工作队12人，2 d完成；混凝土基础工作队14人，1天完成；砌墙工作队20人，2 d完成；抹灰工作队15人，1 d完成。现给该工程组织流水施工。横道进度计划如图3-1所示。

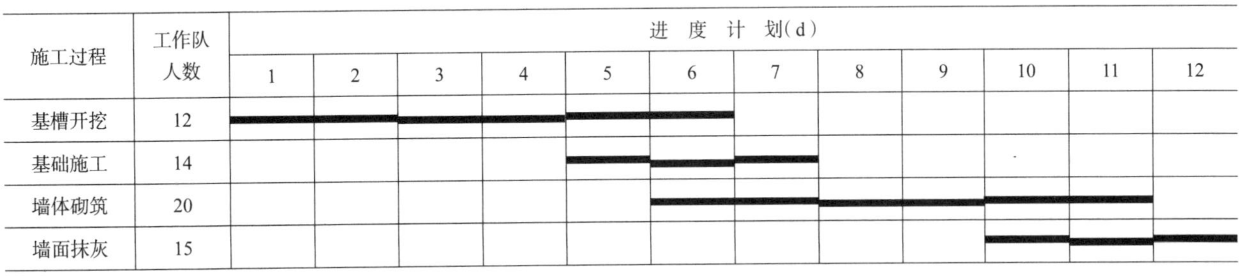

图3-1 某学校围墙施工横道进度计划

3.1 流水施工原理概述

在建设工程中,我们经常会遇到现场如何组织管理施工的问题。比如,一个住宅小区由四栋相同的高层组成,项目经理部首先要考虑这四座建筑是一座一座地建,还是四座同时建,这两种建法虽然都有一定的优点,但显然也有很大的缺点,第一种建法工期会很长,第二种建法要求大量人力、物力资源在短期内同时投入。

而我们知道,一座建筑的施工工程可以分为三个大的部分,即基础工程、主体工程、屋面和装饰工程,那么,可以考虑把四座建筑的三个分部工程作适当安排,即第一座建筑的基础工程先施工,依次是第二座的基础工程,在第二座建筑基础工程施工的同时,第一座建筑的主体工程也在施工,在第三座建筑基础工程施工的同时,第二座建筑的主体工程和第一座建筑的屋面和装饰工程也在施工,依此类推。可以看出,这种建法就是把前面两种建法综合起来运用,相对而言,这种建设方法是最好、最科学的方法,一般情况下,都采用这种方法,这就是流水施工的方法。

3.1.1 流水施工的组织方式与实质

1. 常见的施工组织方式

建筑工程施工组织是指在建筑施工过程中对生产要素(包括人、才、机)进行安排和布置。常用的三种施工组织方式即依次施工、平行施工、流水施工,其中以流水施工组织方式最为经济合理。为说明流水施工的优越性,下面用一个例子对这三种方式进行比较。

例如,三栋相同房屋的基础工程施工,有 5 个施工过程,基槽挖土 2 d,混凝土垫层 1 d,钢筋混凝土基础 2 d,墙基础 1 d,回填土 1 d,现在分别采用依次施工、平行施工、流水施工方式组织施工。

(1)依次施工

依次施工方式又称顺序施工,就是将施工对象或者施工过程分成几个或很多部分,前一部分工程完成后,后一部分工程才开始施工,它是一种最基本、最原始的施工组织方式。

上面的工程就有两种依次施工的方式:一种是把一栋房屋作为一个施工部分(即施工段)来考虑,如图 3-2 所示;另一种是把每一个施工过程作为一个部分(即工序)来考虑,其施工进度安排指示图,如图 3-3 所示。图 3-2 和图 3-3 中的符号含义详见 3.1.2 节。

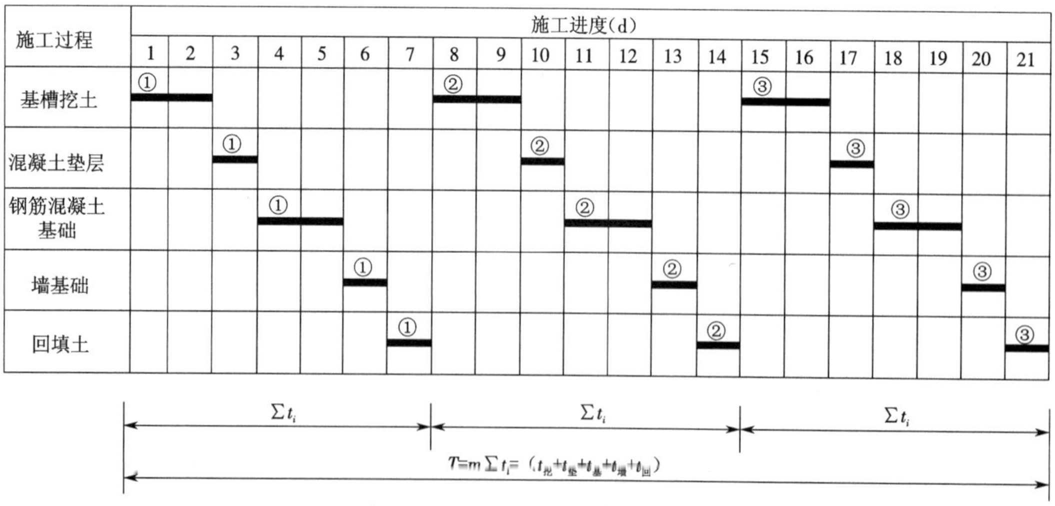

图 3-2 依次施工(按段数依次施工)

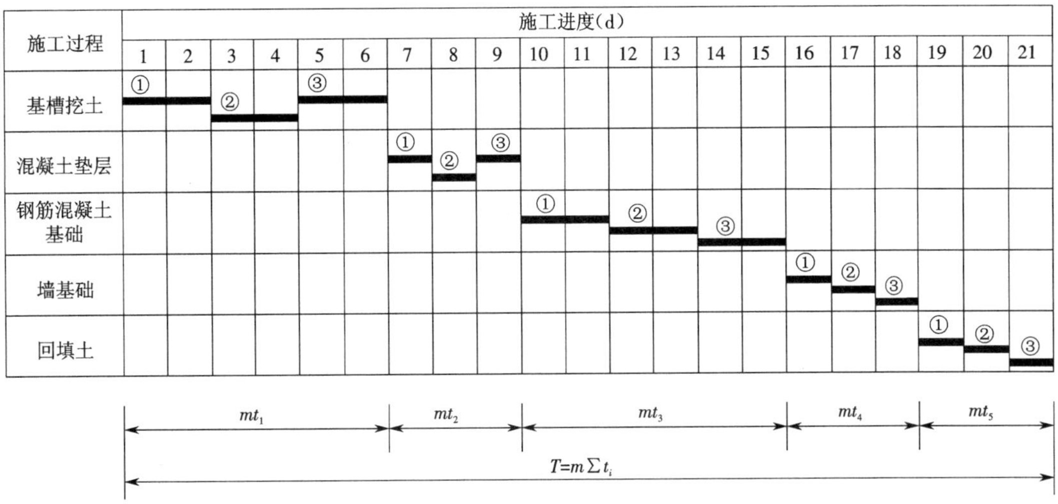

图 3-3 依次施工(按施工过程依次施工)

通过分析,可以得到依次施工的特点如下。

①施工现场的组织管理工作比较简单,投入的劳动力较少,单位时间投入的资源量较少,有利于资源供应的组织工作。

②没有充分利用工作面去争取时间,所以施工工期长。

③消除窝工,则不能实现专业化施工,不利于改进工人的操作方法和施工机具,也不利于提高工程质量和劳动生产率。

④在施工过程中,由于工作面的影响很可能造成部分工人窝工。

所以,依次施工方式一般适用于工作面有限、规模小、要求工期较长的工程。

(2)平行施工

在拟建工程任务十分紧迫、工作面允许以及资源保证供应的条件下,可以组织几个相同的工作队,在同一时间、不同的空间进行施工,这种施工组织方式称为平行施工组织方式。对上面的工程组织平行施工,其施工进度安排指示图如图 3-4 所示。

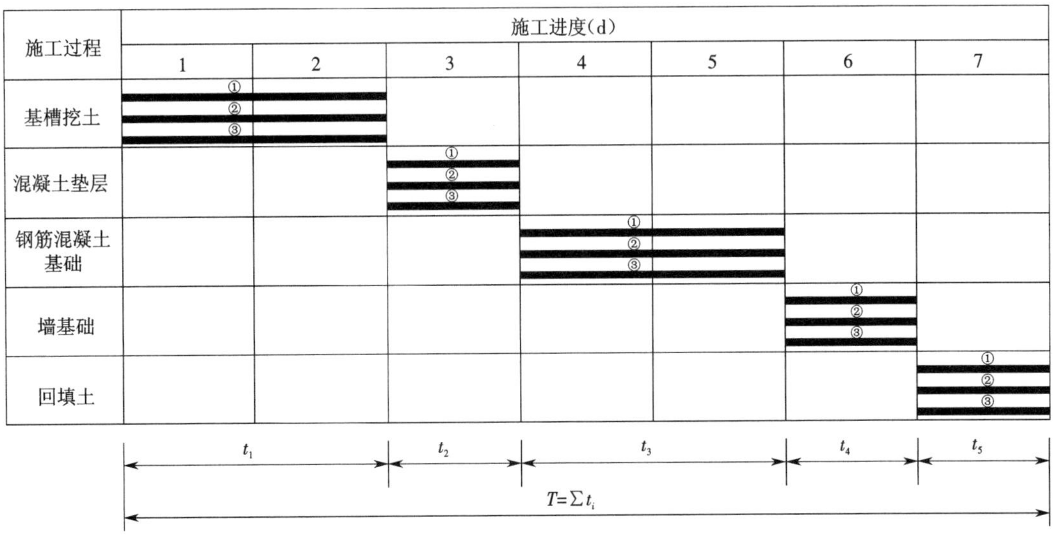

图 3-4 平行施工

从图 3-4 可以看出,采用平行施工组织方式,可以充分地利用工作面,争取时间,缩短施工工期,但单位时间投入施工的资源量成倍增长,现场的临时设施也相应增加,施工现场组织、管理复杂,与依次施工组织方式相同，平行施工组织方式工作队也不能实现专业化生产，不利于改进工人的操作方法和施工机具，不利于提高工程质量和劳动生产率，容易造成工人窝工。

所以，平行施工组织方式一般适用于工期要求紧、规模大、有足够工作面的工程。

（3）流水施工

流水施工是指所有的施工过程按一定的时间间隔依次投入施工，各个施工过程陆续开工，陆续竣工，同一施工过程的施工班组保持连续、均衡，不同施工过程尽可能平行搭接施工的组织方式。

流水施工是根据工业产品流水线生产的基本原理进行的，不同的是工业产品流水生产形式是“人不动，产品在动”，但在建设工程生产组织中，是“人动，产品不动”。对上面的工程组织流水施工，其施工进度安排指示图如图 3-5 所示。

从图 3-5 可以看出，流水施工综合了依次施工和平行施工的优点，克服了它们的缺点，流水施工既不是各施工段依次进行施工，也不是同时进行施工，而是各个施工过程陆续开工、陆续竣工，同一施工过程的施工班组保持连续、均衡，不同施工过程尽可能最大限度地搭接起来。这样，前后施工过程之间安排紧凑，充分利用了工作面，缩短了工期。同时，最后一个施工段上的前后施工过程大都能紧密衔接，使得整个工程的资源供应呈现一定规律的均匀性。

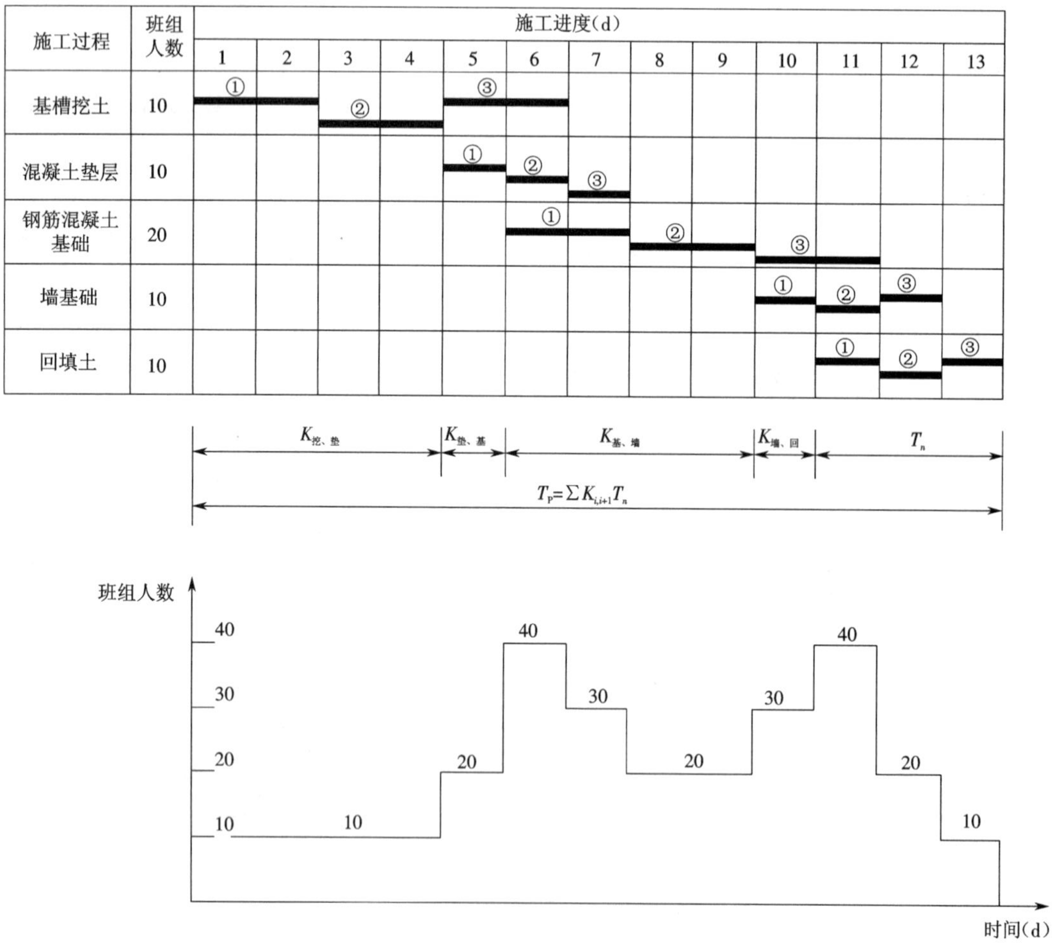

图 3-5　流水施工及资源分布图

流水施工组织方式具有以下特点。

①充分地利用了工作面，争取了时间，工期比较合理。

②工作队及其工人实现了专业化施工，工人的操作技术熟练，可更好地保证工程质量，提高劳动生产率。

③专业工作队及其工人能够连续作业，相邻的专业工作队之间实现了最大限度地合理搭接。

④单位时间投入施工的资源量较为均衡，有利于资源供应的组织工作。

⑤为文明施工和进行现场的科学管理创造了有利条件。

组织流水施工的目的是在建筑施工过程中对生产要素进行合理科学的安排布置，实现最少的劳动资源消耗和最短的施工工期，保质保量地完成施工任务的目标，使企业获得最大的经济效益。

通过分析知道，图 3-5 所示流水施工方式的优点是各个施工过程和各个施工段的施工全部连续，但是这样安排也有缺点，就是工作面没有得到充分利用。

例如，第一个施工段基槽挖土后，直到第三段挖土时才开始垫层施工，闲置了前面两个施工段挖土后形成的工作面，这时可按图 3-6 所示安排施工。

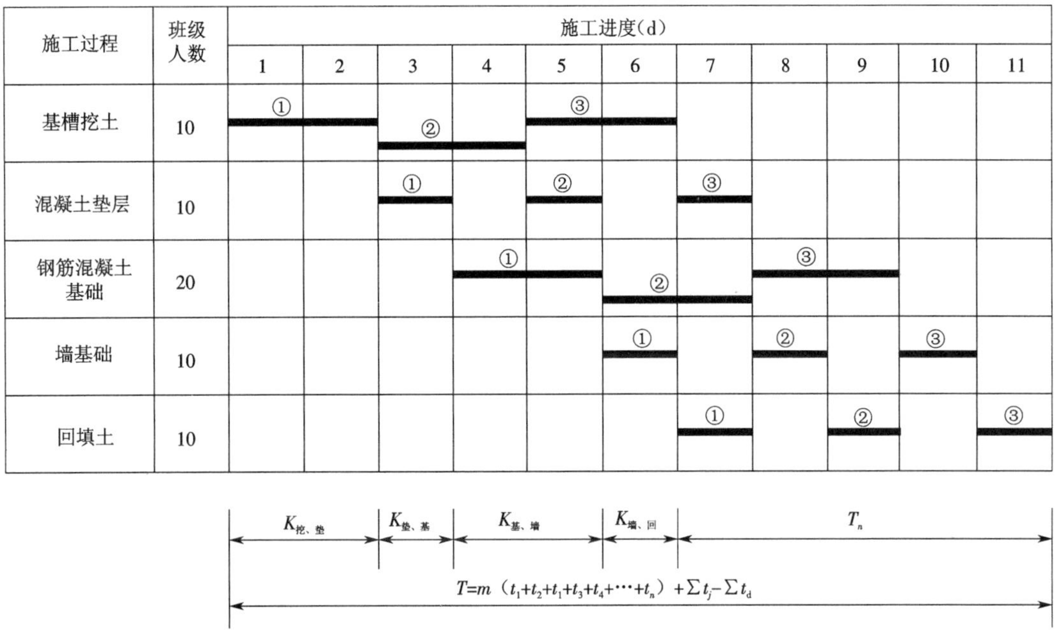

图 3-6　部分间歇式流水施工

由图 3-6 看出，这时各个施工过程进行了最大限度的搭接，总工期比图 3-5 所示缩短了 2 d。其中有几个施工过程作了间歇安排（因为要留养护时间，混凝土垫层施工过程必须间断，而墙基础和回填土施工过程也可安排连续，但对工期没有影响）。这仍属流水施工方式，是部分过程间歇式的流水施工方式。施工班组间歇期间可以和其他工程组织大流水作业。部分间歇式流水施工方式在实际工程施工中很常见。所以说，在组织流水施工的时候，可以着重安排好几个主要的施工过程，即工程量大、持续时间长的施工过程。

2. 流水施工的实质

(1)组织流水施工的要点

1)划分分部分项工程

根据拟建工程的特点和施工要求，将其整个建造过程划分为若干个分部工程，每个分部工程又根据施工工艺顺序划分为若干个施工过程（即分项工程）。

其目的是将建筑对象的建造过程进行分解，以便各专业施工班组进行专业化施工。

2)划分施工段

根据组织流水施工的需要，将拟建建筑在平面上或空间上划分为工程量大致相等的若干个施工段（也称为流水段）。

其目的是把建筑物这个单件产品变成多件产品，以便各专业施工班组进行连续批量生产。

3）组织专业施工班组

每个施工过程组织专业施工班组，每个班组按一定的工艺顺序，依次地、连续地由一个施工段转移到另一个施工段，重复完成同类工作。

4）确定各施工段的持续时间

根据各施工段的工程量、施工班组人数、施工定额确定各施工段的持续时间。

5）主要施工过程要连续、均衡地施工

组织流水施工时，主要施工过程必须连续、均衡地施工。次要的施工过程可与相邻过程合并，或者为缩短工期，可以安排其间歇施工。

6）不同施工过程尽可能组织平行搭接施工

按施工顺序要求，在有足够工作面的条件下，不同施工过程尽可能组织平行搭接施工。

（2）组织流水施工的条件

①拟建工程对象能够划分为若干流水施工段。

②各施工过程组织独立的施工班组。

③安排主要施工过程的施工班组连续、均衡地施工。

④充分利用工作面，不同施工过程之间组织平行搭接施工。

3. 流水施工的表达形式

流水施工进度图的表达方式主要有线条式进度图和网络图两种表达方式。

（1）横道图

横道图即甘特图（Gatt Chart），亦称"线条式进度图"，它是 19 世纪中叶由亨利· L. 甘特制定的第一个完整地用条形图表示进度的标志系统，故用其名字命名。

横道图内在思想简单，即以图示的方式通过活动列表和时间刻度形象地表示出任何特定项目的活动顺序与持续时间。通常，横道图中横轴表示时间，纵轴表示活动（项目），线条表示整个施工期间计划和实际的活动完成情况。它直观地表明任务计划在什么时候进行及实际进展与计划要求的对比。管理者由此可便利地弄清一项任务（项目）还剩下哪些工作要做，并可评估工作进度。在工程施工实践中，横道图通常又有以下两种表达方式。

1）水平指示图表

在流水施工水平指示图表的表达方式中，横坐标表示流水施工的持续时间，纵坐标表示开展流水施工的施工过程，专业工作队的名称、编号和数目；呈梯形分布的水平线段表示流水施工的开展情况，如图 3-7 所示。

图中 T 表示流水施工计划总工期；T_1 表示第一个专业工作队或施工过程完成其全部施工段的持续时间；n 表示专业工作队数或施工过程数；m 表示施工段数；K 表示流水步距；t_i 表示流水节拍，图 3-7 中 $t_i=K$；Ⅰ、Ⅱ、……表示专业工作队或施工过程的编号；带有编号的圆圈表示施工段的编号。

2）垂直指示图表

在流水施工垂直指示图表的表达方式中，横坐标表示流水施工的持续时间；纵坐标表示开展流水施工所划分的施工段编号；几条斜线段表示各专业工作队或施工过程开展流水施工的进度情况，如图 3-8 所示。

（2）网络图

有关流水施工进度网络图的表达方式，详见本书第 4 章内容。

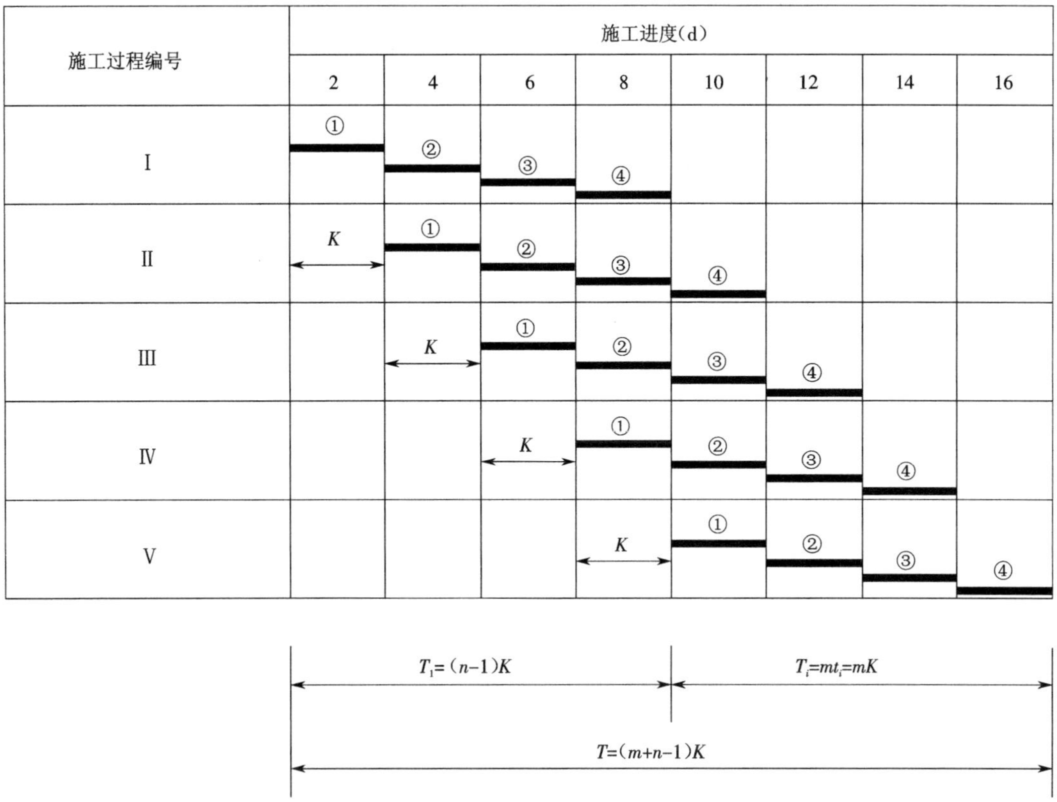

图 3-7　水平指示图表

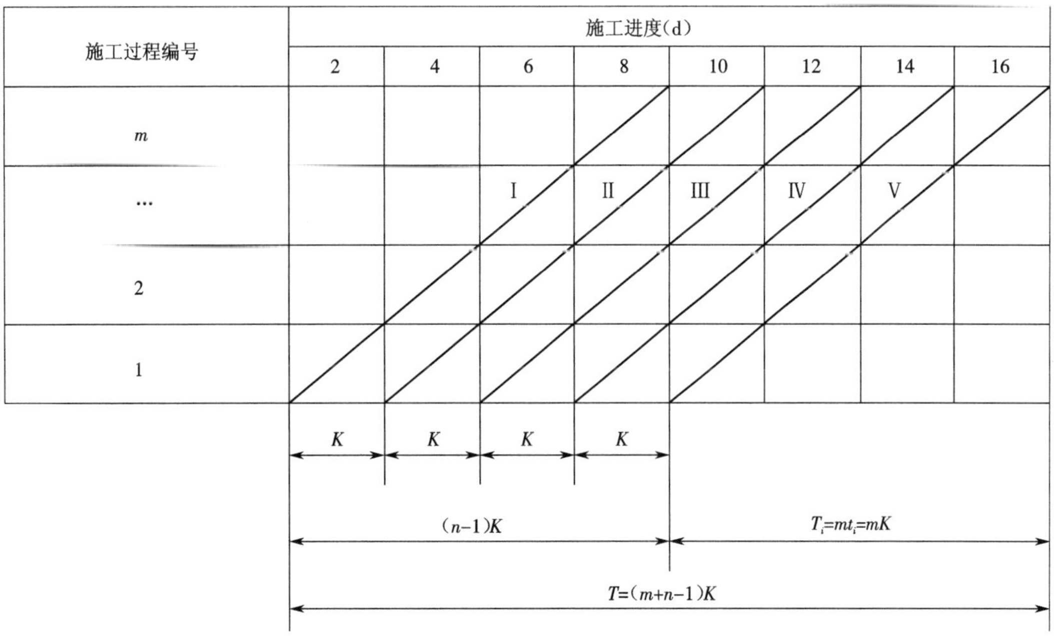

图 3-8　垂直指示图表

3.1.2　流水施工的参数

在组织流水施工时，要进行施工过程的分解、工程对象的划分以及专业班组的选择安排等工作，还要按照一定的规律将其排列，因为这些工作比较复杂，所以为了清楚地表达它们相互之间的关系，便于组织施工，引入了一些流水施工参数。按其性质和作用不同，一般可分为工艺参数、时间参数、空间参数三类。

1. 工艺参数

工艺参数主要是指在组织流水施工时，用于表达施工工艺方面进展情况和完成工程量情况的参数。一般有施工过程数和流水强度两个参数。

（1）施工过程数

施工过程数是组织流水施工的基本参数之一，一般用 n 表示。

一个工程项目的建造过程通常由许多施工过程组成，施工过程可以是一道工序，如基槽挖土是一个施工过程，也可以是几道工序组成的一个分部工程，例如由挖土、垫层、混凝土基础、回填四道工序组成了建筑物的基础工程施工过程。

施工过程的数目多少及划分的粗细程度与下列几个因素有关。

1）与施工计划的性质和作用有关

对工程控制性计划，规模大、结构复杂、工期长的工程项目、群体性建筑等，其施工过程可划分粗一些，综合性大一些。对中小型单位工程及工期较短的实施性计划等，其施工过程可划分细一些、具体一些，一般划分至分项工程。

2）与施工方案及建筑结构有关

不同结构的建筑，施工方案不同，其施工顺序、施工方法也不一样，施工过程数当然一般也不相同。即便是相同结构的建筑，用不同方案施工，施工过程数也会有较大差别。例如，厂房的柱基础与设备基础挖土，若同时施工，可合并为一个施工过程；若先后施工，可分为两个施工过程；又如，承重墙与非承重墙的砌筑，也是如此。

3）与生产组织方式及劳动量大小有关

不同的生产组织方式，施工过程的划分也不同。例如，装饰工程中的门窗玻璃安装和油漆施工，可以合并也可以分开，因为有的是混合施工班组，有的是单一工种班组。施工过程的划分还与劳动量大小有关，劳动量小的施工过程，当组织流水施工有困难时，可与其他施工过程合并，这样可以使各个施工过程的劳动量基本相等。例如，基础垫层的劳动量较小时，可与挖土合并为一个施工过程。

4）与施工内容和范围有关

施工内容和范围也会影响施工过程数，如只把直接在施工现场和工程对象上进行的生产过程划入流水施工过程，而场外生产（如预制加工、运输等）不划入流水施工过程。

（2）流水强度

每一个施工过程在单位时间内完成的工程量称为流水强度。流水强度又称为流水能力或生产能力，一般用 V 表示。

①机械施工过程的流水强度计算公式：

$$V=\sum_{i=1}^{x}R_iS_i \tag{3-1}$$

式中：R_i——某种施工机械的台班数；

S_i——该种施工机械的台班生产率；

x——用于同一施工过程的主导施工机械种类数。

②手工操作施工过程的流水强度计算公式：

$$V=RS \tag{3-2}$$

式中：R——每一施工过程中的工作人数；

S——每一个施工人员每班的产量。

2. 时间参数

时间参数主要是指在组织流水施工时，用于表达在时间方面进展情况的参数。一般有流水节拍、流水步距、流水间歇时间、平行搭接时间、流水工期五个参数。

（1）流水节拍

流水节拍是指一个施工过程在一个施工段上的持续时间，用符号 t_i 表示（i=1，2，⋯，n）。流水节拍的长短表明了施工速度的快慢和各个施工过程之间的节奏。它也决定着单位时间内资源的供应量。

流水节拍的计算一般用两种方法：定额计算法和经验估算法。

1）定额计算法

定额计算法是根据各施工段的工程量、能够投入的资源量来进行计算的。

$$t_i = \frac{Q_i}{S_i R_i Z_i} = \frac{P_i}{R_i Z_i} \tag{3-3}$$

或

$$t_i = \frac{H_i Q_i}{R_i Z_i} = \frac{P_i}{R_i Z_i} \tag{3-4}$$

式中：t_i——某施工过程的流水节拍；

Q_i——某施工过程在某施工段上的工程量；

S_i——某施工过程的每日产量定额；

R_i——某施工过程的施工班组人数或机械台数；

Z_i——每天工作班制；

P_i——某施工过程在某施工段上的劳动量；

H_i——某施工过程采用的时间定额。

2）经验估算法

经验估算法是根据以前总结的施工经验进行估算。为了提高准确程度，一般要估算出流水节拍的最悲观、最乐观、最可能三种时间值，然后由此求出期望时间值作为流水节拍。因此，这种方法也称为三种时间估算法。通常用下式来计算：

$$t_i = \frac{a+4c+b}{6} \tag{3-5}$$

式中：t_i——施工过程在施工段上的流水节拍；

a——施工过程在施工段上的最乐观估算时间；

b——施工过程在施工段上的最悲观估算时间；

c——施工过程在施工段上的最可能估算时间。

确定流水节拍的要点有以下几条。

①施工班组人数应符合该施工过程最少组合人数的要求。

②要考虑施工场所的大小等其他条件的限制，施工班组合人数也不能过多，否则施工人员没有足够的操作空间，不能发挥施工能力。

③要考虑机械台班效率（吊装次数）或机械台班产量大小。因为施工段确定后，流水节拍的大小决定了施工机械的效率。同时，还要考虑施工安全的问题。

④要考虑各种材料、构配件等的供应能力，施工现场堆放量以及其他有关条件对流水节拍的影响。

⑤在某些工程施工中，应考虑施工技术及条件或质量、安全方面的要求。如不能留施工缝的钢筋混凝土连续浇筑等。

⑥确定流水节拍时，首先应考虑主要的、工程量大的施工过程的节拍，其次确定其他施工过程的节拍值。

(2)流水步距

流水步距是指施工工艺上前后两个相邻的施工过程(班组),先后进入同一个施工段所间隔的时间,用符号 K 表示。

一般情况下,当有 n 个施工过程并且施工过程数和专业施工班组数相等时,则有($n-1$)个流水步距。每个流水步距的值是由两个相邻施工过程在各施工段上的节拍值确定的。

确定流水步距应满足以下基本要求。

①各施工过程按各自流水速度施工,始终保持工艺先后顺序。

②各施工过程的专业工作班组都应该连续施工。

③前面的专业工作班组能为相邻后续的专业工作班组创造足够的工作空间。

④相邻两个专业工作班组开始投入施工的时间要最大限度地搭接起来。

流水步距的大、小对工期的长短有较大的影响。步距越大,工期越长;步距越小,工期越短。流水步距的大小与前后两个相邻施工过程节拍的大小、施工工艺技术要求、是否需要有技术与组织间歇时间、流水段数目、流水施工组织的方式等有关。

(3)流水间歇时间

流水间歇时间是指在组织流水施工中,因为施工过程之间的工艺或组织上的需要,必须要留的间隔时间,用符号 t_j 表示。

流水间歇时间包括技术间歇时间和组织间歇时间两种:技术间歇时间是指两个相邻施工过程之间由于工艺技术的要求,必须留有的间隔时间,如混凝土构件浇筑完后的养护时间以及抹灰层和油漆层的干燥硬化时间等;组织间歇时间是指两个相邻施工过程之间由于施工组织的要求,需要的间隔时间,如砌砖墙前的弹线时间以及浇筑混凝土前进行预埋件检查的时间等。

(4)平行搭接时间

在流水施工中,常常组织多个施工过程的施工班组,在不同的施工部分(施工段)同时搭接施工。并且在实际工程中,有时为了缩短工期,在技术和安全得到保证的条件下,组织相邻两个施工过程的施工班组在同一施工段同时平行搭接施工,其持续时间就称为这两个施工班组之间的平行搭接时间。平行搭接时间通常用符号 t_d 表示。

需要指出的是,在同一施工段上平行搭接施工的情况,一般只有在很紧急并且有条件时才采用。

(5)流水工期

流水工期是指完成一项过程任务或多项过程任务所需的时间。通常指完成由多项过程任务组成的一个工程项目所需的时间,一般用符号 T_p 表示。一般可用下列公式计算:

$$T_p=\sum K_{i,i+1}+T_n+\sum t_j-\sum t_d \tag{3-6}$$

式中:$\sum K_{i,i+1}$——各施工过程的流水步距之和;

T_n——最后一个施工过程的持续时间;

$\sum t_j$——施工过程间歇时间之和;

$\sum t_d$——施工过程搭接时间之和。

3. 空间参数

在组织流水施工时,用以表达其在空间布置上所处状态的参数,称为空间参数。空间参数主要有工作面大小值、施工段数和施工层数三种。

(1)工作面

工作面就是指对施工对象施工时,能够容纳施工人员或施工机械的场所。其大小值一般用符号 α 表示。根据施工对象的不同,用不同的单位来计量。

例如,砌砖墙用长度单位(m)计量,墙面抹灰用面积单位(m^2)计量,混凝土浇筑用体积单位(m^3)计量等。

每个作业的人员或每台施工机械所需的工作面大小，取决于其单位时间内完成工程量的多少和施工操作规程以及安全规程的要求。一些工种需要的合理工作面大小值参考数据见表 3-1。

表 3-1　一些工种合理工作面数据参考表

工作项目	每个技工的工作面	说明
砖基础	7.6 m / 人	以 $1\frac{1}{2}$ 砖计，2 砖乘以 0.8；3 砖乘以 0.55
砌砖墙	8.5 m / 人	以 1 砖计；$1\frac{1}{2}$ 砖计乘以 0.71；2 砖乘以 0.57
毛石基墙	3 m / 人	以 60 cm 计
毛石墙	3.3 m / 人	以 40 cm 计
混凝土柱、墙基础	8 m^3 / 人	机拌、机捣
混凝土设备基础	7 m^3 / 人	机拌、机捣
现浇钢筋混凝土柱	2.45 m^3 / 人	机拌、机捣
现浇钢筋混凝土梁	3.20 m^3 / 人	机拌、机捣
现浇钢筋混凝土墙	5 m^3 / 人	机拌、机捣
现浇钢筋混凝土楼板	5.3 m^3 / 人	机拌、机捣
预制钢筋混凝土柱	3.6 m^3 / 人	机拌、机捣
预制钢筋混凝土梁	3.6 m^3 / 人	机拌、机捣
预制钢筋混凝土屋架	2.7 m^3 / 人	机拌、机捣
预制钢筋混凝土平板、空心板	1.91 m^3 / 人	机拌、机捣
预制钢筋混凝土大型屋面板	2.62 m^3 / 人	机拌、机捣
混凝土地坪及面层	40 m^2 / 人	机拌、机捣
外墙抹灰	16 m^2 / 人	
内墙抹灰	18.5 m^2 / 人	
卷材屋面	18.5 m^2 / 人	
防水水泥砂浆屋面	16 m^2 / 人	
门窗安装	11 m^2 / 人	

（2）施工段

施工段是指在组织流水施工时，将施工对象计划分为若干个劳动量大致相等的部分，每部分就称为一个施工段。施工段的数目通常以 m 表示，它是流水施工的主要参数之一。

每个施工段在某一个时间范围内只能供一个施工过程的班组使用，这样不同的施工班组在不同的施工段上就可以同时进行施工，并且各施工班组能按一定的时间顺序，从一个施工段转移到另一个施工段进行连续施工，即实现流水作业。

施工段划分应合理，其数量多少将影响组织流水施工的效果。划分施工段的原则如下。

①主要施工过程在各施工段上的工程量应尽量相等，相差幅度不宜超过 10%~15%，以保证各施工班组连续、均衡地施工。

②施工段数不能过多，工作面不能太小，否则不能充分发挥施工人员和施工机械的生产效率。同时，也不能满足人员和机械优化组合的要求。

③施工段数不能过少，工作面不能太大，否则工作面不能得到充分利用，造成浪费，最终使工期延长。

④确定各个施工段间的界线时，应不影响建筑结构的整体性。最好与建筑结构的工艺界线相一致，因为

同一个施工过程先后在两个施工段施工，有时会形成一个施工缝。

⑤当施工对象有层间关系时，为使各施工班组能连续施工，应使每层划分的施工段数大于或等于其施工过程数，否则会出现窝工的情况，即应使 $m \geqslant n$。

窝工就是指在同一个施工段上，因为前面一个施工过程还没有结束，而后面一个过程的施工班组没有工作面而不能进入施工，只能等待的情况。

（3）施工层

在组织流水施工时，为了满足专业工种对操作高度和施工工艺的要求，将拟建工程项目在竖向上划分为若干个操作层，这些操作层称为施工层。施工层数一般以 c 表示。

施工层的划分，要按工程项目的具体情况，根据建筑物的高度、楼层来确定。例如，砌筑工程的施工层高度一般为 1.2 m（一步架高），而钢筋混凝土主体结构、室内抹灰、木装饰、油漆、玻璃和水电安装等工程，可按楼层进行施工层划分。

当组织流水施工的对象有层间关系时，应使各施工过程的工作班组做完第一段，能立即转入第二段；做完第一层的最后一段，能立即转入第二层的第一段。因此每层最少施工段数目 m 应满足 $m \geqslant n$ 。否则，施工班组不能连续施工造成窝工。

下面举例说明楼层的施工段数（m）与施工过程数（n）的关系。

【案例 3.1】某二层的现浇钢筋混凝土结构厂房，主体工程的主要施工过程为支模板、绑扎钢筋和浇筑混凝土，设每个施工过程在各施工段上的持续时间均为 3 d，则施工段数（m）与施工过程数（n）有三种情况，试分析。

【解】

1）当 $m<n$ 时

如果按照划分施工段的原则，在平面上将每层划分成两个施工段，在竖向上划分两个施工层，即施工层与结构层相一致，则 $m=2$，$n=3$，其流水施工进展图如图 3-9 所示。

施工层	施工过程名称	施工进度(d)						
		3	6	9	12	15	18	21
Ⅰ	支模板	①	②					
	绑扎钢筋		①	②				
	浇筑混凝土			①	②			
Ⅱ	支模板				①	②		
	绑扎钢筋					①	②	
	浇筑混凝土						①	②

图 3-9　$m<n$ 时流水施工进展图

由图 3-9 看出，此时，各专业工作班组在完成第一施工层第二施工段的任务后，不能连续地进入第二施工层继续施工，如支模板工作班组完成第一层第二段的施工任务后，因为第一层第一段还没有浇筑混凝土而无工作面，要等待 3 d 才能进行第二层第一段的施工，出现窝工，其他班组也一样。

2）当 $m>n$ 时

如果在平面上将每层划分成四个施工段，即 $m=4$，$n=3$，其流水施工进展图如图 3-10 所示。

施工层	施工过程名称	施工进度(d)									
		3	6	9	12	15	18	21	24	27	30
Ⅰ	支模板	①	②	③	④						
	绑扎钢筋		①	②	③	④					
	浇筑混凝土			①	②	③	④				
Ⅱ	支模板					①	②	③	④		
	绑扎钢筋						①	②	③	④	
	浇筑混凝土							①	②	③	④

图 3-10　$m>n$ 时流水施工进展图

由图 3-10 看出，此时，各专业工作班组在完成第一施工层四个施工段的任务后，都能连续地进入第二施工层继续施工，但各施工段在第一层浇筑完混凝土后，均空闲 3 d，即工作面没有被立即使用。

3)当 $m=n$ 时

如果在平面上将每层划分成三个施工段，即 $m=3$，$n=3$，其流水施工进展图如图 3-11 所示。

施工层	施工过程名称	施工进度(d)							
		3	6	9	12	15	18	21	24
Ⅰ	支模板	①	②	③					
	绑扎钢筋		①	②	③				
	浇筑混凝土			①	②	③			
Ⅱ	支模板				①	②	③		
	绑扎钢筋					①	②		
	浇筑混凝土						①	②	③

图 3-11　$m=n$ 时流水施工进展图

由图 3-11 看出，在这种情况下，各专业工作班组均能连续施工，而且施工段没有空闲，这是最理想的情况。

所以，从上面可以得出以下结论。

①当 $m=n$ 时，专业工作班组均能连续施工，不会出现窝工现象，而且施工段没有空闲，工作面能充分利用，这是较理想的情况。

②当 $m>n$ 时，专业工作班组均能连续施工，没有窝工现象，但会出现工作面空闲的情况，但这种空闲时间往往可作为技术或组织间歇时间，是必要的，如混凝土养护、备料等。

③当 $m<n$ 时，因为没有及时提供工作面，专业工作班组不能连续施工，出现窝工的情况。这对组织一座建筑物流水施工是不适宜的，但是，在建筑群施工中可与另一些建筑物组织大流水施工。

在实际工程中，可用下式确定每层的最少施工段数。

$$m_{\min} = n + \frac{\Sigma t_j}{K_{i,i+1}} \tag{3-7}$$

式中：$m_{\min}$——每层需要划分的最少施工段数；

n——施工过程数或专业工作班组数；

Σt_j——某些施工过程之间的间歇时间之和；

$K_{i,i+1}$——流水步距。

应该指出，当施工对象无层间关系时，则施工段的划分不存在上述问题。

3.2 流水施工的组织形式

在工程施工实践中，根据各施工过程时间参数的不同特点，流水施工方式分为有节奏流水施工和无节奏流水施工两类。其中有节奏流水施工又分为等节奏流水施工和异节奏流水施工两种。具体分类如图 3-12 所示。

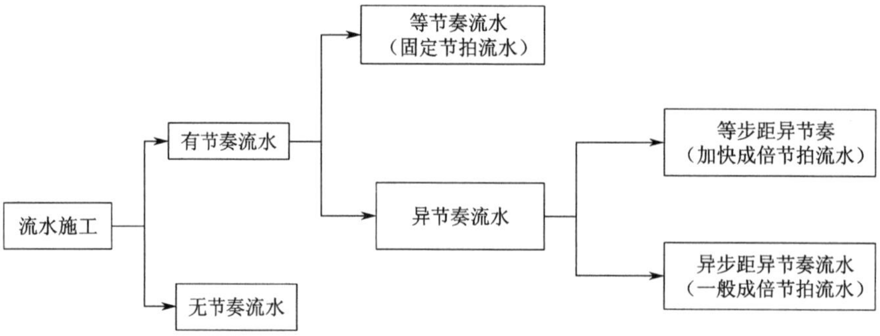

图 3-12　流水施工的组织形式分类

比如，某建筑公司承建了三座建筑的基础工程，它们把第一座的基础工程划分为 A、B、C、D、E 五个施工过程，四个施工段，其流水节拍均为 2 d；把第二座的基础工程划分为 A、B、C、D、四个施工过程，四个施工段，其流水节拍分别为 t_A=2 d，t_B=6 d，t_C=4 d，t_D=2 d，把第三座的基础工程划分为 A、B、C、D、四个施工过程，六个施工段，其流水节拍分别为 t_A=3 d，t_B=2 d，t_C=5 d，t_D=2 d，B 施工过程完成后需有 1 d 的技术间歇时间，试为该公司组织这三座建筑基础工程的流水施工。

从上面的任务中可以看出，三个基础工程的流水节拍各有特点，第一座建筑的基础工程，各个施工过程的流水节拍均相等，第二座建筑的基础工程，各个施工过程的流水节拍成倍数关系，对第三座建筑的基础工程而言，同一施工过程在各个施工段的流水节拍相等，不同施工过程之间的流水节拍没有规律。因为组织流水施工的目的是要使各个施工过程连续均衡地进行，并且应尽量缩短工期。所以，就要针对工程的不同特性采用不同的方式组织施工，才能达到最佳的效果。

3.2.1　有节奏流水施工

1. 等节奏流水施工

如果各个施工过程在各个施工段的流水节拍均相等，那么这种施工方式就称为等节奏流水施工，也称为固定节拍流水施工。

等节奏流水施工的特点如下。

①每一个施工过程在各个施工段的流水节拍相等。

②各个施工过程之间的流水节拍相等。

③每个施工过程只组建一个施工班组，即专业班组数等于施工过程数。

等节奏流水施工分为有间歇和无间歇两种。

（1）无间歇等节奏流水施工

无间歇是指各个施工过程之间没有技术和组织间歇时间的情况。

1）无间歇等节奏流水施工的特点

①同一施工过程的流水节拍相等，不同施工过程之间的流水节拍也相等，即流水节拍 $t_1=t_2=\cdots=t_n=t$。

②各施工过程之间的流水步距相等，并且等于流水节拍，即 $K_{1,2}=K_{2,3}=\cdots=K_{n-1,n}=t_i=t$。

2）无间歇全等节拍流水步距的确定

$$K_{i,i+1}=t_i=t$$

式中：t——常数，各施工过程的流水节拍；

t_i——第 i 个施工过程的流水节拍；

$K_{i,i+1}$——第 i 个施工过程和第 i+1 个施工过程的流水步距。

3）无间歇等节奏流水施工的工期计算

$$T_P=\sum K_{i,i+1}+T_n \tag{3-8}$$

因为 $\sum K_{i,i+1}=(n-1)t_i$，$T_n=mt_n=mt_i$，所以

$$T_P=\sum K_{i,i+1}+T_n=(n-1)t_i+mt_i=(m+n-1)t_i=(m+n-1)t \tag{3-9}$$

式中：T_P——工程流水施工的工期；

$\sum K_{i,i+1}$——各个施工过程流水步距之和；

T_n——最后一个施工过程在各施工段的流水节拍之和。

【案例 3.2】一座建筑的一个分部工程，划分为四个施工过程，分别是 A、B、C、D，每个施工过程分为四个施工段，每个过程在每段的流水节拍均为 2 d，试组织等节奏流水。

案例评析：全等节拍流水施工在各个施工段的流水节拍相等，各个施工过程之间的流水节拍也相等。无间歇全等节拍流水施工的流水步距也相等，并等于流水节拍。

【解】

（1）计算流水施工工期：

$$T_P=(m+n-1)t_i=(4+4-1)\times 2=14(\mathrm{d})$$

（2）绘出用横道图表示的流水施工进度计划（图 3-13）。

（2）有间歇等节奏流水施工

有间歇是指各个施工过程之间有的需要技术或组织间歇时间，有的可以搭接的情况。

1）有间歇等节奏流水施工的特点

①同一施工过程的流水节拍相等，不同施工过程之间的流水节拍也相等。

②因为有间歇和搭接时间，各施工过程之间的流水步距不一定相等。

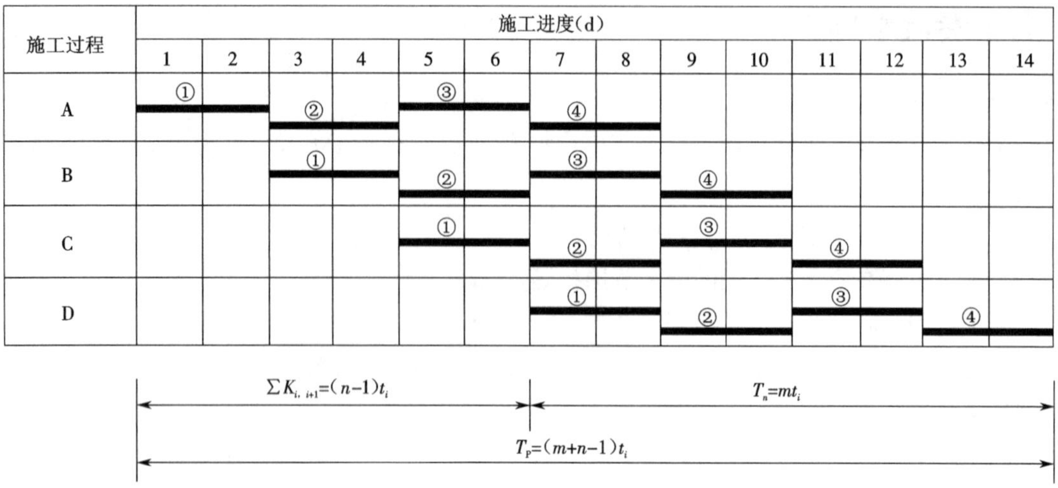

图 3-13　一个分部工程无间歇等节奏流水进度计划

2)有间歇全等节拍流水步距的确定

$$K_{i,i+1}=t_i=t$$

式中：t_i——第 i 个施工过程的流水节拍。

3)有间歇等节奏流水施工的工期计算

$$T_P=\sum K_{i,i+1}+T_n+\sum t_j-\sum t_d$$

因为 $\sum K_{i,i+1}=t_i=t$，$T_n=mt_i=mt$，所以

$$T_P=\sum K_{i,i+1}+T_n+\sum t_j-\sum t_d$$
$$=(n-1)t_i+mt_i+\sum t_j-\sum t_d$$
$$=(m+n-1)t+\sum t_j-\sum t_d$$

式中：$\sum t_j$——各施工过程之间所有间歇时间之和；

$\sum t_d$——各施工过程之间所有平行搭接时间之和。

【案例 3.3】一座办公楼的装饰工程有甲、乙、丙、丁四个施工过程，分为两个施工段；各施工过程的流水节拍均为 3 d，乙过程完成后，停 2 d 才能进行丙过程，试组织流水施工。

【解】

(1)计算流水施工工期：

$$T_P=(m+n-1)t_i+\sum t_j-\sum t_d=(2+4-1)\times 3+2-0=17(d)$$

(2)绘出用横道图表示的流水施工进度计划(图 3-14)。

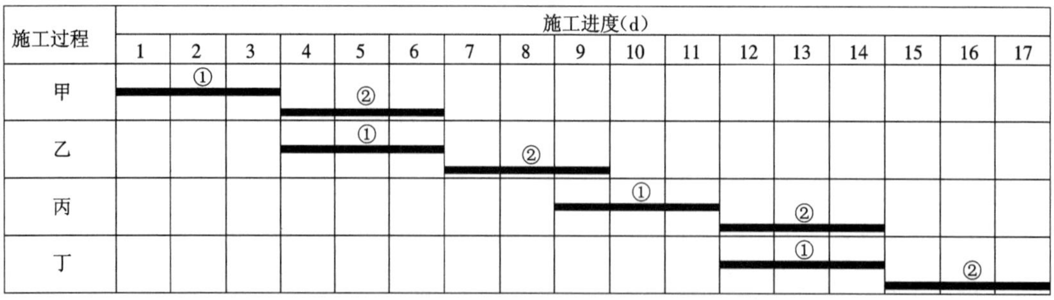

图 3-14　一个装饰工程有间歇等节奏流水进度计划

(3)组织等节奏流水施工的步骤

①划分施工过程。为使各个施工过程的流水节拍都相等，应将劳动量小的施工过程和相邻施工过程合并。

②划分施工段。划分施工段时,应使各个施工段的劳动量与施工班组人数之比都相等,即流水节拍都相等。

③确定主要施工过程的班组人数、工作班制,计算流水节拍值。

④使其他施工过程的流水节拍与主要施工过程的流水节拍相等,确定其他施工过程的班组人数。

⑤确定流水步距,计算施工工期。

⑥绘制流水施工进度图。

等节奏流水施工是一种很理想的流水施工方式,但是,它要求各个施工过程的流水节拍都相等,这往往很难做到,因此在实际工程中应用较少。

2. 异节奏流水施工

(1)等步距异节奏流水(加快成倍节拍流水)施工

如果同一施工过程在各个施工段的流水节拍相等,不同施工过程之间的流水节拍只有部分相等,但各个施工过程的流水节拍均为其中最小流水节拍的整数倍,这种施工方式就是加快成倍节拍流水施工。

1)加快成倍节拍流水施工的特点

①同一施工过程在各个施工段的流水节拍相等,不同施工过程的流水节拍等于或为其中最小流水节拍的整数倍。

②按施工段考虑时,各个施工段的流水步距相等,并且等于其中最小的流水节拍。

③每个施工过程组建的班组数等于其流水节拍与最小流水节拍的比值,有的专业要组织几个班组,因此班组数大于施工过程数。

2)组织加快成倍节拍流水施工的步骤

①划分施工过程。

②划分施工段使同一施工过程在各施工段的工程量基本相等。

③计算各施工段的劳动量,并首先确定劳动量最少的施工过程的流水节拍。

④确定其他施工过程的流水节拍,对流水节拍长的施工过程,根据倍数组织施工班组数,即

$$D_i = \frac{t_i}{t_{\min}} \tag{3-10}$$

式中:D_i——某施工过程所需的班组数;

$t_{\min}$——流水节拍中的最小流水节拍。

⑤确定成倍节拍流水步距。

$$K_{i,i+1}=t_{\min}$$

⑥计算成倍节拍流水工期。

$$T_P=(m+n'-1)t_{\min}+\sum t_j-\sum t_d \tag{3-11}$$

式中:n'——施工班组总数,$n'=\sum D_i$。

⑦绘制流水施工进度图。

【案例3.4】一座建筑物的一个分部工程有A、B、C、D四个施工过程,工程划分为六段,$m=6$,流水节拍分别为$t_A=2$ d,$t_B=6$ d,$t_C=4$ d,$t_D=2$ d,试对该工程组织加快成倍节拍流水施工。

【解】

(1)计算施工班组数:

因最小流水节拍$t_{\min}=2$ d,则

$$D_A=\frac{t_A}{t_{\min}}=\frac{2}{2}=1\text{(个)} \qquad D_B=\frac{t_B}{t_{\min}}=\frac{6}{2}=3\text{(个)}$$

$$D_C=\frac{t_C}{t_{min}}=\frac{4}{2}=2\ (个) \qquad D_D=\frac{t_D}{t_{min}}=\frac{2}{2}=1\ (个)$$

则流水施工班组数为

$$n'=\sum_{i=1}^{4}D_i=1+3+2+1=7\ (d)$$

（2）计算流水施工工期：

$T_P=(m+n'-1)t_{min}=(6+7-1)\times 2=24(d)$

（3）绘制加快成倍节拍流水施工进度图（图 3-15）。

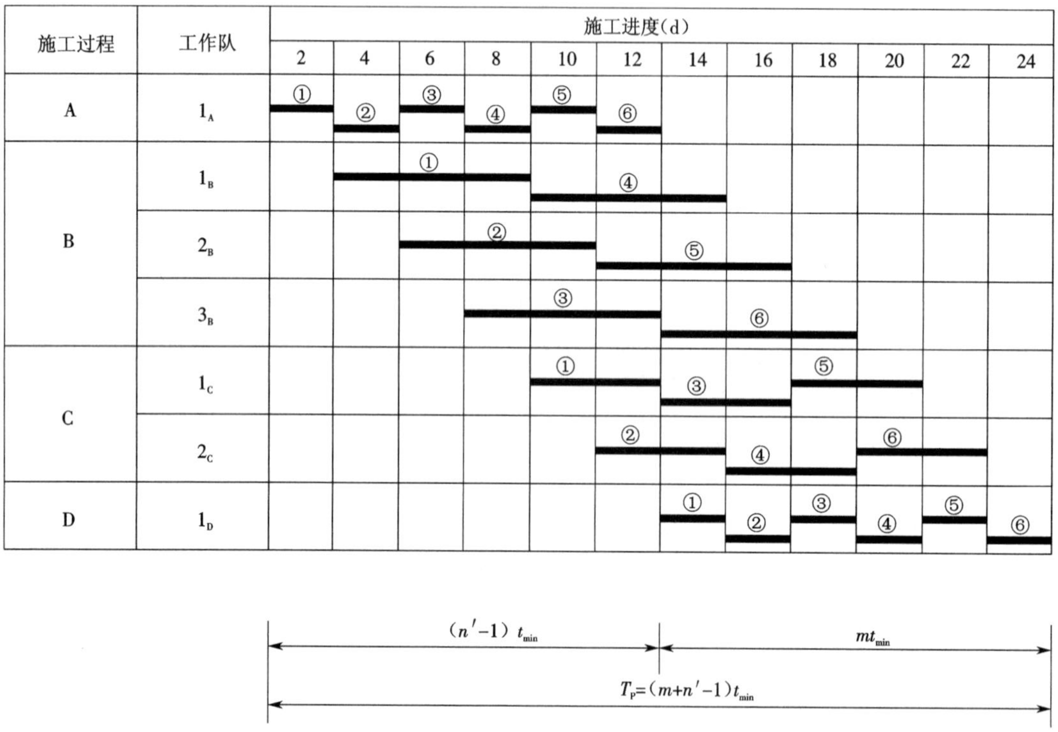

图 3-15　加快成倍节拍流水施工进度图

（2）异步距异节奏流水（一般成倍节拍流水）施工

如果同一施工过程在各个施工段的流水节拍相等，不同施工过程之间的流水节拍最多只有部分相等，这种施工方式就是异步距异节奏流水施工，也称为一般成倍节拍流水施工。

1）异步距异节奏流水施工的特点

①同一施工过程在各施工段的流水节拍相等，不同施工过程的流水节拍最多只有部分相等，且彼此之间无规律。

②不同施工过程之间的流水步距最多只有部分相等，且彼此之间无规律。

③每个施工过程只组建一个施工班组，即专业班组数等于施工过程数。

2）组织异步距异节奏流水施工的步骤

①划分施工过程。

②划分施工段，使同一施工过程在各施工段的工程量基本相等。

③计算各施工段的劳动量，并确定各施工过程的流水节拍。

④确定各施工过程之间的流水步距。

$K_{i,i+1}=t_i$　（当 $t_i \leqslant t_{i+1}$ 时）

$K_{i,i+1}=mt_i-(m-1)t_{i+1}$　（当 $t_i > t_{i+1}$ 时）

⑤计算确定工期。

$$T_P=\sum K_{i,i+1}+T_n+\sum t_j-\sum t_d=\sum K_{i,i+1}+mt_n+\sum t_j-\sum t_d \tag{3-12}$$

式中：t_n——第 n 个施工过程的流水节拍；

其余符号同前。

⑥绘制流水施工进度图。

【案例 3.5】某建筑的基础工程划分为 A、B、C、D 四个施工过程，分为四个施工段，各施工过程的流水节拍分别为：t_A=3 d，t_B=2 d，t_C=5 d，t_D=2 d，B 施工过程完成后有 1 d 的技术间歇时间，试计算出各施工过程之间的流水步距及其基础工程的工期。

【解】

（1）计算流水步距：

因为 $t_A>t_B$，$t_j=0$，$t_d=0$，所以

$$K_{A,B}=mt_A-(m-1)t_B+t_j-t_d=4\times3-(4-1)\times2+0-0=6(d)$$

因为 $t_B<t_C$，$t_j=1$，$t_d=0$，所以

$$K_{B,C}=t_B+t_j-t_d-2+1-0=3(d)$$

因为 $t_C>t_D$，$t_j=0$，$t_d=0$，所以

$$K_{C,D}=mt_C-(m-1)t_D+t_j-t_d=4\times5-(4-1)\times2+0-0=14(d)$$

（2）计算该基础工程的工期

$$T_P=\sum K_{i,i+1}+T_n=\sum K_{i,i+1}+mt_n=6+3+14+4\times2=31(d)$$

（3）绘制流水施工进度图（图 3-16）。

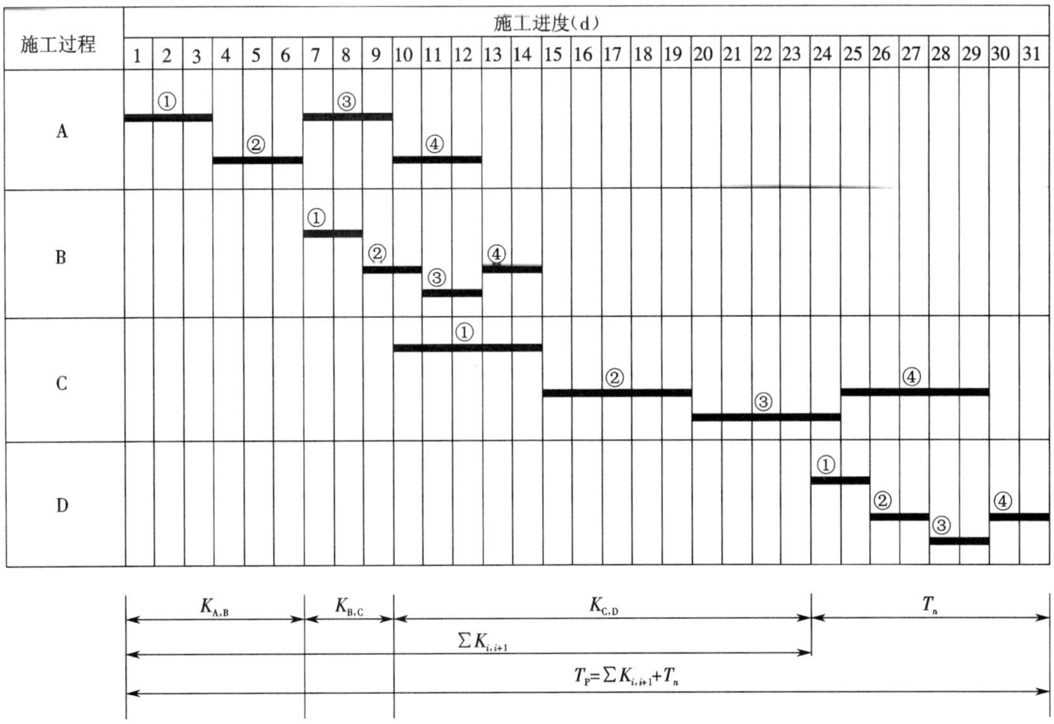

图 3-16　异步距异节奏流水施工进度图

3.2.2　无节奏流水施工

如果各个施工过程在各个施工段的流水节拍最多只有部分相等，且各个流水节拍之间无任何规律，则这种施工方式就是无节奏流水施工。

1. 无节奏流水施工的特点

①同一施工过程在各施工段的流水节拍最多只有部分相等,不同施工过程之间的流水节拍也最多只有部分相等,且各个流水节拍之间无任何规律。

②各个施工过程之间的流水步距最多只有部分相等,且彼此之间无规律。

③每个施工过程只组建一个施工班组,即专业班组数等于施工过程数。

2. 组织无节奏流水施工的步骤

①划分施工过程。

②划分施工段。

③计算各个施工过程在各施工段上的劳动量,并确定其流水节拍。

④计算确定各施工过程之间的流水步距 $K_{i,i+1}$。

⑤计算流水施工总工期。

$$T_P=\sum K_{i,i+1}+T_n \tag{3-13}$$

⑥绘制流水施工进度图。

无节奏流水施工各施工过程之间的流水步距的计算确定有几种方法,但采用“累计相加、错位相减、取大差值”较直观、简捷。

【案例 3.6】某工程有 A、B、C、D 四个施工过程,划分为四个施工段,各个施工过程在各施工段上的流水节拍值如表 3-2 所列,试组织流水施工,计算各施工过程之间的流水步距和工程的工期,并绘制出进度图。

表 3-2 各个施工过程在各施工段上的流水节拍值

施工过程	施工段			
	第一段	第二段	第三段	第四段
A	4	2	1	4
B	2	3	2	3
C	2	3	2	3
D	1	4	3	1

【解】

(1)计算各施工过程之间的流水步距。

经分析判断,该工程的四个施工过程在四个施工段的流水节拍最多只有部分相等,且彼此之间无规律,所以,只能组织无节奏流水施工。现采用“累计相加、错位相减、取大差值”计算流水步距。

①求 $K_{A,B}$:

$$\begin{array}{rrrrrr} & 4 & 6 & 7 & 11 & \\ - & & 2 & 5 & 7 & 10 \\ \hline & 4 & 4 & 2 & 4 & -10 \end{array}$$

取 $K_{A,B}=\max\{4,4,2,4,-10\}$,所以

$K_{A,B}=4(d)$

②求 $K_{B,C}$:

$$\begin{array}{rrrrrr} & 2 & 5 & 7 & 10 & \\ - & & 2 & 5 & 7 & 10 \\ \hline & 2 & 3 & 2 & 3 & -10 \end{array}$$

取 $K_{B,C}=\max\{2,3,2,3,-10\}$,所以

$K_{B,C}=3(d)$

③求 $K_{C,D}$：

$$\begin{array}{rrrrrr} & 2 & 5 & 7 & 10 & \\ - & & 1 & 5 & 8 & 9 \\ \hline & 2 & 4 & 2 & 2 & -9 \end{array}$$

取 $K_{C,D}=\max\{2,4,2,2,-9\}$，所以

$K_{C,D}=4(d)$

（2）计算工程的工期：

$T_P=\sum K_{i,i+1}+T_n=4+3+4+9=20(d)$

（3）绘制出流水施工进度图（图 3-17）。

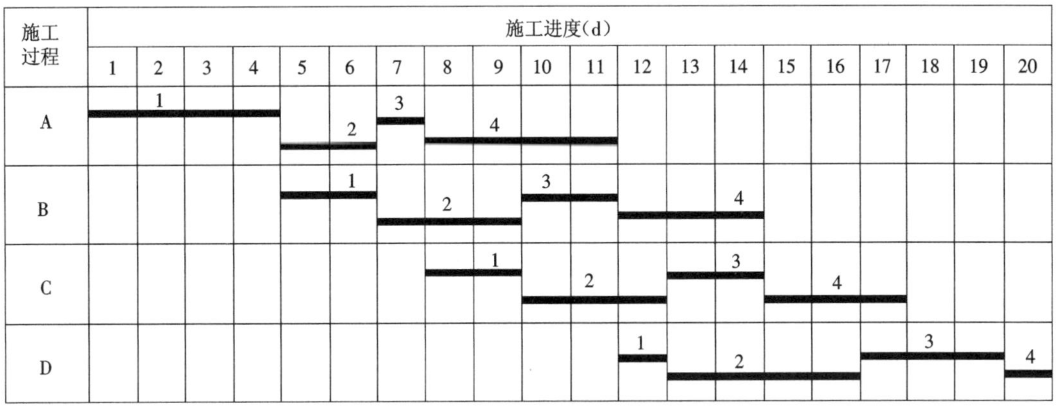

图 3-17　无节奏流水施工进度图

3.3　流水施工的具体应用与工程实例

3.3.1　流水施工的具体应用

流水施工是工程实践中常用的施工组织方式，那么如何对一个单位工程组织流水施工呢？首先组织分部工程流水施工；然后将分部工程的流水线搭接起来，形成单位工程流水。具体步骤如下。

1. 把单位工程划分为若干个分部工程

如一栋房屋的土建工程一般可划分为基础工程、主体工程、屋面及防水工程和装饰工程四个分部工程。

2. 对分部工程组织施工

（1）把分部工程划分为若干个施工过程（分项工程）

一个分部工程由多个细小的分项工程组成，如果把每一个分项工程都单独划分为一个施工过程，会使施工组织变得烦琐而复杂。因此，需要将一些作业性质相似的分项工程合并成一个大的施工过程，这样一个分部工程就可以从形式上划分为几个主要的施工过程，并根据这些施工过程的主要性质选取一个合适的名称，从而使施工组织变得简单明了。合并施工过程时应以方便施工组织为原则，同时结合定额分项和类似的施工经验来划分。一般把基础施工划分为挖基坑、做垫层、基础施工和回填土四个施工过程，其中做垫层这个施工过程往往是由原土打夯、灰土垫层、混凝土垫层等多个小的分项工程组成。

一个分部工程划分为多少个施工过程并没有统一的规定，一般以既能表达一个工程完整的施工过程，又

能做到简单明了为划分原则。

（2）选择分部工程的施工组织方式

每一个分部工程都有自己的工艺特点，在组织分部工程流水时，应根据分部工程的工艺特点和工程的组织特点，为各个分部工程选择相应的施工组织方式，如依次施工、平行施工、流水施工。如选择流水施工，还应选择相应工程的流水方式。

（3）划分施工段

若分部工程采用流水施工或平行施工的方式，则应划分施工段。若采用依次施工，一般不划分施工段。

（4）组建施工队组

为每一个施工过程组织一个专业的施工队组（若采用平行施工或加快成倍节拍流水，每个施工过程的施工队组数目根据具体情况确定），并确定施工队组的人数。

施工队组人数的确定方法是最多人数≥合适人数≥最少人数。最多人数是指在满足正常施工的情况下施工段上可容纳的最多人数，可按下式计算：最多人数 = 最小施工段上的作业面 / 每个工人所需要的工作面。最小施工段上的作业面是指分部工程所划分的施工段中整体工作面最小的施工段；每个工人所需要的工作面见表 3-1。最少人数即最小劳动组合人数。

（5）计算各分部工程的参数

计算各分部工程的参数，如流水节拍、流水步距、施工过程持续时间等。

（6）组织流水施工

为每个分部工程组织流水施工，并绘制横道进度计划。

3. 将分部工程的流水线合并

分部工程之间的搭接，根据其工艺和组织特点可以组织流水施工、平行施工或依次施工。

3.3.2 流水施工综合实例

流水施工综合实例

本章小结

横道进度计划和网络进度计划是我国建设领域最常用的两种进度计划管理方法，是进行工程管理的一件重要的工具，特别是本章所讲述的横道进度计划，由于其直观易懂，在工程管理中得到了广泛的应用。本章主要讲述了流水施工的基础知识、流水施工的参数计算及横道进度计划的绘制、流水施工的组织三大模块。通过这三大模块的学习，使读者具备横道进度计划的阅读能力、横道进度计划的计算编制能力和横道进度计划的实际应用能力。

本章可谓理论性与实践应用性兼备。其中，流水参数确定和横道图的绘制部分理论性强，要求读者严格按照既有规则来确定、绘制；而横道进度计划的应用部分实践性较强，要求读者能够根据不同工程的具体情况灵活运用理论知识编制出相应的横道进度计划。

习　题

1. 组织施工有哪三种方式？
2. 组织流水施工有哪些要点？
3. 组织流水施工有哪些主要参数？简述各自的含义及确定方法。
4. 流水施工按节奏可分为几类？它的适用范围如何？
5. 什么叫横道图、斜道图？
6. 什么叫工作面和最小工作面？

7. 在确定班组人数时应该考虑哪些因素？

8. 什么是最小劳动组合？

9. 如何确定主导施工过程？

10. 画横道图时应注意什么要点？

11. 什么叫劳动定额？时间定额与产量定额之间的关系如何？

12. 工程外墙装修工程有水刷石、陶瓷锦砖（马赛克）、干粘石三种装饰内容，在一个流水段上的工程量分别为 40 m^2、85 m^2、124 m^2；采用的劳动定额分别为 3.6 m^2/ 工日、0.435 工日 / m^2、4.2 m^2/ 工日。求各装饰分项工程的劳动量。此墙共有五段，如每天工作一班，每班 12 人做，则装饰工程的工期为多少天？

13. 某工程墙体工程量为 1 026 m^3，采用的产量定额为 1.04 m^3/ 工日，一班制施工，要求 30 d 内完成。

求：（1）砌墙所需的劳动工日数；（2）砌墙每天所需的施工人数。

14. 某四层砖混结构，基础需 40 d，主体墙需 240 d，屋面防水层需 10 d，现每层均匀分两段，一个结构层分为两个施工层，则基础、主体墙及屋面防水层的节拍各为多少？

15. 试绘制某二层现浇钢筋混凝土楼盖工程的流水施工进度表。已知：框架平面尺寸为 17.4 m × 144 m，沿长度方向每隔 48 m 留一道伸缩缝；且知 $t_{模}$ = 4 d，$t_{筋}$ = 2 d，$t_{混}$ = 2 d，混凝土浇好后在其上立模需 2 d 养护（层间间歇）。

16. 有一幢四层砖混结构的主体工程分砌砖、浇圈梁、搁板三个施工过程，它们的节拍均为 6 d，圈梁需 3 d 养护。如分三段能否组织有节奏流水施工？组织此施工需分几段？工期为多少？画出横道图。

17. 根据表 3-4 所给数据组织无节奏流水（两种方法），绘制横道图并作必要的计算。

表 3-4　施工过程在各施工段上的流水节拍 t

m	n			
	Ⅰ	Ⅱ	Ⅲ	Ⅳ
一	3	2	4	2
二	5	3	5	1
三	2	2	3	4
四	4	2	2	3

18. 某工程由 A、B、C、D 四个施工过程组成，划分两个施工层组织流水施工。施工过程 B 完成后需养护 1 d 施工过程 C 才能开始，且层间技术间歇为 1 d，流水节拍均为 1 d。为了保证工作队连续作业，试确定施工段数，计算工期，绘制流水施工进度图。

第 4 章　网络计划技术

教学目标

学习目标：熟悉网络计划的基本概念、分类及表示方法；掌握网络计划的绘制方法；掌握网络计划时间参数的概念、时间参数的计算、关键线路的确定方法；了解网络计划优化的基本概念、优化方法，网络图进度计划的控制方法。

能力目标：能够根据工作的逻辑关系正确绘制网络图，并且进行时间参数的计算，确定关键线路；能够对比工期要求进行网络计划的优化。

教学情景

理论情景：网络计划技术就是将各工作的开展顺序及其相互间的关系用网络图表达出 来，然后计算各工作的时间参数，以此控制工作，从而保证工期能够满足要求。

实例情景：某单位工程的施工工期已定，此单位工程的进度计划如何编制？各项工作以什么顺序开展？它们有何关系？各项工作持续多长时间？需要多少劳动力和机械设备？哪些工作的施工会影响到工期变化？如果某项工作发生时间的延长，怎样调整以后的工作？

4.1　网络计划技术概述

在工程项目建设过程中，某施工单位承接了一所学校的办公楼土建基础工程，施工过程为挖槽（A）、垫层（B）、墙基础（C）、回填土（D），每个施工过程划分两个施工段，即 m=2，其施工过程在两个施工段上的持续时间见表 4-1。

施工单位对其组织流水施工，并分别编制了该土建基础工程的横道进度计划图（图 4-1）和网络进度计划图（图 4-2）。施工进度计划既可以用横道图表示，也可以用网络图表示，横道图简洁直观，但网络图能全面而明确地反映出各项工作之间相互依赖、相互制约的关系，可以方便地对其进行调整与优化，实现资源的均衡，以最小的消耗取得最好的经济效益。

表 4-1 施工过程的持续时间

施工过程	施工段①	施工段②
挖槽(A)	5	6
垫层(B)	2	1
墙基础(C)	4	3
回填土(D)	2	2

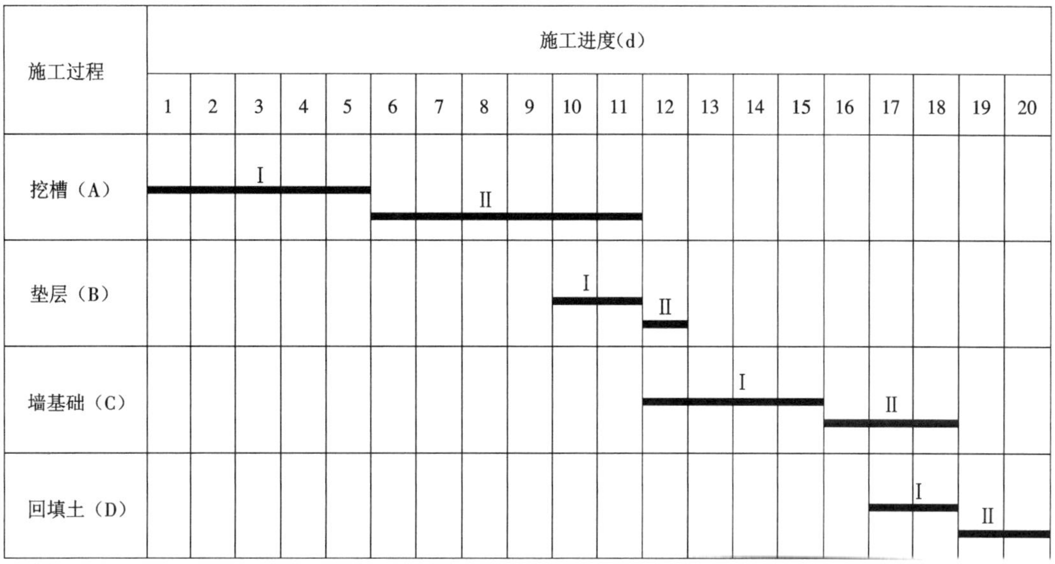

图 4-1 基础工程横道图进度计划

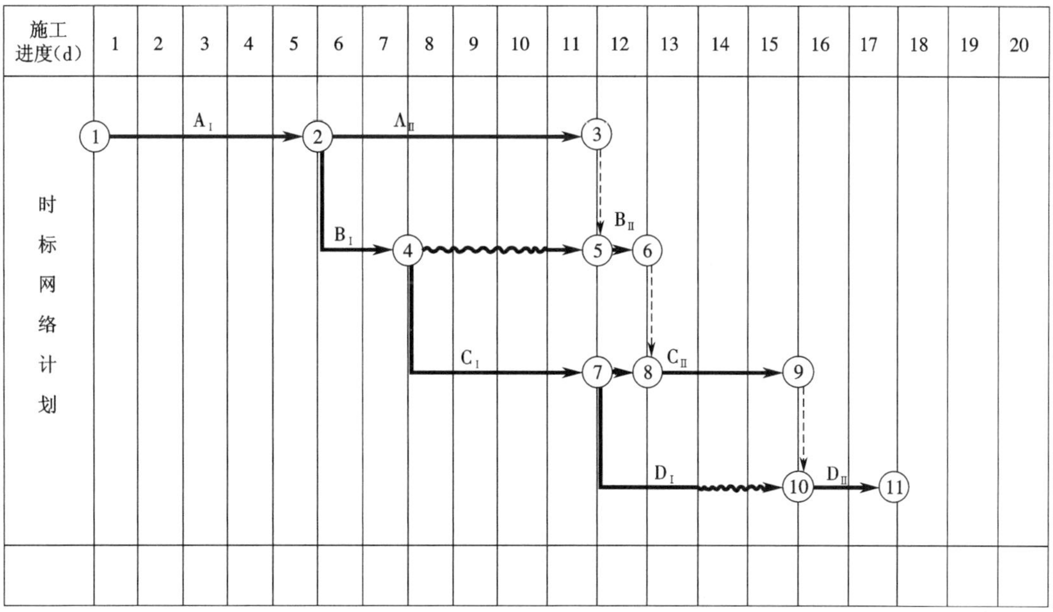

图 4-2 基础工程网络图进度计划

请思考，为什么同一个工程项目，按横道图计算的工期为 20 d，而按网络图计算的工期为 17 d。

4.1.1 网络计划基本概念

网络计划技术的基本模型是网络图。网络图是指由箭线和节点组成的，用来表示工作流程的有限、有向、有序网络图形。用网络图表达任务构成、工作顺序，并加注工作时间参数的进度计划，称为网络计划。

网络计划技术的基本原理如下。

①应用网络图形来表示一项计划(或工程)中各项工作的开展顺序及其相互之间的关系。

②通过对网络图进行时间参数计算,找出计划中的关键工作和关键线路。

③通过不断改进网络计划,寻求最优方案,以求在计划执行过程中对计划进行有效的控制与监督,保证合理地使用人力、物力和财力,以最小的消耗取得最好的经济效果。

网络计划技术能够清楚地表达各工作之间相互依存和相互制约的关系,可以用来对大型复杂的项目作出系统有序的安排,从而产生良好的管理效果和经济效益。利用网络计划,通过计算可以找出其中的关键线路和非关键线路,同时还可计算出关键工作和其他工作的机动时间,有利于工作中利用这些机动时间,优化资源配置,调整工作进程,降低成本。网络计划也有利于计算机技术在工程项目管理中的应用。

网络计划图的缺点是对进度状况不能一目了然,识读比较麻烦,绘图的难度和修改的工作量也较大。

建筑工程项目管理应用网络计划技术的基本方法如下。

①将工程的全部建造过程分解为若干工作项目,并按其先后次序和相互制约关系,绘制网络图。

②计算时间参数,找出关键工作和关键线路。

③利用优化原理,逐步修改初始方案,直到取得最优网络计划方案。

④在网络计划执行过程中进行有目的的监控,以最少的消耗获得最佳的经济效果。

4.1.2 网络计划的分类

1. 按网络计划的表示方法分类

①双代号网络计划:即用双代号网络图表示的网络计划,是以箭线及其两端节点的编号表示一项工作的网络图。

②单代号网络计划:是以单代号网络图表示的网络计划,是以节点及其编号表示工作,以箭线来表示工作之间逻辑关系的网络图。

2. 按目标的多少区分

①单目标网络计划。只有一个终点节点的网络计划称为单目标网络计划。

②多目标网络计划。有多个终点节点的网络计划称为多目标网络计划。

3. 按时间标注方法分类

①有时标网络计划。它指以时间坐标为尺度绘制的网络计划。网络图中表示每项工作的箭线的水平投影长度与其持续时间成正比。

②非时标网络计划。它指不按时间坐标绘制的网络计划。网络图中工作箭线长度与持续时间无关,可按需要绘制。

此外,还有按层次划分的总网络计划和局部网络计划;按工作衔接特点划分的普通网络计划、搭接网络计划和流水网络计划等。

4.2 双代号网络计划

假设某建设工程施工任务由 A、B、C、D、E、F 六项工作组成,工作持续时间分别为 2 d、3 d、2 d、2 d、3 d、2 d。工作之间的逻辑关系为:A 工作完成之后方可进行 B、C 工作,B 工作完成后方可进行 D 工作,E 工作必须在 B、C 都完成后才可开始,而 F 工作只能在 D、E 工作都完成后才能进行。如何用较直观的方法表示上述各项工作之间的逻辑关系呢?

分析此类问题图示法是首选。其中，双代号网络图是以箭线及其两端节点的编号表示工作的网络图，以箭线表示工作（或施工过程），以节点表示工作的开始或结束状态及工作之间的连接点。一条箭线及其两端节点的编号代表一项工作，将其按施工顺序先后连接起来，便得到双代号网络图。上述各项工作之间的开展顺序及其相互之间的关系可以用图 4-3 所示双代号网络图表示。

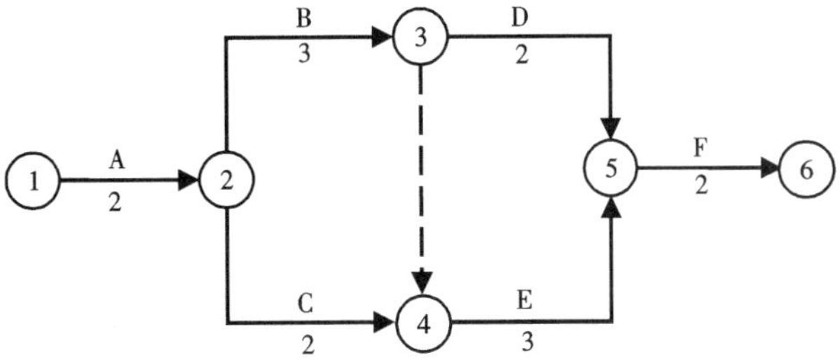

图 4-3　双代号网络图

4.2.1　双代号网络计划组成

双代号网络图的基本符号是箭线、圆圈及其中的编号，如图 4-4 所示。在双代号网络图中，一条箭线表示一项工作，箭尾节点表示该工作的开始，箭头节点表示该工作的结束。所谓“工作”，是指对计划任务按需要的粗细程度划分而成的，消耗资源（时间也视为一种资源）的一个子项目或子任务。

1. 箭线

（1）实箭线

箭线及其两端标有编号的圆圈表示工作。

箭线之下用数字表示工作的持续时间，箭线之上用符号或文字表示工作的名称，圆圈表示节点，圆圈内的数字表示节点编号，节点表示某项工作开始或结束的瞬间（如图 4-4 所示）。

（2）虚箭线

除了表示工作的实箭线外，还有一种虚箭线。虚箭线的唯一功能是用来正确表达前后工作的逻辑关系。它不消耗资源，持续时间为零，不代表实际工作，可以认为是一项虚工作。有时为了避免两项同时开始、同时进行的工作具有相同的开始节点和完成节点，也需要用虚箭线加以区分（如图 4-5）。

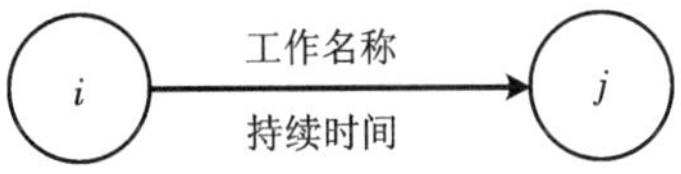

图 4-4　双代号表示法

图 4-5　虚工作表示方法

在无时间坐标的网络图中，箭线的长度原则上可以任意画，其占用的时间以下方标注的时间参数为准。箭线可以是直线、折线或斜线，但其行进方向均应从左至右。在有时间坐标的网络图中，箭线的长度必须根据完成该工作所需持续时间的长短按比例绘制。

就某工作而言，紧靠其前面的工作称为紧前工作，紧靠其后面的工作称为紧后工作，与之平行的工作称为平行工作（如图 4-6 所示）。

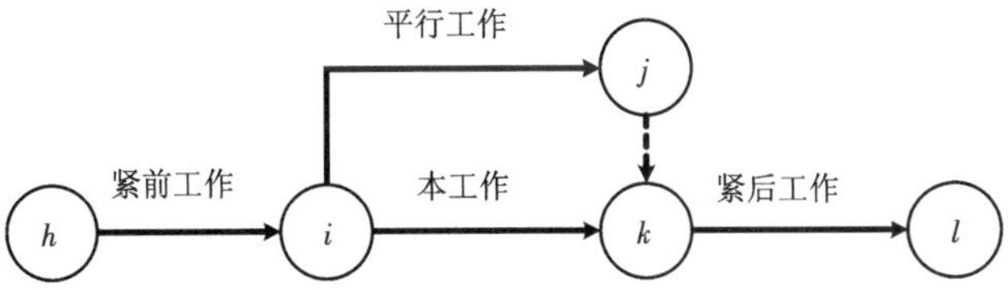

图 4-6　工作的关系

2. 节点

节点是指网络图中箭线两端有编号的圆圈，在双代号网络图中，节点表示一项工作的开始或结束的时间点，它反映工作之间的逻辑关系。网络图中有三种类型的节点。

（1）起点结点

网络图的第一个结点称为起点节点，它只有外向箭线（由节点向外指的箭线），通常表示一项任务或一个项目的开始。

（2）终点结点

终点节点为网络图的最后一个节点，它只有内向箭线（指向节点的箭线），一般表示一项任务或一个项目的完成。

（3）中间节点

在网络图中，既有内向箭线，又有外向箭线的节点为中间节点。

注意：箭头节点编号大于箭尾；可不连续，但不允许重复。

3. 线路

线路指在网络图中从起点节点沿箭线方向，顺序通过一系列箭线和中间节点到达终点节点的通道。在各条线路中，持续时间最长的线路称为关键线路，一般用粗线或双线表示，其余称为非关键线路。位于关键线路上的工作称为关键工作，关键工作完成的迟早直接影响整个计划的工期。关键线路至少有一条，有时可有多条。某关键工作时间经过调整缩短或某非关键工作时间拖延后，关键线路可能发生转变。图 4-3 所示的双代号网络图中存在三条线路，分别如下。

线路 1：①→②→④→⑤→⑥，T=2+2+3+2=9（d）

线路 2：①→②→③→④→⑤→⑥，T=2+3+3+2=10（d）

线路 3：①→②→③→⑤→⑥，T=2+3+2+2=9（d）

其中线路 2 的持续时间最长，因此关键线路为线路 2。

4. 逻辑关系

网络图中工作之间相互制约或相互依赖的关系称为逻辑关系，逻辑关系包括工艺关系和组织关系，在网络图中均表现为工作之间的先后顺序。

（1）工艺关系

工艺关系主要指生产性工作之间由工艺过程决定，非生产性工作之间由工作程序决定的先后顺序。

（2）组织关系

组织关系主要指由组织安排需要或资源（人力、材料、机械设备和资金等）调配需要而确定的工作的先后顺序关系。

4.2.2 双代号网络图的绘制

1. 绘制原则

①只有一个起点节点和一个终点节点。

②不能出现代号相同的箭线。

③不允许出现循环线路，如图 4-7 所示。

④不允许出现双向箭线、无箭线和反向箭线。

⑤不允许出现没有箭尾节点或没有箭头节点的箭线。

⑥采用母线绘制法，如图 4-8 所示。

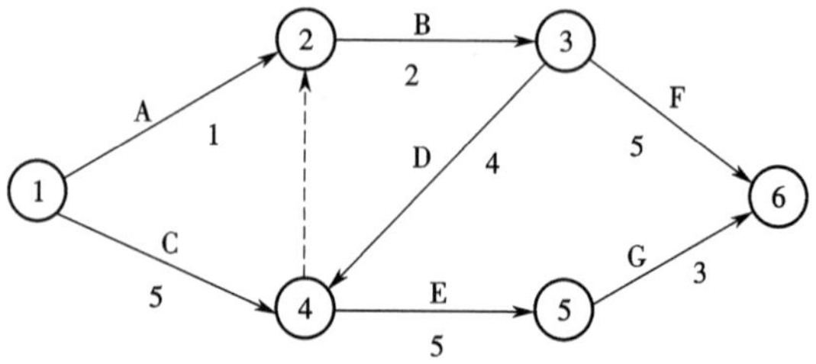

图 4-7 有循环线路的错误网络图

⑦箭线相交时，采用过桥法或者指向法绘制，如图 4-9 所示。

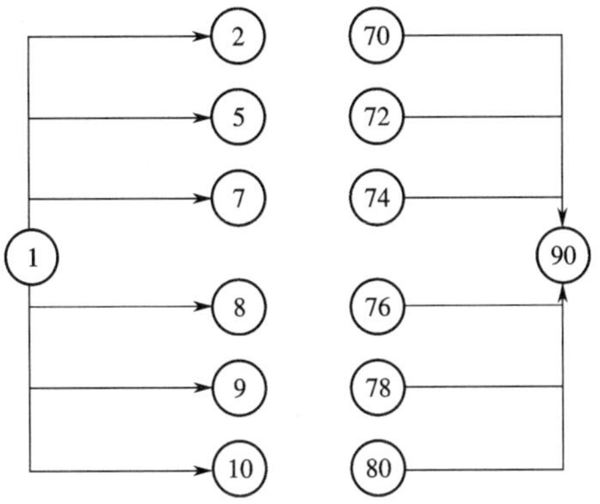

图 4-8　母线法绘图

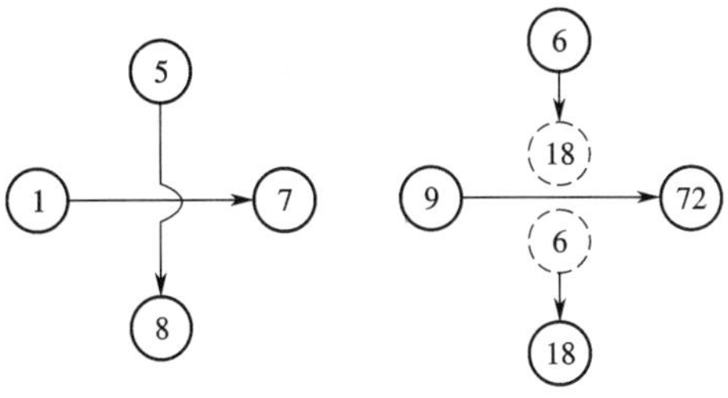

(a)　　(b)

图 4-9　箭线交叉的表示方法

(a)过桥法　(b)指向法

除了以上绘图原则，双代号网络图应布局合理，条理清楚，尽量简化(如图 4-10(b)所示)。网络图中的工作箭线不宜画成任意方向或曲线形状，尽可能用水平线或斜线；关键线路、关键工作尽可能安排在图面中心位置，其他工作分散在两边；避免倒回箭头等。

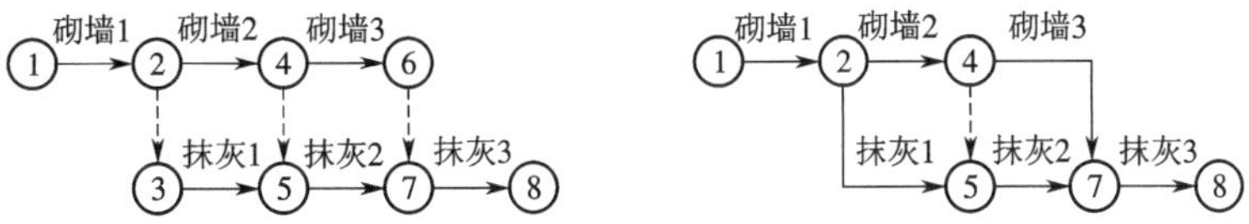

(a)　　(b)

图 4-10　网络图的简化

(a)有多余箭线和节点的网络图　(b)简化后的网络图

2. 逻辑关系的表示方法

绘制双代号网络图，需要正确表示工作之间的逻辑关系，表 4-2 将常见的几种双代号绘图的逻辑关系汇总如下。

表 4-2　双代号网络图中常见工作逻辑关系及其表达方式

序号	工作之间的逻辑关系	网络图中的表示方法	说明
1	A、B、C 无紧前工作，即 A、B、C 均为计划的第一项工作，且平行开始	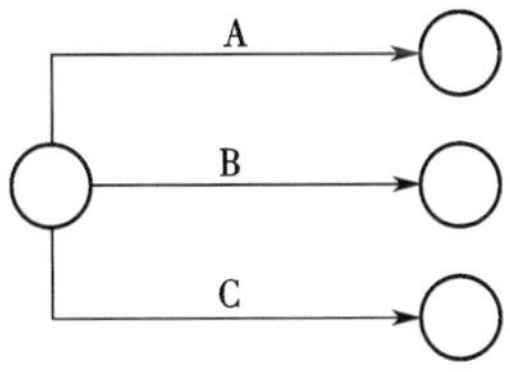	A、B、C 称为平行工作
2	A、B、C 为最后三项工作，即 A、B、C 无紧后工作	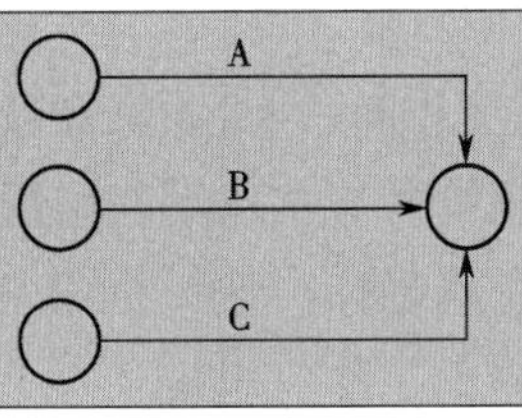	A、B、C 称为平行工作
3	A 完成后，B、C 才能开始	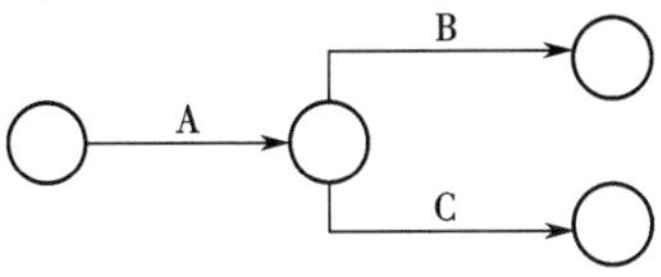	A 工作制约着 B、C 工作的开始，B、C 为平行工作

续表

序号	工作之间的逻辑关系	网络图中的表示方法	说明
4	A、B 均完成后，C 才能开始	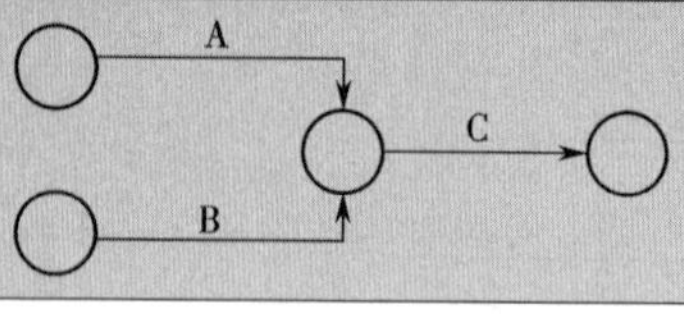	C 工作依赖着 A、B 工作，A、B 为平行工作
5	A、B 均完成后，C、D 才能开始	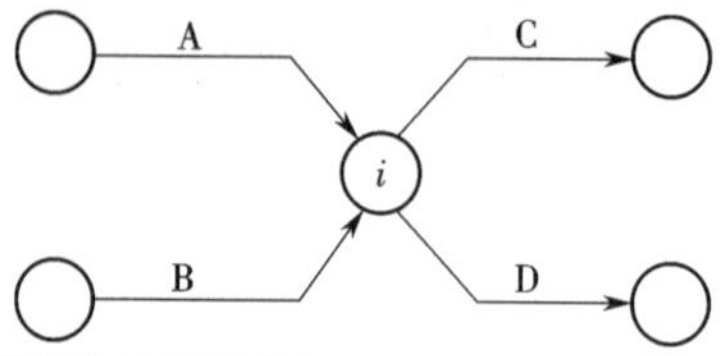	通过中间节点 *i* 正确表达了四项工作之间的关系
6	有 A、B、C、D 四项工作，A 工作完成后 C 工作才开始；在 A、B 完工后，D 工作才开始	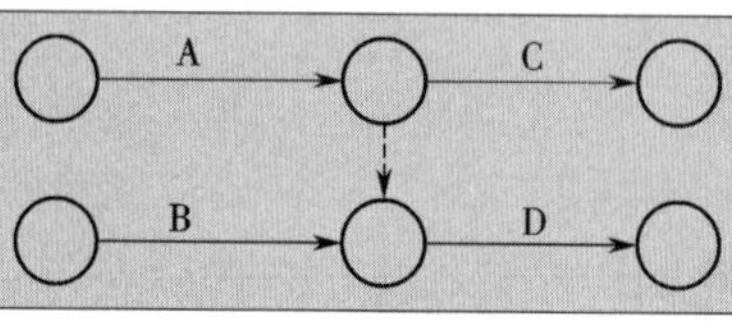	A、D 工作之间引入了虚工作，正确地表达了各项工作之间的逻辑关系
7	有 A、B、C、D、E 五项工作，A、B 工作完成后 C 工作才能开始，B、D 工作完成后 E 工作才能开始	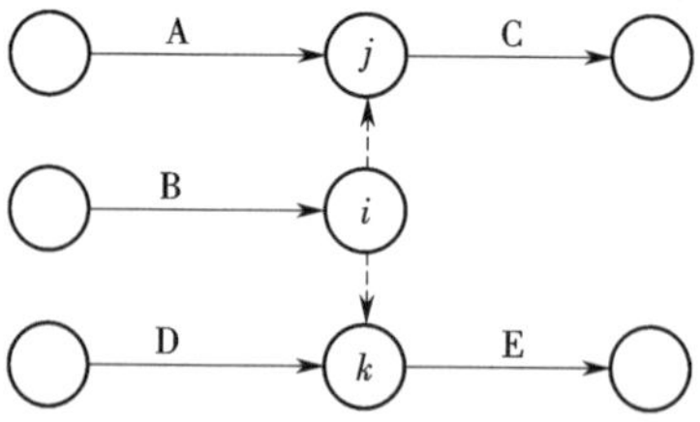	虚工作 *i-j* 反映出 C 工作受到 B 工作的制约，虚工作 *i-k* 反映出 E 工作受到 B 工作的制约
8	有 A、B、C、D、E 五项工作，A、B、C 工作完成后 D 工作才能开始，B、C 工作完成后 E 工作才能开始	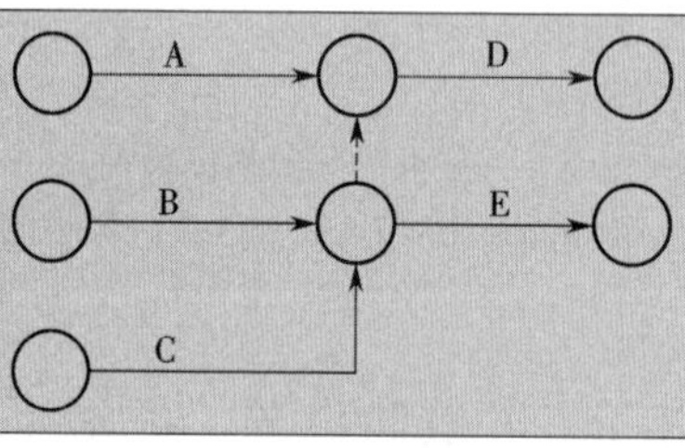	虚工作反映出 D 工作受到 B、C 工作的制约
9	A、B 两项工作分三个施工段，平行施工	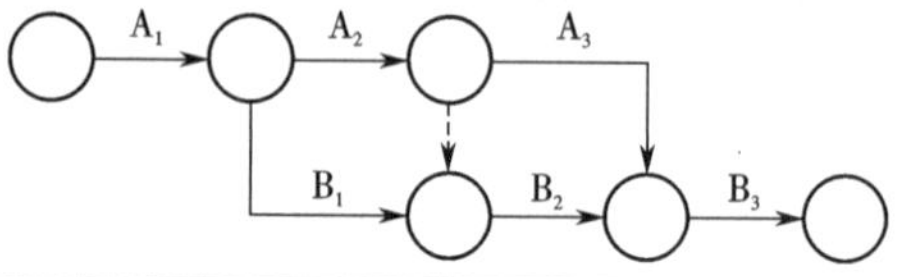	每个工种工程建立专业工作队伍，在每个施工段上进行流水作业，虚工作表达了工种间的工作面关系

3. 双代号网络图的绘制步骤

当已知每一项工作的紧前工作时，可按下述步骤绘制双代号网络图。

首先绘制没有紧前工作的工作箭线，使它们具有相同的开始节点，以保证网络图只有一个起点节点。再依次绘制其他工作箭线。这些工作箭线的绘制条件是其所有紧前工作箭线都已经绘制出来。在绘制这些工作箭线时，应按下列原则进行。

①当所要绘制的工作只有一项紧前工作时，则将该工作箭线直接画在其紧前工作箭线之后即可。

②当所要绘制的工作有多项紧前工作时，应按以下四种情况分别予以考虑。

第一种情况：对于所要绘制的工作（本工作）而言，如果在其紧前工作之中存在一项只作为本工作紧前工作的工作（即在紧前工作栏目中，该紧前工作只出现一次），则应该将本工作箭线直接画在该紧前工作箭线之后，然后用虚箭线将其他紧前工作箭线的箭头节点与本工作箭线的箭尾节点分别相连，以表达它们之间的逻辑关系。

第二种情况：对于所要绘制的工作（本工作）而言，如果在其紧前工作之中存在多项只作为本工作紧前工作的工作，应先将这些紧前工作箭线的箭头节点合并（要合并的几项紧前工作，如它们的开始节点相同时，用虚箭线合并；如它们的开始节点不相同，用实箭线合并），再从合并后的节点开始，画出本工作箭线，最后用虚箭线将其他紧前工作箭线的箭头节点与本工作箭线的箭尾节点分别相连，以表达它们之间的逻辑关系。

第三种情况：对于所要绘制的工作（本工作）而言，如果不存在第一种情况和第二种情况，应判断本工作的所有紧前工作是否都同时作为其他工作的紧前工作（即在紧前工作栏目中，这几项紧前工作是否均同时出现若干次）。如果上述条件成立，应先将这些紧前工作箭头节点合并后（要合并的几项紧前工作，如它们的开始节点相同，用虚箭线合并，如它们的开始节点不相同，用实箭线合并），再从合并后的节点开始画出本工作箭线。

第四种情况：对于所要绘制的工作（本工作）而言，如果以上三种情况都不存在，则应将本工作箭线单独画在其紧前工作箭线之后的中部，然后用虚线将其各紧前工作箭线的箭头节点与本工作箭线的箭尾节点分别相连，以表达它们之间的逻辑关系。

③当各项工作箭线都绘制出来之后，应合并那些没有紧后工作的工作箭线的箭头节点，以保证网络图只有一个终点节点（多目标网络计划除外）。

④当确认所绘制的网络图正确后，即可进行节点编号。网络图的节点编号在满足前述要求的前提下，既可采用连续的编号方法，也可采用不连续的编号方法，如 1、3、5、……或 5、10、15、……，以避免以后增加工作时而改动整个网络图的节点编号。

【案例 4.1】已知各项工作之间的逻辑关系如表 4-3 所示，试绘制双代号网络图。

表 4-3　各项工作之间的逻辑关系

拟绘制工作	A	B	C	D
紧前工作	—	—	A、B	B

【解】

（1）绘制工作箭线 A 和工作箭线 B，如图 4-11（a）所示。

（2）按前述绘图步骤②中的第一种情况绘制工作箭线 C，如图 4-11（b）所示。

（3）按前述绘图步骤①绘制工作箭线 D 后，将工作箭线 C 和 D 的箭头节点合并，以保证网络图只有一个终点节点。当确认给定的逻辑关系表达正确后，再进行节点编号。表 4-3 给定逻辑关系所对应的双代号网络图如图 4-11（c）所示。

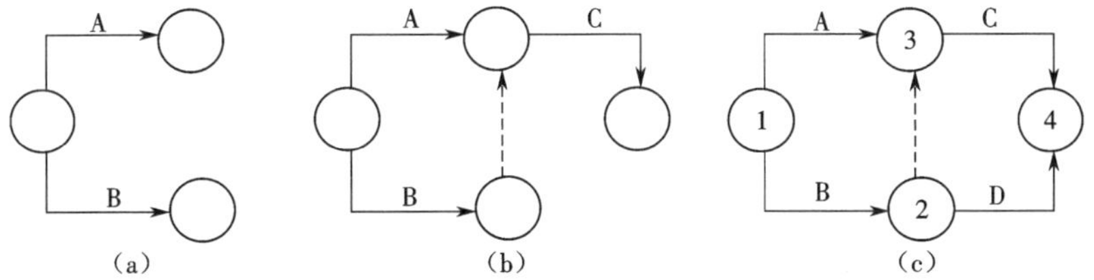

图 4-11　【案例 4.1】绘图过程

【案例 4.2】已知各项工作之间的逻辑关系如表 4-4 所示，试绘制双代号网络图。

表 4-4　各项工作之间的逻辑关系

拟绘制工作	A	B	C	D	E	G
紧前工作	—	—	—	A、B	A、B、C	D、E

【解】

1. 绘制工作箭线 A、工作箭线 B 和工作箭线 C，如图 4-12（a）所示。

（2）按前述绘图步骤②中的第三种情况绘制工作箭线 D，如图 4-12（b）所示。

（3）按前述绘图步骤②中的第一种情况绘制工作箭线 E，如图 4-12（c）所示。

（4）按前述绘图步骤②中的第二种情况绘制工作箭线 G。当确认给定的逻辑关系表达正确后，再进行节点编号。表 4-4 给定逻辑关系所对应的双代号网络图如图 4-12（d）所示。

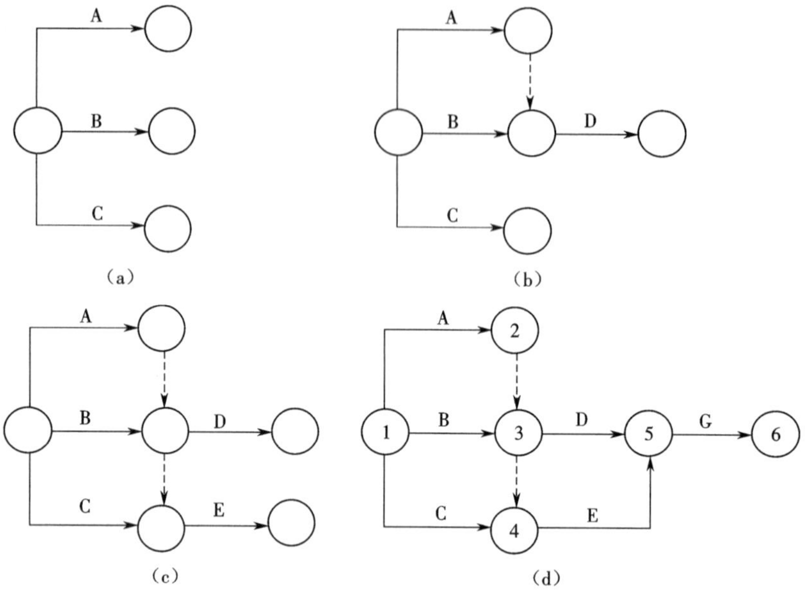

图 4-12 【案例 4.2】绘图过程

【**案例 4.3**】已知各项工作之间的逻辑关系如表 4-5 所示，试绘制双代号网络图。

表 4-5 各项工作之间的逻辑关系

拟绘制工作	A	B	C	D	E	G	H
紧前工作	—	—	—	—	A、B	B、C、D	C、D

【**解**】

（1）绘制工作箭线 A、工作箭线 B、工作箭线 C 和工作箭线 D，如图 4-13（a）所示。

（2）按前述绘图步骤②中的第一种情况绘制工作箭线 E，如图 4-13（b）所示。

（3）按前述绘图步骤②中的第二种情况绘制工作箭线 H，如图 4-13（c）所示。

（4）按前述绘图步骤②中的第四种情况绘制工作箭线 G，并将工作箭线 E 、工作箭线 G 和工作箭线 H 的箭头节点合并，以保证网络图的终点节点只有一个。当确认给定的逻辑关系表达正确后，再进行节点编号。表 4-5 给定逻辑关系所对应的双代号网络图如图 4-13（d）所示。

【**案例 4.4**】某装饰装修工程分为三个工程量相同的施工段，施工过程及其延续时间为：砌围护墙及隔墙 12 d，内外抹灰 15 d，安铝合金门窗 9 d，喷刷涂料 6 d。拟组织瓦工、抹灰工、木工和油漆工四个专业队组进行施工，试绘制双代号网络图。

【**解**】 图 4-14 为有逻辑关系错误的网络图。

从图 4-14 看出，第三施工段的砌筑工程，需在第二施工段的砌筑工程和第一施工段抹灰工程都完工后才能开始；而实际上，第三施工段的砌筑工程在第二施工段砌筑工程完工后即可进行，正确的双代号网络图如图 4-15 所示。

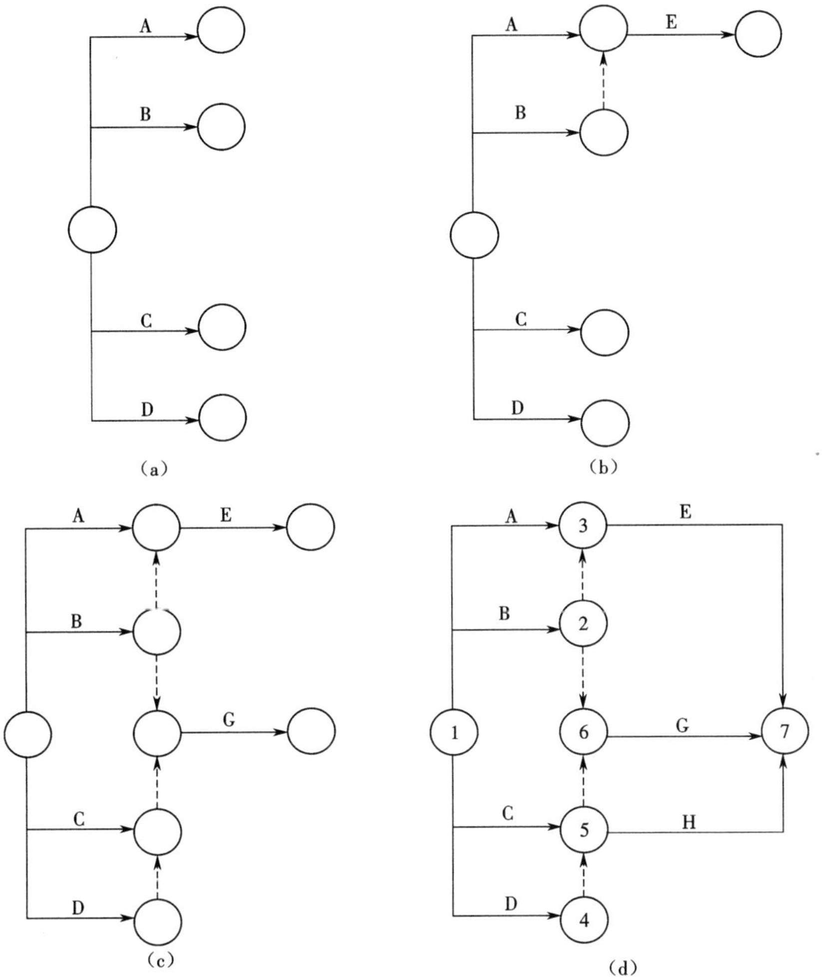

图 4-13 【案例 4.3】绘图过程

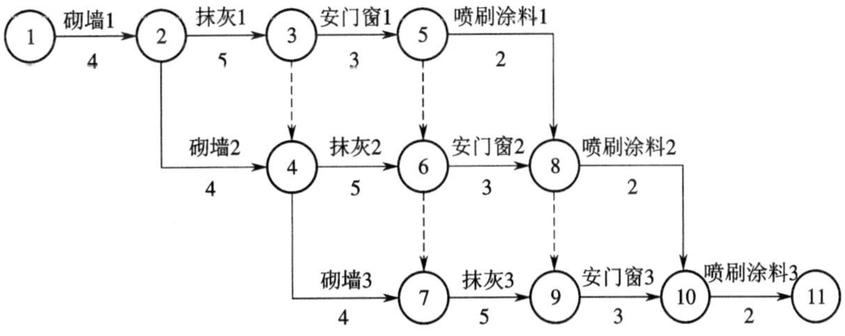

图 4-14　有逻辑关系错误的网络图

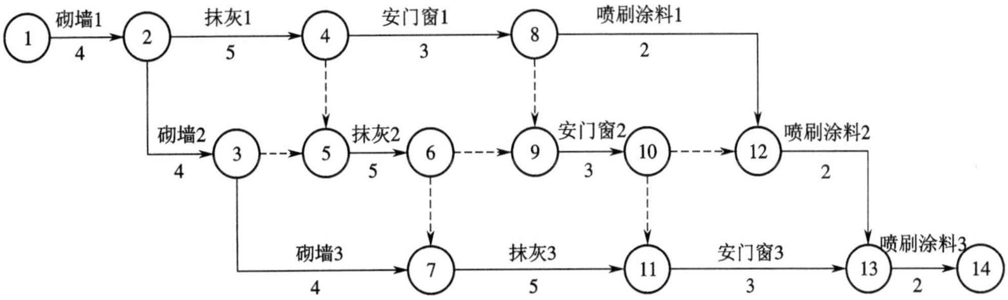

图 4-15　正确的网络图

4.2.3 双代号网络图时间参数的计算

双代号网络图时间参数计算的目的在于通过计算各项工作的时间参数，确定网络计划的关键工作、关键线路和计算工期，为网络的优化、调整和执行提供明确的时间参数。双代号网络计划时间参数的计算方法有多种，常用的有按工作计算法和按节点计算法。以下只介绍按工作计算法。

1. 时间参数的概念及符号

（1）工作持续时间

工作持续时间（$D_{i\text{-}j}$）指一项工作从开始到完成的时间。

（2）工期（T）

工期泛指完成任务所需的时间，通常有以下三种。

①计算工期（T_c）：根据网络计划时间参数计算得出的工期。

②要求工期（T_r）：任务委托人所要求的工期。

③计划工期（T_p）：根据要求工期和计算工期所确定的作为实施目标的工期。

当规定了要求工期 T_r 时，

$$T_p \leqslant T_r$$

当没有规定要求工期时，可以令计划工期等于计算工期，即

$$T_p=T_c$$

（3）六个时间参数

①最早开始时间（ES）：指各项紧前工作全部完成后，本工作最有可能开始的时刻。

$$ES_{i\text{-}j}=0（i=1）$$

$$ES_{i\text{-}j}=\max\{ES_{h\text{-}i}+D_{h\text{-}i}\}=\max\{EF_{h\text{-}i}\}$$

②最早完成时间（EF）：指各项紧前工作全部完成后，本工作有可能完成的最早时刻。

$$EF_{i\text{-}j}=ES_{i\text{-}j}+D_{i\text{-}j}$$

$$T_c=\max\{EF_{i\text{-}n}\}$$

③最迟完成时间（LF）：指在不影响整个网络计划工期的前提下，本工作的最迟完成时间。

$$LF_{i\text{-}j}=T_c（j=n）$$

$$LF_{i\text{-}j}=\min\{LF_{j\text{-}k}-D_{j\text{-}k}\}=\min\{LS_{j\text{-}k}\}$$

④最迟开始时间（LS）：指在不影响整个网络计划工期的前提下，本工作最迟开始时间。

$$LS_{i\text{-}j}=LF_{i\text{-}j}-D_{i\text{-}j}$$

⑤总时差（TF）：指在不影响计划工期的前提下，本工作可以利用的机动时间。

$$TF_{i\text{-}j}=LS_{i\text{-}j}-ES_{i\text{-}j}$$

$$TF_{i\text{-}j}=LF_{i\text{-}j}-EF_{i\text{-}j}$$

⑥自由时差（FF）：指在不影响紧后工作最早开始时间的前提下，本工作可以利用的机动时间。

$$FF_{i\text{-}j}=ES_{j\text{-}k}-EF_{i\text{-}j}$$

$$FF_{i\text{-}n}=T_c-ES_{i\text{-}n}-D_{i\text{-}n}$$

采用按工作计算法得到的网络计划中各时间参数的结果应标注在箭线之上，如图 4-16 所示。

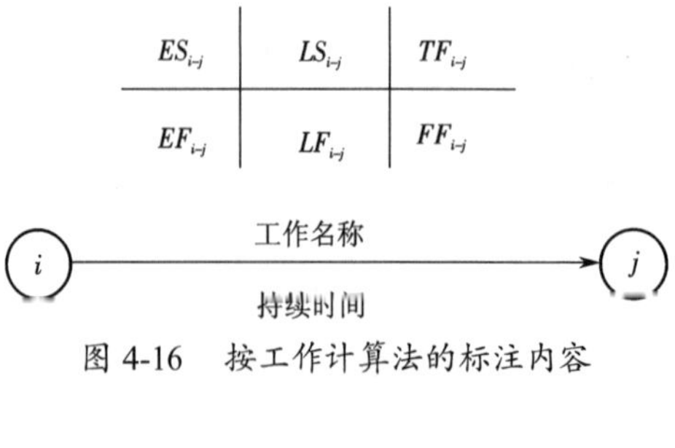

图 4-16　按工作计算法的标注内容

2. 双代号网络计划时间参数计算

（1）最早开始时间（ES_{i-j}）和最早完成时间（EF_{i-j}）的计算

工作的最早开始时间参数受到紧前工作的约束，因此其计算顺序应从起点节点开始，沿着箭线方向依次逐项进行计算。

1）计算各工作的最早开始时间（ES_{i-j}）（有三种情况）

①从起点节点出发（无紧前）的工作，其最早开始时间为零，即

$$ES_{i-j} = 0$$

②当工作只有一项紧前工作时，该工作最早开始时间应为其紧前工作的最早完成时间，即

$$ES_{i-j} = EF_{h-i}$$

式中：工作 $h-i$ 为工作 $i-j$ 的紧前工作。

③当有若干项紧前工作时，该工作的最早开始时间应为其所有紧前工作的最早完成时间的最大值，即

$$ES_{i-j} = \max\{EF_{a-i}, EF_{b-i}, EF_{c-i}\}$$

式中：工作 $a-i$、$b-i$、$c-i$ 均为工作 $i-j$ 的紧前工作。

2）计算各工作最早完成时间（EF_{i-j}）

工作最早完成时间为工作 $i-j$ 的最早开始时间加其持续时间，即

$$EF_{i-j} = ES_{i-j} + D_{i-j}$$

（2）确定网络计划的计算工期 T_c 和 T_p

计算工期等于以网络计划的终点节点为箭头节点的各个工作的最早完成时间的最大值。当网络计划终点节点的编号为 n 时，计算工期为：

$$T_c=\max\{EF_{i-n}\}$$

当无要求工期的限制时，取计划工期等于计算工期，即 $T_p= T_c$。

（3）最迟开始时间和最迟完成时间的计算

工作最迟时间受到紧后工作的约束，所以其计算应从终点节点开始，逆向依次逐项计算。工作最迟开始时间等于工作最迟完成时间减去其持续时间，即

$$LS_{i-j}=LF_{i-j}-D_{i-j}$$

计算各工作最迟完成时间（LF_{i-j}）有三种情况。

①以网络计划的终点节点（$j=n$）为箭头节点的工作的最迟完成时间等于计划工期，即

$$LF_{i-n} = T_p$$

②当工作只有一项紧后工作时，该工作最迟完成时间应为其紧后工作的最迟开始时间，即

$$LF_{i-j} = LS_{j-k}$$

式中：$j-k$ 为工作 $i-j$ 的紧后工作。

③当工作有若干项紧后工作时，最迟完成时间等于各紧后工作的最迟开始时间的最小值，即

$$LF_{i-j}=\min\{LS_{j-k}, LS_{j-i}, LS_{j-m}\}$$

式中：工作 $j-k$、$j-i$、$j-m$ 均为工作 $i-j$ 的紧后工作。

（4）计算工作总时差（TF_{i-j}）

工作 $i-j$ 的总时差等于其最迟开始时间减去最早开始时间，或等于最迟完成时间减去最早完成时间，即

$$TF_{i-j}= LS_{i-j}-ES_{i-j} \quad 或 \quad TF_{i-j}= LF_{i-j}-EF_{i-j}$$

（5）计算工作自由时差

工作 $i-j$ 的自由时差等于紧后工作的最早开始时间减去本工作的最早完成时间，如果紧后工作有多项，取这个差的最小值，即

$$FF_{i-j}=ES_{j-k}-EF_{i-j} \quad 或 \quad FF_{i-j}= ES_{j-k}-ES_{i-j}-D_{i-j}$$

式中：工作 $j\text{-}k$ 为工作 $i\text{-}j$ 的紧后工作。

以网络计划的终点节点（$j=n$）为箭头节点的工作，其自由时差 $FF_{i\text{-}n}$ 应按网络计划的计划工期 T_p 确定，即

$$FF_{i\text{-}n}=T_p-EF_{i\text{-}n}$$

3. 关键线路的确定

（1）关键工作

网络计划中，总时差最小的工作是关键工作。

（2）关键线路

自始至终全部由关键工作组成的线路为关键线路，或线路上的总的工作持续时间最长的线路为关键线路。网络图上的关键线路可用双线或粗线标注。

【案例 4.5】某网络计划如图 4-17 所示，若计划工期等于计算工期，试计算各项工作的 6 个时间参数并确定关键线路，将其标注在网络图上。

【解】

1）计算各项工作的时间参数

计算各项工作的时间参数，并将计算结果标注在箭线上方相应的位置。

（1）计算各项工作的最早开始时间和最早完成时间。

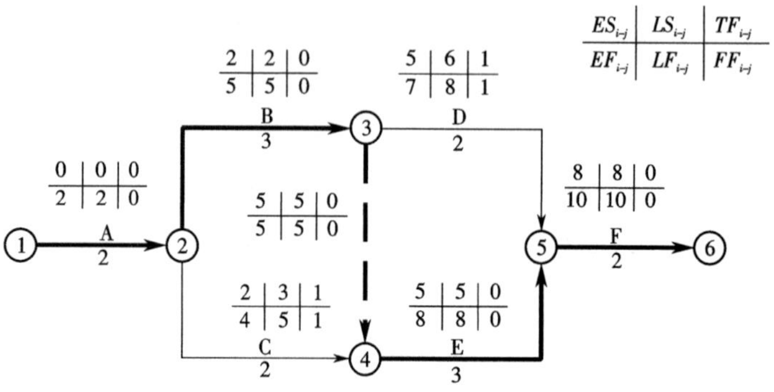

图 4-17　某工程网络计划图

从起点节点（节点①）开始顺着箭线方向依次逐项计算到终点节点（节点⑥）。

工作①－②的最早开始时间 $ES_{1\text{-}2}$ 从网络计划的开始节点开始，顺着箭线方向依次逐项计算，因未规定其最早开始时间，故确定：

$$ES_{1\text{-}2}=0$$

其余各工作的最早开始时间 $ES_{i\text{-}j}$ 计算：

$ES_{2\text{-}3}= ES_{1\text{-}2}+D_{1\text{-}2}=0+2=2$　　$ES_{2\text{-}4}=ES_{1\text{-}2}+D_{1\text{-}2}=0+2=2$

$ES_{3\text{-}4}=ES_{2\text{-}3}+D_{2\text{-}3}=2+3=5$　　$ES_{3\text{-}5}=ES_{2\text{-}3}+D_{2\text{-}3}=2+3=5$

$ES_{4\text{-}5}=\max\{ES_{3\text{-}4}+D_{3\text{-}4},\ ES_{2\text{-}4}+D_{2\text{-}4}\}=\max\{5+0,\ 2+2\}=\max\{5,\ 4\}=5$

$ES_{5\text{-}6}=\max\{ES_{3\text{-}5}+ D_{3\text{-}5},\ ES_{4\text{-}5}+ D_{4\text{-}5}\}= \max\{5+2,\ 5+3\}= \max\{7,\ 8\}=8$

工作的最早完成时间就是本工作的最早开始时间 $ES_{i\text{-}j}$ 与本工作的持续时间 $D_{i\text{-}j}$ 之和，如：

$EF_{1\text{-}2}= ES_{1\text{-}2}+D_{1\text{-}2}=0+2=2$　　$EF_{2\text{-}3}= ES_{2\text{-}3}+D_{2\text{-}3}=2+3=5$

$EF_{2\text{-}4}= ES_{2\text{-}4}+D_{2\text{-}4}=2+2=4$　　$EF_{3\text{-}4}= ES_{3\text{-}4}+D_{3\text{-}4}=5+0=5$

$EF_{3\text{-}5}= ES_{3\text{-}5}+D_{3\text{-}5}=5+2=7$　　$EF_{4\text{-}5}= ES_{4\text{-}5}+D_{4\text{-}5}=5+3=8$

$EF_{5\text{-}6}= ES_{5\text{-}6}+D_{5\text{-}6}=8+2=10$

（2）确定计算工期 T_c 及计划工期 T_p。

已知计划工期等于计算工期，即网络计划的计划工期 T_p 等于以网络计划的终点节点为箭头节点的各个工作的最早完成时间的最大值：

$T_p = T_c = \max\{EF_{i-n}\} = \max\{EF_{5-6}\} = \max\{10\} = 10$

3）计算各工作最迟开始时间和最迟完成时间

从终点节点（节点⑥）开始逆着箭线方向依次逐项计算到起点节点（节点①）。以网络计划终点节点为箭头节点的工作的最迟完成时间等于计划工期。网络计划结束工作 i-j 的最迟完成时间计算：

$LF_{5-6} = T_p = 10$

结束工作 i-j 的最迟开始时间：

$LS_{5-6} = LF_{5-6} - D_{5-6} = 10-2 = 8$

依次类推，计算各项工作的最迟完成时间：

$LF_{4-5} = LF_{5-6} - D_{5-6} = 10-2 = 8$　　$LF_{3-5} = LF_{5-6} - D_{5-6} = 10-2 = 8$

$LF_{3-4} = LF_{4-5} - D_{4-5} = 8-3 = 5$　　$LF_{2-4} = LF_{4-5} - D_{4-5} = 8-3 = 5$

$LF_{2-3} = LF_{3-4} - D_{3-4}, LF_{3-5} - D_{3-5}\} = \min\{5-0, 8-2\} = 5$

$LF_{1-2} = LF_{2-3} - D_{2-3}, LF_{2-4} - D_{2-4}\} = \min\{5-3, 5-2\} = 2$

各工作的最迟开始时间：

$LS_{4-5} = LF_{4-5} - D_{4-5} = 8-3 = 5$　　$LS_{3-5} = LF_{3-5} - D_{3-5} = 8-2 = 6$

$LS_{3-4} = LF_{3-4} - D_{3-4} = 5-0 = 5$　　$LS_{2-4} = LF_{2-4} - D_{2-4} = 5-2 = 3$

$LS_{2-3} = LF_{2-3} - D_{2-3} = 5-3 = 2$　　$LS_{1-2} = LF_{1-2} - D_{1-2} = 2-2 = 0$

（4）计算各项工作总时差。

用工作的最迟开始时间减去最早开始时间或用工作最迟完成时间减去最早完成时间。

$TF_{1-2} = LF_{1-2} - EF_{1-2} = 2-2 = 0$　　$TF_{2-3} = LF_{2-3} - EF_{2-3} = 5-5 = 0$

$TF_{2-4} = LF_{2-4} - EF_{2-4} = 5-4 = 1$　　$TF_{3-4} = LF_{3-4} - EF_{3-4} = 5-5 = 0$

$TF_{3-5} = LF_{3-5} - EF_{3-5} = 8-7 = 1$　　$TF_{4-5} = LF_{4-5} - EF_{4-5} = 8-8 = 0$

$TF_{5-6} = LF_{5-6} - EF_{5-6} = 10-10 = 0$

（5）计算各项工作的自由时差。

网络中工作 i-j 的自由时差等于紧后工作的最早开始时间减去本工作的最早完成时间。

$FF_{1-2} = ES_{2-3} - EF_{1-2} = 2-2 = 0$　　$FF_{2-3} = ES_{3-5} - EF_{2-3} = 5-5 = 0$

$FF_{2-4} = ES_{4-5} - EF_{2-4} = 5-4 = 1$　　$FF_{3-4} = ES_{4-5} - EF_{3-4} = 5-5 = 0$

$FF_{3-5} = ES_{5-6} - EF_{3-5} = 8-7 = 1$　　$FF_{4-5} = ES_{5-6} - EF_{4-5} = 8-8 = 0$

网络计划的结束工作 i-j 的自由时差计算：

$FF_{5-6} = T_p - EF_{5-6} = 10-10 = 0$

将以上结果标注在图 4-17 中的相应位置。

2）确定关键工作及关键线路

在图 4-17 中，最小总时差为 0，所以，凡是总时差为 0 的工作均为关键工作。该例题中的关键工作为：A、B、E、F。

在图 4-17 中，自始至终由关键工作组成的关键线路用粗箭线进行标注。

4.3　双代号时标网络计划

假设某装修工程有三个楼层，每层依次有吊顶、顶墙涂料和铺木地板三个施工过程。其中每层吊顶确定为 3 周、顶墙涂料定为 2 周、铺木地板定为 1 周完成。为了清楚地表示各楼层及各施工过程的时间关系，施工单位绘制了时标网络计划图，如图 4-18 所示。

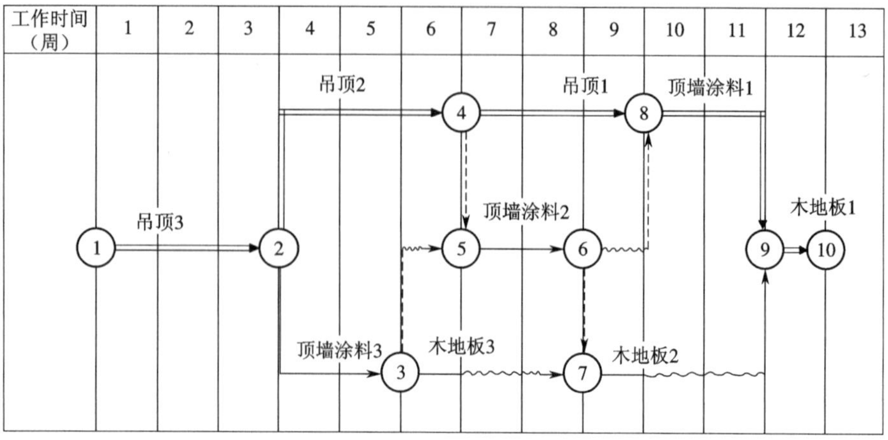

图 4-18　时标网络计划

时标网络计划图是以时间坐标为尺度表示工作时间而绘制的网络计划图。时标的时间单位根据需要在编制前确定，可为时、天、周、日、旬、月或季。时标网络计划以实箭线表示工作，虚箭线表示虚工作，以波形线表示工作的自由时差或时间间隔。当工作之后紧接有工作时，波形线为本工作的自由时差；当工作之后只紧接虚工作时，则紧接的虚工作上的波形线的最短者为该工作的自由时差。如图 4-18 所示，铺木地板工作 3 和 2 的自由时差均为 2 周。顶墙涂料 2 与顶墙涂料 1 的时间间隔为 1 周。

4.3.1　时标网络计划的特点

横道图具有直观简洁的优点，各种工作的开始、结束时间明确，整个项目工期一目了然，但各工作之间的逻辑关系不够明朗；双代号网络图能够明确表示各工作之间的逻辑关系，但是各工作开始时间、结束时间、总工期要经过计算才能得出。

双代号时标网络图是综合了横道图和双代号网络图的优点，以水平时间坐标为尺度编制的双代号网络计划，其主要特点如下。

①时标网络计划兼有网络计划和横道计划的优点，它能清楚地表明计划的时间进程，使用方便。

②时标网络计划能在图上直接显示出各项工作的开始与完成时间、工作自由时差及关键线路。

③在时标网络计划中可以统计每一个单位时间对资源的需求量，以便进行资源优化和调整。

④由于箭线受到时间坐标的限制，当情况发生变化时，对网络计划的修改比较麻烦，往往要重新绘图。但在使用计算机后，这一问题已较容易解决。

4.3.2　双代号时标网络图的绘制方法

1. 绘制要求

①时标网络计划需绘制在带有时间坐标的表格上。

②节点中心必须对准时间坐标的刻度线，以避免出错。

③以实箭线表示实工作，以虚箭线表示虚工作，以水平波形线表示自由时差或与紧后工作之间的时间间隔。

④箭线宜采用水平箭线或水平段与垂直段组成的箭线形式，不宜用斜箭线。虚工作必须用垂直虚箭线表示，其自由时差应用水平波形线表示。

⑤时标网络计划宜按最早时间编制，以保证实施的可靠性。

2. 绘制方法

时标网络图的绘制方法有两种。

（1）间接绘制法

该法是先绘制出双代号网络计划图，计算出时间参数并找出关键线路后，再绘制成时标网络计划图。具体步骤如下。

①绘制时标表。

②将每项工作的箭尾节点按最早开始时间定位在时标表上，其布局应与无时标网络计划基本相当，然后编号。

③用实箭线绘制出工作箭线，当某些工作箭线的长度不足以达到该工作的完成节点时，用波形线补足，箭头画在波形线与节点连接处。

④用垂直虚箭线绘制虚工作，虚工作的自由时差也用水平波形线补足。

（2）直接绘制法

根据网络计划中工作之间的逻辑关系及各工作的持续时间，直接在时标计划表上绘制时标网络计划。绘制步骤如下。

①绘制时标表。

②将起点节点定位于时标表的起始刻度线上。

③按工作的持续时间在时标表上绘制起点节点的外向箭线。

④其他工作的开始节点必须在其所有紧前工作都绘制出，定位在这些紧前工作最早完成时间最大值的刻度上，某些内向实箭线长度不足以到达该箭头节点时，用波形线补足，箭头画在波形线与节点连接处。

⑤用上述方法自左至右依次确定其他节点的位置，直至网络计划终点节点定位，绘制完成。

【案例 4.6】把图 4-19 所示双代号网络图绘制成双代号时标网络图，如图 4-20 所示。

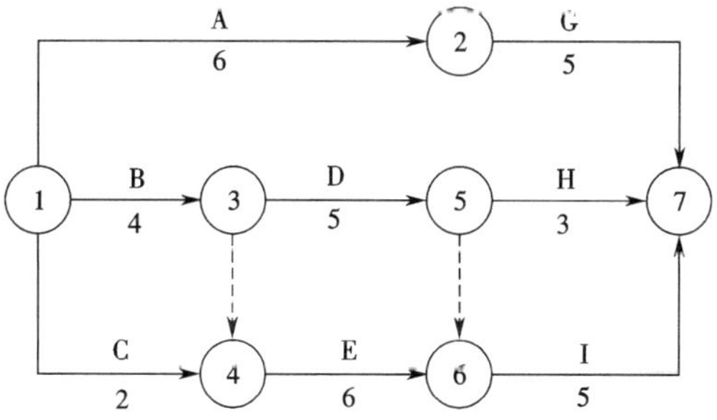

图 4-19　双代号网络图

【解】

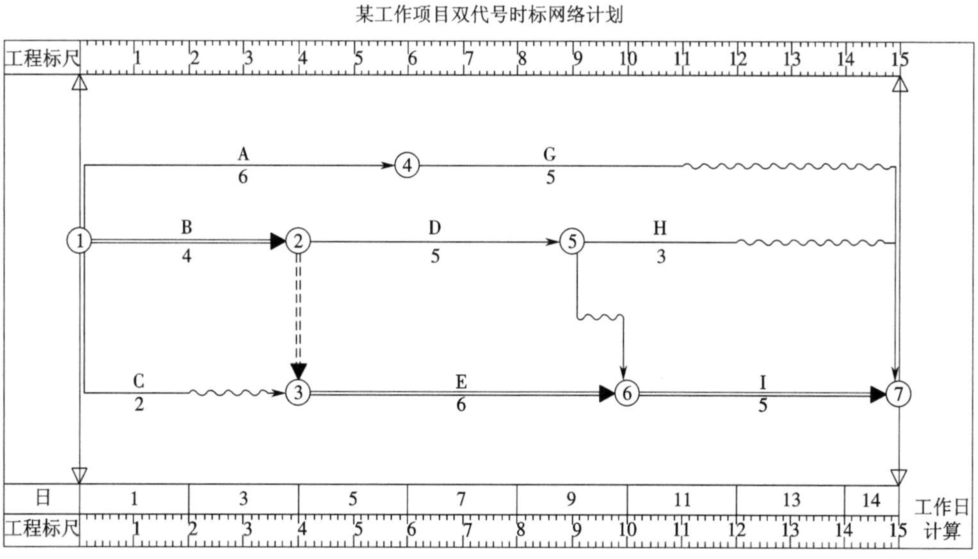

图 4-20　双代号时标网络图

4.3.3 时标网络计划的关键线路和时间参数的确定

1. 关键线路的判定与表达

自时标网络计划图的终点节点至起点节点逆箭线方向观察，自始至终无波形线的线路即为关键线路。在图 4-18 中，①→②→④→⑧→⑨→⑩为关键线路。关键线路要用粗线、双线或彩色线明确表示。

2. 时间参数的确定

（1）“计划工期”的判定

终点节点与起点节点所在位置的时标差值，即为时标网络计划的“计划工期”。当起点节点处于时标表的零点时，终点节点所处的时标点即是计划工期。图 4-18 所示网络计划的工期为 12 周。

（2）最早时间的判定

工作箭线箭尾节点中心所对应的时标值，为该工作的最早开始时间。箭头节点中心或与波形线相连接的实箭线右端的时标值，为该工作的最早完成时间。

（3）自由时差值的判定

工作的自由时差值等于实箭线末端波形线的水平投影长度。

（4）总时差的推算

在时标网络计划中，工作的总时差应自右向左逐个推算。

①以终点节点为完成节点的工作，其总时差为计划工期与本工作最早完成时间之差，即

$$TF_{i-n}=T_P-EF_{i-n}$$

②其他工作的总时差，等于诸紧后工作总时差的最小值与本工作自由时差之和，即

$$TF_{i-j}=\min\{TF_{j-k}\}+FF_{i-j}$$

（5）最迟时间的推算

由于已知最早开始时间和最早完成时间，又知道了总时差，故工作的最迟完成和最迟开始时间可分别用以下两个公式算出：

$$LF_{i-j}=TF_{i-j}+EF_{i-j}$$

$$LS_{i-j}=TF_{i-j}+ES_{i-j}$$

3. 用标号法计算工期并确定关键线路

①设网络计划起点节点的标号值为零，即 $b_1=0$。

②顺箭线方向逐个计算节点的标号值。每个节点的标号值等于以该节点为完成节点的各工作的开始节点标号值与相应工作持续时间之和的最大值，即 $b_j=\max\{b_i+D_{i-j}\}$，将标号值的来源节点及得出的标号值标注在节点上方。

③节点标号完成后，终点节点的标号值即为计算工期。

④从网络计划终点节点开始，逆箭线方向按源节点寻找出关键线路。

4. 节点计算法

（1）节点时间参数常用符号

节点时间参数只有两个，所用符号如下所示：

ET_i（Earliest Time）——i 节点的最早可能时间；

LT_i（Latest Time）——i 节点的最迟必须时间。

（2）节点法计算时间参数的理论

用节点法计算时间参数时，首先计算网络计划各个节点的两个时间参数，然后以这两个时间参数为基础，计算各工作的总时差和自由时差，从而找出关键工作、关键线路以及非关键工作的机动时间。

（3）节点时间参数与工作时间参数的关系

根据前面节点时间参数的含义，得出节点时间参数与工作时间参数的关系为：节点最早可能时间就等于该节点后面工作的最早可能开始时间，即

$$ET_i=ES_{i-j}$$

节点最迟必须时间等于该节点前面工作最迟必须结束的时间，即

$$LT_i=LF_{h-i}$$

4.4　单代号网络计划

常用的网络图除了双代号网络图以外还有单代号网络图，单代号网络图以节点及其编号表示工作，用箭线表示工作之间的逻辑关系，并在节点中加注工作代号、名称和持续时间。4.2 双代号网络计划例子中各项工作之间的开展顺序及其相互之间的关系可以用图 4-21 所示单代号网络图表示。

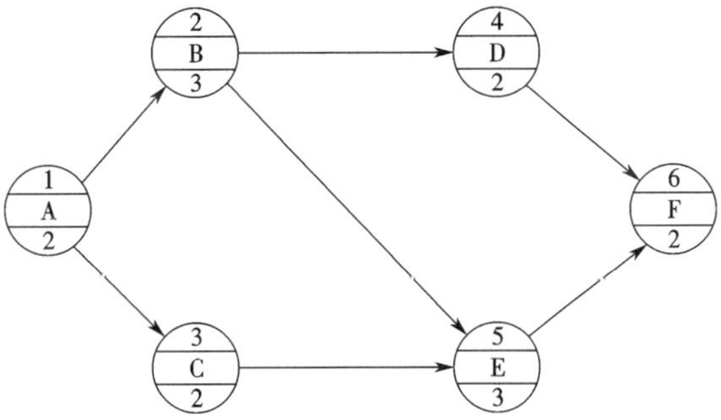

图 4-21　单代号网络图

4.4.1　单代号网络计划构成及特点

1. 单代号网络计划的构成

（1）箭线

单代号网络图中的箭线表示相邻工作的逻辑关系，既不占用时间，也不消耗资源。箭线应画成水平直线、折线或斜线。箭线水平投影的方向应自左至右，表示工作的行进方向。工作之间的逻辑关系包括工艺关系和组织关系，在网络图中均表现为工作的先后顺序。

（2）节点

单代号网络图中节点表示工作（工序、活动），每一个节点表示一项工作，用圆圈或矩形表示（图 4-22），节点内应标明节点编号、工作名称和工作持续时间三项内容。

图 4-22　单代号网络节点图示

单代号网络图中的节点必须编号，编号标注在节点内，其号码可间断，但不能重复。箭线的箭尾节点编号应小于箭头节点编号。一项工作只能有唯一一个节点及相应的一个编号。

(3)线路

线路指在网络图中从起点节点沿箭线方向,顺序通过一系列箭线和中间节点到达终点节点的通道。它分关键线路和非关键线路,其性质和时间计算方法与双代号网络图相同。

2. 单代号网络计划的特点

单代号网络图相较于双代号网络图,有如下特点。

①工作之间的逻辑关系容易理解,且不用虚箭线,故绘图较简单。

②网络图便于检查和修改。

③由于工作参数表示在节点之中,没有长度概念,故不够直观。

④表示工作之间逻辑关系的箭线可能产生较多的纵横交叉现象,不够清晰。

4.4.2 单代号网络计划的绘制原则

单代号网络图的绘制原则如下。

①单代号网络图必须正确地表达已经确定的逻辑关系。

②单代号网络图中不允许出现循环回路。

③单代号网络图中不允许出现双向箭头或无箭头的连线。

④单代号网络图中不能出现没有箭尾节点的箭线和没有箭头节点的箭线。

⑤单代号网络图中箭线不宜交叉,当交叉不可避免时,可采用过桥法或母线法绘制。

⑥单代号网络图中只应有一个起点节点和一个终点节点。当网络图中有多个起点节点或多个终点节点时,应在网络图的两端分别设置一项虚工作,作为该网络图的起点节点(S_t)和终点节点(F_{in})。

单代号网络图的绘制原则大部分与双代号网络图相同,故在此不再重复。

【案例 4.7】某工程分为工程量相同的三个施工段,施工过程及其延续时间为:砌围护墙及隔墙 12 d,内外抹灰 15 d,安铝合金门窗 9 d,喷刷涂料 12 d。拟组织瓦工、抹灰工、木工和油工四个专业队组进行施工。试绘制单代号网络图(如图 4-23 所示)。

【解】单代号网络图绘制如图 4-23 所示。

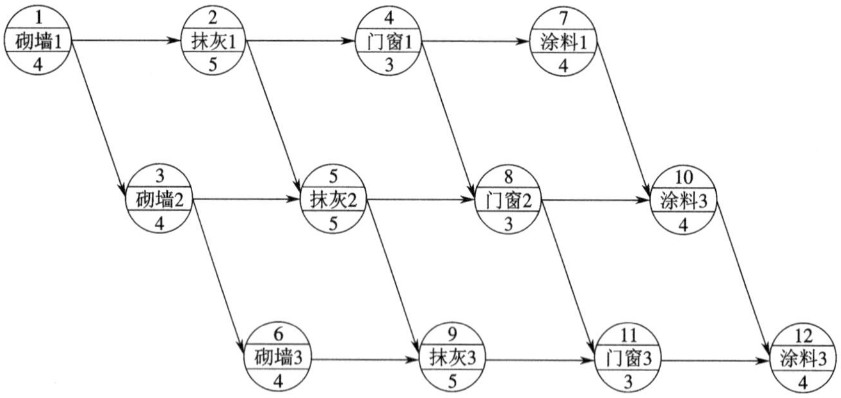

图 4-23 某工程单代号网络计划图

4.4.3 单代号网络计划时间参数的计算

单代号网络计划时间参数的计算应在确定各项工作的持续时间之后进行。时间参数的计算顺序和计算方法基本上与双代号网络计划时间参数的计算相同。单代号网络计划时间参数的标注如图 4-24 所示。

现以图 4-23 所示单代号网络计划为例,说明单代号网络计划时间参数计算的步骤和方法,其时间参数标注及计算结果如图 4-25 所示。

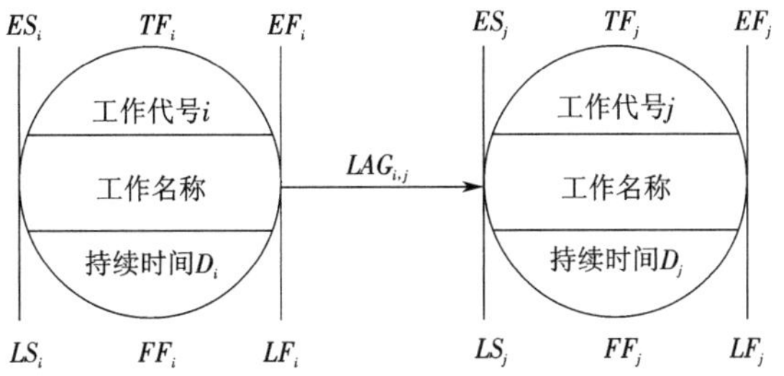

图 4-24　单代号网络计划时间参数的标注形式

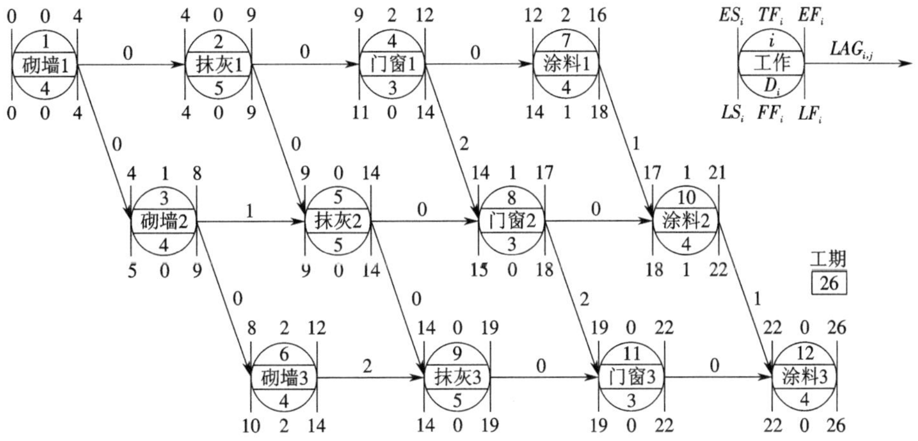

图 4-25　某工程单代号网络计划的时间参数计算总图

1. 计算最早开始时间和最早完成时间

从起点节点开始，顺箭头方向依次进行。

（1）最早开始时间

起点节点（起始工作）的最早开始时间如无规定，其值为零；其他工作的最早开始时间等于其紧前工作最早完成时间的最大值，即

$$ES_i=\max\{EF_h\}$$

（2）最早完成时间

一项工作的最早完成时间等于其最早开始时间与本工作持续时间之和，即

$$EF_i=ES_i+D_i$$

2. 网络计划的计算工期 T_c 和 T_p

T_c 等于网络计划的终点节点 n 的最早完成时间 EF_n，即

$$T_c=EF_n$$

当无要求工期的限制时，

$$T_p=T_c=EF_n$$

3. 相邻两项工作时间间隔的计算

相邻两项工作存在着时间间隔，i 工作与 j 工作的时间间隔记为 $LAG_{i,j}$。时间间隔是指相邻两项工作之间，后项工作的最早开始时间与前项工作的最早完成时间之差。计算公式为

$$LAG_{i,j}=ES_j-EF_i$$

按上式计算图 4-25 中几项工作的时间间隔为

$LAG_{11,12}=ES_{12}-EF_{11}=22-22=0$　　　$LAG_{10,12}=ES_{12}-EF_{10}=22-21=1$ d

$LAG_{9,11}=ES_{11}-EF_9=19-19=0$　　　$LAG_{8,11}=ES_{11}-EF_8=19-17=2$ d

4. 计算最迟开始时间和最迟完成时间

(1)最迟完成时间

①终点节点的最迟完成时间等于计划工期 T_p,即

$$LF_n = T_p$$

②其他工作的最迟完成时间等于其各紧后工作最迟开始时间的最小值,即

$$LF_i = \min\{LS_j\}$$

或等于本工作最早完成时间与总时差之和,即

$$LF_i = EF_i + TF_i$$

(2)最迟开始时间

工作的最迟开始时间等于其最迟完成时间减去本工作的持续时间,即

$$LS_i = LF_i - D_i$$

或等于本工作最早开始时间与总时差之和,即

$$LS_i = ES_i + TF_i$$

5. 工作总时差的计算

工作总时差应从网络计划的终点节点开始,逆着箭线方向依次逐项计算。

①终点节点所代表工作 n 的总时差 TF_n 值应为

$$TF_n = T_p - EF_n$$

②其他工作 i 的总时差 TF_i 应为

$$TF_i = \min\{TF_j + LAG_{i,j}\}$$

6. 工作自由时差的计算

工作自由时差的计算没有顺序要求,按以下规定进行。

①终点节点所代表工作 n 的自由时差 FF_n 值应为

$$FF_n = T_p - EF_n$$

②其他工作 i 的自由时差 FF_i 应为

$$FF_i = \min\{LAG_{i,j}\}$$

7. 确定关键工作和关键线路

(1)关键工作

同双代号网络图一样,总时差为最小值的工作(或节点)是关键工作。

当 $T_p = T_c$ 时,总时差最小值为零,则总时差为零的工作就是关键工作。

当 $T_p > T_c$ 或 $T_p < T_c$ 时,情况同双代号网络图。

(2)关键线路

关键线路可通过时间间隔 $LAG_{i,j}$ 来判断,即自起点节点至终点节点的全部 $LAG_{i,j}=0$ 的线路为关键线路。

4.5 网络计划的优化

按既定施工工艺及组织关系的要求编制的网络计划称为初始网络计划,有时为满足工程项目的工期、资源配置、成本等特定目标的要求,可以通过改变相应工作的开始与结束时间或压缩工作的持续时间,形成新的更合适的网络计划安排。具有明确目标,在一定约束条件下对初始网络计划进行改进,寻求最优计划方案的过程就是网络计划的优化。网络计划优化包括工期优化、费用优化和资源优化。

例如，某项目的合同工期为 130 d。施工总进度计划如图 4-26 所示(时间单位：d)，各工作可以缩短的时间及其增加的赶工费见表 4-6 。现建设单位要求将总工期缩短 15 d，那么如何调整计划才能既实现建设单位的要求又能使施工单位的赶工费用最少？

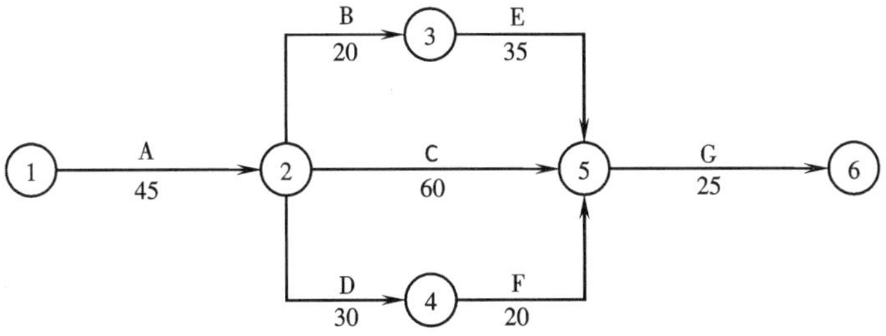

图 4-26　某工程网络计划图

表 4-6　各工作可缩短的时间及赶工费

工作名称	A	B	C	D	E	F	G
可缩短时间(d)	5	3	10	5	5	5	5
增加的赶工费(元/d)	200	100	300	250	150	120	420

4.5.1　工期优化

1. 概念

所谓工期优化是指网络计划的计算工期不满足要求工期时，通过压缩关键工作的持续时间以满足要求工期的过程，若仍不能满足要求，需调整方案或重新审定要求工期。

2. 压缩关键工作考虑的因素

①压缩对质量、安全影响不大的工作。

②压缩有充足备用资源的工作。

③压缩增加费用最少的工作，即压缩直接费费率、赶工费费率或优选系数最小的工作。

3. 压缩方法

①当只有一条关键线路时，在其他情况均能保证的条件下，压缩直接费费率、赶工费费率或优选系数最小的关键工作。

②当有多条关键线路时，应同时压缩各条关键线路相同的数值，压缩直接费费率、赶工费费率或优选系数组合最小者。

③由于压缩过程中非关键线路可能转为关键线路，切忌压缩"一步到位"。

4. 进行工期优化

(1)找关键线路

以图 4-26 所示案例为例，在原正常持续时间状态下，关键线路如图 4-27 粗线表示。

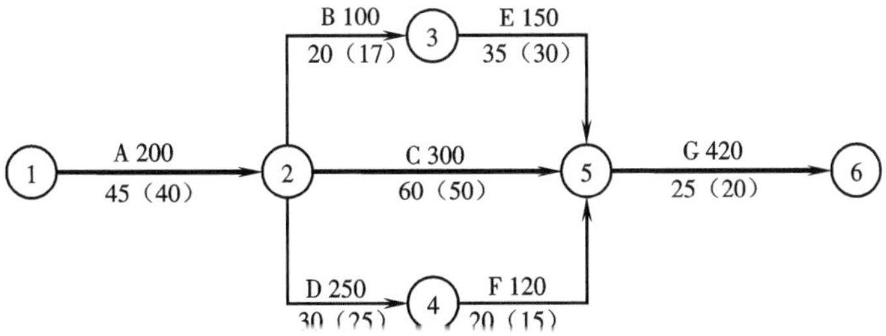

图 4-27　正常持续时间的网络计划

(2)压缩关键线路上关键工作的持续时间

图 4-27 网络计划只有一条关键线路时,应压缩直接费费率最小的工作。

第一次压缩:压缩 A 工作 5 d。由于考虑压缩的关键工作 A、C、G 直接费费率分别为 200 元 /d、300 元 /d、420 元 /d,所以选择压缩 A 工作,直接费增加 200 × 5=1 000 元,得到如图 4-28 所示的新计划,有一条关键线路,工期仍比要求长 10 d,故应进一步压缩。

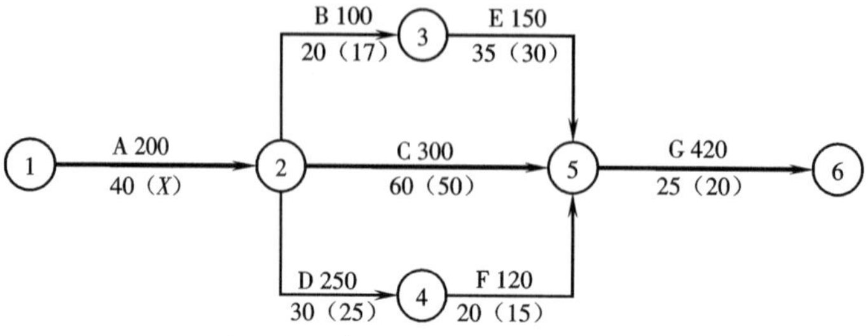

图 4-28　第一次压缩后的网络计划

第二次压缩:关键线路为①→②→⑤→⑥,由于 A 工作不能再压缩,只能选择压缩关键工作 C 或 G。压缩 C 工作和 G 工作的直接费费率分别为 300 元 /d、420 元 /d,所以应压缩 C 工作 5 d,直接费增加 300 × 5=1 500 元,得到如图 4-29 所示的网络计划,图 4-29 有两条关键线路,此时工期仍比要求长 5 d,故应进一步压缩。

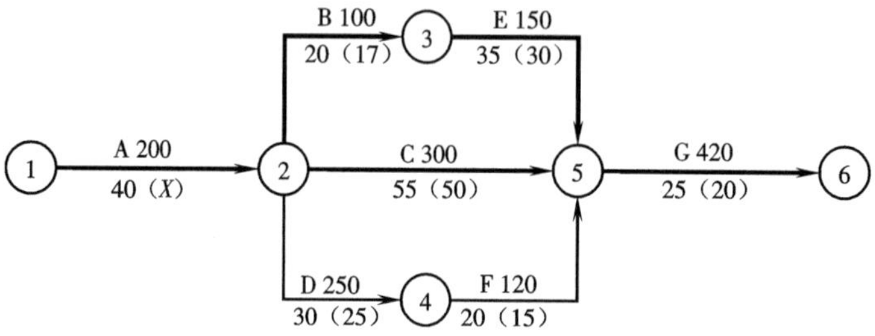

图 4-29　第二次压缩后的网络计划

第三次压缩:第二次压缩后计划变成①→②→⑤→⑥、①→②→③→⑤→⑥两条关键线路,应同时压缩组合直接费费率最小的工作。所以,应在同时压缩工作 B 和 C、同时压缩工作 E 和 C 与压缩工作 G 三种方案中选择。上述三种方案压缩时组合直接费费率分别为 400 元 /d、450 元 /d 和 420 元 /d,因而第三次压缩选择同时压缩 B 和 C 工作 3 d,直接费增加 400 × 3=1 200 元。如图 4-30 所示,网络计划仍有两条关键线路不变。工期仍比要求长 2 d,需继续压缩。

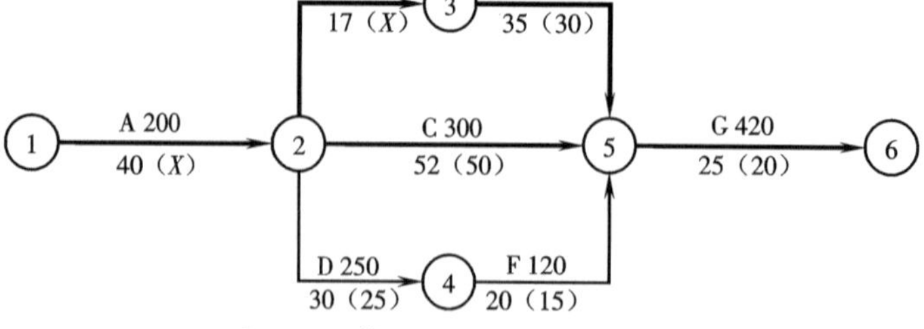

图 4-30　第三次压缩后的网络计划

第四次压缩:由于 B 工作不能再压缩,所以选择同时压缩工作 E 和 C 与仅压缩工作 G 两种情况,同时压缩工作 E 和 C,直接费费率为 450 元 /d,仅压缩工作 G 直接费费率为 420 元 /d,所以选择压缩工作 G 2 d,如图 4-31 所示,共赶工 15 d,可以满足要求工期。直接费增加 420 × 2=840 元,为保证原工期直接费共增加 4 540 元。

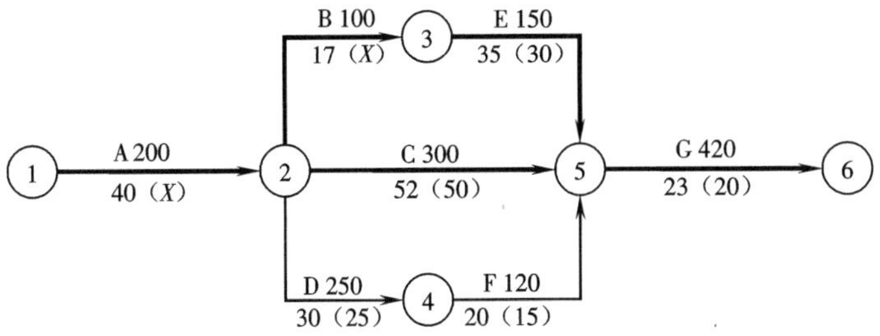

图 4-31　第四次压缩后的网络计划

4.5.2　费用优化

费用优化是指寻求工程总成本最低时的工期安排，或按要求工期寻求最低成本的计划安排的过程，又称工期成本优化。

1. 工程费用与时间的关系

（1）工程费用与工期的关系

工程总费用由直接费和间接费组成。直接费由人工费、材料费、机械费、措施费等组成。施工方案不同，直接费也不同。如果施工方案一定，工期不同，直接费也不同。直接费会随着工期的缩短而增加。间接费包括管理费等内容，它一般随着工期的缩短而减少。工程费用与工期的关系如图 4-32 所示，由图可知：当确定一个合理的工期后，就能使总费用达到最少，这也是费用优化的目标。

（2）工作直接费与持续时间的关系

由于网络计划的工期取决于关键工作的持续时间，为了进行工期成本优化，必须分析网络计划中各项工作的直接费与持续时间的关系，它是网络计划工期成本优化的基础。

工作的直接费随着持续时间的缩短而增加，如图 4-33 所示。

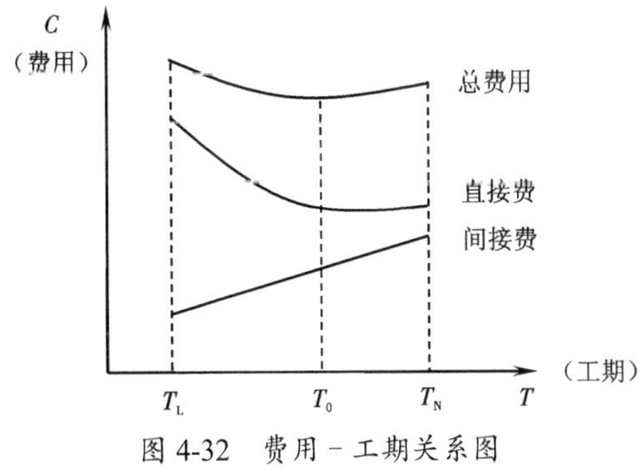

图 4-32　费用－工期关系图

T_L—最短工期；T_0—最优工期；T_N—正常工期

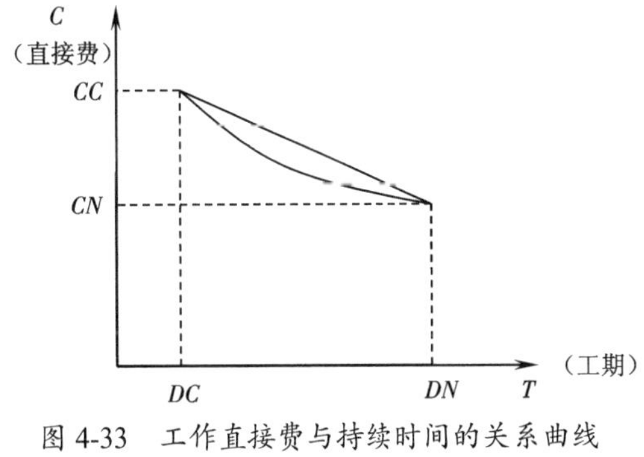

图 4-33　工作直接费与持续时间的关系曲线

CC—按最短持续时间完成工作时所需的直接费；

CN—按正常持续时间完成工作时所需的直接费；

DC—工作的最短持续时间；DN——工作的正常持续时间

2. 费用优化方法

（1）费用优化的基本思路

不断地在网络计划中找出直接费费率（或组合直接费费率）最小的关键工作，缩短其持续时间，同时考虑间接费用随工期缩短而减少的数值，最后求得工程总成本最低时的最优工期安排或按要求工期求得最低成本的计划安排。

（2）费用优化的步骤

①按工作的正常持续时间确定计算工期和关键线路。

②计算各项工作的直接费费率。

③当只有一条关键线路时，应找出直接费费率最小的一项关键工作，作为缩短持续时间的对象；当有多条关键线路时，应找出组合直接费费率最小的一组关键工作，作为缩短持续时间的对象。

④对于选定的压缩对象（一项关键工作或一组关键工作），首先要比较其直接费费率或组合直接费费率与工程间接费费率的大小，然后再进行压缩。压缩方法有以下几种。

a. 如果被压缩对象的直接费费率或组合直接费费率大于工程间接费费率，说明压缩关键工作的持续时间会使工程总费用增加，此时应停止缩短关键工作的持续时间，在此之前的方案即为优化方案。

b. 如果被压缩对象的直接费费率或组合直接费费率等于工程间接费费率，说明压缩关键工作的持续时间不会使工程总费用增加，故应缩短关键工作的持续时间。

c. 如果被压缩对象的直接费费率或组合直接费费率小于工程间接费费率，说明压缩关键工作的持续时间会使工程总费用减少，故应缩短关键工作的持续时间。

⑤当需要缩短关键工作的持续时间时，其缩短值的确定必须符合下列两条原则：缩短后工作的持续时间不能小于其最短持续时间；缩短持续时间的工作不能变成非关键工作。

⑥计算关键工作持续时间缩短后相应的总费用。

优化后工程总费用 = 初始网络计划的费用 + 直接费增加费 - 间接费减少费

⑦重复上述步骤③～⑥，直至计算工期满足要求工期或被压缩对象的直接费费率或组合直接费费率大于工程间接费费率为止。

⑧计算优化后的工程总费用。

4.5.3 资源优化

1. 资源优化概述

（1）资源优化的概念

资源是指完成一项计划任务所需投入的人力、材料、机械设备和资金等。完成一项工程任务所需要的资源量基本上是不变的，不可能通过资源优化将其减少。资源优化的目的是通过改变工作的开始时间和完成时间，使资源按照时间分布符合优化目标。

（2）资源优化的前提条件

①在优化过程中，不改变网络计划中各项工作之间的逻辑关系。

②在优化过程中，不改变网络计划中各项工作的持续时间。

③网络计划中各项工作的资源强度（单位时间所需资源数量）为常数，而且是合理的。

④除规定可中断的工作外，一般不允许中断工作，应保持其连续性。

（3）资源优化的分类

在通常情况下，网络计划的资源优化分为两种，即“资源有限，工期最短”的优化和“工期固定、资源均衡”的优化。前者是通过调整计划安排，在满足资源限制条件下，使工期延长最短的过程，而后者是通过调整计划安排，在工期保持不变的条件下，使资源需用量尽可能均衡的过程。

2.“资源有限，工期最短”优化的步骤

①按照各项工作的最早开始时间安排进度计划，并计算网络计划每个时间单位的资源需用量。

②从计划开始日期起，逐个检查每个时段（每个时间单位资源需用量相同的时间段）资源需用量是否超过所能供应的资源限量。如果在整个工期范围内每个时段的资源需用量均能满足资源限量的要求，则可行优化方案就编制完成；否则必须转入下一步，进行计划的调整。

③分析超过资源限量的时段。如果在该时段内有几项工作平行作业，则采取将一项工作安排在与之平行的另一项工作之后进行的方法，以降低该时段的资源需用量。

④对调整后的网络计划安排，重新计算每个时间单位的资源需用量。

⑤重复上述步骤②～④，直至网络计划整个工期范围内每个时间单位的资源需用量均满足资源限量为止。

3. "工期固定，资源均衡"的优化

安排建设工程进度计划时，需要使资源需用量尽可能地均衡，使整个工程每单位时间的资源需用量不出现过多的高峰和低谷，这样不仅有利于工程建设的组织与管理，而且可以降低工程费用。

"工期固定，资源均衡"的优化方法有多种，如方差值最小法、极差值最小法、削高峰法等。

本章小结

本章主要介绍网络计划技术的基本概念，双代号网络图的绘制方法和规则，网络计划时间参数的计算方法以及网络计划的优化内容和方法，通过以上过程形成的网络计划在执行当中检查以及调整的方法。

习　题

1. 什么是双代号网络图和单代号网络图？
2. 何谓虚工作？如何正确使用？
3. 什么是工艺关系和组织关系？试举例说明。
4. 简述双代号网络图的绘制规则。
5. 单代号网络图和双代号网络图各有哪些优缺点？
6. 确定网络计划关键线路的方法有哪些？
7. 简述双代号时标网络计划的特点及适用范围。
8. 时标网络计划能在图上显示哪几个时间参数？
9. 何谓网络图？网络图的基本要素有哪些？
10. 何谓网络计划技术？如何分类？
11. 双代号、单代号网络图的绘制规则有哪些？
12. 网络图的节点如何编号？
13. 双代号网络计划的时间参数有哪些？如何计算？
14. 单代号网络计划的时间参数有哪些？如何计算？
15. 什么叫搭接网络？有哪几种搭接关系？
16. 建筑工程施工网络计划的排列方法有哪些？
17. 何谓时标网络计划？如何绘制？如何分析时标网络计划时间参数？
18. 何谓网络计划优化？有哪些内容？
19. 何谓工期优化、费用优化、资源优化？衡量网络计划优劣的指标有哪些？
20. 工期优化和费用优化的区别是什么？
21. 已知工作逻辑关系如表 4-7 所示，试绘制双代号网络图。
22. 已知工作逻辑关系如表 4-8 所示，试绘制双代号网络图。
23. 已知工作逻辑关系如表 4-9 所示，试绘制单代号及双代号网络图。
24. 已知工作逻辑关系如表 4-10 所示，试绘制双代号网络图并计算各项工作的时间参数(用"六时"标注)，并指出本工程的计划工期为多少天。

表 4-7　工作逻辑关系表

工作	紧前
A	—
B	—
C	—
D	A、B
E	B
F	C、D、E

表 4-8　工作逻辑关系表

工作	紧前
A	—
B	A
C	A
D	A
E	B、C、D
F	D

表 4-9　工作逻辑关系表

工作	紧前	工作时间(d)
A	—	3
B	—	4
C	A	2
D	A	4
E	B	5
F	C、D	2

表 4-10　工作逻辑关系表

工作	紧前	工作时间(d)
A	—	2
B	A	5
C	A	3
D	B	4
E	B、C	8
F	D、E	5

25. 根据工作逻辑关系表 4-11,试绘制双代号和单代号网络图,并确定关键线路及总工期。

表 4-11 工作逻辑关系表

工作	紧前	工作时间(d)	工作	紧前	工作时间(d)
A	—	1	E	B	2
B	A	3	F	C、D	4
C	B	1	G	C、E	2
D	B	6	H	F、G	1

26. 根据下述横道图绘制双代号网络计划。

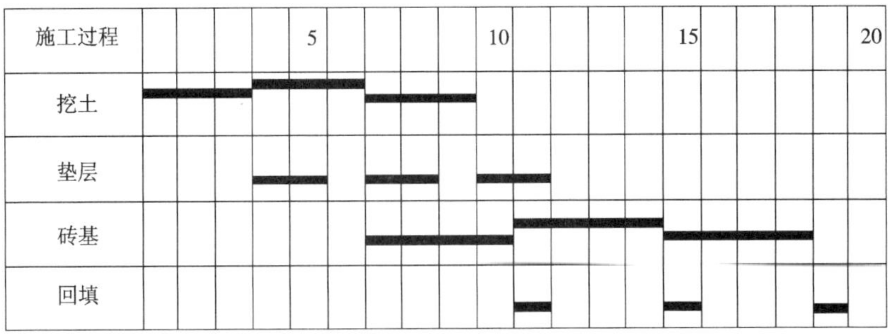

图 4-34 横道图

27. 采用图上作业法计算图 4-35 中的 $ES_{i\text{-}j}$,$EF_{i\text{-}j}$,$LS_{i\text{-}j}$,$LF_{i\text{-}j}$,ET_i,LT_i,$TF_{i\text{-}j}$,$FF_{i\text{-}j}$ 参数,并找出关键线路。

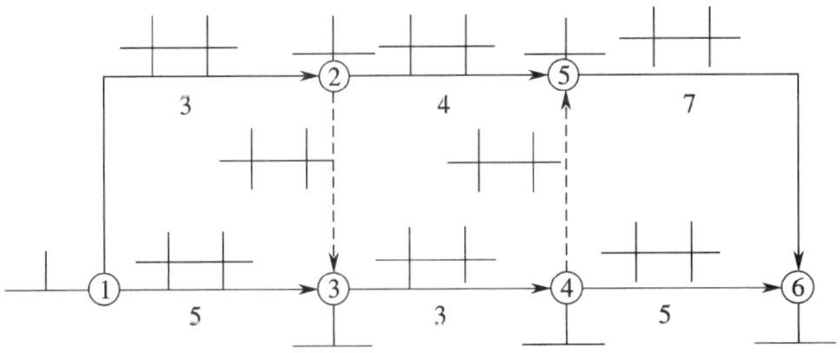

图 4-35 网络计划

28. 某工程项目的基础工程分为三个施工段,每个施工过程只有一个施工班组,每个班组尽可能早地投入施工。其原始资料见表 4-12。

表 4-12 某工程原始资料

	一	二	三
挖土	3 d	3 d	3 d
垫层	2 d	2 d	3 d
基础	4 d	4 d	3 d
回填	2 d	2 d	3 d

(1)根据表 4-12 绘制流水施工计划及网络计划图。

(2)描述总时差和自由时差的概念并进行计算。

(3)什么叫关键工作和关键线路?

(4)找出关键线路。

第5章　施工组织设计

教学目标

学习目标：了解施工准备工作的意义、分类、要求和施工组织设计的分类；掌握施工准备工作的内容及方法；熟悉施工准备工作计划的制订。熟悉施工组织总设计和单位工程施工组织设计的概念及其在建设项目施工阶段的作用；熟悉施工组织总设计和单位工程施工组织设计的编制依据和编制内容；掌握施工组织总设计和单位工程施工组织设计各项内容的编制方法和要求。

能力目标：知道各阶段施工准备工作的不同内容；明确各管理主体施工准备工作的范围及内容；能够根据建设工程项目的特点进行有针对性的准备工作，同时能够根据建设过程中的具体变化相应地进行准备工作的调整。具备在建设项目施工阶段对施工组织设计的应用能力；具备完成施工组织总设计和单位工程施工组织设计编制准备工作的能力；基本具备编制大型工程或群体工程施工组织总设计的能力；具备编制一般单位工程施工组织设计的能力。

教学情景

理论情景：施工准备工作贯穿于整个工程建设过程中，因此必须要有组织、有计划、按顺序地进行，那么在工程建设的各个阶段各有哪些准备工作？如何组织安排这些工作？这些工作又由谁来完成？施工组织设计是指导工程施工全过程活动的技术经济文件，是确定工程施工的指导思想和全局部署，并贯穿施工全过程，集技术、经济、管理于一体，是一份全面的施工组织实施规划文件。那么，施工组织设计应该依据什么来编制？编制哪些具体内容？编制要求是什么？如何编制？本章围绕这些问题展开详细的介绍。

实例情景：一个建设项目已取得立项，在正式开工前，建设单位为项目应进行哪些准备工作？施工单位应进行哪些准备工作？施工单位需要编制施工组织总设计吗？怎样编？如何编制单位工程施工组织设计？

5.1　施工准备工作

施工准备工作的
意义、内容与要求

资料准备

5.1.1　施工准备工作的意义、内容与要求

5.1.2　资料准备

对一项工程所涉及的自然条件和技术经济条件等施工资料进行调查研究与收集整理，是施工准备工作的一项重要内容，也是编制施工组织设计的重要依据。尤其是当施工单位进入一个新的城市或地区，对建设地区的技术经济条件、场地特征和社会情况等不太熟悉时，此项工作显得尤为重要。调查时，除向建设单位、勘察设计单位、当地气象台（站）及有关部门和单位收集资料及有关规定外，还应到实地勘测，并向当地居民了解情况。对调查、收集到的资料应注意整理归纳、分析研究，对其中特别重要的资料，必须复查其数据的真实性和可靠性。

5.1.3　施工技术准备

技术准备是施工准备的核心，对于保证建筑产品质量，实现安全生产，加快工程进度，提高经济效益都具有十分重要的意义。任何技术差错和隐患都可能引起人身安全和质量事故，造成生命财产和经济的巨大损失，因此必须重视做好技术准备。其主要内容包括熟悉和会审图纸、编制施工预算、编制中标后施工组织设计等。

1. 熟悉和会审图纸

（1）熟悉和会审图纸的依据

①建设单位和设计单位提供的初步设计或扩大初步设计（技术设计）、施工图设计、建筑总平面图、土方竖向设计和城市规划等资料文件。

②调查、收集的原始资料和其他相关信息与资料。

③施工验收规范、规程和有关技术规定。

（2）熟悉和会审图纸的目的

①保证按图纸要求建造出符合设计的建筑产品。

②在工程开工前，使参与施工的人员掌握施工图的内容、要求和特点。

③通过对设计图纸进行学习和会审工作，发现施工图中的问题，以便及时解决施工图中存在的问题，确保工程施工顺利进行。

（3）熟悉图纸的组织

由施工单位该工程项目经理部组织有关工程技术人员认真熟悉图纸，了解设计意图与建设单位要求以及施工应达到的技术标准，明确工程流程。

（4）熟悉图纸的要求

①先粗后细：就是先看平面图、立面图、剖面图，对整个工程的概貌有一个了解，对总的长、宽尺寸，轴线尺寸、标高、层高、总高有一个大体的印象；然后再看细部做法，核对总尺寸与细部尺寸、位置、标高是否相符，门窗表中的门窗型号、规格、形状、数量是否与结构相符等。

②先小后大：就是先看小样图，后看大样图。核对在平面图、立面图、剖面图中标注的细部做法与大样图的做法是否相符；所采用的标准构件图集编号、类型、型号与设计图纸有无矛盾，索引符号有无漏标之处，大

样图是否齐全等。

③先建筑后结构：就是先看建筑图，后看结构图。把建筑图与结构图互相对照，核对其轴线尺寸、标高是否相符，有无矛盾，查对有无遗漏尺寸，有无构造不合理之处。

④先一般后特殊：就是先看一般的部位和要求，后看特殊的部位和要求。特殊部位一般包括地基处理方法、变形缝的设置、防水处理要求和抗震、防火、保温、隔热、防尘、特殊装修等技术要求。

⑤图纸与说明结合：就是要在看图时对照设计总说明和图中的细部说明，核对图纸和说明有无矛盾，规定是否明确，要求是否可行，做法是否合理等。

⑥土建与安装结合：就是看土建图时，有针对性地看一些安装图，核对土建图与安装图有无矛盾，预埋件、预留洞、槽的位置、尺寸是否一致，了解安装对土建的要求，以便考虑在施工中的协作配合。

⑦图纸要求与实际情况结合：就是核对图纸有无不符合施工实际之处，建筑物相对位置、场地标高、地质情况等是否与设计图纸相符；对一些特殊的施工工艺，施工单位能否做到等。

(5)自审图纸的组织

由施工单位该项目经理部组织各工种人员对本工种的有关图纸进行审查，掌握和了解图纸中的细节；在此基础上，由总承包单位内部的土建与水、暖、电等专业，共同核对图纸，消除差错，协商施工配合事项；最后，总承包单位与外分包单位(如桩基施工、装饰工程施工、设备安装施工等单位)在各自审查图纸的基础上，共同核对图纸中的差错及协商有关施工配合问题。

(6)自审图纸的要求

①审查拟建工程的地点，建筑总平面图同国家、城市或地区规划是否一致，以及建筑物或构筑物的设计功能和使用要求是否符合环卫、防火及美化城市方面的要求。

②审查设计图纸是否完整齐全以及设计图纸和资料是否符合国家有关技术规范要求。

③审查建筑、结构、设备安装图纸是否相符，有无"错、漏、碰、缺"，内部结构和工艺设备有无矛盾。

④审查地基处理与基础设计同拟建工程地点的工程地质和水文地质等条件是否一致，以及建筑物或构筑物与原地下构筑物及管线之间有无矛盾。深基础的防水方案是否可靠，材料设备能否解决。

⑤明确拟建工程的结构形式和特点，复核主要承重结构的承载力、刚度和稳定性是否满足要求，审查设计图纸中的形体复杂、施工难度大和技术要求高的分部分项工程或新结构、新材料、新工艺，在施工技术和管理水平上能否满足质量和工期要求，选用的材料、构配件、设备等能否满足要求。

⑥明确建设期限、分期分批投产或交付使用的顺序和时间以及工程所用的主要材料和设备的数量、规格、来源和供货日期。

⑦明确建设单位、设计单位和施工单位等之间的协作、配合关系以及建设单位可以提供的施工条件。

⑧审查设计是否考虑了施工的需要，各种结构的承载力、刚度和稳定性是否满足设置内爬、附着、固定式塔式起重机等使用的要求。

(7)图纸会审的组织

一般工程由建设单位组织并主持会议，设计单位交底，施工单位、监理单位参加。重点工程或规模较大及结构、装修较复杂的工程，如有必要可邀请各主管部门、消防、防疫与协作单位参加。

会审的程序如下：设计单位做设计交底，施工单位对图纸提出问题，有关单位发表意见，与会者讨论、研究、协商，逐条解决问题达成共识，组织会审的单位汇总成文，各单位会签，形成图纸会审纪要，会审纪要作为与施工图纸具有同等法律效力的技术文件使用。

(8)图纸会审的要求

①设计是否符合国家有关方针、政策和规定。

②设计规模、内容是否符合国家有关技术规范的要求，尤其是强制性标准的要求，是否符合环境保护和消防安全的要求。

③建筑设计是否符合国家有关的技术规范要求，尤其是强制性标准的要求，是否符合环境保护和消防安全的要求。

④建筑平面布置是否符合核准的按建筑红线划定的详图和现场实际情况；是否提供符合要求的永久水准点或临时水准点位置。

⑤图纸及说明是否齐全、清楚、明确。

⑥结构、建筑、设备等图纸本身及相互之间是否有错误和矛盾，图纸与说明之间有无矛盾。

⑦有无特殊材料（包括新材料）要求，其品种、规格、数量能否满足需要。

⑧设计是否符合施工技术装备条件，如需采取特殊技术措施，技术上有无困难，能否保证安全施工。

⑨地基处理及基础设计有无问题，建筑物与地下构筑物、管线之间有无矛盾。

⑩建（构）筑物及设备的各部位尺寸、轴线位置、标高、预留孔洞及预埋件、大样图及做法、说明有无错误和矛盾。

2. 编制施工图预算和施工预算

（1）编制施工图预算

施工图预算是施工单位先按照施工图计算工程量，然后套用有关的定额、单价及其取费标准编制的建筑安装工程造价的经济文件。它是施工单位签订承包合同、工程结算和进行成本核算的依据。

（2）编制施工预算

施工预算是施工单位根据施工合同价款、施工图纸、施工组织设计或施工方案、施工定额等文件编制的企业内部经济文件。它直接受施工合同中合同价款的控制，是施工前的一项重要准备工作。它是施工企业内部控制各项成本支出、考核用工、签发施工任务书、限额领料，基层进行经济核算、经济活动分析的依据。

3. 编制中标后施工组织设计

中标后施工组织设计是施工单位在施工准备阶段编制的指导拟建工程从施工准备到竣工验收乃至保修回访的技术经济、组织的综合性文件，也是编制施工预算、实行项目管理的依据，是施工准备工作的主要文件。

施工单位必须在约定的时间内完成中标后施工组织设计的编制与自审工作，并填写施工组织设计报审表，报送项目监理机构。总监理工程师应在约定的时间内，组织专业监理工程师审查，提出审查意见后，由总监理工程师审定批准，需要施工单位修改时，由总监理工程师签发书面意见，退回施工单位修改后再报审，总监理工程师应重新审定，已审定的施工组织设计由项目监理机构报送建设单位。施工单位应按审定的施工组织设计文件组织施工，如需对其内容做较大变更，应在实施前将变更书面内容报送项目监理机构重新审定。对规模大、结构复杂或属新结构、特种结构的工程，专业监理工程师提出审查意见后，由总监理工程师签发审查意见，必要时与建设单位协商，组织有关专家会审。

4. 技术、安全交底

技术、安全交底的时间在拟建工程开工前或各施工阶段开工前进行，以保证工程按施工组织设计、安全操作规程和施工规范等要求进行施工。

技术、安全交底的内容如下。

①工程施工进度计划、施工组织设计、质量标准、安全措施、降低成本措施等。

②采用新结构、新材料、新工艺、新技术的保证措施。

③有关图纸设计变更和技术核定等事项。

④“四新”试验、试制的技术标准。

按照施工图纸和施工组织设计的要求，认真进行新结构、新材料、新工艺、新技术等项目试验和试制。

5.1.4 施工现场准备

施工现场的准备工作主要是为了给施工项目创造有利的施工条件，是保证工程按计划开工和顺利进行的重要环节。

1. 现场准备工作的范围及各方职责

施工现场准备工作由两个方面组成：一是建设单位应完成的施工现场准备工作；二是施工单位应完成的施工现场准备工作。建设单位与施工单位的施工现场准备工作均就绪时，施工现场就具备了施工条件。

（1）建设单位施工现场准备工作

建设单位要按合同条款中约定的内容和时间完成以下工作。

①办理土地征用、拆迁补偿、平整施工场地等工作，使施工场地具备施工条件，在开工后继续负责解决以上事项遗留问题。

②将施工所需水、电、电信线路从施工场地外部接至专用条款约定地点，保证施工期间的需要。

③开通施工场地与城乡公共道路的通道以及专用条款约定的施工场地内的主要道路，满足施工运输的需要，保证施工期间道路畅通。

④向承包人提供施工场地的工程地质和地下管线资料，对资料的真实准确性负责。

⑤办理施工许可证及其他施工所需证件、批件和临时用地、停水、停电、中断道路交通、爆破作业等的申请批准手续（证明承包人自身资质的证件除外）。

⑥确定水准点与坐标控制点，以书面形式交给承包人，进行现场交验。

⑦协调处理施工场地周围的地下管线和邻近建筑物、构筑物（包括文物保护建筑）、古树名木的保护工作，承担有关费用。

上述施工现场准备工作，发、承包双方也可在合同专用条款内约定交由施工单位完成，其费用由建设单位承担。

（2）施工单位现场准备工作

施工单位现场准备工作即通常所说的室外准备，施工单位应按合同条款中约定的内容和施工组织设计的要求完成以下工作。

①根据工程需要，提供和维修非夜间施工使用的照明、围栏设施，并负责安全保卫。

②按专用条款约定的数量和要求，向发包人提供施工场地办公和生活的房屋及设施，发包人承担由此发生的费用。

③遵守政府有关主管部门对施工场地交通、施工噪声以及环境保护和安全生产等的管理规定，按规定办理有关手续，并以书面形式通知发包人，发包人承担由此发生的费用，因承包人责任造成的罚款除外。

④按专用条款约定做好施工场地地下管线和邻近建筑物、构筑物（包括文物保护建筑）、古树名木的保护工作。

⑤保证施工场地清洁，符合环境卫生管理的有关规定。

⑥建立测量控制网。

⑦工程用地范围内的“七通一平”，其中平整场地工作应由其他单位承担，但建设单位也可要求施工单位完成，费用仍由建设单位承担。

⑧搭设现场生产和生活用的临时设施。

2. 拆除障碍物

施工现场内的一切地上、地下障碍物，都应在开工前拆除。这项工作一般由建设单位来完成，但也有委托施工单位来完成的。如果由施工单位来完成这项工作，一定要事先摸清现场情况，尤其是在城市的老区中，由于原有建筑物和构筑物情况复杂，而且往往资料不全，在拆除前需要采取相应的措施，防止发生事故。

①对于房屋的拆除，一般只要把水源、电源切断后即可进行拆除。若房屋较大、较坚固，采用爆破的方法时，必须经有关部门批准，需要由专业的爆破作业人员来承担。

②架空电线（电力、通信）、地下电缆（电力、通信）的拆除，要与电力部门或通信部门联系并办理有关手续后方可进行。

③自来水、污水、燃气、热力等管线的拆除，都应与有关部门取得联系，办好手续后由专业公司来完成。

④场地内若有树木，需报园林部门批准后方可砍伐。

⑤拆除障碍物留下的渣土等杂物都应清除出场外。运输时，应遵守交通、环保部门的有关规定，运土的车辆要按指定的路线和时间行驶，并采取封闭运输车或在渣土上直接洒水等措施，以免渣土飞扬而污染环境。

3.“七通一平”

“七通一平”指在工程用地范围内，保证施工用水、用电、道路、电信、蒸汽与燃气、施工现场排水及排污畅通和平整场地的工作。

①平整场地。清除障碍物后，即可进行场地平整工作，按照建筑施工总平面、勘测地形图和场地平整施工方案等技术文件的要求，通过测量，计算出填挖土方工程量，设计土方调配方案，确定平整场地的施工方案，组织人力和机械进行平整场地的工作。应尽量做到挖填方量趋于平衡，总运输量最小，便于机械施工和充分利用建筑物挖方填土，并应防止利用地表土、软弱土层、草皮、建筑垃圾等做填方。

②道路通。施工现场的道路是组织物资进场的动脉，拟建工程开工前，必须按照施工总平面图的要求，修建必要的临时性道路，为节约临时工程费用，缩短施工准备工作时间，尽量利用原有道路设施或拟建永久性道路解决现场道路问题，形成畅通的运输网络，确保运输和消防用车等行驶畅通。临时道路的等级可根据交通流量和所用车确定。

③给水通。施工用水包括生产、生活与消防用水，应按施工总平面图的规划进行安排，施工给水尽可能与永久性的给水系统结合起来。临时管线的铺设既要满足施工用水的需用量，又要施工方便，并且尽量缩短管线的长度，以降低工程的成本。

④排水通。施工现场的排水也十分重要，特别是在雨期，如场地排水不畅，会影响到施工和运输的顺利进行，高层建筑的基坑深、面积大，施工往往要经过雨期，应做好基坑周围的挡土支护工作，防止坑外雨水向坑内汇流，并做好基坑底部雨水的排放工作。

⑤排污通。施工现场的污水排放，直接影响到城市的环境卫生，由于环境保护的要求，有些污水不能直接排放，而需进行处理以后方可排放。因此，现场的排污也是一项重要的工作。

⑥电及电信通。电是施工现场的主要动力来源，施工现场中电包括施工生产用电和生活用电。由于建筑工程施工供电面积大、启动电流大、负荷变化多和手持式用电机具多，施工现场临时用电要考虑安全和节能措施。开工前，要按照施工组织设计的要求，接通电力和电信设施，电源首先应考虑从建设单位给定的电源上获得，如其供电系统不能满足施工用电需要，则应考虑在现场建立自备发电系统，确保施工现场动力设备和通信设备的正常运行。

⑦蒸汽与燃气通。施工中如需要通蒸汽、燃气，应按施工组织设计的要求进行安排，以保证施工的顺利进行。

4. 搭设临时设施

现场生活和生产用的临时设施，应按照施工平面布置图的要求进行，临时建筑平面图及主要房屋结构图都应报请城市规划、市政、消防、交通、环境保护等有关部门审查批准。

为了施工方便和行人的安全及文明施工，应用围墙将施工用地围护起来，围墙的形式、材料和高度应符合市容管理的有关规定和要求，并在主要出入口设置标牌挂图，标明工程项目名称、施工单位、项目负责人等。

所有生产及生活用临时设施，包括各种仓库、搅拌站、加工厂、作业棚、宿舍、办公用房、食堂、文化生活设施等，均应按批准的施工组织设计的要求组织搭设，并尽量利用施工现场或附近原有设施（包括要拆迁但可暂时利用的建筑物）和在建工程本身供施工使用的部分用房，尽可能减少临时设施的数量，以便节约用地、节省投资。

5.1.5 施工生产要素准备

劳动力组织准备包括施工管理层和作业层两大部分，这些人员的合理选择和配备，将直接影响工程质量与安全、施工进度及工程成本。因此，劳动组织准备是开工前施工准备的一项重要内容。

施工生产要素准备

5.1.6 冬雨期施工准备

冬雨期施工准备

5.2 施工组织设计概述

施工组织设计是对施工活动实行科学管理的重要手段，它具有战略部署和战术安排的双重作用。它体现了实现基本建设计划和设计的要求，提供了各阶段的施工准备工作内容，协调施工过程中各施工单位、各施工工种、各项资源之间的相互关系。通过施工组织设计，可以根据具体工程的特定条件，拟订施工方案，确定施工顺序、施工方法、技术组织措施，可以保证拟建工程按照预定的工期完成，可以在开工前了解所需资源的数量及其使用的先后顺序，合理安排施工现场布置。因此，施工组织设计应从施工全局出发，充分反映客观实际，符合国家或合同要求，统筹安排与施工活动有关的各个方面，合理地布置施工现场，确保文明施工、安全施工。

5.2.1 施工组织设计的分类

根据施工组织设计编制的广度、深度和作用的不同，可分为：施工组织总设计；单位工程施工组织设计；分部（分项）工程施工组织设计，或称分部（分项）工程作业设计。

5.2.2 施工组织总设计的内容

施工组织总设计是以整个建设工程项目（如一个工厂、一个机场、一条道路（包括桥梁）、一个居住小区等）为对象编制的。它是对整个建设工程项目施工的战略部署，是指导全局性施工的技术和经济纲要。施工组织总设计的主要内容如下。

①建设项目的工程概况。

②施工部署及其核心工程的施工方案。

③全场性施工准备工作计划。

④施工总进度计划。

⑤各项资源需求量计划。

⑥全场性施工总平面图设计。

⑦主要技术经济指标（项目施工工期、劳动生产率、项目施工质量、项目施工成本、项目施工安全、机械化程度、预制化程度、暂设工程等）。

5.2.3 单位工程施工组织设计的内容

单位工程施工组织设计是以单位工程（如一栋楼房、一个烟囱、一段道路、一座桥等）为对象编制的，在施工组织总设计的指导下，由直接组织施工的单位根据施工组织设计进行编制，用以直接指导单位工程的施工活动，是施工单位编制分部（分项）工程施工组织设计和季、月、旬施工计划的依据。单位工程施工组织设计因工程规模和技术复杂程度不同，其编制内容的深度和广度也有所不同。对于简单的工程，一般只编制施工方案，并附以施工进度计划和施工平面图。单位工程施工组织设计的主要内容如下。

①工程概况及施工特点分析。

②施工方案的选择。

③单位工程施工准备工作计划。

④单位工程施工进度计划。

⑤各项资源需求量计划。

⑥单位工程施工总平面图设计。

⑦技术组织措施、质量保证措施和安全施工措施。

⑧主要技术经济指标（工期、资源消耗的均衡性、机械设备的利用程度等）。

5.2.4 分部（分项）工程施工组织设计的内容

分部（分项）工程施工组织设计，也称为分部（分项）工程作业设计，或称分部（分项）工程施工设计是针对某些特别重要的、技术复杂的，或采用新工艺、新技术施工的分部（分项）工程，如深基础、无黏结预应力混凝土、特大构件的吊装、大量土石方工程、定向爆破工程等编制的，其内容具体、详细，可操作性强，是直接指导分部（分项）工程施工的依据。分部（分项）工程施工组织设计的主要内容如下。

①工程概况及施工特点分析。

②施工方法和施工机械的选择。

③分部（分项）工程的施工准备工作计划。

④分部（分项）工程的施工进度计划。

⑤各项资源需求量计划。

⑥技术组织措施、质量保证措施和安全施工措施。

⑦作业区施工平面布置图设计。

5.3 施工组织总设计

5.3.1 施工组织总设计的概念

施工组织总设计是以整个建设项目或群体工程（一个住宅建筑小区，配套的公共设施工程，一个配套的工业生产系统等）为对象编制的，是整个建设项目或建筑群施工的全局性战略部署，是施工企业规划和部署整个施工活动的技术、经济文件。在有了批准的初步设计或技术设计、总概算或修正总概算后，一般以承建的总承包单位为主，有其分包单位、建设单位和设计单位参加，结合建设准备和计划安排工作进行编制。

5.3.2 施工组织总设计的主要作用

施工组织总设计的作用主要有以下几方面。

①确定设计方案的施工可能性和经济合理性。

②为建设单位主管机关编制基本建设计划提供依据。

③为施工单位主管机关编制建筑安装工程计划提供依据。

④为组织物资技术供应提供依据。

⑤为及时进行施工准备工作提供条件。

⑥解决有关生产和生活基地的组织问题。

5.3.3 施工组织总设计的编制依据

①设计地区的工程勘察和技术经济资料,如地质、地形、气象、河流水位、地区条件等。

②国家现行规范和规程、上级指示、合同协议等。

③计划文件,如国家批准的基本建设计划、单项工程一览表、分期分批投资的期限、投资指标、工程材料和设备的订货指标、地区主管部门的批件、施工单位上级主管部门下达的施工任务书等。

④设计文件,如批准的初步设计、设计证明书、总概算、已批准的计划任务书等。

⑤合同文件。

⑥类似建设工程项目的资料和经验。

5.3.4 施工组织总设计的编制原则

在编制施工组织设计时,宜考虑以下原则。

①重视工程的组织对施工的作用。

②提高施工的工业化程度。

③重视管理创新和技术创新。

④重视工程施工的目标控制。

⑤积极采用国内外先进的施工技术。

⑥充分利用时间和空间,合理安排施工顺序,提高施工的连续性和均衡性。

⑦合理部署施工现场,实现文明施工。

5.3.5 施工组织总设计的编制程序及方法

首先,要从全局出发,对建设地区的自然条件、技术经济情况以及工程特点、工期要求等进行全面系统的研究,找出主要矛盾和薄弱环节,以便重点加以解决,避免造成损失。

其次,根据施工任务情况和施工队伍的现状,合理进行组织分工,并对重要单位工程和主要工种工程的施工方案在经过技术经济比较之后合理地加以确定。

再次,根据生产工艺流程和工程特点,合理地编制施工总进度计划,以确保工程能按照工期要求均衡连续地进行施工,能分期分批地投入生产或交付使用,充分发挥投资效益。根据编制的施工总进度计划,可编制材料、成品、半成品、劳动量、建筑机械、运输工具等的需要量计划。由此就可进行运输及仓库业务、附属企业业务和临时建筑业务的组织,为计算临时供水、供电、供热、供气的需要量及其业务的组织提供了可能。在完成了上述工作后,即可编制施工准备工作计划和设计总平面图(如图 5-1 所示)。

5.3.6　施工组织总设计的内容

施工组织总设计的内容和深度，视工程的性质、规模、建筑结构和施工复杂程度、工期要求和建设地区的自然经济条件不同而有所不同，但都应突出“规划”和“控制”的特点，一般应包括以下主要内容。

1. 工程概况

工程概况应包括项目主要情况和项目主要施工条件等。

（1）项目主要情况

项目主要情况应包括下列内容。

①项目名称、性质、地理位置和建设规模。

②项目的建设、勘察、设计和监理等相关单位的情况。

③项目设计概况。

④项目承包范围及主要分包工程范围。

⑤施工合同或招标文件对项目施工的重点要求。

⑥其他应说明的情况。

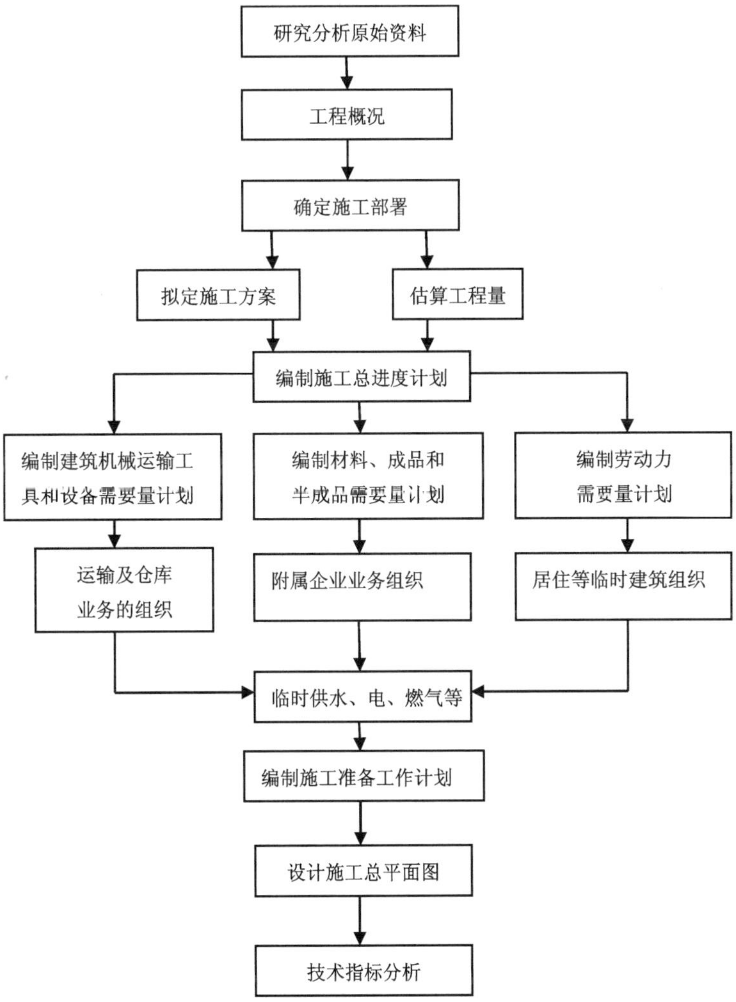

图 5-1　施工组织总设计编制程序

（2）项目主要施工条件

项目主要施工条件应包括下列内容。

①项目建设地点气象状况。

②项目施工区域地形和工程水文地质状况。

③项目施工区域地上、地下管线及相邻的地上、地下建(构)筑物情况。

④与项目施工有关的道路、河流等状况。

⑤当地建筑材料、设备供应和交通运输等服务能力状况。

⑥当地供电、供水、供热和通信能力状况。

⑦其他与施工有关的主要因素。

2. 总体施工部署

①施工组织总设计应对项目总体施工作出下列宏观部署:确定项目施工总目标,包括进度、质量、安全、环境和成本目标;根据项目施工总目标的要求,确定项目分阶段(期)交付的计划;确定项目分阶段(期)施工的合理顺序及空间组织。

②对项目施工的重点和难点应进行简要分析。

③总承包单位应明确项目管理组织机构形式,并宜采用框图的形式表示。

④对于项目施工中开发和使用的新技术、新工艺应作出部署。

⑤对主要分包项目施工单位的资质和能力应提出明确要求。

3. 施工总进度计划

①施工总进度计划应按照项目总体施工部署的安排进行编制。

②施工总进度计划可采用网络图或横道图表示,并附必要说明。

4. 总体施工准备与主要资源配置计划

①总体施工准备应包括技术准备、现场准备和资金准备等。

②技术准备、现场准备和资金准备应满足项目分阶段(期)施工的需要。

③主要资源配置计划应包括劳动力配置计划和物资配置计划等。

④劳动力配置计划应包括:确定各施工阶段(期)的总用工量和根据施工总进度计划确定各施工阶段(期)的劳动力配置计划。

⑤物资配置计划应包括:根据施工总进度计划确定主要工程材料和设备的配置计划;根据总体施工部署和施工总进度计划确定主要施工周转材料和施工机具的配置计划。

5. 主要施工方法

①施工组织总设计应对项目涉及的单位(子单位)工程和主要分部(分项)工程所采用的施工方法进行简要说明。

②对脚手架工程、起重吊装工程、临时用水用电工程、季节性施工等专项工程所采用的施工方法应进行简要说明。

6. 施工总平面布置

①施工总平面布置应符合下列原则:平面布置科学合理,施工场地占用面积少;合理组织运输,减少二次搬运;施工区域的划分和场地的临时占用应符合总体施工部署和施工流程的要求,减少相互干扰;充分利用既有建(构)筑物和既有设施为项目施工服务,降低临时设施的建造费用;临时设施应方便生产和生活,办公区、生活区和生产区宜分离设置;符合节能、环保、安全和消防等要求;遵守当地主管部门和建设单位关于施工现场安全文明施工的相关规定。

②施工总平面布置图应符合下列要求:根据项目总体施工部署,绘制现场不同施工阶段(期)的总平面布置图;施工总平面布置图的绘制应符合国家相关标准要求并附必要说明。

③施工总平面布置图应包括:项目施工用地范围内的地形状况;全部拟建的建(构)筑物和其他基础设施的位置;项目施工用地范围内的加工设施,运输设施,存贮设施,供电设施,供水供热设施,排水排污设施,临时施工道路和办公、生活用房等;施工现场必备的安全、消防、保卫和环境保护等设施;相邻的地上、

地下既有建(构)筑物及相关环境。

5.4 单位工程施工组织设计

5.4.1 单位工程施工组织设计概述

1. 单位工程施工组织设计的概念

单位工程施工组织设计是在施工组织总设计的指导下,以单位(子单位)工程为主要对象编制的,对单位(子单位)工程的施工过程起指导和制约作用的施工组织设计。单位工程施工组织设计是指导其施工全过程中各项生产技术经济活动,组织协调,控制质量、安全等各项目标的综合性管理文件。它的内容较施工组织总设计详细和具体,同时它也是施工单位编制月、旬施工计划的依据。

2. 单位工程施工组织设计的作用

单位工程施工组织设计是在相应工程施工承包合同签订之后,开工之前,在施工单位项目经理的组织下,由项目部的技术负责人负责编制,用于指导单位工程施工管理的文件。

单位工程施工组织设计在工程施工中具有重要的组织、指导和制约作用,其主要作用有以下几点。

①贯彻施工组织总设计,具体落实施工组织总设计对该单位工程的规划精神。

②为开工前的施工准备工作作出详细的安排。

③对整个单位工程全局作出统筹规划和全面安排,并对工程施工中的重大战略问题进行决策。

④选择施工方法和施工机械,提出实现项目各项管理目标的具体措施,为项目管理提出技术和组织方面的指导性意见。

⑤编制施工进度计划,落实施工顺序、搭接关系及各分部分项工程的施工时间,实现工期目标,为项目部编制作业计划提供依据。

⑥为计算各类资源需要量和安排供应工作提供数据和计划。

⑦对单位工程的施工现场进行合理设计和布置,统筹合理利用空间,为安全文明施工创造条件,是现场平面管理的依据。

3. 单位工程施工组织设计的编制内容

由于单位工程的性质、规模、技术上的复杂程度、现场施工条件和建设单位的要求等各不相同,因此,施工组织设计编制的内容深度和广度也不同,每个单位工程施工组织设计的内容和重点也不相同。但是,无论怎样编写,其内容必须简明扼要,具有规模性及控制性,并应达到一切从真正解决实际施工问题出发,在施工中真正能起到指导现场施工的作用。

按照《建筑施工组织设计规范》(GB/T 50502—2009)的规定,施工组织设计编制的基本内容包括下面八项。

(1)编制依据

编制依据的内容主要包括以下几方面。

①上级主管部门对工程的有关指示和要求。

②建设单位对施工的要求。

③施工合同中的有关规定。

④经过会审的施工图及设计单位对施工的要求。

⑤施工组织纲要,施工组织总设计,工程预算文件和有关定额。

⑥有关的法律法规、规范、规程和标准、图集。

⑦施工企业标准和管理文件,施工条件及施工现场勘察资料等。

(2)工程概况

工程概况的内容包括以下几方面。

①工程建设概况。

②工程建设地点特征。

③建筑、结构设计概况。

④施工条件,工程施工特点分析。

(3)施工部署

施工部署的内容包括以下几方面。

①施工管理目标、施工部署原则。

②项目经理部组织机构。

③施工任务划分、对主要分包工程施工单位的选择要求及管理方式的确定。

④计算主要项目工程量,施工协调与配合等。

(4)施工方案

施工方案的内容包括以下几方面。

①确定各分部分项工程的施工顺序。

②选择施工组织方式、划分施工段。

③确定主要分部分项工程的施工方法。

④选择主要分部分项工程适用的施工机械。

(5)施工进度计划

施工进度计划的内容包括以下几方面。

①施工过程的划分。

②进度计划的参数计算和进度计划的排列。

(6)施工准备与资源配置计划

①施工准备的内容包括技术准备、施工现场准备和资金准备。

②资源配置计划的内容包括劳动力配置计划和物资配置计划等。

(7)主要施工管理计划

①主要施工管理计划的内容包括进度管理计划、质量管理计划、安全管理计划、环境管理计划、成本管理计划和其他管理计划。

②其他管理计划包括文明工地管理计划、消防管理计划、现场保卫计划、合同管理计划、分包管理计划和创优管理计划等。

(8)施工现场平面布置

施工现场平面布置应包括下列内容。

①工程施工场地状况,拟建建(构)筑物的位置、轮廓尺寸、层数等。

②工程施工现场的加工设施、存贮设施、办公和生活用房等的位置和面积。

③布置在工程施工现场的垂直运输设施、供电设施、供水供热设施、排水排污设施和临时施工道路等。

④施工现场必备的安全、消防、保卫和环境保护等设施。

⑤相邻的地上、地下既有建(构)筑物及相关环境。

施工现场平面布置图应结合施工组织总设计按不同施工阶段分别绘制。

以上八项内容是单位工程施工组织设计的基本内容,对于不同的单位工程施工组织设计的编制均适用,但编制单位工程施工组织设计时可以根据工程的实际情况和需要进行必要的增减。

5.4.2　单位工程施工组织设计编制依据

单位工程施工组织设计编制依据

5.4.3　工程概况

1. 工程概况的编写要求

编写要求是内容简捷，语言严谨，层次清楚，力求具有概括性、准确性、完整性，阅后使人对工程总体情况和侧重点有所了解。

为了达到上述要求，工程概况的内容应尽量采用图表进行说明，必要时还可以附上拟建工程的平、立、剖面示意图。

2. 工程概况的编写内容

工程概况包括工程建设概况，工程建设地点特征，建筑、结构设计概况，施工条件和工程施工特点分析五方面内容。

（1）工程建设概况

工程建设概况主要介绍拟建工程的建设单位、工程名称、性质、用途、建设目的、资金来源及工程造价，开工、竣工日期，设计单位、施工单位、监理单位，施工图纸情况，施工合同是否签订，上级有关文件或要求以及组织施工的指导思想等，见表 5-16。

（2）工程建设地点特征

工程建设地点特征主要介绍拟建工程的地理位置、地形、地貌、地质、水文、气温、冬雨期时间、主导风向、风力和抗震设防烈度等。

（3）建筑、结构设计概况

主要根据施工图纸，结合调查资料，简练地概括工程全貌，综合分析，突出重点问题。对新结构、新材料、新技术、新工艺及施工的难点作重点说明。

①建筑设计概况主要介绍拟建工程的建筑面积、平面形状和平面组合情况、层数、层高、总高、总长、总宽等尺寸及室内外装修的情况，见表 5-17。

②结构设计概况主要介绍基础的形式、埋置深度、设备基础的形式、主体结构的类型，墙、柱、梁、板的材料及截面尺寸，预制构件的类型及安装位置，楼梯构造及形式等，见表 5-18。

表 5-16　表 5-17　表 5-18

（4）施工条件

施工条件主要介绍“三通一平”的情况，当地的交通运输条件，资源生产及供应情况，施工现场大小及周围环境情况，预制构件生产及供应情况，施工单位机械、设备、劳动力的落实情况，内部承包方式、劳动组织形式及施工管理水平，现场临时设施、供水、供电问题的解决。

（5）工程施工特点分析

工程施工特点分析主要介绍拟建工程施工特点和施工中关键问题、难点所在，以便突出重点、抓住关键，使施工顺利进行，提高施工单位的经济效益和管理水平。

5.4.4 施工部署

1. 编写要求

施工组织设计中的施工部署是该工程施工的战略性决策意见，施工部署应在若干个初步方案的基础上进行筛选优化后确定。

施工部署必须体现出项目经理部如何组织施工的指导思想，必须明确项目经理部在工程开工前如何对整个工程施工进行总体布局，而这个布局就是对工程施工所涉及的任务、人力、资源、时间和空间进行构思、总体设计与全面安排。

由于拟建工程的性质、规模、客观条件不同，施工部署的内容和侧重点也各不相同。因此，进行施工部署设计时，应结合工程的特点，对具体情况进行具体分析，并遵循建筑施工的客观规律，按照合同工期的要求，事先制定出必须遵循的原则，作出切实可行的施工部署。

在实际编制中，较多编制人员对这部分内容感到困惑不解，很多情况下写不出来，即便写了也是把不属于施工部署的内容写进去，如经常出现把施工准备、施工方法的内容写进去的情况。在写法上也没有宏观地写，内容原则性不强，其原因是编制人员对施工部署概念不清，没有真正理解施工部署的指导思想和核心内容。因此，需要弄清楚这个问题。

施工部署是在工程实施之前，对整个拟建工程进行通盘考虑、统筹策划后，所作出的全局性战略决策和全面安排，并且明确工程施工的总体设想。

施工部署是宏观的部署，其内容应明确、定性、简明，提出原则性要求，并应重点突出部署原则。施工部署的关键是“安排”，核心内容是部署原则，要努力在“安排”上做到优化，在部署原则上，要做到对所涉及的各种资源在时空上的总体布局进行合理的构思，因此只要抓住和理解其关键核心内容，就能写好这部分内容。

2. 编写内容

施工部署是施工组织设计的灵魂和核心，通篇的内容都十分重要。施工部署是否合理，直接影响工程的进度、质量和成本三大目标能否顺利实现，因此必须引起足够重视。

这部分内容主要反映施工组织部署，对于不同的工程，部署的内容和侧重点也有所不同。通常情况下，施工部署主要包括以下内容：明确施工管理目标，确定施工部署原则，建立项目经理部组织机构，明确施工任务划分，计算主要项目工程量，明确施工组织协调与配合等。

3. 施工管理目标

施工管理目标应根据施工合同和本单位对工程管理目标的要求确定，当本工程是整个 建设项目中的一个单位工程时，其各项目标还应满足施工组织总设计中确定的目标。施工管理目标一般包括如下几点。

①进度目标：工期和开工、竣工时间。

②质量目标：包括质量等级、质量奖项。

③安全目标：根据有关标准和要求确定。

④成本目标：确定降低成本的目标值，包括降低成本额或降低成本率。

a. 降低成本额：施工预算成本与施工实际成本的差额。该指标是单位工程施工组织设计降低费用措施的价格成果。

b. 降低成本率：降低成本额与预算成本额的百分比。该指标体现单位工程施工成本的降低水平。

⑤根据有关标准和要求确定文明施工目标。

⑥根据有关标准和要求确定消防目标。

4. 施工部署原则

施工部署原则是项目经理部在工程实施前，为实现该项任务的预定目标，对整个工程所涉及的人力、物力、资金、时间、空间进行总体布局的构思，体现的是承包单位在工程实施过程中完成施工合同和实现预期目标的主导思想，体现的是项目经理部通过什么样的组织手段和技术手段去满足合同的要求。

施工部署原则是施工组织设计的核心内容，将影响整个工程。因此，这项内容的形成应在施工组织设计成文前，由项目经理提出初步意见，然后经过酝酿、反复讨论后，由项目经理作最后决策。

施工部署原则要宏观，可从以下几个方面考虑。

(1)满足业主要求的部署原则

一切施工活动都要满足合同要求。施工部署原则首先要满足合同工期要求，充分酝酿任务、人力、资源、时间和空间、工艺的总体布局和构思。

(2)确定施工程序和总体施工顺序

单位工程施工程序是指单位工程中各分部工程之间、土建和各专业工程之间或不同施工阶段之间所固有的、密切不可分割的在时间上的先后次序，它不能跳跃和颠倒，它主要解决时间搭接上的问题。

单位工程施工中应遵循"四先四后"的施工程序：先地下后地上；先主体后围护；先结构后装饰；先土建后专业。

单位工程总体施工顺序是指从基坑挖土到主体结构、装修、机电设备专业安装等，直至工程竣工验收的施工全过程的施工先后顺序。

总体施工顺序的描述应体现工序逻辑关系原则，要遵循上述施工程序的一般规律。

(3)确定施工起点流向和施工顺序

此项内容主要包括拟建工程地下、地上、装饰装修阶段的施工顺序和施工流向。为便于编写，在此有必要对如何确定施工起点流向和施工顺序作简要说明。

1)确定施工起点流向

施工起点流向是指单位工程在平面或空间上的施工顺序，即施工开始的部位和进展的方向。平面上要划分施工段及施工的起点及流向；空间上考虑分层施工的流向。它的合理确定将有利于扩大施工作业面，组织多工种平面或立体流水作业，缩短施工周期和保证工程质量。

单位工程施工流向的确定一般遵循先地下后地上、先主体后围护、先结构后装饰、先土建后专业的次序。同时，针对具体的单位工程，在确定施工流向时还应考虑以下因素：一是生产使用的先后；二是施工区段的划分；三是与材料、构件、土方的运输方向不发生矛盾；四是适应主导工程(工程量大、技术复杂、占用时间长的施工过程)的合理施工顺序。

2)确定施工顺序

施工顺序是指单位工程内部各分部分项工程或施工过程之间的施工先后次序。确定施工顺序既是为了按照客观的施工规律和工艺顺序组织施工，也是为了解决工种之间在时间上的搭接问题，从而在保证质量和安全的前提下，做到充分利用空间，争取时间，实现缩短工期的目的。

施工顺序应根据实际的工程施工条件和采用的施工方法来确定，合理地确定施工顺序是编制施工进度计划的需要。确定施工顺序时应考虑以下因素。

①必须遵循施工程序的要求。

②必须符合施工工艺的要求。

③必须做到施工顺序和施工方法相一致。

④必须与施工方法和施工机械的要求相一致。

⑤必须考虑工期和施工组织的要求。

⑥必须考虑施工质量和安全要求。

⑦充分考虑当地气候特点对工程的影响。

(4)分别表述拟建工程地下、地上、装饰装修阶段的施工顺序和施工流向

①基础结构工程阶段的施工顺序和流向：±0.000以下。

②主体结构工程阶段的施工顺序和流向：±0.000以上。

③屋面和装修工程阶段的施工顺序和流向：外装饰工程施工顺序；内装饰工程施工顺序。该阶段具有施工内容多、劳动力消耗量大、手工操作多和需要时间长等特点。一般情况下，屋面工程根据屋面工程类型确定施工顺序。屋面工程和室内装饰工程可以搭接或平行施工。

(5)时间连续的部署原则

该原则主要考虑分部分项工程的季节施工，如冬期、雨期、暑期对施工的影响。

(6)平面、空间占满的部署原则

该原则主要是对立体交叉施工的考虑，各专业工种间良好配合，进行有机穿插、流水作业施工。交叉施工包括主体和安装、主体和装修、安装和装修的立体交叉施工等。

同时主要说明为达到平面、空间占满，立体交叉作业所采取的方法，如施工分层分段、流水作业、结构分阶段验收、二次结构、机电安装及装修工程的提前插入等。

(7)合理的资源配置原则

合理的资源配置原则主要考虑劳动力、机械设备的配置和材料的投入，应根据各施工阶段的特点来安排施工部署。

(8)根据工程各个阶段施工的不同特点来安排总体施工部署的原则

结合工程的特点和具体情况，进行工程施工总体安排，并对工程各施工阶段(施工准备阶段、基础施工阶段、主体结构阶段、装修阶段)的里程碑目标进行描述，包括对地下结构施工到 ±0.000的时间、结构封顶时间、二次结构插入时间、装修工程插入时间、现场施工与材料选型及二次深化设计之间的交叉、初装饰与精装修工程的交叉、土建与机电安装之间的交叉、地上结构与地下室外防水及回填土的交叉、塔式起重机和施工电梯的进退场时间等内容的总体施工部署的安排进行描述。

①施工准备阶段施工部署安排。

②基础施工阶段施工部署安排。

③主体结构阶段施工部署安排。

④装饰装修阶段施工部署安排。

(9)以科技为先导的部署原则

对工程施工中开发和使用的“四新”技术(新技术、新工艺、新材料、新设备)以及《建筑业十项新技术应用(2005)》作出部署，并提出技术和管理要求。

(10)满足流水施工要求的部署原则

根据工程特点和要求，考虑是否流水施工。

(11)满足周边环境要求的部署原则

根据拟建工程周边环境，考虑扰民和环保等因素。

(12)以人为本、科学管理的部署原则

以人为本的管理是一种新型的管理理念，施工部署原则要以人为根本，把“以人为中心”作为最根本的指导思想，坚持一切从人的需要出发，以调动和激发人的积极性和创造性为根本手段，从而达到提高工作效率和顺利完成施工任务的目的。

(13)按创优、创杯和创文明工地标准要求的部署原则

如工程有创优、创杯或创文明工地的奖项要求及其他特殊要求时，应按照这些要求进行部署。

5. 项目经理部组织机构

（1）建立项目组织机构

应根据项目的实际情况，成立一个以项目经理为首的、与工程规模及施工要求相适应的组织管理机构——项目经理部。项目经理部职能部门的设置应紧紧围绕项目管理内容的需要确定。

（2）确定组织机构形式

项目经理部的部门和人员组成通常以组织结构图来表示，对于组织结构图，力求科学，反映真实情况，能够直接应用于施工。在项目组织结构框图中应明确三项内容，即项目部主要成员的姓名、行政职务和技术职称或执业资格，使项目的人员构成基本情况一目了然。

（3）确定组织管理层次

施工管理层次可分为决策层、控制层和作业层。项目经理是最高决策者，职能部门是管理控制层，施工班组是作业层。

（4）制定岗位职责

在确定项目部组织机构时，还要明确组织内部的每个岗位人员的职责，落实施工责任，责任和权力必须一致，并形成相应规章和制度，使各岗位人员各司其职，各负其责。

6. 施工任务划分

在确立了项目施工组织管理体制和机构的条件下，划分参与建设的各单位的施工任务和负责范围，明确总包与分包单位的关系，明确各单位之间的关系。

明确各施工单位负责的范围：施工总承包合同的范围、业主指定的分包范围、由总包管理的施工范围、总包组织的外部分包项目、工程物资采购划分、总包与分包的关系，见表 5-19~ 表 5-21。

7. 计算主要项目工程量

工程量是根据图纸计算得到的主要分项工程工程量，不作为任何商务工作的依据，其目的是仅作为现场工作安排的考虑因素。因此，只需粗略计算即可。

在计算主要项目工程量时，首先应根据工程特点划分项目，然后估算出各主要分项工程的实物工程量，如土方挖土量、防水工程量、钢筋用量、混凝土用量等，宜列表说明，见表 5-22。

表 5-19　　表 5-20　　表 5-21　　表 5-22

8. 施工组织与协调配合

（1）编写内容

①协调项目内部参建各方关系：与建设单位的协调、配合，与设计单位的协调、配合，与监理单位的协调、配合，对各分包单位的协调、配合管理。

②协调外部各单位关系：与周围街道和居委会的协调、配合，与政府各部门的协调、配合。

（2）编写要求

①应明确项目部参建各方之间协调、配合的范围和方式；应重点突出监理例会是施工组织总协调的方式。

②组织日常施工生产，协调好各方的工作关系，实现项目部的管理目标，还应通过建立各种制度，如建立项目管理例会制度、质量安全例会制度、质量安全标准及法规培训制度、生产例会制度、图纸会审和图纸交底制度、监理例会制度、专题讨论会议制度等。

③对以上内容应作简要分述。

5.4.5 施工方案

施工方案是以分部(分项)工程或专项工程为主要对象编制的施工技术与组织方案,用以具体指导施工过程。

施工方案的选择是单位工程施工组织设计中的重要环节,是决定整个工程全局的关键。施工方案选择得恰当与否,将直接影响单位工程的施工效率、进度安排、施工质量、施工安全、工期长短。因此,必须在若干个初步方案的基础上认真地分析比较,力求选择出一个最经济、最合理的施工方案。

1. 编写要求

①编写这部分内容要反映主要分部(分项)工程或专项工程拟采取的施工手段和工艺,具体要反映施工中的工艺方法、工艺流程、操作要点和工艺标准,机具的选择与质量检验等内容。

②施工方案的确定应体现先进性、经济性和适用性。具体施工方法的确定应着重于各主要施工方法的技术经济比较,力求达到技术上先进,施工上方便、可行,经济上合理的目的。

③在编写深度方面,要对每个分项工程的施工方案进行宏观的描述,要体现宏观指导性和原则性,其内容应表达清楚,决策要简练。

2. 编写内容

施工方案的内容包括:确定各分部分项工程的施工顺序;选择施工组织方式、划分施工段;确定主要分部分项工程的施工方法;选择主要分部分项工程适用的施工机械。

以下就这四项内容作详尽叙述。

3. 施工顺序的确定

在实际工程施工中,施工顺序可以有多种。不仅不同类型建筑物的建造过程有不同的施工顺序,而且在同一类型的建筑工程施工中,甚至同一幢房屋的施工中,也会有不同的施工顺序。因此,本条的基本任务就是如何在众多的施工顺序中,选择出既符合客观规律,又经济合理的施工顺序。

(1)确定施工顺序应遵循的基本原则

①先地下,后地上:指的是在地上工程开始之前,把管道、线路等地下设施、土方工程和基础工程全部完成或基本完成。坚固耐用的建筑需要有一个坚实的基础,从工艺的角度考虑,也必须先地下后地上,地下工程施工时应做到先深后浅,这样可以避免对地上部分施工产生干扰,带来施工不便,造成浪费,影响工程质量。

②先主体,后围护:指的是在框架结构建筑和装配式单层工业厂房施工中,先进行主体结构施工,后完成围护工程。同时,框架主体结构与围护工程在总的施工顺序上要合理搭接,一般来说,多层建筑以少搭接为宜,而高层建筑则应尽量多搭接施工,以缩短施工工期;而装配式单层工业厂房主体结构与围护工程一般不搭接。

③先结构,后装修:这是对一般情况而言,有时为了缩短施工工期,也可以有部分合理的搭接。

④先土建,后设备:指的是不论是民用建筑还是工业建筑,一般来说,土建施工应先于水、暖、煤、卫、电等建筑设备的施工。但它们之间更多的是穿插配合关系,尤其在装修阶段,要从保证施工质量、降低成本的角度,处理好相互之间的关系。

以上原则并不是一成不变的,在特殊情况下,如在冬期施工之前,应尽可能完成土建和围护工程,以利于施工中的防寒和室内作业的开展,从而达到改善工人的劳动环境、缩短工期的目的。

(2)确定施工顺序的基本要求

①必须符合施工工艺的要求。建筑物在建造过程中,各分部分项工程之间存在着一定的工艺顺序关系,它随着建筑物结构和构造的不同而变化,应在分析建筑物各分部分项工程之间工艺关系的基础上确定施工顺序。

②必须与施工方法协调一致。

③必须考虑施工组织的要求。

④必须考虑施工质量的要求。

⑤必须考虑当地的气候条件。

⑥必须考虑安全施工的要求。

(3)多层砌体结构民用房屋的施工顺序

多层砌体结构民用房屋的施工,按照房屋结构各部位不同的施工特点,可分为基础工程、主体工程、屋面及装修工程三个施工阶段。

1)基础工程阶段施工顺序

基础工程是指室内地面以下的工程。其施工顺序比较容易确定,一般顺序是:挖土方→垫层→基础→回填土 。具体内容视工程设计而定。如有桩基础工程,应另列桩基础工程。如有地下室则施工过程和施工顺序一般是:挖土方→垫层→地下室底板→地下室墙、柱结构→地下室顶板→防水层及保护层→回填土。但由于地下室结构、构造不同,有些施工内容有一定的配合和交叉。

在基础工程施工阶段,挖土方与做垫层这两道工序,在施工安排上要紧凑,时间间隔不宜太长,必要时可将挖土方与做垫层合并为一个施工过程。在施工中,可以采取集中兵力、分段流水的方法进行施工,以避免基槽(坑)土方开挖后,因垫层施工未能及时进行,使基槽(坑)浸水或受冻害,从而使地基承载力下降,造成工程质量事故或引起工程量、劳动力、机械等资源的增加。同时还应注意混凝土垫层施工后必须有一定的技术间歇时间,使之具有一定的强度后再进行下道工序的施工。各种管沟的挖土、铺设等施工过程,应尽可能与基础工程施工配合,采取平行搭接施工。回填土一般在基础工程完工后一次性分层、对称夯填,以避免基础受到浸泡并为后一道工序施工创造条件。当回填土工程量较大且工期较紧时,也可将回填土分段施工并与主体结构搭接进行,室内回填土可安排在室内装修施工前进行。

2)主体工程阶段施工顺序

主体工程是指基础工程以上,屋面板以下的所有工程。这一施工阶段的施工过程主要包括:安装起重垂直运输机械设备,搭设脚手架,砌筑墙体,现浇柱、梁、板、雨篷、阳台、楼梯等施工内容。

其中,砌墙和现浇楼板是主体工程施工阶段的主导过程。两者在各楼层中交替进行,应注意使它们在施工中保持均衡、连续、有节奏地进行,并以它们为主组织流水施工,根据每个施工段的砌墙和现浇楼板工程量、工人人数、吊装机械效率、施工组织安排等计算确定流水节拍大小,而其他施工过程则应配合砌墙和现浇楼板组织流水施工,搭接进行。如脚手架搭设应配合砌墙和现浇楼板逐段逐层进行;其他现浇钢筋混凝土构件的支模、绑扎钢筋可安排在现浇楼板的同时或砌筑墙体的最后一步插入,要及时做好模板、钢筋的加工制作工作,以免影响后续工程的按期投入。

3)屋面及装修工程施工顺序

屋面及装修工程是指屋面板完成以后的所有工作。这一施工阶段的施工特点是:施工内容多、繁、杂;有的工程量大而集中,有的工程量小而分散;劳动消耗大,手工作业多,工期较长。因此,妥善安排屋面及装修工程的施工顺序,组织立体交叉流水作业,对加快工程进度有着特别重要的现实意义。

屋面工程的施工应根据屋面的设计要求逐层进行。例如,柔性屋面的施工顺序按照隔汽层→保温层→隔汽层→柔性防水层→隔热保护层的顺序依次进行。刚性屋面按照找平层→保温层→找平层→刚性防水层→隔热层的施工顺序依次进行,其中细石混凝土防水层、分仓缝施工应在主体结构完成后尽快完成,为顺利进行室内装修创造条件。为了保证屋面工程质量,防止屋面渗漏,屋面防水在南方做成“双保险”,即既做刚性防水层,又做柔性防水层,但也应精心施工,精心管理。屋面工程施工在一般情况下不划分流水段,它可以和装修工程搭接施工。

装修工程的施工可分为室外装修(檐沟、女儿墙、外墙、勒脚、散水、台阶、明沟、雨水管等)和室内装修

(顶棚、墙面、楼面、地面、踢脚线、楼梯、门窗、五金、油漆及玻璃等)两个方面的内容。其中,内外墙及楼、地面的饰面是整个装修工程施工的主导过程。因此,要着重解决饰面工作的空间顺序问题。

根据装修工程的质量、工期、施工安全以及施工条件,其施工顺序一般有以下几种。

①室外装修工程。室外装修工程一般采用自上而下的施工顺序,是在屋面工程全部完工后,室外抹灰从顶层至底层依次逐层向下进行。其施工流向一般为水平向下。采用这种顺序的优点是:可以使房屋在主体结构完成后,有足够的沉降和收缩期,从而可以保证装修工程质量,同时便于脚手架的及时拆除。

②室内装修工程。室内装修自上而下的施工顺序是指主体工程及屋面防水层完工后,室内抹灰从顶层向底层依次逐层进行。其施工流向又可分为水平向下和垂直向下两种,通常采用水平向下的施工流向。采用自上而下施工顺序的优点是:可以使房屋主体结构完成后,有足够的沉降和收缩期,沉降变化趋向稳定,这样可保证屋面防水工程质量,不易产生屋面渗漏,也能保证室内装修质量,可以减少或避免各工种操作互相交叉,便于组织施工,有利于施工安全,而且也很方便楼层清理。其缺点是不能与主体及屋面工程施工搭接,故总工期相应较长。

室内装修自下而上的施工顺序是指主体结构施工到三层及三层以上时(有两层楼板,以确保底层施工安全),室内抹灰从底层开始逐层向上进行,一般与主体结构平行搭接施工。其施工流向又可分为水平向上和垂直向上两种,通常采用水平向上的施工流向。为了防止雨水或施工用水从上层楼板渗漏而影响装修质量,应先做好上层楼板的面层,再进行本层顶棚、墙面、楼地面的饰面施工。采用自下而上的施工顺序的优点是:可以与主体结构平行搭接施工,从而缩短工期。其缺点是同时施工的工序多、人员多、工序间交叉作业多,要采取必要的安全措施;材料供应集中,施工机具负担重,现场施工组织和管理比较复杂。因此,只有当工期紧迫时,室内装修才考虑采取自下而上的施工顺序。

室内装修的单元顺序即在同一楼层内顶棚、墙面、楼地面之间的施工顺序,一般有两种:楼地面→顶棚→墙面,顶棚→墙面→楼地面。这两种施工顺序各有利弊。前者便于清理地面基层,楼地面质量易保证,而且便于收集墙面和顶棚的落地灰,从而节约材料,但要注意楼地面成品保护,否则后一道工序不能及时进行。后者在楼地面施工之前,必须将落地灰清扫干净,否则会影响面层与结构层间的黏结,引起楼地面起壳,而且楼地面施工用水的渗漏可能影响下层墙面、顶棚的施工质量。底层地面施工通常在最后进行。

由于在施工期间装修工程易受损坏,为了保证装修工程质量,楼梯间和踏步装修往往安排在其他室内装修完工之后,自上而下统一进行。门窗的安装可在抹灰之前或之后进行,主要视气候和施工条件而定,但通常是安排在抹灰之后进行。而油漆和安装玻璃的次序是先油漆门窗扇,后安装玻璃,以免油漆时弄脏玻璃。塑钢及铝合金门窗不受此限制。

在装修工程施工阶段,还需考虑室内装修与室外装修的先后顺序,这与施工条件和天气变化有关。通常有先内后外、先外后内、内外同时进行三种施工顺序。当室内有水磨石楼面时,应先做水磨石楼面,再做室外装修,以免施工时渗漏水影响室外装修质量;当采用单排脚手架砌墙时,由于留有脚手眼需要填补,应先做室外装修,在拆除脚手架后,填补脚手眼,再做室内装修;当装饰工人较少时,则不宜采用内外同时施工的施工顺序。一般说来,采用先外后内的施工顺序较为有利。

(4)钢筋混凝土框架结构房屋的施工顺序

钢筋混凝土框架结构房屋的施工顺序也可分为基础、主体、屋面及装修工程三个阶段。它在主体工程施工时与砌体结构房屋有所区别,即框架柱、框架梁、板交替进行,也可采用框架柱、梁、板同时进行,墙体工程则与框架柱、梁、板搭接施工。其他工程的施工顺序与砌体结构房屋相同。

上面所述多层砌体结构民用房屋和钢筋混凝土框架结构房屋的施工顺序,仅适用于一般情况。建筑施工顺序的确定既是一个复杂的过程,又是一个发展的过程,它随着科学技术的发展,人们观念的更新在不断地变化。因此,针对每一个单位工程,必须根据其施工特点和具体情况,合理确定施工顺序。

4. 选择施工组织方式、划分施工段

（1）选择施工组织方式

常用的施工组织方式有依次施工、平行施工和流水施工。流水施工根据其节奏特征的不同又分为全等节拍流水、成倍节拍流水、无节奏流水等若干类。建筑物（或构筑物）在组织施工时，应根据工程特点、性质和施工条件选择最经济的施工组织方式（施工组织方式的选择本书第 3 章已作详尽叙述，此处不再赘述）。

（2）施工段划分的原则

详见第 3 章相关内容。

5. 确定主要分部分项工程的施工方法

这部分内容是要拟定一些主要分部（分项）工程和专项工程的施工方法。拟定的分部（分项）工程施工方法通常是指那些工程量较大、占用时间较长、对工程质量和工期起着关键作用的主要工种工程的施工方法。

分部（分项）工程施工方法的编写，应根据《建筑工程施工质量验收统一标准》（GB 50300—2013）中的分部、分项工程划分，结合工程具体情况，根据各级工艺标准或工法，优化选择相应的施工方法。

扩展阅读①

5.4.6 施工进度计划

单位工程施工进度计划是在施工方案的基础上，根据规定的工期和技术、物资供应条件，遵循工程的施工顺序，用图表形式表示各分部分项工程搭接关系及工程开工、竣工时间的一种计划安排。

施工进度计划

5.4.7 施工准备与资源配置计划

1. 编写要求

此处施工准备，是指单位工程开工前的施工准备工作。这部分内容在实际编写时，往往容易与分部（分项）工程的施工作业准备工作内容相混淆，因此有必要对施工组织设计中的施工准备和分部（分项）工程施工作业条件准备作简要说明。

按工程所处施工阶段分类，施工准备可分为开工前的施工准备和分部（分项）工程作业条件的施工准备。

单位工程开工前的施工准备是在拟建工程正式开工前，所进行的带有全局性和总体性的施工准备，其目的是为单位工程正式开工创造必要的施工条件。没有这个阶段，工程不能顺利开工，更不能连续施工。

分部（分项）工程作业条件的施工准备，是指工程开工之后，为某个分部（分项）工程所做的施工准备工作，它带有局部性和经常性。其目的是为分部（分项）工程施工创造必要的施工条件，一般来说，冬、雨期施工，钢筋工程等分项工程的施工准备都属于这种施工准备。

在弄清楚这两类施工准备的区别和内在关系后，就不难编写好这部分内容。以下将对施工准备的内容和编写方法、技巧进行阐述，以便阅读者加深对这部分内容的理解。

2. 编制内容

施工准备是为拟建工程的施工创造必要的技术、物质条件，是完成单位工程施工任务的首要条件，是为工程早日开工和顺利进行所必须做的一些工作。施工准备不仅存在于开工之前，而且贯穿于整个施工过程之中。

施工准备工作的内容包括技术准备、施工现场准备和资金准备。

资源配置计划的内容包括劳动力配置计划和物资配置计划。

① 扩展阅读内容中有表 5-23~ 表 5-25。

3. 技术准备

技术准备的主要内容一般包括以下几方面。

(1)一般性准备工作

①熟悉施工图纸,组织图纸会审,准备好本工程所需的规范、标准、图集等。具体要求如下。

第一,核对图纸是否齐全和完整,是否按规定通过审查。

第二,组织学习图纸,做好图纸会审工作。图纸会审计划安排见表5-26。

表5-26 图纸会审计划安排

序号	内容	依据	参加人员	日期安排	目标
1	图纸初审	公司贯标程序文件《图纸会审管理办法》、设计图纸及引用标准、施工规范	组织人: 土建: 电气: 给水、排水、通风:		熟悉施工图纸;分专业列出图纸中不明确部位、问题部位及问题项
2	内部会审	(同上)	组织人: 电气: 给水、排水、通风:		熟悉施工图纸、设计图,各专业问题汇总,找出专业交叉打架问题;列出图纸会审纪要;向设计院提出问题清单
3	图纸会审	(同上)	组织人:建设单位代表 参加人:建设单位代表、设计院代表、监理单位代表、施工单位代表		向设计院说明提出各项问题;整理图纸会审会议纪要

第三,联系设计单位确定设计交底和图纸会审的时间。

第四,根据图纸和施工需要,备齐相关法规、规范、规程、标准和图集,列出清单,并明确清单备齐时间。

②技术培训:制订开工前及施工过程中对项目部管理人员和劳务人员进行的各种培训计划。

第一,管理人员培训:管理人员上岗培训,组织参观和技术交流;由专家进行专业培训;推广新技术、新材料、新工艺、新设备应用培训和学习规范、规程、标准、法规的重要条文等。

第二,劳务人员培训:对劳务人员的进场教育,上岗培训;对专业人员的培训,如新技术、新工艺、新材料、新设备的操作培训等,提高其使用操作能力。

(2)器具配置计划

以表格形式列出本工程所需各种仪器、仪表,计量、检测、测量、试验用的工具等器具清单。所有器具必须在开工前配置并检测合格,所有仪器应有检测合格证,并在表格中注明器具检测有效期,见表5-27。

(3)技术工作计划

1)方案编制计划

此计划要求的是拟编制的施工方案的最迟提供期限。在进场后,应编制各分项和专项工程的施工方案计划,与工程施工进度配套。

①分项工程施工方案编制计划。分项工程施工方案要以分项工程为划分标准,如混凝土施工方案、室内装修方案、电气施工方案等,以列表形式表示,见表5-28。

②专项施工方案编制计划。专项施工方案是指除分项工程施工方案以外的施工方案,如施工测量方案、大体积混凝土施工方案、安全防护方案、文明施工方案、季节性施工方案、临电施工方案、节能施工方案等。表式同上。

2)试验、检测工作计划

施工组织设计中应对需要见证取样的混凝土试块(标准、同条件、拆模)、钢筋等材料编制检验试验计划。由于在编制施工组织设计时,施工图预算还没有编制完成,缺乏与试验有关的工程量等数据,因此对试验工作计划的内容,可先描述试验工作应遵循的原则及规定,另外单独编制详细的试验方案,并列入方案编制计划。

试验工作计划内容应包括常规取样试验计划及见证取样试验计划，应遵循的原则及规定可参见表 5-29。

3）样板项、样板间计划

“方案先行、样板引路”是保证工期和质量的法宝，不仅仅是样板间，而是坚持样板制，（包括工序样板、分项工程样板、样板墙、样板间、样板段、样板回路等）。通过方案和样板，制定合理的工序、有效的施工方法和质量控制标准，见表 5-30。

样板项侧重结构施工中的主要工序样板，应将分项工程样板的名称、层段、轴线位置表示具体、明确。一般样板项出现在地下室最下的那一层或首层。

样板间是针对装修施工设置的，这项工作对装修工作的质量预控起重要作用。

（4）新技术、新工艺、新材料、新设备推广应用计划

该计划主要确定“四新”技术等科研成果的推广应用。具体要求如下。

①应依据住房与城乡建设部颁发的《建筑业 10 项新技术推广应用（2019）》中的 94 个子项及其他新的科研成果应用，逐条对照，列表加以说明，见表 5-31。

表 5-27　表 5-28　表 5-29　表 5-30　表 5-31

②新技术推广必须要体现该工程的科技含量和应用数量。

③对所应用的每一项新技术，由项目部分配给具体负责人，负责该项新技术的日常技术指导和完成后的技术总结。

④通过施工实践后，在规定的时间内由该项新技术应用负责人写好技术总结或论文，其目的是便于在今后工程实践中更好地应用。

（5）高程引测与建筑物定位

说明高程引测和建筑物定位的依据，组织交接桩工作，做好验线准备。

（6）确定试验室和预拌混凝土供应

考察和确定试验室、预拌混凝土供应商。如采用预拌混凝土，对预拌混凝土供应商进行考察，当确定好预拌混凝土供应商后，要求在签订预拌混凝土经济合同时，应同时签订预拌混凝土供应技术合同。

应根据对试验室的考察及本工程的具体情况，确定试验室。

明确是否建立标养室。若建立标养室，应说明配备与工程的规模、技术特点相适应的标准养护设备。

（7）施工图翻样设计工作

要求提前做好施工图、安装图等的翻样工作，如模板设计翻样、钢筋翻样等。项目专业工程师应配合设计，对施工图进行详细的二次深化设计。一般采用 AutoCAD 绘图技术，对较复杂的细部节点做 3D 模型。

4. 施工现场准备

施工现场准备即通常所说的室外准备，也叫现场管理的“外业”，主要是为拟建工程早日开工和顺利进行创造有利的施工条件和物质保障基础。它是保证工程按计划开工和顺利进行的重要环节，因此必须认真做好这项工作。

施工现场准备工作的内容包括：障碍物的清除、“三通一平”、现场临水临电、生产生活设施、围墙、道路等施工平面图中的所有内容，并按施工平面图所规定的位置和要求布置。

编写这部分内容时，应结合实际，根据开工前的现场安排及现场实际情况编写。

(1)施工临时供水系统准备计划

施工临时供水主要包括生产用水、生活用水和消防用水三种。生产用水包括工程施工用水、施工机械用水。

1)现场施工用水量计算

现场施工用水量可按下式计算：

$$q_1 = K_1 \sum \frac{Q_1 N_1}{T_1 b} \times \frac{K_2}{8 \times 3\,600} \tag{5-3}$$

式中：q_1——施工工程用水量，L/s；

K_1——未预计的施工用水系数，1.05~1.15；

Q_1——年(季)度工程量，以实物计量单位表示；

N_1——施工用水定额；

T_1——年(季)度有效工作日，d；

b——每天工作班数，班；

K_2——现场施工用水不均衡系数(见表5-32)。

经过计算得到 q_1=________ L/s。

表5-32 施工用水不均衡系数

编号	用水名称	系数
K_2	现场施工用水	1.50
	附属生产企业用水	1.25
K_3	施工机械、运输机械	2.00
	动力设备	1.05~1.10
K_4	施工现场生活用水	1.30~1.50
K_5	生活区生活用水	2.00~2.50

2)施工机械用水量计算

施工机械用水量可按下式计算：

$$q_2 = K_1 \sum Q_2 N_2 \times \frac{K_3}{8 \times 3\,600} \tag{5-4}$$

式中：q_2——机械用水量，L/s；

K_1——未预计的施工用水系数，1.05~1.15；

Q_2——同种机械台数，台；

N_2——施工机械台班用水定额；

K_3——施工机械用水不均衡系数(见表5-32)。

经过计算得到 q_2=________L/s。

3)施工现场生活用水量计算

施工现场生活用水量可按下式计算：

$$q_3 = \frac{P_1 N_3 K_4}{b \times 8 \times 3\,600} \tag{5-5}$$

式中：q_3——施工现场生活用水量，L/s；

P_1——施工现场高峰期人数；

N_3——施工现场生活用水定额；

K_4——施工现场生活用水不均衡系数（见表 5-32）；

b——每天工作班数，班。

经过计算得到 q_3=________L/s。

4）生活区生活用水量计算

生活用水量可按下式计算：

$$q_4 = \frac{P_2 N_4 K_5}{24 \times 3\,600} \tag{5-6}$$

式中：q_4——施工现场生活区生活用水量，L/s；

P_2——生活区人数；

N_4——生活区昼夜全部用水定额，每人每昼夜为 100~120 L；

K_5——生活区生活用水不均衡系数（见表 5-32）。

经过计算得到 q_4= ________L/s。

5）消防用水量计算

根据消防范围及火灾同时发生次数确定消防用水量（q_5），最小 10 L/s；施工现场在 25 hm^2 以内时，不大于 15 L/s。

6）总用水量（Q）计算

第一，当（$q_1+q_2+q_3+q_4$）≤ q_5 时，则 $Q=q_5+1/2(q_1+q_2+q_3+q_4)$。

第二，当（$q_1+q_2+q_3+q_4$）$>q_5$ 时，则 $Q=q_1+q_2+q_3+q_4$。

第三，当工地面积小于 5 hm^2，且 $q_1+q_2+q_3+q_4<q_5$ 时，则 $Q=q_5$。

计算的总用水量还应增加 10%，以补偿不可避免的水管漏水损失。

临时供水计算参见《建筑施工手册》中有关内容。

7）供水管径计算

工地临时供水网路需用管径可按下式计算：

$$\mathrm{d} = \sqrt{\frac{4Q}{\pi v 1\,000}} \tag{5-7}$$

式中：d——配水管直径，m；

Q——施工现场总用水量，L/s；

v——管网中的水流速度（一般取 1.50~2 m/s），m/s。

临时供水应计算生产、生活用水和消防用水，二者比较选择较大者。一般工程生产、生活用水量都不会超过消防用水量，故应按消防用水量布置管线即可满足要求。

8）临时供水管线布置

临时供水管线布置包括消防设施的布置，生产、生活用水设施的布置，排水系统设置。临时供水管线铺设可用明管或暗管。在严寒地区，暗管应埋设在冰冻线以下，明管应采取保温措施，通过道路部分，应考虑地面上重型机械荷载对埋设管的影响。在施工总平面图中要标明临时供水管线位置、水管管径、用水位置。

（2）施工临时供电系统准备计划

施工临时供电系统准备计划说明本工程主要用电设备及现场电源情况，并按现场临电负荷表进行现场临电的负荷计算，校核建设单位所提供的电量是否能够满足现场施工所需电量，如何布置现场临电系统见表 5-33。

表 5-33

施工现场安全用电管理是安全文明施工的重要组成部分，应单独编制详细的临电方案，通过计算确定变压器规格、导线截面，并绘制现场用电线路布置图和系统图。临时供电线路只需在施工总平面图中标明线路位置、用电位置即可。

现场临时供电包括动力用电与照明用电两种，在计算用电量时，应考虑以下因素。

①全工地使用的用电机械设备、电气工具和照明用电数量。

②施工进度计划中，施工高峰阶段同时用电的机械设备最高数量。

③各种电力机械设备在工作中的利用情况。

动力用电、照明用电所需容量按下式估算：

$$P=(1.05\sim1.10)\times\left(K_1\frac{\sum P_1}{\cos\varphi}+K_2\sum P_2+K_3\sum P_3+K_4\sum P_4\right) \tag{5-8}$$

式中：P——供电设备总需要容量，kV·A；

P_1——电动机额定功率，kW；

P_2——电焊机额定功率，kV·A；

P_3——室内照明设备用电量，kW；

P_4——室外照明设备用电量，kW；

K_1——全部施工用电设备同时使用系数，总数 10 台以内取 0.7，11~30 台取 0.6，30 台以上取 0.55；

K_2——电焊机同时使用系数，3~10 台取 0.6，10 台以上取 0.5；

K_3——室内照明设备同时使用系数，取 0.8；

K_4——室外照明设备同时使用系数，取 1.0；

$\cos\varphi$——电动机的平均功率因数，一般建筑工地取 0.75。

求得 P 值，可选择变压器容量。

由于照明用电量所占的比重较动力用电量要小得多，所以在估算总用电量时可以简化，只要在动力用电量之外加 10% 作为照明用电量即可。

（3）临时供热准备计划

临时供热计划应根据现场的生产、生活设施的面积和形式，确定供热方式和供热量，并绘制管线设计图。

（4）临时道路及围墙计划

目前很多大型工程往往忽略了道路在施工现场的重要性，要特别注意雨季到来时道路泥泞影响运输，在设计道路做法时，应引起足够的重视。

①根据现场实际情况确定道路做法、宽度和排水方向。

②临时道路和围墙的设置必须符合安全、消防、文明施工标准的规定。

③临时道路既要考虑现场防止扬尘、满足车辆行走的要求，又要便于今后总图的施工，除主要车辆行走道路外，尽量少用混凝土路面，可采用碎石或可周转使用的水泥方砖。

④围墙一般采用压型钢板及钢骨架组合拼接而成的围挡，便于周转使用，减少临建材料的投入。

（5）场区排水准备计划

根据现场使用的各类机具及生活用水情况计算排水量，确定排水沟或排水管道的位置、流向和规格，并绘制现场排水线路布置图。在施工总平面图中应标明排水设施的位置、管径。

（6）生产、生活、卫生临时设施计划

临时设施应本着“尽量利用已有或拟建工程为施工服务”的原则，按照施工部署和各种资源的需要量计划，认真进行临设工程的规划设计和编制临时设施需要量计划。

根据工程规模、施工人数，确定并列出各类临设面积、结构、用途及做法，说明现场各类构件、机具、材料存放场地的准备和要求，办公、生活临设布置标准等，见表 5-34。

5. 资金准备

资金准备应根据施工进度计划及工程施工合同中的相关条款编制资金使用计划，以确保施工各阶段目标和工期总目标的实现，此项工作应在施工进度计划编制完后、工程开工前完成。

6. 劳动力配置计划

劳动力配置计划

5.4.8 主要施工管理计划

主要施工管理计划

5.4.9 施工现场平面图

施工现场平面布置，即在施工用地范围内，对各项生产、生活设施及其他辅助设施等进行规划和布置。施工现场平面布置的内容一般包括施工平面图说明、施工平面图、施工平面图管理规划。本节主要介绍施工平面图的绘制。

1. 绘制要求

①平面布置力求紧凑合理，尽量减少施工用地。

②尽量利用原有建筑物或构筑物，降低施工设施建造费用。

③合理组织运输，保证现场运输道路畅通。尽量减少场内二次运输费用，最大限度地减少材料搬运次数和缩短工地内部运距。

④尽量采用装配式施工设施，减少搬迁损失，提高施工设施安装速度。

⑤各项临时设施布置考虑全面周到，合理有序，方便生产和生活，便于管理，利于“标准化”并符合安全、防火要求。

⑥满足绿色施工、文明施工和劳动保护的要求。

2. 绘制内容

施工平面图图纸的具体内容如下。

①绘制施工现场的范围，包括用地范围，拟建建筑物位置、尺寸及与其已有地上、地下一切建筑物、构筑物、管线和场外高压线等设施的位置关系尺寸，测量放线标桩的位置、出入口及临时围墙。

②大型起重机械设备的布置及开行线路位置，如塔式起重机位置、塔机中心线与建筑物的距离、塔式起重机型号、立塔高度、回转半径、最大最小起重量。

③施工电梯、龙门架等垂直运输设施的位置。施工电梯的位置，应考虑便于施工人员上下和物料集散，由电梯口至各施工处的平均距离应最近，便于安装附墙装置。井架、龙门架的位置应布置在窗口处为宜，以避免砌墙留槎和减少井架拆除后的修补工作。

④场内临时施工道路的布置。为便于工程施工材料的运输，应围绕拟建建筑物、准备布置的仓库及堆场，按有关要求布置临时施工道路。

⑤确定混凝土搅拌机、砂浆搅拌机或混凝土输送泵的位置。确定混凝土搅拌机、砂浆搅拌机或混凝土输送泵及泵车的位置，主要由材料的水平运输和垂直运输要求确定，应按方便原材料和半成品运输的要求进行布置。

⑥确定材料堆场和仓库。内容包括材料、加工半成品、构件和机具堆场，垃圾堆放位置，搅拌站，钢筋棚，木工棚，仓库等，应明确位置和面积。

⑦确定办公及生活临时设施的位置。应明确办公区、职工宿舍、食堂、厕所等临设的位置和面积。

⑧确定水源、电源的位置以及变压器、供电线路、供水干管、泵房、消火栓等的位置。

⑨现场排水系统布置。

⑩安全防火设施位置。

⑪其他临设布置。

3. 施工平面图的设计步骤

施工平面图的设计步骤如下。

①确定起重机械的位置。

②确定搅拌站、加工棚、仓库、材料及构件堆场的尺寸和位置。

③布置运输道路。

④布置临时设施。

⑤布置水电管网。

⑥布置安全消防设施。

⑦调整优化。

以上步骤在实际设计时,不是独立布置的,往往互相牵连,互相影响。因此,需要多次反复进行才能确定下来。除研究在平面上布置是否合理外,还必须考虑它们的空间条件是否合理,特别要注意安全问题。

4. 施工平面图绘制注意事项

①施工现场平面图反映了施工阶段现场平面的规划布置,由于施工是分阶段进行的(如地基与基础工程、主体结构工程、装饰装修工程),有时根据需要分阶段绘制施工平面图,对指导组织工程施工更具体、更有效。

②绘制施工平面布置图要求层次分明,比例适中,图例图形规范,线条粗细分明,图面整洁美观,同时绘图要符合国家有关制图标准,并应详细反映平面的布置情况。

③施工平面布置图应按常规内容标注齐全,平面布置应有具体的尺寸和文字。比如,塔吊要标明回转半径、最大起重量、最大可能的吊重、塔吊具体位置坐标,平面总尺寸、建筑物主要尺寸及模板、大型构件、主要料具堆放区、搅拌站、料场、仓库、大型临建、水电等,能够让人一眼看出具体情况,力求避免用示意图形式。

④绘制基础图时,应反映出基坑开挖边线,深支护和降水的方法。

⑤红线外围环境对施工平面布置影响较大,施工平面布置图中不能只绘红线内的施工环境,还要对周边环境表述清楚,如原有建筑物的使用性质、高度和距离等,这样才能判断所布置的机械设备等是否影响周围,是否合理。

⑥绘图时,图幅大小和绘图比例要根据施工现场大小及布置内容来确定,通常图幅不宜小于A3,应有图框、比例、图签、指北针、图例。

⑦绘图比例一般常用1∶100~1∶500,视工程规模大小而定。

⑧施工现场平面布置图应配有编制说明及注意事项。如文字说明较多,可在平面图外单独说明。

本章小结

本章主要介绍了施工准备工作在建设实施中的意义及其重要性,分别介绍了在进行施工准备工作前应调查、收集的资料,在施工技术准备中应做的工作,在施工现场准备中的工作内容以及相应的资源准备、季节性准备工作的内容及要求。

施工组织设计是建筑施工企业管理单位工程施工全过程各项活动的技术经济文件,也是单位工程施工活动的重要依据,包括施工组织总设计、单位工程施工组织设计和分部分项工程施工组织设计。本章介绍了施工组织总设计的编制依据、编制程序及其内容方法。对于单位工程施工组织设计,按照编制依据、工程概况、施工部署、施工方案、施工进度计划、施工准备与资源配置计划、主要施工管理计划和施工现场平面布置共八项内容一一阐述,每项内容都详细说明编制要求和编制内容。编制本章内容时,作者力求详细,尽量方便读者特别是初学编制单位工程施工组织设计的读者,争取能够使本章内容成为编制施工组织设计的大纲。

本章所述施工组织设计的基本内容,对不同建设工程项目的施工组织设计的编制均适用,但具体编制施工组织设计时可以根据工程的实际情况和需要进行必要的增减。

思考题

1. 简述施工准备工作的分类和主要内容。
2. 原始资料的调查包括哪些方面？
3. 技术准备工作包括哪些内容？
4. 审查施工图分几个阶段？有什么要求？
5. 施工现场准备工作包括哪些内容？
6. 资源准备工作包括哪些内容？
7. 如何做好冬季、雨季、夏季的准备工作？
8. 施工组织设计分哪几类？
9. 什么叫施工组织总设计？其主要作用和编制依据分别有哪些？
10. 施工组织总设计的内容有哪些？
11. 什么叫单位工程施工组织设计？
12. 单位工程施工组织设计的编制内容包括哪些？
13. 单位工程施工组织设计的编制依据包括哪些？
14. 工程概况的编写要求是什么？编制内容包括哪些？
15. 施工管理目标一般包括哪些？
16. 在单位工程施工组织设计中，施工部署的作用是什么？
17. 常用的施工进度计划的种类有哪些？
18. 施工准备工作的内容包括哪些？
19. 简述施工方案的重要性。
20. 简述施工顺序确定的原则。
21. 简述施工管理计划的编写要求。
22. 文明施工管理计划的内容有哪些？
23. 简述施工平面图的设计步骤。

工程实例

某房地产开发项目施工准备方案

某房地产开发项目
施工准备方案

第 6 章 建设工程施工进度管理

教学目标

学习目标:了解施工项目目标管理的基本概念及理论;熟悉施工进度控制的原理、程序、任务及影响因素,掌握进度控制计划的类型、编制、实施及分析总结,掌握进度控制的措施。

能力目标:能针对具体的施工项目进行目标分解,并能进行目标落实;具备施工进度管理计划的编制、检查和调整能力。

教学情景

理论情景:施工目标管理是施工项目管理的主要内容之一,那么目标管理的意义何在?施工项目目标管理体系通常有哪几级目标?控制目标如何制定?许多项目,特别是大型重点项目,工期十分紧张,进度压力很大,盲目赶工会导致质量和安全问题的出现,并且会引起施工成本的增加,那么如何才能对施工进度进行合理的管理呢?

实例情景:某工程 1 月份拟完工程计划施工成本 50 万元,已完工程计划施工成本 45 万元,已完工程实际施工成本 48 万元。该工程 1 月底施工成本偏差和进度偏差分别是多少?

6.1 施工项目目标管理与进度控制原理

6.1.1 施工项目目标管理概论

施工项目目标管理概论

6.1.2 施工项目目标的动态控制和主动控制

1. 施工项目目标动态控制的方法

我国在施工管理中引进项目管理的理论和方法已有多年,但是运用动态控制原理控制项目的目标尚未得到普及,许多施工企业还不重视在施工进展过程中依据和运用定量的施工成本控制、施工进度控制和施工质量控制的报告系统指导施工管理工作,项目目标控制还处于相当粗放的状态。大家应认识到,运用动态控制原理进行项目目标控制将有利于项目目标的实现,也有利于促进施工管理科学化的进程。

施工项目实施过程中主、客观条件的变化是绝对的,不变则是相对的。在项目进展过程中平衡是暂时的,不平衡则是永恒的。因此,在施工项目实施过程中必须随着情况的变化而进行项目目标的动态控制。施工项目目标的动态控制是施工项目管理最基本的方法论。

2. 施工项目目标动态控制的工作程序

(1)施工项目目标动态控制的准备工作

将施工项目的目标进行分解,以确定用于施工目标控制的计划值。

(2)在施工项目实施过程中目标的动态控制

①收集施工项目目标的实际值,如实际投资、实际进度等。

②定期(如每两周或每月)进行施工项目目标的计划值和实际值的比较。

③通过施工项目目标的计划值和实际值的比较,如有偏差则采取纠偏措施进行纠偏。

如有必要,则进行施工项目目标的调整,目标调整后再回到第一步。

由于在施工项目目标动态控制时要进行大量数据的处理,当项目的规模比较大时,数据处理的量就相当可观。采用计算机辅助的手段可高效、及时而准确地生成许多施工项目目标动态控制所需要的报表,如计划成本与实际成本的比较报表,计划进度与实际进度的比较报表等。这将有助于施工项目目标动态控制的数据处理。

3. 施工项目目标动态控制的纠偏措施

(1)组织措施

它是指分析由于组织的原因而影响项目目标实现的问题,并采取相应的措施,如调整项目组织结构、任务分工、管理职能分工、工作流程和项目管理班子人员等。

(2)管理措施(包括合同措施)

它是指分析由于管理的原因而影响项目目标实现的问题,并采取相应的措施,如调整进度管理的方法和手段,改变施工管理和强化合同管理等。

(3)经济措施

它是指分析由于经济的原因而影响项目目标实现的问题,并采取相应的措施,如落实加快工程施工进度所需的资金等。

(4)技术措施

它是指分析由于技术的原因而影响项目目标实现的问题,并采取相应的措施,如改进施工方法和改变施工机具等。当项目目标失控时,人们往往首先思考的是采取什么技术措施,而忽略可能或应当采取的组织措施和管理措施。

组织论的一个重要结论:组织是目标能否实现的决定性因素。大家应充分重视组织措施对施工项目目标控制的作用。

4. 施工项目目标的主动控制

项目目标动态控制的核心是在项目实施的过程中定期地进行项目目标的计划值和实际值的比较,当发现项目目标偏离时采取纠偏措施。为避免项目目标偏离的发生,还应重视事前的主动控制,即事前分析可能导致项目目标偏离的各种影响因素,并针对这些影响因素采取有效的预防措施。

6.1.3 施工进度控制的原理

通常项目施工进度控制可采用系统控制、动态控制、辩证控制、循环控制、全方位控制、全过程控制等。

1. 系统控制原理

系统是由若干相互关联、相互作用的要素或部件组成的具有特定目标的有机整体。系统具有整体性、可分解性、互动性、目的性和环境适应性等特性。系统地思考、解决问题是项目管理所追求的基本效果,也是实现项目目标的基本原则。

工程项目是复杂的工程系统,也是一个具有特定功能的有机整体,组织实施工程项目建设的管理活动需要系统思想的指导。参与工程建设各方的项目管理是一个系统,即工程项目管理系统,协调处理各方之间的关系需要系统的思想。项目管理者在实施管理活动中需要处理复杂的经济关系、技术关系、法律关系、行政关系和人际关系等,必须通过系统的方法强化组织协调工作才能保证项目管理系统的正常运行。工程项目的投资、进度、质量控制三大目标也需要系统控制的思想。

项目施工进度控制也是一个系统工程。它包括项目施工进度计划系统和项目施工进度实施系统两部分内容。项目经理必须按照系统控制原理来控制进度。

(1)施工项目进度计划系统

为做好项目施工进度控制工作,必须根据项目施工进度控制目标要求,制订出项目施工进度计划系统。根据需要,计划系统一般包括:施工项目总进度计划,单位工程进度计划,分部、分项工程进度计划和季、月、旬等作业计划。这些计划的编制对象由大到小,内容由粗到细,将进度控制目标逐层分解,保证计划控制目标的落实。在执行项目施工进度计划时,应以局部计划保证整体计划,最终达到施工项目进度控制目标。

(2)施工项目进度实施组织系统

为实施项目施工进度计划系统,不仅要求设计单位和承建单位必须按照计划要求进行工作,而且要求设计、承建和物资供应单位,也必须密切协作和配合。同时,承建单位内部也应有施工项目经理部、施工队长、班组长从上到下的严密组织,从而形成内外结合的、严密的项目施工进度实施系统。建立包括统计方法、图表方法和岗位承包方法在内的项目施工进度实施体系,保证其在实施组织和实施方法上的协调性。

(3)施工项目进度控制系统

根据施工项目进度控制机构层次,明确其进度控制职责,并建立纵向和横向两个控制系统。项目施工进度纵向控制系统,由公司领导班子和项目经理部构成;而项目施工进度横向控制系统,则由项目经理部各职能部门构成。必须加强两个控制系统的协作,提高施工项目进度控制效率。

2. 动态控制原理

施工项目进度控制涉及的因素多、变化大、持续时间长,不可能十分准确地预测未来或作出绝对准确的施工项目进度安排,也不能期望项目施工进度目标会完全按照计划日程实现,在确定项目施工进度目标时,必须留有余地,以使项目施工进度控制具有较强的应变能力。对于项目经理来说,不论是编制项目的控制性计划,还是审查实施性进度计划,都应当依据动态控制原理来制定项目的计划。本部分可参见 6.1.2 节相关内容。

3. 辩证控制原理

控制是对目标系统的控制,进度目标、质量目标、成本目标是工程项目管理的三大目标,这三者之间存在着辩证的关系,既有互相矛盾的一面,也有相互统一的一面,这三个目标是对立统一的。我们不能孤立地对单一目标进行控制,应该兼顾其他方面进行辩证的分析。当采取进度控制措施时,不能仅仅保证进度目标的实现却不顾成本目标和质量目标,而应当辩证综合地考虑三大目标。根据工程进展的实际情况和要求以及进度控制措施实施的可能性,可以采用这样的处理方式:在保证进度目标的情况下,将对成本目标和质量目标的影响减小到最低程度;适当调整进度目标,不影响或尽可能减少对其他目标的影响。

4. 循环控制原理

项目的进度控制是一种循环的例行活动。如图 6-1 所示,每个循环周期的活动大致可分为 4 个阶段,即编制计划、实施计划、检查与调整计划、分析与总结。在前一循环和后一循环衔接处,靠信息反馈起作用,这样，使后一循环的计划或实施阶段与前一循环的分析总结阶段保持连续，解决前一阶段遗留的问题，使工作向前推进一步，水平提高一步。每循环一次，工作提高一步。每一循环构成一个封闭的回路，不同阶段从发展上看呈现水平逐步提高的趋势，所以也称为P(Plan)D(Do)C(Check)A(Action)循环。

5. 全方位控制原理

(1)对影响进度控制的各种因素进行控制

建设工程的所有内容都有相应的进度目标，应尽可能将它们的实际进度控制在进度目标之内。同时也要对影响进度控制的各种因素进行控制，如异常的地质条件、材料的供应不及时、资金的缺乏、社会环境的变化等。要实现有效的进度控制，必须对这些影响进度的因素进行控制，采取措施减少或避免这些因素对进度的影响。

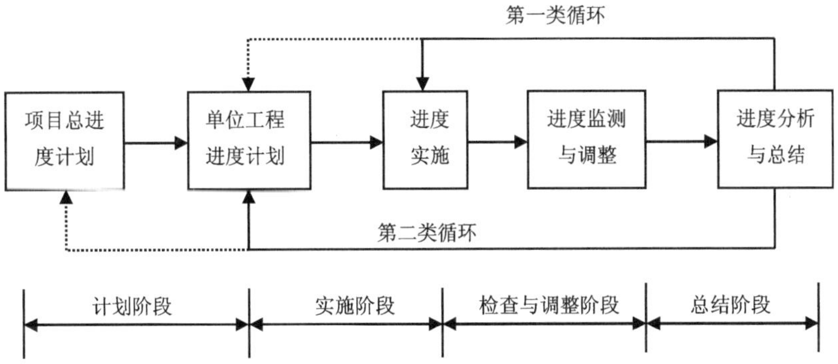

图6-1　进度控制的循环图

(2)对影响进度的各方面工作进行控制

各方面工作进度对施工进度都有影响，但关键线路上的工作会对进度产生直接的影响。施工进度作为一个整体，施工工期肯定是在总进度计划中的关键线路上，任何导致关键工作进度拖延的情况，都将导致总进度的拖延。因此，要考虑围绕关键工作施工进度的需要来安排其他方面的工作进度。这并不是否认其他工作进度计划的重要性，而恰恰相反，这说明了全方位控制的重要性。为了有效地进行进度控制，必须协调好各方面的工作。

6. 全过程控制原理

(1)在工程建设的早期就应当编制进度计划

业主方的进度计划除了包括施工外，还应包括前期决策、征地、拆迁、施工现场准备、勘察、设计、材料和设备采购、动用前准备等。工程建设早期编制的业主方总进度计划不可能也没有必要达到施工进度计划的详细程度，但也应达到一定的深度和细度，而且应当掌握“远粗近细”的原则，即对于远期工作，可以比较粗略，可能反映部分工作，甚至只反映单位工程或单项工程的里程碑事件；反之，对于近期工作，要比较具体，可以具体到确定的工序。随着工程的进展，进度计划也应当相应地深化和细化。事实上，越早进行控制，进度控制的效果越好。

(2)在编制进度计划时要充分考虑各阶段工作之间的合理衔接

建设工程实施各阶段的工作是相对独立的，但不是截然相反的，在内容上有一定的联系，在时间上有一定的搭接。例如，设计工作与征地、拆迁工作搭接，设计与施工准备工作搭接等。搭接时间越长，建设工程的总工期越短。因此，合理地确定具体的搭接工作内容和搭接时间，也是进度计划优化的重要内容。

(3)抓好关键线路的进度控制

进度控制的重点对象是关键线路上的各项工作，包括关键线路变化的各项关键工作，这样可取得事半功倍的效果。如果不制订进度计划，就不知道哪些工作是关键工作，进度控制工作就没有重点，精力分散，甚至可能对关键工作控制不力，而对非关键工作可能付出了大量的精力，结果事倍功半。当然，对于非关键线路的各项工作，要确保其不要由于延误而变成关键工作甚至拖延工期。

6.2 建设工程项目进度控制的目标和任务

6.2.1 施工进度控制的主要工作环节

①确定进度控制目标。

②编制施工进度计划。

③申请开工并按指令日期开工。

④实施进度计划。

⑤监测和调整进度计划。

⑥进度控制总结并编写施工进度控制报告。

6.2.2 施工项目进度目标的确定

施工项目进度目标的确定

6.2.3 建设工程项目的总进度目标

1. 建设工程项目总进度目标的内涵

建设工程项目的总进度目标指的是整个项目的进度目标,它是在项目决策阶段项目定义时确定的,项目管理的主要任务是在项目的实施阶段对项目的目标进行控制。建设工程项目总进度目标的控制是业主方项目管理的任务(若采用建设项目总承包的模式,协助业主进行项目总进度目标的控制也是建设项目总承包方项目管理的任务)。在进行建设工程项目总进度目标控制前,首先应分析和论证目标实现的可能性。若项目总进度目标不可能实现,则项目管理者应提出调整项目总进度目标的建议,提请项目决策者审议。

在项目的实施阶段,项目的总进度不仅是施工进度,还包括以下几方面:设计前准备阶段的工作进度;设计工作进度;招标工作进度;施工前准备工作进度;工程施工和设备安装工作进度;工程物资采购工作进度;项目动用前的准备工作进度等。

2. 建设工程项目总进度目标的论证

论证建设工程项目总进度目标时,应分析和论证上述各项工作的进度以及上述各项工作交叉进行的关系。

在建设工程项目总进度目标论证时,往往还没掌握比较详细的设计资料,也缺乏比较全面的有关工程发包的组织、施工组织和施工技术方面的资料以及其他有关项目实施条件的资料。因此,总进度目标论证并不是单纯的总进度规划的编制工作,它涉及许多工程实施的条件分析和工程实施策划方面的问题。

大型建设工程项目总进度目标论证的核心工作是通过编制总进度纲要论证总进度目标实现的可能性。总进度纲要的主要内容包括:项目实施的总体部署;总进度规划;各子系统进度规划;确定里程碑事件的计划进度目标;总进度目标实现的条件和应采取的措施等。

建设工程项目总进度目标论证的工作步骤如下:调查研究和收集资料;进行项目结构分析;进行进度计划系统的结构分析;确定项目的工作编码;编制各层(各级)进度计划;协调各层进度计划的关系和编制总进度计划;若所编制的总进度计划不符合项目的进度目标,则设法调整;若经过多次调整,进度目标无法实现,则报告项目决策者。

3. 建设工程项目进度计划系统

建设工程项目进度计划系统是由多个相互关联的进度计划组成的系统,它是项目进度控制的依据。由于各种进度计划编制所需要的必要资料是在项目进展过程中逐步形成的，因此项目进度计划系统的建立和完善也有一个过程，它也是逐步完善的，图 6-3 所示是一个建设工程项目进度计划系统的示例，这个计划系统有 4 个计划层次。

由于项目进度控制不同的需要和不同的用途，业主方和项目各参与方可以编制多个不同的建设工程项目进度计划系统。

（1）由多个相互关联的不同计划深度的进度计划组成的计划系统

①总进度规划（计划）。

②项目子系统进度规划（计划）。

③项目子系统中的单项工程进度计划等。

（2）由多个相互关联的不同计划功能的进度计划组成的计划系统

①控制性进度规划（计划）。

②指导性进度规划（计划）。

③实施性（操作性）进度计划等。

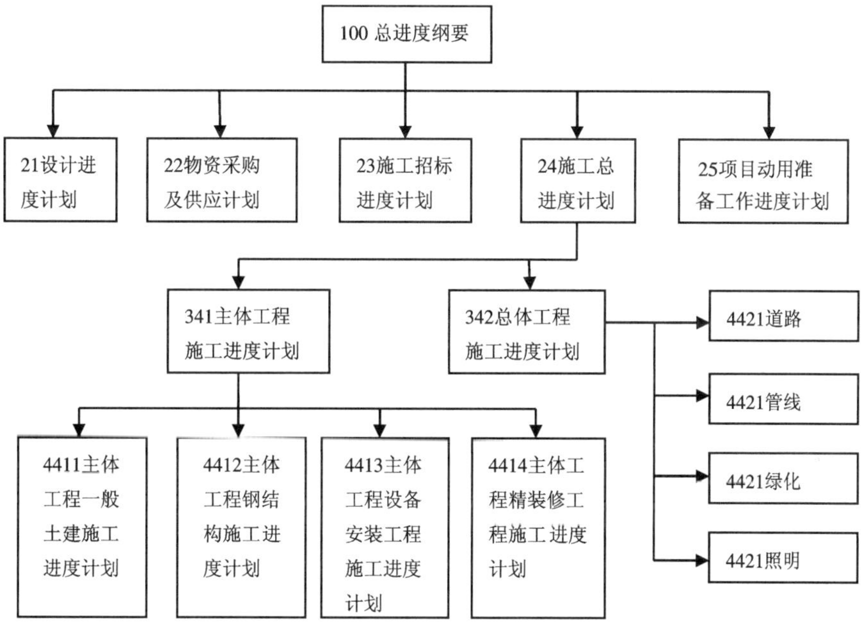

图 6-3　建设工程项目进度计划系统图

（3）由多个相互关联的不同项目参与方的进度计划组成的计划系统

①业主方编制的整个项目实施的进度计划。

②设计进度计划。

③施工和设备安装进度计划。

④采购和供货进度计划等。

（4）由多个相互关联的不同计划周期的进度计划组成的计划系统

① 5 年（或多年）建设进度计划。

②年度、季度、月度和旬计划等。

在建设工程项目进度计划系统中，各进度计划或各子系统进度计划编制和调整时必须注意其相互间的联系和协调。

①总进度规划（计划）、项目子系统进度规划（计划）与项目子系统中的单项工程进度计划之间的联系和协调。

②控制性进度规划(计划)、指导性进度规划(计划)与实施性(操作性)进度计划之间的联系和协调。

③业主方编制的整个项目实施的进度计划、设计方编制的进度计划、施工和设备安装方编制的进度计划与采购和供货方编制的进度计划之间的联系和协调等。

建设工程项目管理有多种类型,代表不同方利益的项目管理(业主方和项目参与各方)都有进度控制的任务,但是其控制的目标和时间范畴是不相同的。

建设项目是在动态条件下实施的,进度控制也就必须是一个动态的管理过程,它由下列环节组成。

①进度目标的分析和论证,以论证进度目标是否合理,目标是否可能实现。如果经科学的论证,目标不可能实现,则必须调整目标。

②在收集资料和调查研究的基础上编制进度计划。

③定期跟踪检查编制的进度计划执行情况,若其执行有偏差,则采取纠偏措施,并视情况调整进度计划。

如只重视进度计划的编制,而不重视进度计划必要的调整,则进度无法得到控制。进度控制是在确保进度目标的前提下,在项目进展的过程中不断调整进度计划的过程。

6.2.4 建设工程参与各方进度控制的任务

1. 业主方进度控制的任务

业主方进度控制的任务是控制整个项目实施阶段的进度,包括控制设计准备阶段的工作进度、设计工作进度、施工进度、物资采购工作进度以及项目动用前准备阶段的工作进度。

2. 设计方进度控制的任务

设计方进度控制的任务是依据设计任务委托合同对设计工作进度的要求控制设计工作进度,这是设计方履行合同的义务。另外,设计方应尽可能使设计工作的进度与招标、施工和物资采购等工作进度相协调。在国际上,设计进度计划主要是确定各设计阶段的设计图纸(包括有关的说明)的出图计划,在出图计划中标明每张图纸的出图日期。

3. 施工方进度控制的任务

施工方进度控制的任务是依据施工任务委托合同对施工进度的要求控制施工工作进度,这是施工方履行合同的义务。在进度计划编制方面,施工方应视项目的特点和施工进度控制的需要,编制深度不同的控制性和直接指导项目施工的进度计划以及按不同计划周期编制的计划,如年度、季度、月度和旬计划等。

4. 供货方进度控制的任务

供货方进度控制的任务是依据供货合同对供货的要求控制供货工作进度,这是供货方履行合同的义务。供货进度计划应包括供货的所有环节,如采购、加工制造、运输等。

6.3 施工进度计划的类型与进度控制措施

6.3.1 施工进度计划的类型

1. 按施工进度计划的层次分类

施工方所编制的与施工进度有关的计划包括施工企业的施工生产计划和建设工程项目施工进度计划(如图 6-4 所示)。

（1）施工生产计划

施工企业的施工生产计划属企业计划的范畴。它以整个施工企业为系统，根据施工任务量、企业经营的需求和资源利用的可能性等，合理安排计划周期内的施工生产活动，如年度生产计划、季度生产计划、月度生产计划和旬生产计划等。

（2）施工项目计划

建设工程项目施工进度计划属工程项目管理的范畴。它以每个建设工程项目的施工为系统，依据企业的施工生产计划的总体安排和履行施工合同的要求以及施工的条件（包括设计资料提供的条件、施工现场的条件、施工的组织条件、施工的技术条件和资源（主要指人力、物力和财力）条件等）和资源利用的可能性，合理安排一个项目施工的进度。

①整个项目施工总进度方案、施工总进度规划、施工总进度计划（这些进度计划的名称尚不统一，应视项目的特点、条件和需要而定，大型建设工程项目进度计划的层次多一些，而小型项目只需编制施工总进度计划）。

②子项目施工进度计划和单体工程施工进度计划。

③项目施工的年度施工计划、项目施工的季度施工计划、项目施工的月度施工计划和旬施工作业计划等。

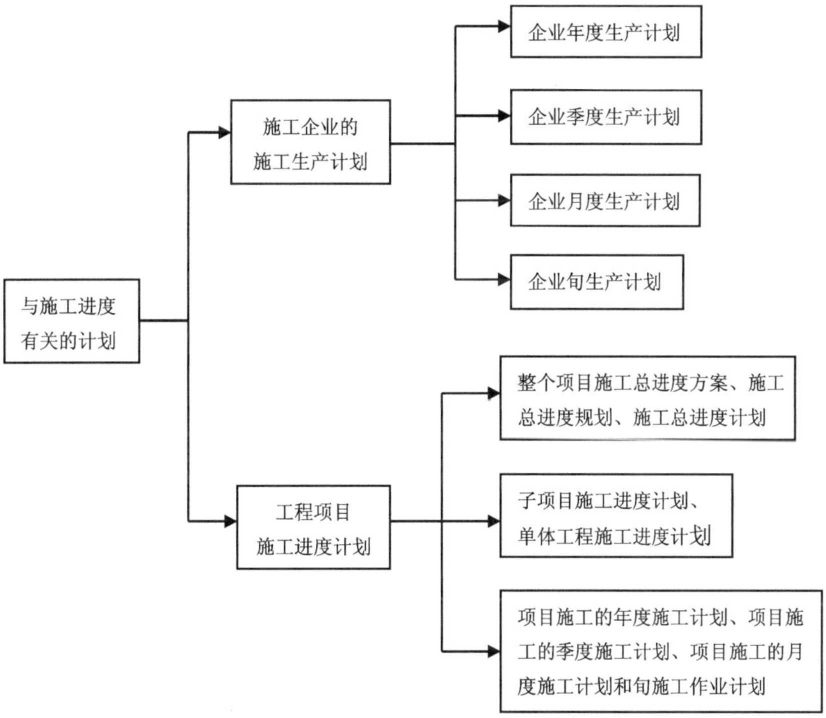

图6-4　与施工进度有关的计划

施工企业的施工生产计划与建设工程项目施工进度计划虽属两个不同的系统，但是两者是紧密相关的。前者针对整个企业，而后者则针对一个具体工程项目，计划的编制有一个自下而上和自上而下的往复多次的协调过程。

2. 按施工进度计划的功能分类

建设工程项目施工进度计划若从计划的功能区分，可分为以下几种：控制性施工进度计划；指导性施工进度计划；实施性施工进度计划。

具体组织施工的进度计划是实施性施工进度计划，它必须非常具体。控制性进度计划和指导性进度计划的界限并不十分清晰，前者更宏观一些。大型和特大型建设工程项目需要编制控制性施工进度计划、指导性施工进度计划和实施性施工进度计划，而小型建设工程项目仅编制两个层次的计划即可。

3. 按施工进度计划的深度分类

按施工进度计划的深度分类，建设工程项目施工进度计划可分为以下几种：施工总进度计划；单位（体）工程进度计划；分部分项工程作业进度计划。

6.3.2 控制性施工进度计划与实施性施工进度计划

1. 控制性施工进度计划

（1）控制性施工进度计划概述

何为控制性进度计划，在理论上和工程实践中并没有非常明确的界定。一般而言，一个工程项目的施工总进度规划或施工总进度计划是工程项目的控制性施工进度计划。

对于特大型工程项目，往往包括许多子项目，即使其编制施工总进度计划的条件已基本具备，还是应该先编制施工总进度规划，以便进度目标逐层分解和细化，使计划的编制由粗到细，且可对计划逐层协调，而不宜一步到位，编制较具体的施工总进度计划。另外，如果一个大型工程项目在签订施工承包合同后，设计资料的深度和其他条件还不足以编制比较具体的施工总进度计划，则可先编制施工总进度规划，待条件成熟时再编制施工总进度计划。

控制性施工进度计划编制的主要目的是通过计划的编制，对施工承包合同所规定的施工进度目标进行再论证，并对进度目标进行分解，确定施工的总体部署，并确定为实现进度目标的里程碑事件的进度目标（或称其为控制节点的进度目标），作为进度控制的依据。

（2）控制性施工进度计划的例证

某机场总投资约 200 亿元左右，是一个大型建设工程项目。通过控制性施工进度计划的编制，确定工程的总体部署如下。

①第一战役：2000 年 9 月 1 日—2001 年 4 月 30 日，完成航站楼 0.000 以下结构工程，完成总包管理单位招标，完成钢结构细部设计和制作及安装的招标，完成玻璃幕墙招标。

②第二战役：2001 年 5 月 1 日—2002 年 5 月 31 日，完成航站楼 0.000 以上结构工程（应特别重视钢结构的制作和吊装施工）。

③第三战役：2002 年 6 月 1 日—2002 年 12 月 31 日，完成航站主楼玻璃幕墙施工，东西连接楼和指廊竣工，全面展开航站楼机电安装工程以及基本完成 0.000 以下装饰工程。

…………

在所编制的某机场的控制性施工进度计划中，也明确了里程碑事件的进度目标。

① 2001 年 4 月 30 日完成航站楼 0.000 以下结构工程。

② 2002 年 5 月 31 日完成航站楼 0.000 以上结构工程。

③ 2002 年 12 月 31 日完成航站主楼玻璃幕墙施工工程。

④ 2003 年 6 月 30 日航站主楼土建工程基本完成。

⑤ 2003 年 7 月 31 日机电安装完成单机及系统调试。

⑥ 2003 年 12 月 31 日全面完成航站楼和精装修及收尾工作，机电安装及智能化弱电工程进行联动调试以及工程交付初验。

⑦ 2001 年 3 月 31 日飞行区土方工程和排水工程完成。

⑧ 2002 年 9 月 30 日跑道、附行道及联络道工程完成。

⑨ 2003 年 10 月 31 日飞行区试飞调试完成。

…………

该控制性施工进度计划是整个项目施工进度控制的纲领性文件，也是组织和指挥施工的依据。当时在编制控制性施工进度计划时，初步设计还刚开始，因此，它不仅是控制施工进度的依据，也是协调设计进度、物资采购计划和制订资金使用计划等的重要参考文件。

这是一个大型重点建设项目，也可以说，是一个超大型建设项目，工程组织相当复杂。从系统工程的角度分析，该项目的进度控制属复杂系统的组织和管理。在我国现行的建设体制条件下，虽然该项目参与施工的单位很多，但任何施工单位都还承担不了施工进度目标控制的总体责任，机场建设指挥部是工程建设的总集成者、总组织者和总协调者。

（3）控制性施工进度计划的主要作用

控制性施工进度计划的主要作用如下（虽然一般的建设工程项目并没有大型机场那么复杂，但编制控制性施工进度计划非常必要）。

①论证施工总进度目标。

②施工总进度目标的分解，确定里程碑事件的进度目标。

③控制性施工进度计划是编制实施性进度计划的依据。

④控制性施工进度计划是编制与该项目相关的其他各种进度计划的依据或参考依据（如子项目施工进度计划、单体工程施工进度计划；项目施工的年度施工计划、项目施工的季度施工计划等）。

⑤控制性施工进度计划是施工进度动态控制的依据。

2. 实施性施工进度计划

（1）实施性施工进度计划概述

月度施工计划和旬施工作业计划是用于直接组织施工作业的计划，它是实施性施工进度计划。旬施工作业计划是月度施工计划在一个旬中的具体安排。实施性施工进度计划的编制应结合工程施工的具体条件，并以控制性施工进度计划所确定的里程碑事件的进度目标为依据。

针对一个项目的月度施工计划应反映在该月度中将进行的主要施工作业的名称、实物工程量、工作持续时间、所需的施工机械名称、施工机械的数量等。月度施工计划还反映各施工作业和相应的日历天的安排以及各施工作业的施工顺序。

针对一个项目的旬施工作业计划应反映该旬中每一个施工作业（或称其为施工工序）的名称、实物工程量、工种、每天的出勤人数、工作班次、工效、工作持续时间、所需的施工机械名称、施工机械的数量、机械的台班产量等。旬施工作业计划还反映各施工作业相应的日历天的安排，以及各施工作业的施工顺序。

（2）实施性施工进度计划的作用

①确定施工作业的具体安排。

②确定（或据此可计算）一个月度或旬的人工需求（工种和相应的数量）。

③确定（或据此可计算）一个月度或旬的施工机械的需求（机械名称和数量）。

④确定（或据此可计算）一个月度或旬的建筑材料（包括成品、半成品和辅助材料等）的需求（建筑材料的名称和数量）。

⑤确定（或据此可计算）一个月度或旬的资金需求等。

6.3.3　施工总进度计划、单位（体）工程施工计划与分部分项工程作业进度计划

6.3.4　施工进度控制的措施

施工总进度计划、单位（体）工程施工计划与分部分项工程作业进度计划

施工方进度控制的措施主要包括组织措施、管理措施、经济措施和技术措施。

1. 进度控制的组织措施

①组织是目标能否实现的决定性因素，为实现项目管理的进度目标，应充分重视健全项目管理的组织体系：设专门的进度控制工作部门；由具有进度控制岗位资格的专人负责进度控制工作；编制进度控制的任务分工表；编制进度控制的管理职能分工表；编制进度控制的

工作流程；确定进度控制的协调机制；确定有关进度控制的会议组织设计等。

②在项目组织结构中应有专门的工作部门和具有进度控制岗位资格的专人负责进度控制工作。

③进度控制的主要工作环节包括进度目标的分析和论证、编制进度计划、定期跟踪进度计划的执行情况、采取纠偏措施以及调整进度计划，对于这些工作任务和相应的管理职能应在项目管理组织设计的任务分工表和管理职能分工表中标示并落实。

④编制项目进度控制的工作流程：定义项目进度计划系统的组成；各类进度计划的编制程序、审批程序和计划调整程序等。

⑤进度控制工作包含了大量的组织和协调工作，而会议是组织和协调的重要手段，应进行有关进度控制会议的组织设计，以明确会议的类型，各类会议的主持人及参加单位和人员，各类会议的召开时间，各类会议文件的整理、分发和确认等。

另外，组织平行流水、立体交叉施工，充分利用空间和时间；增加机械设备；增加施工作业面；增加劳动力或提高出勤率，采用二班或三班作业等都是很好的措施。

2. 进度控制的管理措施

目前建设工程项目进度控制在管理观念上存在的主要问题如下。

①缺乏进度计划系统的观念——分别编制各种独立而互不联系的计划，形成不了计划系统。

②缺乏动态控制的观念——只重视计划的编制，而不重视及时地进行计划的动态调整。

③缺乏进度计划多方案比较和选优的观念——合理的进度计划应体现资源的合理使用、工作面的合理安排、有利于提高建设质量、有利于文明施工和有利于合理地缩短建设周期。

建设工程项目进度控制的管理措施涉及管理的思想、管理的方法、管理的手段、承发包模式、合同管理和风险管理等。

①用工程网络计划的方法编制进度计划必须很严谨地分析和考虑工作之间的逻辑关系，通过工程网络的计算可发现关键工作和关键线路，也可知道非关键工作可使用的时差，进行网络优化，从而缩短工期。

②承发包模式的选择直接关系到工程实施的组织和协调。为了实现进度目标，应选择合理的合同结构，以避免过多的合同交界面而影响工程的进展。工程物资的采购模式对进度也有直接的影响，对此应作比较分析。

③为实现进度目标，不但应进行进度控制，还应注意分析影响工程进度的风险，并在分析的基础上采取风险管理措施，以减少进度失控的风险量。常见的影响工程进度的风险有组织风险、管理风险、合同风险、资源（人力、物力和财力）风险、技术风险等。

④重视信息技术（包括相应的软件、局域网、互联网以及数据处理设备）在进度控制中的应用。虽然信息技术对进度控制而言只是一种管理手段，但它的应用有利于提高进度信息处理的效率、有利于提高进度信息的透明度、有利于促进进度信息的交流和项目各参与方的协同工作。

3. 进度控制的经济措施

建设工程项目进度控制的经济措施涉及资金需求计划、资金供应的条件和经济激励措 施等。

①为确保进度目标的实现，应编制与进度计划相适应的资源需求计划（资源进度计划），包括资金需求计划和其他资源（人力和物力资源）需求计划，以反映工程实施的各时段所需要的资源。通过资源需求的分析，可发现所编制的进度计划实现的可能性，若资源条件不具备，则应调整进度计划。资金需求计划也是工程融资的重要依据，资金供应条件包括可能的资金总供应量、资金来源（自有资金和外来资金）以及资金供应的时间。

②在工程预算中应考虑加快工程进度所需要的资金，其中包括为实现进度目标将要采取的经济激励措施所需要的费用，如奖励一专多能、作业时间提前。

4. 进度控制的技术措施

建设工程项目进度控制的技术措施涉及对实现目标有利的设计技术和施工技术的选用。

不同的设计理念、设计技术路线、设计方案会对工程进度产生不同的影响，在设计工作的前期，特别是在设计方案评审和选用时，应对设计技术与工程进度的关系作分析比较。在工程进度受阻时，应分析是否存在设计技术的影响因素，为实现进度目标有无设计变更的必要性和可能性。

施工方案对工程进度有直接的影响，在选用施工方案时，不仅应分析技术的先进性和经济合理性，还应考虑其对进度的影响。在工程进度受阻时，应分析是否存在施工技术的影响因素，为实现进度目标有无改变施工技术、施工方法和施工机械的可能性。通常采用的技术措施有以下几方面。

①机械代替手工操作，或选用高效机械设备，提高生产率。

②改变施工工艺，减少工程量，如基槽采用原槽开挖、减少土方挖填数量等。

③改进施工方法，缩短技术停歇时间，如采用架空支模、混凝土中加入早强剂等。

④采用新型粗钢筋连接技术，缩短作业时间，如竖向钢筋用电渣焊、水平钢筋用直螺纹连接等。

⑤采用新型模板，改进装拆方法，提高效率。

⑥减少现场湿作业，提高预制装配程度，如隔断墙预制安装、水磨石预粘贴等。

⑦应用新型防水材料和技术，减少气象影响。

6.4　施工进度计划的编制与实施

6.4.1　施工进度管理计划的编制

施工进度管理计划的编制

6.4.2　施工项目进度计划的实施

施工项目进度计划的实施过程就是确保进度计划落实与执行的过程。为保证进度计划的落实与执行，应做好如下工作。

1. 编制施工作业计划

进度计划是通过作业计划下达给施工班组的。作业计划是保证进度计划落实与执行的关键措施。由于施工活动的复杂性，在编制施工进度计划时，不可能考虑到施工过程中的一切变化情况，因而不可能一次安排好未来施工活动中的全部细节，所以施工进度计划只能是比较概括的，很难作为直接下达施工任务的依据。因此，还必须有更为符合当时情况，更为细致具体的、短时间的计划，这就是施工作业计划。施工作业计划是根据施工组织设计和现场具体情况，灵活安排，平衡调度，以确保实现施工进度和上级规定的各项指标任务的具体的执行计划。它是施工单位的计划任务、施工进度计划和现场具体情况的综合产物，它把这三者协调起来，并把任务直接下达给每一个执行者，成为作业班组掌握的、直接组织和指导施工的文件，是实施性计划，因而成为保证进度计划的落实与执行的关键措施。

施工作业计划一般可分为月作业计划和旬作业计划。施工作业计划一般应包括以下三个方面内容。

①明确本月（旬）应完成的施工任务，确定其施工进度。

②根据本月（旬）施工任务及其施工进度，编制相应的资源需要量计划。

③结合月（旬）作业计划的具体实施情况，落实相应的提高劳动生产率和降低成本的措施。

编制作业计划时，计划人员应深入施工现场，检查项目实施的实际进度情况，并且要深入施工队组，了解其实际施工能力，同时了解设计要求，把主观和客观因素结合起来，征询各有关施工队组的意见。进行综合平衡，修正不合时宜的计划安排，提出作业计划指标。最后，召开计划会议，通过施工任务书将作业计划落实并下达到施工队组。

2. 下达施工任务

施工任务书是给施工队组下达具体施工任务的计划技术文件，为便于工人掌握和领会，其表达形式应比作业计划更简明扼要。因此，施工任务书一般是以表格的形式下达的，应反映出作业计划的全部指标，为此，施工任务书应包括如下内容。

①施工队组应完成的工程项目、工程量，完成任务的开、竣工时间和施工日历进度表。

②完成任务的资源需要量，采用的施工方法、技术组织措施，工程质量、安全、节约措施的各项指标。

③登记卡和记录单，如限额领料单和记工单等。

施工任务书是实行经济核算的原始凭证，也是实行奖惩的依据。

3. 层层签订承包合同

施工项目经理和施工队及各种资源供应部门、施工队和作业班组之间分别签订承包合 同，把计划任务与责、权、利结合起来，是保证施工计划落实与执行的有效手段。

4. 做好施工中的调度工作

施工调度是指在施工过程中不断组织新的平衡，建立和维护正常的施工条件及施工程 序所做的工作。它的主要任务是督促、检查工程项目计划和工程合同执行情况，调度物资、设备、劳力，解决施工现场出现的矛盾，协调内、外部的配合关系，促进和确保各项计划指标的落实。

施工项目经理部和各施工队应设有专职或兼职调度员，在项目经理或施工队长的直接 领导下工作。

为保证完成作业计划和实现进度目标，有关施工调度应涉及多方面的工作，包括如下内容。

①监督作业计划的实施、调整，协调各方面的进度关系。

②监督检查施工准备工作。

③督促资源供应单位按计划供应劳动力、施工机具、运输车辆、材料构配件等。

④对临时出现的问题采取调配措施。

⑤按施工平面图管理施工现场，结合实际情况进行必要调整，保证文明施工。

⑥了解气候、水、电、气的情况，采取相应的防范和保证措施。

⑦及时发现和处理施工中的各种事故和意外事件。

⑧调节各薄弱环节，做好材料、机具、人力的平衡工作。

⑨定期召开现场调度会议，贯彻施工项目主管人员的决策，发布调度令。

6.5 施工进度计划的监测与调整

确定施工项目进度目标，编制一个科学、合理的进度计划是实现进度控制的首要前提。但是在工程项目的实施过程中，由于外部环境和条件的变化，进度计划的编制者很难事先对项目在实施过程中可能出现的问题进行全面的估计。气候的变化、不可预见事件的发生以及其他条件的变化均会对工程进度计划的实施产生影响，从而造成实际进度偏离计划进度，如果实际进度与计划进度的偏差得不到及时纠正，势必影响进度总目标的实现。为此，在进度计划的执行过程中，必须采取有效的监测手段对进度计划的实施过程进行监控，以便及时发现问题，并运用行之有效的进度调整方法来解决问题。

6.5.1　影响建设工程施工活动的因素

影响建设工程施工活动的因素

6.5.2　施工进度监测与调整的系统过程

1. 施工进度监测的系统过程

在施工过程中，项目经理应经常地、定期地对进度计划的执行情况进行跟踪检查，发现问题后，及时采取措施加以解决。进度监测系统过程如图 6-5 所示。

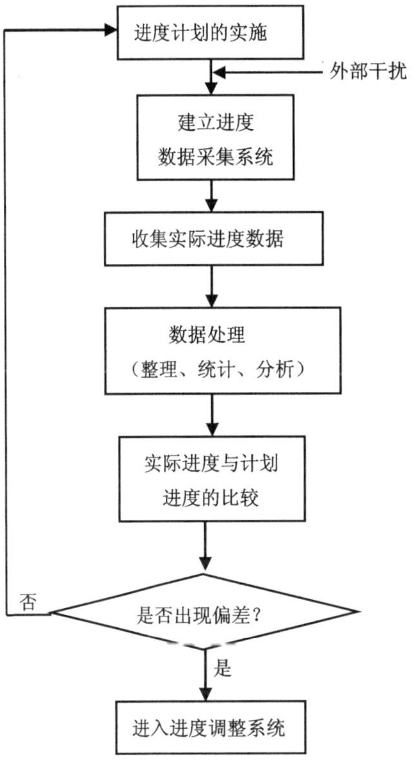

图 6-5　施工进度监测系统过程

(1)进度计划执行中的跟踪检查

对进度计划的执行情况进行跟踪检查是计划执行信息的主要来源，是进度分析和调整的依据，也是进度控制的关键步骤。跟踪检查的主要工作是定期收集反映工程实际进度的有关数据，收集的数据应当全面、真实、可靠，不完整或不正确的进度数据将导致判断不准确或决策失误。为了全面、准确地掌握进度计划的执行情况，项目经理部应认真做好以下三方面的工作。

1)定期收集进度报表资料

进度报表是反映工程实际进度的主要方式之一。进度计划执行人员应按照进度规定的时间和报表内容，定期填写进度报表。项目经理通过收集进度报表资料掌握工程实际进展情况。

2)现场实地检查工程进展情况

项目经理常驻现场，随时检查进度计划的实际执行情况，这样可以加强进度监测工作，掌握工程实际进度的第一手资料，使获取的数据更加及时、准确。

3)定期召开现场会议

项目经理通过与进度计划人员面对面交谈，既可以了解工程实际进度状况，也可以协调有关方面的进度关系。

一般说来，进度控制的效果与收集数据资料的时间间隔有关。究竟多长时间进行一次进度检查，这是项目经理应当确定的问题。如果不经常地、定期地收集实际进度数据，就难以有效地控制实际进度。进度检查的时间间隔与工程项目的类型、规模及有关条件等多方面因素相关，可视工程的具体情况，每月、每半月或每周进行一次检查。

特殊情况下，甚至需要每日进行一次进度检查。

(2)实际进度数据的加工处理

为了进行实际进度与计划进度的比较，必须对收集到的实际进度数据进行加工处理，形成与计划进度具有可比性的数据。例如，对检查时段实际完成工作量的进度数据进行整理、统计和分析，确定本期累计完成的工作量、本期已完成的工作量占计划总工作量的百分比等。

(3)实际进度与计划进度的对比分析

将实际进度数据与计划进度数据进行比较，可以确定建设工程实际执行状况与计划目标之间的差距。为了直观反映实际进度偏差，通常采用表格或图形进行实际进度与计划进度的对比分析，从而得出实际进度与计划进度相比是超前、滞后还是一致的结论。

2. 施工进度调整的系统过程

在施工进度监测过程中，一旦发现实际进度偏离计划进度，即出现进度偏差时，必须认真分析产生偏差的原因及其对后续工作和总工期的影响，必要时采取合理、有效的进度计划调整措施，确保进度总目标的实现。进度调整的系统过程如图 6-6 所示。

（1）分析进度偏差产生的原因

通过实际进度与计划进度的比较，发现进度偏差时，为了采取有效措施调整进度计划，必须深入现场进行调查，分析产生进度偏差的原因。

（2）分析进度偏差对后续工作和总工期的影响

当查明进度偏差产生的原因之后，要分析进度偏差对后续工作和总工期的影响程度，以确定是否应采取措施调整进度计划。进度偏差的大小及其所处的位置不同，对后续工作和总工期的影响程度是不同的，分析时需要利用网络计划中工作总时差和自由时差的概念进行判断。

1）分析出现进度偏差的工作是否为关键工作

如果出现进度偏差的工作位于关键线路上，即该工作为关键工作，则无论其偏差有多大，都将对后续工作和总工期产生影响，必须采取相应的调整措施；如果出现偏差的工作是非关键工作，则需要根据进度偏差值与总时差和自由时差的关系作进一步分析。

2）分析进度偏差是否超过总时差

如果一项工作的进度偏差大于该工作的总时差，则此进度偏差必将影响后续工作和总工期，必须采取相应的调整措施；如果工作的进度偏差未超过该工作的总时差，则此进度偏差不影响总工期。至于对后续工作的影响程度，还需要根据偏差值与其自由时差的关系作进一步分析。

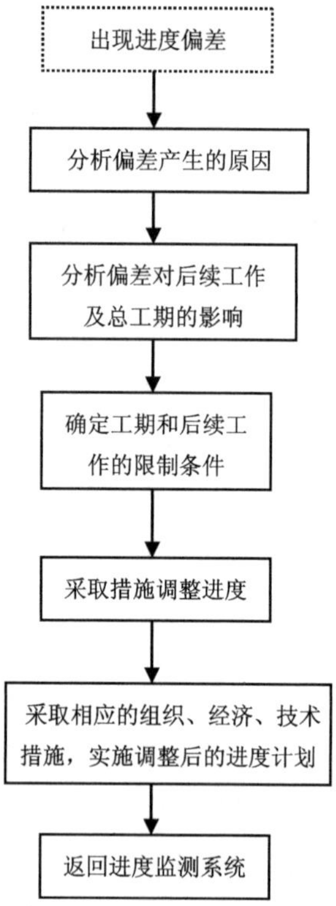

图 6-6　施工进度调整系统过程

3）分析进度偏差是否超过自由时差

如果一项工作的进度偏差大于该工作的自由时差，则此进度偏差将对后续工作产生影响，此时应根据后续工作的限制条件确定调整方法；如果工作的进度偏差未超过该工作的自由时差，则此进度偏差不影响后续工作，因此，原进度计划可以不作调整。

进度偏差的分析判断过程如图 6-7 所示。通过分析，进度控制人员可以根据进度偏差的影响程度，制定相应的纠偏措施进行调整，以获得符合实际进度情况和计划目标的新进度计划。

（3）确定后续工作和总工期的限制条件

当出现的进度偏差影响到后续工作或总工期而需要采取进度调整措施时，应当首先确定可调整进度的范围，主要指关键节点、后续工作的限制条件以及总工期允许变化的范围。这些限制条件往往与合同条件有关，需要认真分析后确定。

（4）采取措施调整进度计划

采取进度调整措施，应以后续工作和总工期的限制条件为依据，确保要求的进度目标得到实现。

（5）实施调整后的进度计划

进度计划调整之后，应采取相应的组织、经济、技术措施执行调整后的进度计划，并继续监测其执行情况。

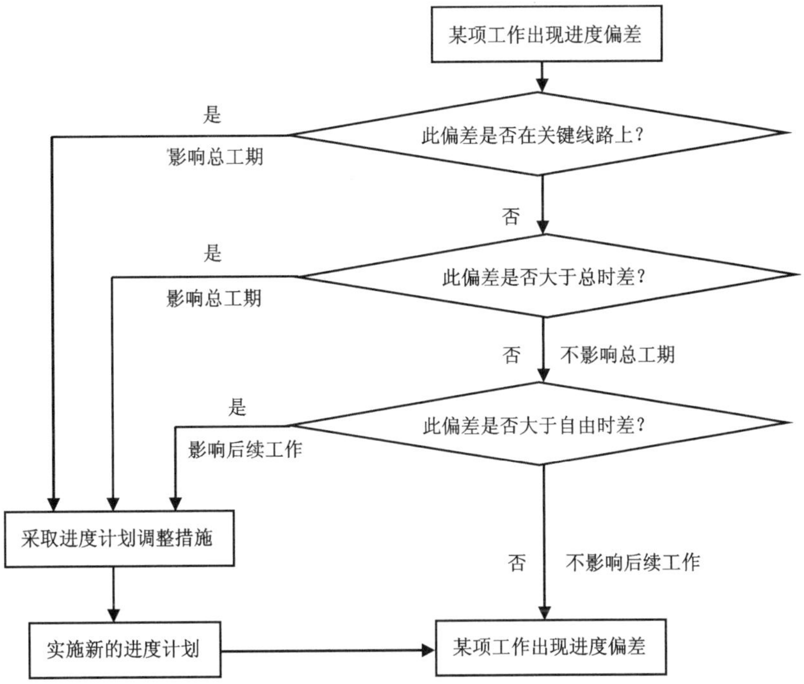

图 6-7　进度偏差对后续工作和总工期的影响分析过程图

6.5.3　实际进度与计划进度的比较方法

实际进度与计划进度的比较是建设工程进度监测的主要环节。常用的进度比较方法有横道图、S 曲线、香蕉曲线、前锋线和列表比较法。

1. 横道图比较法

横道图比较法是指将项目实施过程中检查实际进度收集到的数据,经加工整理后直接用横道线平行绘于原计划的横道线处,进行实际进度与计划进度的比较方法。采用横道图比较法,可以形象、直观地反映实际进度与计划进度的比较情况。

例如,某工程项目基础工程的计划进度和截止到 9 周末的实际进度如图 6-8 所示,其中双线条表示该工程的计划进度,粗实线表示实际进度。从图中实际进度与计划进度的比较可以看出,到第 9 周末进行实际进度检查时,挖土方和做垫层两项工作已经完成;支模板按计划也应该完成,但实际只完成 75%,任务量拖欠 25%;绑扎钢筋按计划应该完成 60%,而实际只完成 20%,任务量拖欠 40%。

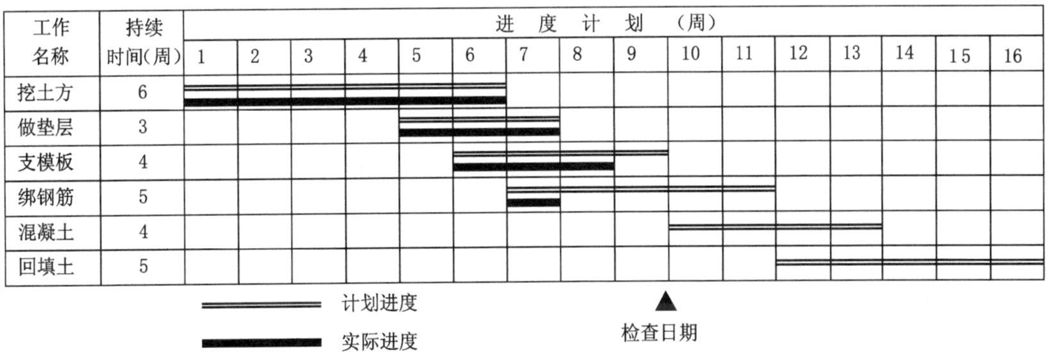

图 6-8　某基础工程实际进度与计划进度比较图

根据各项工作的进度偏差,进度控制者可以采取相应的纠偏措施对进度计划进行调整,以确保该工程按期完成。

图 6-8 所表达的比较方法仅适用于工程项目中的各项工作都是均匀进展的情况,即每项工作在单位时

间内完成的任务量都相等的情况。事实上,工程项目中各项工作的进展不一定是匀速的。根据工程项目中各项工作的进展是否匀速,可分别采用以下两种方法进行实际进度与计划进度的比较。

(1)匀速进展横道图比较法

匀速进展是指在工程项目中每项工作在单位时间内完成的任务量都是相等的,即工作的进展速度是均匀的。此时,每项工作累计完成的任务量与时间呈线性关系,如图 6-9 所示。完成的任务量可以用实物工程量、劳动消耗量或费用支出表示。为了便于比较,通常用上述物理量的百分比表示。

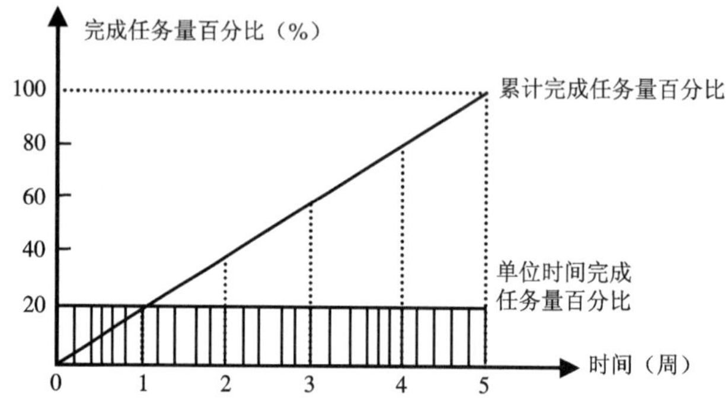

图 6-9　工作匀速进展时任务量与时间的关系曲线

采用匀速进展横道图比较法时,其步骤如下。

①编制横道图进度计划。

②在进度计划上标出检查日期。

③将检查收集到的实际进度数据加工整理后按比例用涂黑的粗线标于计划进度下方,如图 6-10 所示。

④对比分析实际进度与计划进度:如果涂黑的粗线右端落在检查日期左侧,表明实际进度拖后;如果涂黑的粗线右端落在检查日期右侧,表明实际进度超前;如果涂黑的粗线右端与检查日期重合,表明实际进度与计划进度一致。

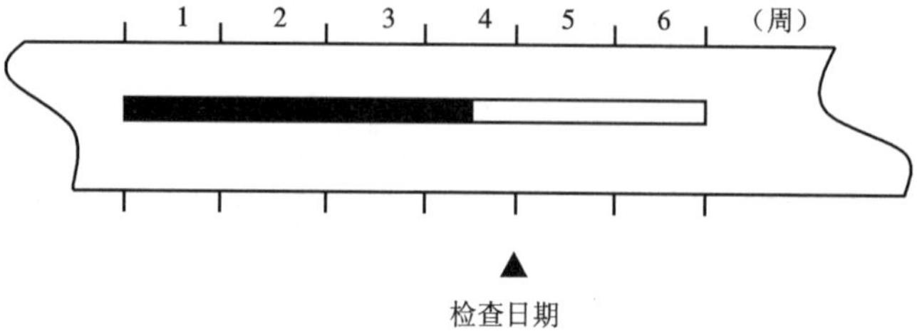

图 6-10　匀速进展横道图比较

必须指出,该方法仅适用于工作在从开始到结束的整个过程中,其进展速度均固定不变的情况。如果工作的进展速度是变化的,则不能采用这种方法进行实际进度与计划进度的比较,否则会得出错误的结论。

(2)非匀速进展横道图比较法

当工作在不同单位时间里的进展速度不相等时,累计完成的任务量与时间的关系就不可能是线性关系。此时,应采用非匀速进展横道图比较法进行工作实际进度与计划进度的比较。非匀速进展横道图比较法在用黑粗线表示工作实际进度的同时,还要标出其对应时刻完成任务量的累计百分比,并将该百分比与其同时刻计划完成任务量的累计百分比相比较,判断工作实际进度与计划进度之间的关系。

采用非匀速进展横道图比较法时,其步骤如下。

①编制横道图进度计划。

②在横道线上方标出各主要时间工作的计划完成任务量累计百分比。

③在横道线下方标出相应时间工作的实际完成任务量累计百分比。

④用黑粗线标出工作的实际进度,从开始之日标起,同时反映出该工作在实施过程中的连续与间断

情况。

⑤通过比较同一时刻实际完成任务量累计百分比和计划完成任务量累计百分比，判断工作实际进度与计划进度之间的关系：如果同一时刻横道线上方累计百分比大于横道线下方累计百分比，表明实际进度拖后，拖欠的任务量为二者之差；如果同一时刻横道线上方累计百分比小于横道线下方累计百分比，表明实际进度超前，超前的任务量为二者之差；如果同一时刻横道线上下方两个累计百分比相等，表明实际进度与计划进度一致。

可以看出，由于工作进展速度是变化的，因此图中的横道线无论是计划的还是实际的，只能表示工作的开始时间、完成时间和持续时间，并不表示计划完成的任务量和实际完成的任务量。此外，采用非匀速进展横道图比较法，不仅可以进行某一时刻（如检查日期）实际进度与计划进度的比较，而且还能进行某一时间段实际进度与计划进度的比较。当然，这需要实施部门按规定的时间记录当时的任务完成情况。

【案例 6.1】某工程项目中的基槽开挖工作按施工进度计划安排需要 7 周完成，每周计划完成的任务量百分比如图 6-11 所示。编制横道图进度计划，比较实际进度与计划进度。

【解】（1）编制横道图进度计划，如图 6-12 所示。

（2）在横道线上方标出基槽开挖工作每周计划累计完成任务量的百分比，分别为 10%、25%、45%、65%、80%、90% 和 100%。

（3）在横道线下方标出第 1 周至检查日期（第 4 周）每周实际累计完成任务量的百分比，分别为 8%、22%、42%、60%。

（4）用黑粗线标出实际投入的时间。图 6-12 表明，该工作实际开始时间晚于计划开始时间，在开始后连续工作，没有中断。

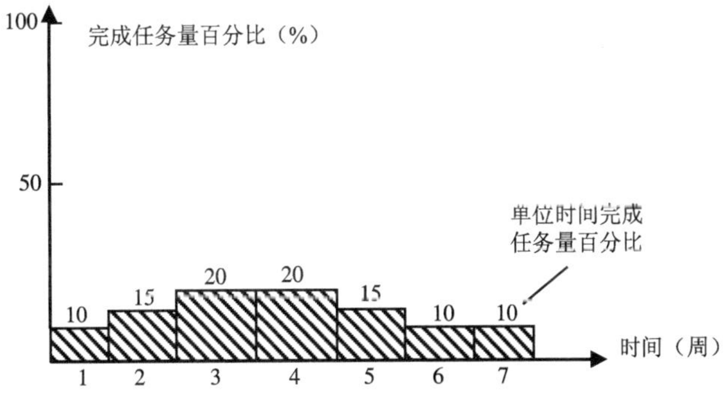

图 6-11 基槽开挖工作进展时间与完成任务量关系图

（5）比较实际进度与计划进度。从图 6-12 中可以看出，该工作在第一周实际进度比计划进度拖后 2%，以后各周末累计拖后分别为 3%、3% 和 5%。

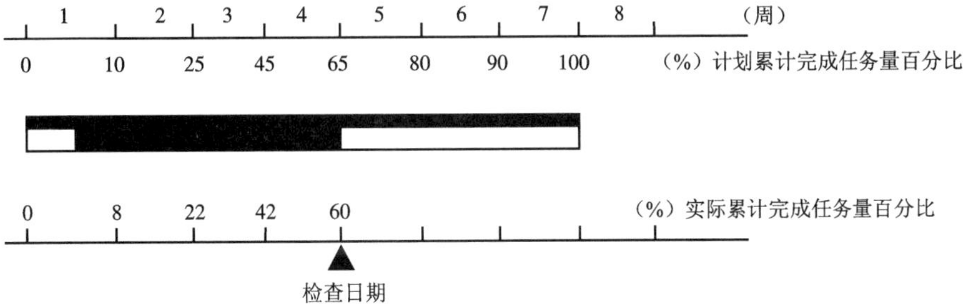

图 6-12 非匀速进展横道图比较

横道图比较法虽有记录和比较简单、形象直观、易于掌握、使用方便等优点，但由于其以横道计划为基础，因而带有不可克服的局限性。在横道计划中，各项工作之间的逻辑关系表达不明确，关键工作和关键线路无法确定。一旦某些工作实际进度出现偏差,难以预测其对后续工作和工程总工期的影响,也就难以确定相应的进度计划调整方法。因此,横道图比较法主要用于工程项目中某些工作实际进度与计划进度的局部比较。

2.S 曲线比较法

S 曲线比较法是以横坐标表示时间,纵坐标表示累计完成任务量,绘制一条按计划时间累计完成任务量的 S 曲线,然后将工程项目实施过程中各检查时间实际累计完成任务量的 S 曲线也绘制在同一坐标系中,进行实际进度与计划进度比较的一种方法。

从整个工程项目的实际进展全过程看,单位时间投入的资源量一般是开始和结束时较少,中间阶段较多。与其相对应,单位时间完成的任务量也呈同样的变化规律,如图 6-13(a)所示。而随工程进展累计完成的任务量则应呈 S 形变化,如图 6-13(b)所示。由于其形似英文字母“S”,故得名 S 曲线比较法。

(1)S 曲线的绘制方法

下面以一简例说明 S 曲线的绘制方法。

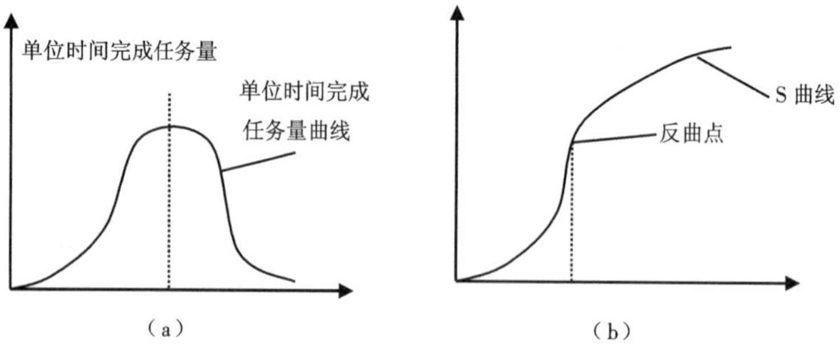

图 6-13　时间与完成任务量关系曲线

【案例 6.2】某混凝土工程的浇筑总量为 2 000 m³,按照施工方案,计划 9 个月完成,每月计划完成的混凝土浇筑量如图 6-14 所示,试绘制该混凝土工程的计划 S 曲线。

【解】根据已知条件:

(1)确定单位时间计划完成任务量,在本例中,将每月计划完成混凝土浇筑量列于表 6-1 中。

(2)计算不同时间累计完成任务量,在本例中,依次计算每月计划累计完成的混凝土浇筑量,结果列于表 6-1 中。

(3)根据累计完成任务量绘制 S 曲线,在本例中,根据每月计划累计完成混凝土浇筑量而绘制的 S 曲线如图 6-15 所示。

表 6-1　完成工程量汇总表

时间(月)	1	2	3	4	5	6	7	8	9
每月完成量(m^3)	80	160	240	320	400	320	240	160	80
累计完成量(m^3)	80	240	480	800	1 200	1 520	1 760	1 920	2 000

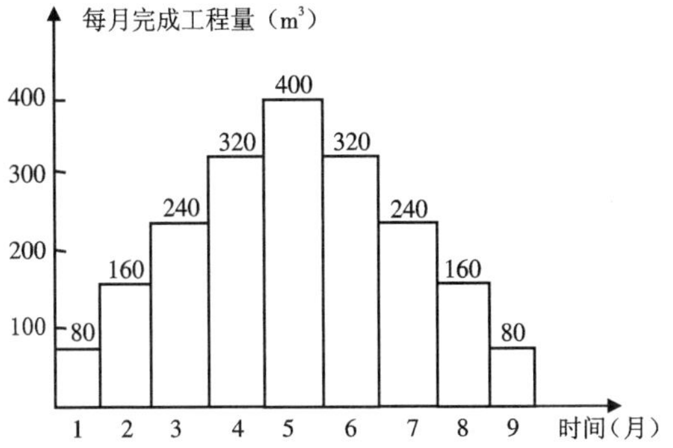

图 6-14　每月完成工程量图

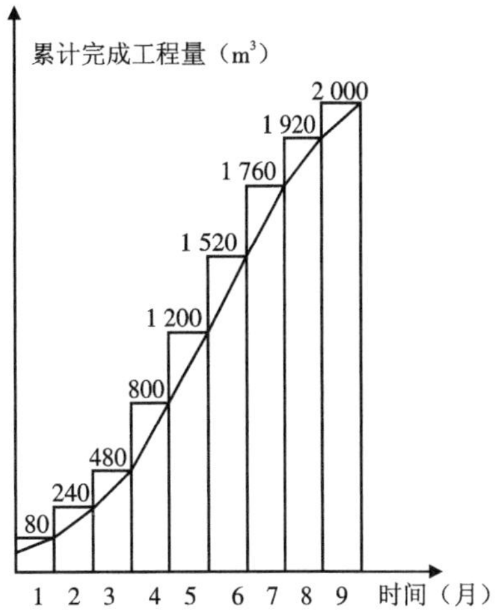

图 6-15　S 曲线图

（2）实际进度与计划进度的比较

同横道图比较法一样，S 曲线比较法也是在图上进行工程项目实际进度与计划进度的直观比较。在工程项目实施过程中，按照规定时间将检查收集到的实际累计完成任务量绘制在原计划 S 曲线图上，即可得到实际进度 S 曲线，如图 6 -16 所示。通过比较实际进度 S 曲线和计划进度 S 曲线，可以获得如下信息。

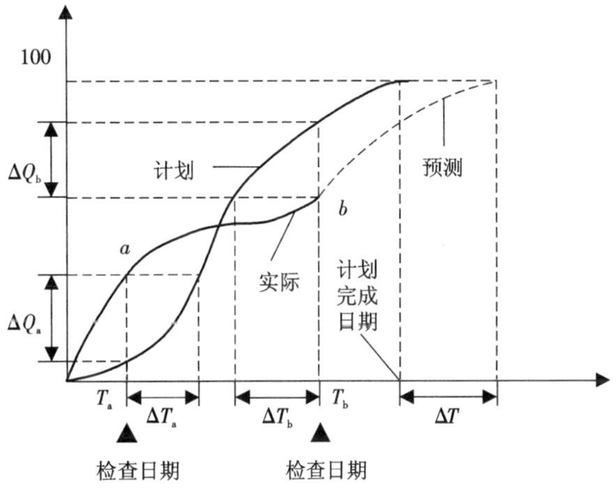

图 6-16　S 曲线比较图

①工程项目实际进展状况：如果工程实际进展点落在计划 S 曲线左侧，表明此时实际进度比计划进度超前，如图 6-16 中的 a 点；如果工程实际进展点落在 S 计划曲线右侧，表明此时实际进度拖后，如图 6-16 中的 b 点；如果工程实际进展点正好落在计划 S 曲线上，则表示此时实际进度与计划进度一致。

②工程项目实际进度超前或拖后的时间：在 S 曲线比较图中可以直接读出实际进度比计划进度超前或拖后的时间。如图 6-16 所示，ΔT_a 表示 T_a 时刻实际进度超前的时间；ΔT_b 表示 T_b 时刻实际进度拖后的时间。

③工程项目实际超额或拖欠的任务量：在 S 曲线比较图中也可直接读出实际进度比计划进度超额或拖欠的任务量。如图 6-16 所示，ΔQ_a 表示 T_a 时刻超额完成的任务量，ΔQ_b 表示 T_b 时刻拖欠的任务量。

④后期工程进度预测：如果后期工程按原计划速度进行，则可作出后期工程计划 S 曲线如图 6-16 中虚线所示，从而可以确定工期拖延预测值 ΔT。

3. 香蕉曲线比较法

香蕉曲线是由两条 S 曲线组合而成的闭合曲线。由 S 曲线比较法可知，工程项目累计完成的任务量与计划时间的关系可以用一条 S 曲线表示。对于一个工程项目的网络计划来说，如果以其中各项工作的最早开始时间安排进度而绘制 S 曲线，称为 ES 曲线；如果以其中各项工作的最迟开始时间安排进度而绘制 S 曲线，称为 LS 曲线。两条 S 曲线具有相同的起点和终点，因此两条曲线是闭合的。

在一般情况下，ES 曲线上的其余各点均落在 LS 曲线的相应点的左侧。由于该闭合曲线形似“香蕉”，故称为香蕉曲线，如图 6-17 所示。

（1）香蕉曲线比较法的作用

香蕉曲线比较法能直观地反映工程项目的实际进展情况，并可以获得比 S 曲线更多的信息。其主要作用有以下几点。

1)合理安排工程项目进度计划

如果工程项目中的各项工作均按其最早开始时间安排进度,将导致项目的投资加大;而如果各项工作都按其最迟开始时间安排进度,则一旦受到进度影响因素的干扰,又将导致工期拖延,使工程进度风险加大。因此,一个科学合理的进度计划优化曲线应处于香蕉曲线所包络的区域之内,如图 6-17 中的点画线所示。

2)定期比较工程项目的实际进度与计划进度

在工程项目的实施过程中,根据每次检查收集到的实际完成任务量,绘制出实际进度 S 曲线,便可以与计划进度进行比较。工程项目实际进度的理想状态是任一时刻工程实际进展点应落在香蕉曲线图的范围之内。如果工程实际进展点落在 ES 曲线的左侧,表明此刻实际进度比各项工作按其最早开始时间安排的计划进度超前;如果工程实际进展点落在 LS 曲线的右侧,则表明此刻实际进度比各项工作按其最迟开始时间安排的计划进度拖后。

3)预测后期工程进展趋势

利用香蕉曲线可以对后期工程的进展情况进行预测。例如在图 6-18 中,该工程项目在检查日实际进度超前。检查日期之后的后期工程进度安排如图中虚线所示,预计该工程项目将提前完成。

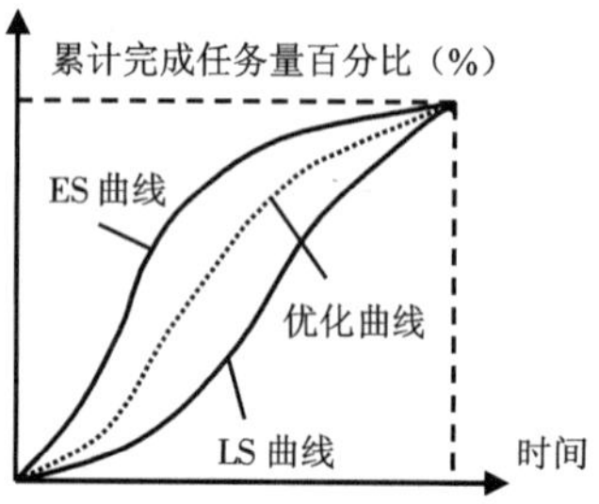

图 6-17 香蕉曲线比较图

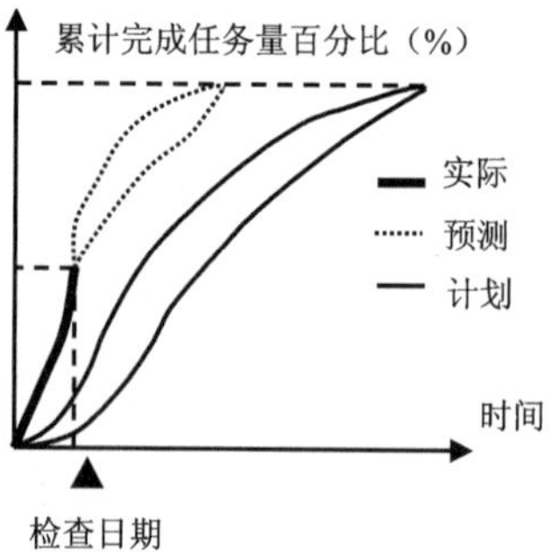

图 6-18 工程进展趋势预测图

(2)香蕉曲线的绘制方法

香蕉曲线的绘制方法与 S 曲线的绘制方法基本相同,不同之处在于香蕉曲线是由工作按最早开始时间安排进度和按最迟开始时间安排进度分别绘制的两条 S 曲线组合而成的。其绘制步骤如下。

①以工程项目的网络计划为基础,计算各项工作的最早开始时间和最迟开始时间。

②确定各项工作在各单位时间的计划完成任务量,分别按以下两种情况考虑:根据各项工作按最早开始时间安排的进度计划,确定各项工作在各单位时间的计划完成任务量;根据各项工作按最迟开始时间安排的进度计划,确定各项工作在各单位时间的计划完成任务量。

③计算工程项目总任务量,即对所有工作在各单位时间计划完成的任务量累加求和。

④分别根据各项工作按最早开始时间、最迟开始时间安排的进度计划,确定工程项目在各单位时间计划完成的任务量,即将各项工作在某一单位时间内计划完成的任务量求和。

⑤分别根据各项工作按最早开始时间、最迟开始时间安排的进度计划,确定不同时间累计完成的任务量或任务量的百分比。

⑥绘制香蕉曲线。分别根据各项工作按最早开始时间、最迟开始时间安排的进度计划而确定的累计完成任务量或任务量的百分比描绘各点,并连接各点得到 ES 曲线和 LS 曲线,由 ES 曲线和 LS 曲线组成香蕉曲线。

在工程项目实施过程中,根据检查得到的实际累计完成任务量,按同样的方法在原计划香蕉曲线图上绘出实际进度曲线,便可以进行实际进度与计划进度的比较。

(3)香蕉曲线的应用

香蕉曲线的应用

4. 前锋线比较法

前锋线比较法是通过绘制某检查时刻工程实际进度前锋线，进行工程实际进度与计划进度比较的方法，主要适用于时标网络计划。所谓前锋线，是指在原时标网络计划上，从检查时刻的时标点出发，用点画线依次将各项工作实际进展位置点连接而成的折线。

前锋线比较法是通过实际进度前锋线与原进度计划中各工作箭线交点的位置来判断工作实际进度与计划进度的偏差，进而判定该偏差对后续工作及总工期影响程度的一种方法。

采用前锋线比较法进行实际进度与计划进度的比较，其步骤如下。

(1)绘制时标网络计划图

工程项目实际进度前锋线是在时标网络计划图上标示的，为清楚起见，可在时标网络计划图的上方和下方各设时间坐标。

(2)绘制实际进度前锋线

一般从时标网络计划图上方时间坐标的检查日期开始绘制，依次连接相邻工作的实际进展位置点，最后与时标网络计划图下方坐标的检查日期相连接。

工作实际进展位置点的标定方法有两种。

①按该工作已完任务量比例进行标定。假设工程项目中各项工作均为匀速进展，根据实际进度检查时刻该工作已完任务量占其计划完成总任务量的比例，在工作箭线上从左至右按相同的比例标定其实际进展位置点。

②按尚需作业时间进行标定。当某些工作的持续时间难以按实物工程量来计算而只能凭经验估算时，可以先估算出检查时刻到该工作全部完成尚需作业的时间，然后在该工作箭线上从右向左逆向标定其实际进展位置点。

(3)进行实际进度与计划进度的比较

前锋线可以直观地反映出检查日期有关工作实际进度与计划进度之间的关系。对某项工作来说，其实际进度与计划进度之间的关系可能存在以下三种情况。

①工作实际进展位置点落在检查日期的左侧，表明该工作实际进度拖后，拖后的时间为二者之差。

②工作实际进展位置点与检查日期重合，表明该工作实际进度与计划进度一致。

③工作实际进展位置点落在检查日期的右侧，表明该工作实际进度超前，超前的时间为二者之差。

(4)预测进度偏差对后续工作及总工期的影响

通过实际进度与计划进度的比较，确定进度偏差后，还可根据工作的自由时差和总时差预测该进度偏差对后续工作及项目总工期的影响。由此可见，前锋线比较法既适用于工作实际进度与计划进度之间的局部比较，又可用来分析和预测工程项目整体进度状况。

值得注意的是，以上比较是针对匀速进展的工作。对于非匀速进展的工作，比较方法较复杂，在此不介绍。

【案例 6.4】某工程项目时标网络计划如图 6-23 所示。该计划执行到第 6 周末检查实际进度时，发现工作 A 和 B 已经全部完成，工作 D、E 分别完成计划任务量的 20% 和 50%，工作 C 尚需 3 周完成，试用前锋线法进行实际进度与计划进度的比较。

【解】根据第 6 周末实际进度的检查结果绘制前锋线，如图 6-23 中点画线所示。通过比较可以看出：

(1)工作 D 实际进度拖后 2 周，将使其后续工作 F 的最早开始时间推迟 2 周，并使总工期延长 1 周；

(2)工作 E 实际进度拖后 1 周，既不影响总工期，也不影响其后续工作的正常进行；

(3)工作 C 实际进度拖后 2 周，将使其后续工作 G、H、J 的最早开始时间推迟 2 周，由于工作 G、J 开始时间的推迟，从而使总工期延长 2 周。

综上所述，如果不采取措施加快进度，该工程项目的总工期将延长 2 周。

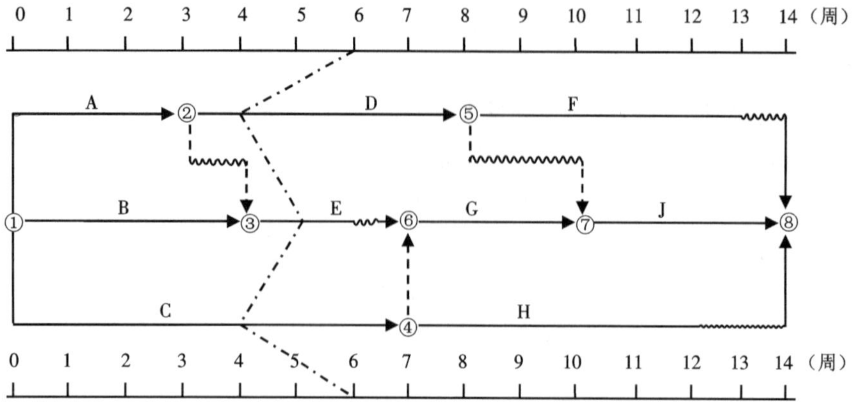

图 6-23　某工程前锋线比较图

列表比较法

5. 列表比较法

施工进度计划的调整

6.5.4　施工进度计划的调整

本章小结

本章主要介绍了施工项目目标管理的基本概念、进度控制的原理和施工进度计划控制的工作环节，进度目标的确定，各方进度控制的任务，施工进度计划的类型及进度控制措施，施工进度计划的编制和实施、监测与调整，实际进度与计划进度的比较方法，施工进度计划的调整。

思考题

1. 什么是目标管理？
2. 目标动态控制的工作程序是怎样的？
3. 进度控制原理有哪些？什么是循环控制原理？
4. 建设工程项目总进度目标的内涵是什么？
5. 项目参与各方进度控制的任务各有哪些？
6. 施工进度计划按功能分类有哪些？什么是控制性进度计划？
7. 施工进度控制的主要工作环节有哪些？
8. 施工进度控制的措施有哪些？请分别简单说明。
9. 施工项目进度计划的编制步骤是什么？
10. 项目进度计划的实施需要做哪些工作？
11. 建设工程施工活动的影响因素有哪些？
12. 施工进度监测的系统过程是怎样的？
13. 施工进度调整的系统过程是怎样的？
14. 实际进度与计划进度的比较方法有哪些？什么是 S 曲线法？什么是前锋线比较法？
15. 进度计划的调整方法主要有几种？请分别简单说明。

第7章 建设工程施工项目质量管理

教学目标

学习目标:了解施工质量和控制的概念和特征;了解施工质量的基本要求;了解影响施工质量的主要因素;熟悉工程项目施工质量保证体系的建立和运行;熟悉施工质量控制的内容和方法;熟悉施工质量控制的基本环节和一般方法;掌握施工准备的质量控制和施工过程的质量控制,熟悉施工质量验收的规定和方法;掌握工程施工质量分类、施工质量事故的预防以及处理;了解政府对施工质量的监督职能和政府对施工质量监督的实施。

能力目标:具备理解施工质量管理和控制概念的能力;具备初步确定施工质量控制内容和方法的能力;能正确处理工程施工质量施工准备阶段和施工阶段的质量控制;能认识施工质量的分类和施工质量事故预防和处理的方法。

教学情景

理论情景:建筑工程施工项目是一项较为复杂的工程,其中施工质量是建筑工程施工项目的生命,是工程建设的核心。一个建筑工程项目的质量,不仅影响整个工程建设的经济效益,而且还反映了相关施工企业的施工技术水平和质量管理水平,直接影响该施工企业的声誉。那么,如何进行施工质量管理和控制?施工企业如何进行施工质量体系的建设?

实例情景:某市建筑公司承接该市某化工厂综合楼工程的施工任务,该工程为五层底框架砖混结构,东西长39.9 m,南北宽8.8 m,建筑面积2 250 m^2,采用十字交叉条形基础,其上布置底层框架。该公司为承揽该项施工任务,报价较低。为降低成本,施工单位采用了一小厂提供的价格便宜的砖,在砖进场前未向监理申报。该施工单位采购砖的做法是否正确?如果该做法不正确,施工单位应如何做?针对该工程,施工单位应采取何种方法对工程质量进行控制?施工单位现场质量检查的内容和方法有哪些?本章将对这些问题逐一简单阐述。

7.1 质量管理与质量控制的关系

7.1.1 施工质量管理和施工质量控制的内涵

1. 质量与施工质量

我国标准《质量管理体系 基础和术语》(GB/T 19000—2016)关于质量的定义是:客体的一组固有特性满足要求的程度。质量不仅指产品的质量,也包括产品生产活动或过程的工作质量,还包括质量管理体系运行的质量;产品质量由一组固有的特性来表征(所谓"固有的"特性是指本来就有的、永久的特性),这些固有特性是指满足顾客和其他相关方要求的特性;而质量要求是指明示的、隐含的或必须履行的需要和期望,这些要求又是动态的、发展的和相对的。也就是说,产品质量的优劣,以其固有特性满足质量要求的程度来衡量。

施工质量是指建设工程施工活动及其产品的质量,即通过施工使工程的固有特性满足建设单位(业主或顾客)的需要并符合国家法律、行政法规和技术标准、规范的要求,包括在安全、使用功能、耐久性、环境保护等方面满足所有明示和隐含的需要和期望的能力的特性总和。其质量特性主要体现在由施工形成的建设工程的适用性、安全性、耐久性、可靠性、经济性及与环境的协调性等六个方面。

2. 质量管理与施工质量管理

质量管理就是关于质量的管理,是在质量方面指挥和控制组织的协调活动,包括建立和确定质量方针和质量目标,并在质量管理体系中通过质量策划、质量保证、质量控制和质量改进等手段来实施全部质量管理职能,从而实现质量目标的所有活动。

施工质量管理是指在工程项目施工安装和竣工验收阶段,指挥和控制施工组织关于质量的相互协调的活动,是工程项目施工围绕着使施工产品质量满足质量要求,而开展的策划、组织、计划、实施、检查、监督和审核等所有管理活动的总和。它是工程项目施工各级管理职能部门的共同职责,而直接领导工程项目施工的施工项目经理应负全责。施工项目经理必须调动与施工质量有关的所有人员的积极性,共同做好本职工作,才能完成施工质量管理的任务。

3. 质量控制与施工质量控制

根据《质量管理体系 基础和术语》(GB/T 19000—2016),质量控制是质量管理的一部分,致力于满足质量要求。

施工质量控制是在明确的质量方针指导下,通过对施工方案和资源配置的计划、实施、检查和处置,为了实现施工质量目标而进行的事前控制、事中控制和事后控制的系统过程。

4. 施工质量的基本要求

施工质量要达到的最基本要求是施工建成的工程实体按照《建筑工程施工质量验收统一标准》(GB 50300—2013)检查验收合格。

(1)建筑工程施工质量验收合格应符合的规定

①符合工程勘察、设计文件的要求。

①符合《建筑工程施工质量验收统一标准》(GB 50300—2013)的要求。

③相关专业验收规范的规定。

(2)建筑工程施工质量验收的质量等级

①"合格"是对施工质量的最基本要求。

②有的专业主管部门设置了“优良”的施工质量评定等级。

(3)建筑工程施工项目质量创优宜采取的措施

①明确质量创优目标和创优计划。

②精心策划和系统管理。

③制定高于国家标准的控制准则。

④确保工程创优资料和相关证据的管理水平。

7.1.2 影响施工质量的主要因素

影响施工质量的主要因素有人(Man)、材料(Material)、机械(Machine)、方法(Method)及环境(Environment)等五大方面,即“4M1E”。

1. 人的因素

这里讲的“人”,包括直接参与施工的决策者、管理者和作业者。人的因素影响主要是指上述人员个人的质量意识及质量活动能力对施工质量造成的影响。我国实行的执业资格注册制度和管理及作业人员持证上岗制度等,从本质上说,就是对从事施工活动的人的素质和能力进行必要的控制。在施工质量管理中,人的因素起决定性作用。所以,施工质量控制应以控制人的因素为基本出发点。人,作为控制对象,应避免工作失误;作为控制动力,应充分调动人的积极性,发挥人的主导作用,必须有效控制参与施工的人员素质,不断提高人的质量活动能力,才能保证施工质量。

2. 材料的因素

材料包括工程材料和施工用料,又包括原材料、半成品、成品、构配件和周转材料等。各类材料是工程施工的物质条件,材料质量是工程质量的基础,材料质量不符合要求,工程质量就不可能达到标准。所以加强对材料的质量控制,是保证工程质量的重要基础。

3. 机械的因素

机械设备包括工程设备、施工机械设备和各类施工工器具。工程设备是指组成工程实体的工艺设备和各类机具,如各类生产设备、装置和辅助配套的电梯、泵机,以及通风空调、消防、环保设备等,它们是工程项目的重要组成部分,其质量直接影响工程使用功能的发挥。施工机械设备是指施工过程中使用的各类机具设备,包括运输设备、吊装设备、操作工具、测量仪器、计量器具以及施工安全设施等。施工机械设备是所有施工方案和工法得以实施的重要物质基础,合理选择和正确使用施工机械设备是保证施工质量的重要措施。

4. 方法的因素

施工方法包括施工技术方案、施工工艺、工法和施工技术措施等。从某种程度上说,技术工艺水平的高低,决定了施工质量的优劣。采用先进合理的工艺、技术,依据规范的工法和作业指导书进行施工,必将对组成质量因素的产品精度、强度、平整度、清洁度、耐久性等物理、化学特性等方面起到良性的推进作用。比如建设主管部门在建筑业中推广应用的多项新技术,包括地基基础和地下空间工程技术、高性能混凝土技术、高强度钢筋和预应力技术、新型模板及脚手架应用技术、钢结构技术、建筑防水技术以及 BIM 信息技术等,对消除质量通病、保证建设工程质量起到了积极作用,收到了明显的效果。

5. 环境的因素

环境的因素主要包括施工现场自然环境因素、施工质量管理环境因素和施工作业环境因素。环境因素对工程质量的影响,具有复杂多变和不确定等特点。

①施工现场自然环境因素主要指工程地质、水文、气象条件和周边建筑、地下障碍物以及其他不可抗力等对施工质量的影响因素。例如,在地下水位高的地区,若在雨季进行基坑开挖,遇到连续降雨或排水困难,就会引起基坑塌方或地基受水浸泡影响承载力等。在寒冷地区冬期施工措施不当,工程会因受到冻融而影响质量。在基层未干燥或大风天进行卷材屋面防水层的施工,就会导致粘贴不牢及空鼓等质量问题。

②施工质量管理环境因素主要指施工单位质量管理体系、质量管理制度和各参建施工单位之间的协调等因素。根据承发包的合同结构，理顺管理关系，建立统一的现场施工组织系统和质量管理的综合运行机制，确保工程项目质量保证体系处于良好的状态，创造良好的质量管理环境和氛围，是施工顺利进行、提高施工质量的保证。

③施工作业环境因素主要指施工现场平面和空间环境条件，各种能源介质供应，施工照明、通风、安全防护设施，施工场地给水排水以及交通运输和道路条件等因素。这些条件是否良好，直接影响到施工能否顺利进行以及施工质量能否得到保证。

对影响施工质量的上述因素进行控制，是施工质量控制的主要内容。

7.1.3 施工质量控制的特点和责任

1. 施工质量控制的特点

(1)影响质量的因素多

工程项目的施工是动态的，影响项目质量的因素也是动态的。项目的不同阶段、不同环节、不同过程，影响质量的因素也各不相同。如设计、材料、自然条件、施工工艺、技术措施、管理制度等，均直接影响工程质量。

(2)质量控制的难度大

由于建筑产品生产的单件性和流动性，建筑不能像其他工业产品一样进行标准化施工，施工质量容易产生波动；而且施工场面大、人员多、工序多、关系复杂、作业环境差，这些都加大了质量管理的难度。

(3)过程控制的要求高

工程项目在施工过程中，由于工序衔接多、中间交接多、隐蔽工程多，施工质量有一定的过程性和隐蔽性。在施工质量控制工作中，必须加强对施工过程的质量检查，及时发现和整改存在的问题，避免事后从表面进行检查。因为施工过程结束后，检查难以发现在施工过程中产生又被隐蔽了的质量隐患。

(4)终结检查的局限大

建筑工程项目建成后不能依靠终检来判断产品的质量和控制产品的质量，也不可能用拆卸和解体的方法检查内在质量或更换不合格的零件。因此，工程项目的终检(施工验收)存在一定的局限性。所以，工程项目的施工质量控制应强调过程控制，边施工边检查边整改，并及时做好检查、认证和施工记录。

2. 施工质量控制的责任

我国的相关法规规定了施工单位及其他参建单位的施工质量控制责任。

①《建设工程质量管理条例》的相关规定如下。

a. 施工单位对建设工程的施工质量负责。施工单位应当建立质量责任制，确定工程项目的项目经理、技术负责人和施工管理负责人。建设工程实行总承包的，总承包单位应当对全部建设工程质量负责。建设工程勘察、设计、施工、设备采购的一项或者多项实行总承包的，总承包单位应当对其承包的建设工程或者采购的设备的质量负责。

b. 总承包单位依法将建设工程分包给其他单位的，分包单位应当按照分包合同的约定对其分包工程的质量向总承包单位负责，总承包单位与分包单位对分包工程的质量承担连带责任。施工单位必须建立、健全施工质量的检验制度，严格工序管理，做好隐蔽工程的质量检查和记录。隐蔽工程在隐蔽前，施工单位应当通知建设单位和建设工程质量监督机构。

c. 施工单位对施工中出现质量问题的建设工程或者竣工验收不合格的建设工程，应当负责返修。

d. 施工单位应当建立、健全教育培训制度，加强对职工的教育培训。未经教育培训或者考核不合格的人员，不得上岗作业。

②住房和城乡建设部发布的《建筑施工项目经理质量安全责任十项规定(试行)》(建质〔2014〕123号)

的相关规定。

a. 项目经理必须对工程项目施工质量安全负全责，负责建立质量安全管理体系，负责配备专职质量、安全等施工现场管理人员，负责落实质量安全责任制、质量安全管理规章制度和操作规程。

b. 项目经理必须按照工程设计图纸和技术标准组织施工，不得偷工减料；负责组织编制施工组织设计，负责组织制定质量安全技术措施，负责组织编制、论证和实施危险性较大分部分项工程专项施工方案；负责组织质量安全技术交底。

c. 项目经理必须组织对进入现场的建筑材料、构配件、设备、预拌混凝土等进行检验，未经检验或检验不合格，不得使用；必须组织对涉及结构安全的试块、试件以及有关材料进行取样检测，送检试样不得弄虚作假，不得篡改或者伪造检测报告，不得明示或暗示检测机构出具虚假检测报告。

d. 项目经理必须组织做好隐蔽工程的验收工作，参加地基基础、主体结构等分部工程的验收，参加单位工程和工程竣工验收；必须在验收文件上签字，不得签署虚假文件。

③住房和城乡建设部发布的《建筑工程五方责任主体项目负责人质量终身责任追究暂行办法》（建质〔2014〕124号）的相关规定。

a. 建筑工程五方责任主体项目负责人是指承担建筑工程项目建设的建设单位项目负责人、勘察单位项目负责人、设计单位项目负责人、施工单位项目经理、监理单位总监理工程师。

b. 建筑工程五方责任主体项目负责人质量终身责任，是指参与新建、扩建、改建的建筑工程项目负责人按照国家法律法规和有关规定，在工程设计使用年限内对工程质量承担相应责任。

c. 建设单位项目负责人对工程质量承担全面责任，不得违法发包、肢解发包，不得以任何理由要求勘察、设计、施工、监理单位违反法律法规和工程建设标准，降低工程质量，其违法违规或不当行为造成工程质量事故或质量问题应当承担责任。

勘察、设计单位项目负责人应当保证勘察设计文件符合法律法规和工程建设强制性标准的要求，对因勘察、设计导致的工程质量事故或质量问题承担责任。

施工单位项目经理应当按照经审查合格的施工图设计文件和施工技术标准进行施工，对因施工导致的工程质量事故或质量问题承担责任。

监理单位总监理工程师应当按照法律法规、有关技术标准、设计文件和工程承包合同进行监理，对施工质量承担监理责任。

d. 符合下列情形之一的，县级以上地方人民政府住房和城乡建设主管部门应当依法追究项目负责人的质量终身责任：发生工程质量事故；发生投诉、举报、群体性事件、媒体报道并造成恶劣社会影响的严重工程质量问题；由于勘察、设计或施工原因造成尚在设计使用年限内的建筑工程不能正常使用；存在其他需追究责任的违法违规行为。

④《关于完善质量保障体系提升建筑工程品质指导意见》（国办函〔2019〕92号）提出，落实施工单位主体责任。施工单位应完善质量管理体系，建立岗位责任制度，设置质量管理机构，配备专职质量负责人，加强全面质量管理。推行工程质量安全手册制度，推进工程质量管理标准化，将质量管理要求落实到每个项目和员工。建立质量责任标识制度，对关键工序、关键部位隐蔽工程实施举牌验收，加强施工记录和验收资料管理，实现质量责任可追溯。施工单位对建筑工程的施工质量负责，不得转包、违法分包工程。

7.2 施工质量管理体系

7.2.1 工程项目施工质量保证体系的建立和运行

1. 质量保证体系的内涵和作用

所谓“体系”，是指相互关联或相互影响的一组要素。质量保证体系是为了保证某项产品或某项服务能满足给定的质量要求的体系，包括质量方针和目标，以及为实现目标所建立的组织结构系统、管理制度办法、实施计划方案和必要的物质条件组成的整体。质量保证体系的运行包括该体系全部有目标、有计划的系统活动。

在工程项目施工中，完善的质量保证体系是满足用户质量要求的保证。施工质量保证体系通过对那些影响施工质量的要素进行连续评价，对建筑、安装、检验等工作进行检查，并提供证据。质量保证体系是企业内部的一种系统的技术和管理手段。在合同环境中，施工质量保证体系可以向建设单位（业主）证明施工单位具有足够的管理和技术上的能力，保证全部施工是在严格的质量管理中完成的，从而取得建设单位（业主）的信任。

2. 施工质量保证体系的内容

工程项目的施工质量保证体系以控制和保证施工产品质量为目标，从施工准备、施工生产到竣工投产的全过程，运用系统的概念和方法，在全体人员的参与下，建立一套严密、协调、高效的全方位的管理体系，从而实现工程项目施工质量管理的制度化、标准化。其内容主要包括以下几个方面。

（1）项目施工质量目标

项目施工质量保证体系须有明确的质量目标，并符合项目质量总目标的要求。要以工程承包合同为基本依据，逐级分解目标以形成在合同环境下的各级质量目标。项目施工质量目标的分解主要从两个角度展开：从时间角度展开，实施全过程的控制；从空间角度展开，实现全方位和全员的质量目标管理。

（2）项目施工质量计划

项目施工质量保证体系应有可行的质量计划。质量计划应根据企业的质量手册和项目质量目标来编制。工程项目施工质量计划可以按内容分为施工质量工作计划和施工质量成本计划。施工质量工作计划主要内容包括：质量目标的具体描述和对整个项目施工质量形成的各工作环节的责任和权限的定量描述；采用的特定程序、方法和工作指导书；重要工序（工作）的试验、检验、验证和审核大纲；质量计划修订程序；为达到质量目标所采取的其他措施。施工质量成本计划是规定最佳质量成本水平的费用计划，是开展质量成本管理的基准。质量成本可分为运行质量成本和外部质量保证成本。运行质量成本是指为运行质量体系达到和保持规定的质量水平所支付的费用，包括预防成本、鉴定成本、内部损失成本和外部损失成本。外部质量保证成本是指依据合同要求向顾客提供所需要的客观证据所支付的费用，包括特殊的和附加的质量保证措施、程序、数据、检测试验和评定的费用。

（3）思想保证体系

思想保证体系是项目施工质量保证体系的基础。该体系就是运用全面质量管理的思想、观点和方法，使全体人员树立“质量第一”的观点，增强质量意识，在施工的全过程中全面贯彻“一切为用户服务”的思想，以达到提高施工质量的目的。

（4）组织保证体系

工程施工质量是各项管理工作成果的综合反映，也是管理水平的具体体现。项目施工质量保证体系必须建立、健全各级质量管理组织，分工负责，形成一个有明确任务、职责、权限，互相协调和互相促进的有机整体。组织保证体系主要由健全各种规章制度，明确规定各职能部门主管人员和参与施工人员在保证和提高工程质量中所承担的任务、职责和权限，成立质量管理小组（小组），建立质量信息系统等内容构成。

（5）工作保证体系

工作保证体系主要是明确工作任务和建立工作制度，落实在以下三个阶段。

①施工准备阶段。施工准备是为整个项目施工创造条件。准备工作的好坏，不仅直接关系到工程建设能否高速、优质地完成，而且决定了能否对工程质量事故起到一定的预防、预控作用。在这个阶段要完成各项技术准备工作，进行技术交底和技术培训，制定相应的技术管理制度；按质量控制和检查验收的需要，对工程项目进行划分并分级编号；建立工程测量控制网和测量控制制度；进行施工平面设计，建立施工场地管理制度；建立、健全材料、机械管理制度等。

②施工阶段。施工过程是建筑产品形成的过程，这个阶段的质量控制是确保施工质量的关键。必须加强工序管理，严格按照规范进行施工，建立质量检查制度，实行自检、互检和专检，开展群众性的活动，强化过程控制，以确保施工阶段的工作质量。

③竣工验收阶段。工程竣工验收，是指单位工程或单项工程竣工，经检查验收，移交给下道工序或移交给建设单位。这一阶段主要应做好成品保护，严格按规范标准进行检查验收和必要的处置，不让不合格工程进入下一道工序或进入市场，并做好相关资料的收集整理和移交，建立回访制度等。

3. 施工质量保证体系的运行

施工质量保证体系的运行，应以质量计划为主线，以过程管理为重心，应用 PDCA 循环的原理，按照计划、实施、检查和处理的步骤展开。质量保证体系运行状态和结果的信息应及时反馈，随时进行质量保证体系的能力评价和调节。

（1）计划（Plan）

计划是质量管理的首要环节，通过计划，确定质量管理的方针、目标以及实现方针、目标的措施和行动方案。计划包括质量管理目标和质量保证工作安排。质量管理目标的确定，就是根据项目自身特点，针对可能发生的质量问题、质量通病，以及与国家规范规定的质量标准的差距，或者用户提出的更新、更高的质量要求，确定项目施工应达到的质量标准。质量保证工作安排，就是为实现上述质量管理目标所采取的具体措施和实施步骤。质量保证工作安排应做到材料、技术、组织三落实。

（2）实施（Do）

实施包含两个环节，即计划行动方案的交底和按计划规定的方法及要求展开的施工作业技术活动。首先，要做好计划的交底和落实。落实包括组织落实、技术落实和物资材料的落实。其次，在按计划进行的施工作业技术活动中，依靠质量保证工作体系，保证质量计划的执行。具体地说，就是要依靠思想工作体系，做好思想教育工作；依靠组织体系，完善组织机构，落实责任制、规章制度等；依靠产品形成过程的质量控制体系，做好施工过程的质量控制工作等。

（3）检查（Check）

检查就是对照计划，检查执行的情况和效果，及时发现计划执行过程中的偏差和问题。检查一般包括两个方面：一是检查是否严格执行了计划的行动方案，检查实际条件是否发生了变化，总结成功执行的经验，查明没按计划执行的原因；二是检查计划执行的结果，即施工质量是否达到标准的要求，并对此进行评价和确认。

（4）处理（Action）

处理是在检查的基础上，把成功的经验加以肯定，形成标准，以利于在今后的工作中以此作为处理的依据，巩固成果。同时采取措施，纠正计划执行中的偏差，克服缺点，改正错误，对于暂时未能解决的问题，可记录在案，留到下一次循环加以解决。

质量保证体系的运行就是反复按照PDCA循环周而复始地运转,每运转一次,施工质量就提高一步。PDCA循环具有大环套环、互相衔接、互相促进、螺旋式上升、形成完整的循环和不断推进等特点。

7.2.2 施工企业质量管理体系的建立和认证

所谓管理体系,是制定管理方针和目标并实现这些目标的体系。施工企业质量管理体系是在质量方面指挥和控制企业的管理体系,即施工企业为实施质量管理而建立的管理体系。施工企业质量管理体系应按照我国现行质量管理体系标准建立和认证,为企业的工程承包经营和质量管理奠定基础。

1. 质量管理原则

《质量管理体系 基础和术语》(GB/T 19000—2016)提出了质量管理的七项原则,内容如下。

(1)以顾客为关注焦点

质量管理的首要关注点是满足顾客要求并且努力超越顾客期望。

(2)领导作用

各级领导建立统一的宗旨和方向,并创造全员积极参与实现组织的质量目标的条件。

(3)全员积极参与

整个组织内各级胜任、经授权并积极参与的人员,是提高组织创造和提供价值能力的必要条件。

(4)过程方法

将活动作为相互关联、功能连贯的过程组成的体系来理解和管理时,可以更加有效和高效地得到一致的、可预知的结果。

(5)改进

成功地组织持续关注改进。

(6)循证决策

基于数据和信息的分析和评价的决策,更有可能产生期望的结果。

(7)关系管理

为了持续成功,组织需要管理与相关方(如供方)的关系。

2. 企业质量管理体系文件的构成

质量管理体系标准明确要求,企业应有完整的和科学的质量体系文件,这是企业开展质量管理的基础,也是企业为达到所要求的产品质量,实施质量体系审核、认证,进行质量改进的重要依据。质量管理体系的文件主要由质量手册、程序文件、质量计划和质量记录等构成。

(1)质量手册

质量手册是质量管理体系的规范,是阐明一个企业的质量政策、质量体系和质量实践的文件,是实施和保持质量体系过程中长期遵循的纲领性文件。质量手册的主要内容包括:企业的质量方针、质量目标;组织机构和质量职责;各项质量活动的基本控制程序或体系要素;质量评审、修改和控制管理办法。

(2)程序文件

程序文件是质量手册的支持性文件,是企业落实质量管理工作而建立的各项管理标准、规章制度,是企业各职能部门为贯彻落实质量手册要求而规定的实施细则。程序文件一般至少应包括文件控制程序、质量记录管理程序、不合格品控制程序、内部审核程序、预防措施控制程序、纠正措施控制程序等。

(3)质量计划

质量计划是为了确保过程的有效运行和控制,在程序文件的指导下,针对特定的产品、过程、合同或项目,而制定出的专门质量措施和活动顺序的文件。质量计划的内容包括:应达到的质量目标;该项目各阶段的责任和权限;应采用的特定程序、方法、作业指导书;有关阶段的实验、检验和审核大纲;随项目的进展而修改和完善质量计划的方法;为达到质量目标必须采取的其他措施。

(4)质量记录

质量记录是产品质量水平和质量体系中各项质量活动进行及结果的客观反映,是证明各阶段产品质量达到要求和质量体系运行有效的证据。

3. 施工企业质量管理体系的建立

建立完善的质量管理体系并使之有效运行,是企业质量管理的核心,也是贯彻质量管理和质量保证标准的关键。施工企业质量管理体系的建立一般可分为三个阶段,即质量管理体系的建立、质量管理体系文件的编制和质量管理体系的运行。

(1)质量管理体系的建立

质量管理体系的建立是企业根据质量管理七项原则,在确定市场及顾客需求的前提下,制定企业的质量方针、质量目标、质量手册、程序文件和质量记录等体系文件,并将质量目标分解落实到相关层次、相关岗位的职能和职责中,形成企业质量管理体系执行系统的一系列工作。

(2)质量管理体系文件的编制

质量管理体系文件是质量管理体系的重要组成部分,也是企业进行质量管理和质量保证的基础。编制质量体系文件是建立和保持体系有效运行的重要基础工作。质量管理体系文件包括:质量手册、质量计划、质量体系程序、详细作业文件和质量记录等。

(3)质量管理体系的运行

质量管理体系的运行是在生产及服务的全过程按质量管理文件体系规定的程序、标准、工作要求及岗位职责进行操作运行,在运行过程中监测其有效性,做好质量记录,并实现持续改进。

4. 企业质量管理体系的认证与监督

(1)质量管理体系的认证

质量管理体系由公正的第三方认证机构,依据质量管理体系的要求标准,审核企业质量管理体系要求的符合性和实施的有效性,进行独立、客观、科学、公正的评价,得出结论。认证应按申请、审核、审批与注册发证等程序进行。

(3)获准认证后的监督管理

企业获准认证的有效期为三年。企业获准认证后,应经常性地进行内部审核,保持质量管理体系的有效性,并每年一次接受认证机构对企业质量管理体系实施的监督管理。获准认证后监督管理工作的主要内容有企业通报、监督检查、认证注销、认证暂停、认证撤销、复评及重新换证等。

7.3　施工质量控制的内容和方法

7.3.1　施工质量控制的基本环节和一般方法

1. 施工质量控制的基本环节

质量控制的基本原理是运用全面、全过程质量管理的思想和动态控制的原理,进行质量的事前预控、事中控制和事后纠偏控制。

(1)事前质量预控

事前质量预控即在正式施工前进行的事前主动质量控制,通过编制施工质量计划,明确质量目标,制定施工方案,设置质量管理点,落实质量责任,分析可能导致质量目标偏离的各种影响因素,针对这些影响因素制定有效的预防措施,防患于未然。

(2)事中质量控制

事中质量控制即在施工质量形成过程中,对影响施工质量的各种因素进行全面的动态控制。事中控制首先是对质量活动的行为约束,其次是对质量活动过程和结果的监督控制。事中控制的关键是坚持质量标准,控制的重点是对工序质量、工作质量和质量控制点的控制。

(3)事后质量控制

事后质量控制也称为事后质量把关,以使不合格的工序或最终产品(包括单位工程或整个工程项目)不流入下道工序、不进入市场。事后控制包括对质量活动结果的评价、认定和对质量偏差的纠正。控制的重点是发现施工质量方面的缺陷,并通过分析提出施工质量改进的措施,保持质量处于受控状态。

以上三大环节不是互相孤立和截然分开的,而是共同构成有机的系统过程,实质上也就是质量管理PDCA循环的具体化,在每一次滚动循环中不断提高,达到质量管理和质量控制的持续改进。

2. 施工质量控制的方法

(1)质量文件审核

审核有关技术文件、报告或报表,是对工程质量进行全面管理的重要手段,这些文件包括:

①施工单位的技术资质证明文件和质量保证体系;

②施工组织设计和施工方案及技术措施;

③有关材料和半成品及构配件的质量检验报告;

④有关应用新技术、新工艺、新材料的现场试验报告和鉴定报告;

⑤反映工序质量动态的统计资料或控制图表;

⑥设计变更和图纸修改文件;

⑦有关工程质量事故的处理方法;

⑧相关方面现场签署的有关技术签证和文件等。

(2)现场质量检查

1)现场质量检查的内容

①开工前的检查。主要检查是否具备开工条件,开工后是否能够保持连续正常施工,能否保证工程质量。

②工序交接检查。对于重要的工序或对工程质量有重大影响的工序,应严格执行"三检"制度,即自检、互检、专检。未经监理工程师(建设单位技术负责人)检查认可,不得进行下道工序的施工。

③隐蔽工程的检查。施工中凡是隐蔽工程必须检查认证后方可进行隐蔽掩盖。

④停工后复工的检查。因客观因素停工或处理质量事故等停工复工时,经检查认可后方能复工。

⑤分项、分部工程完成后的检查。分项、分部工程完成后应经检查认可,并签署验收记录后才能进行下一工程项目的施工。

⑥成品保护的检查。检查成品有无保护措施及保护措施是否有效可靠。

2)现场质量检查的方法

现场质量检查的方法主要有目测法、实测法和试验法等。

①目测法,即凭借感官进行检查,也称观感质量检验。其手段可概括为"看、摸、敲、照"四个字。所谓"看",就是根据质量标准和要求进行外观检查。例如,清水墙面是否洁净,喷涂层的密实度和颜色是否良好、均匀,工人的操作是否正常,内墙抹灰的大面及口角是否平直,混凝土外观是否符合要求等。"摸"就是通过触摸手感进行检查、鉴别。例如油漆的光滑度,浆活是否牢固、不掉粉等。"敲"就是运用敲击工具进行检查。例如:对地面工程、装饰工程中的水磨石、面砖、石材饰面等,均应进行敲击检查。"照"就是通过人工光源或反光照射,检查难以看到或光线较暗的部位。例如:管道井、电梯井等内部的管线、设备安装质量,装饰吊顶内的连接及设备安装质量等。

②实测法，就是通过实测，将实测数据与施工规范、质量标准的要求及允许偏差值进行对照，以此判断质量是否符合要求。其手段可概括为“靠、量、吊、套”四个字。所谓“靠”，就是用直尺、塞尺检查诸如墙面、地面、路面等的平整度。“量”是指用测量工具和计量仪表等检查断面尺寸、轴线、标高、湿度、温度等的偏差。例如，大理石板拼缝尺寸与超差数量、摊铺沥青拌合物料的温度、混凝土坍落度的检测等。“吊”就是利用托线板以及锤吊线检查垂直度。例如，砌体、门窗安装的垂直度检查等。“套”就是以方尺套方，辅以塞尺检查。例如，对阴阳角的方正、踢脚线的垂直度、预制构件的方正、门窗口及构件的对角线检查等。

③试验法。理化试验，工程中常用的理化试验包括物理力学性能方面的检验和化学成分及其含量的测定等两个方面。力学性能的检验如各种力学指标的测定，包括抗拉强度、抗压强度、抗弯强度、抗折强度、冲击韧性、硬度、承载力等。各种物理性能方面的测定如密度、含水量、凝结时间、安定性及抗渗性、耐磨性、耐热性等。化学成分及其含量的测定如钢筋中的磷、硫含量，混凝土粗骨料中的活性氧化硅成分，以及耐酸、耐碱、抗腐蚀性等。此外，根据规定有时还需进行现场试验，例如，对桩或地基的静载试验、下水管道的通水试验、压力管道的耐压试验、防水层的蓄水或淋水试验等。无损检测，利用专门的仪器仪表从表面探测结构物、材料、设备的内部组织结构或损伤情况。常用的无损检测方法有超声波探伤、X 射线探伤、γ 射线探伤等。

7.3.2 施工准备的质量控制

1. 施工质量控制的准备工作

(1)工程项目划分与编号

一个建设工程从施工准备开始到竣工交付使用，要经过若干工序、工种的配合施工。施工质量取决于各个施工工序、工种的管理水平和操作质量。因此，为了便于控制、检查、评定和监督每个工序和工种的工作质量，就要根据《建筑工程施工质量验收统一标准》(GB 50300—2013)的规定，把整个工程逐级划分为单位工程、分部工程、分项工程和检验批，并分级进行编号，据此来进行质量控制和检查验收，这是进行施工质量控制的一项重要基础工作。

(2)技术准备的质量控制

技术准备是指在正式开展施工作业活动前进行的技术准备工作，主要在室内进行，例如：熟悉施工图纸，进行详细的设计交底和图纸审查；细化施工技术方案和施工人员、机具的配置方案，编制施工作业技术指导书，绘制各种施工详图(如测量放线图、大样图及配筋、配板、配线图表等)，进行必要的技术交底和技术培训。技术准备的质量控制，包括对上述技术准备工作成果的复核审查，检查这些成果有无错漏，是否符合相关技术规范、规程的要求和对施工质量的保证程度。制定施工质量控制计划，设置质量控制点，明确关键部位的质量管理点等。

2. 现场施工准备的质量控制

(1)工程定位和标高基准的控制

工程测量放线是建设工程产品由设计转化为实物的第一步。施工测量的质量直接决定工程的定位和标高是否正确，并且制约施工过程有关工序的质量。因此，施工单位必须对建设单位提供的原始坐标点、基准线和水准点等测量控制点线进行复核，并将复测结果上报监理工程师审核，批准后施工单位才能据此建立施工测量控制网，进行工程定位和标高基准的控制。

(2)施工平面布置的控制

建设单位应按照合同约定并充分考虑施工的实际需要，事先划定并提供施工用地和现场临时设施用地的范围，协调平衡和审查批准各施工单位的施工平面设计。施工单位要严格按照批准的施工平面布置图，科学合理地使用施工场地，正确安装设置施工机械设备和其他临时设施，维护现场施工道路畅通无阻和通信设施完好，合理控制材料的进场与堆放，保持良好的防洪排水能力，保证充分的给水和供电。建设(监理)单位应会同施工单位制定严格的施工场地管理制度、施工纪律和相应的奖惩措施，严禁乱占场地和擅自断水、断电、断路,及时制止和处理各种违纪行为,并做好施工现场平面管理的检查记录。

3. 材料的质量控制

为了保证工程质量,施工单位应从以下几个方面把好原材料的质量控制关。

(1)采购订货关

施工单位应制订合理的材料采购供应计划,在广泛掌握市场信息的基础上,建立严格的合格供应方资格审查制度,优选材料的生产单位或者销售总代理单位(以下简称“建材供货商”),选用已经建材备案的、达到建设工程设计文件要求的建材产品。建材供应商应当对产品质量进行严格把关,不得向建设工程提供未经检验或者检验不合格的建材产品和假冒伪劣产品。在销售建材产品的同时,应当向买受人提供产品使用说明书、有效的建材备案证及产品质量保证书。

(2)进场检验关

施工单位应当按照现行的《建筑工程检测试验技术管理规范》(JGJ 190—2010)和工程项目的设计要求,建立建材进场验证制度,严格核验相关的建材备案证、产品质量保证书、有效期内的产品检测报告等供现场备查的证明文件和资料,做好建材采购、验收、检验和使用综合台账,并按规定对进场建材进行复验把关,对重要建材的使用,必须经过监理工程师签字和项目经理签准。必要时,监理工程师应对进场建材进行平行检验。

装配式建筑的混凝土预制构件的原材料质量、钢筋加工和连接的力学性能、混凝土强度、构件结构性能及装饰材料、保温材料、拉结件的质量等均应根据国家现行有关标准进行检查和检验,并应具有生产操作规程和质量检验记录。混凝土预制构件出厂时的混凝土强度不宜低于设计混凝土强度等级值的75%。

(3)存储和使用关

施工单位必须加强材料进场后的存储和使用管理,避免材料变质(如水泥的受潮结块、钢筋的锈蚀等)和使用规格、性能不符合要求的材料造成工程质量事故。例如,混凝土工程中使用的水泥,因保管不妥,放置时间过久,受潮结块就会失效。使用不合格或失效的劣质水泥,会对工程质量造成危害,如某住宅楼工程中使用了未经检验的安定性不合格的水泥,导致现浇混凝土楼板拆模后出现了严重的裂缝,随即对混凝土进行强度检验,结果其结构强度达不到设计要求,造成返工。混凝土工程由于水泥品种的选择不当或外加剂的质量低劣及用量不准同样会引起质量事故。如某学校的教学综合楼工程,在冬期进行基础混凝土施工时,采用火山灰质硅酸盐水泥配制混凝土,因工期要求较紧又使用了未经复试的不合格早强防冻剂,结果导致混凝土结构的强度不能满足设计要求,不得不返工重做。因此,施工单位既要做好对材料的合理调度,避免现场材料的大量积压,又要做好对材料的合理堆放,并正确使用材料,在使用材料时进行及时的检查和监督。

4. 施工机械设备的质量控制

施工机械设备的质量控制,就是要使施工机械设备的类型、性能、参数等与施工现场的实际条件、施工工艺、技术要求等因素相匹配,满足施工生产的实际要求。其主要从机械设备的选型、主要性能参数指标的确定和使用操作要求等方面进行。

①机械设备的选型:机械设备的选择,应按照“技术上先进、生产上适用、经济上合理、使用上安全、操作上方便”的原则进行。选配的施工机械应具有工程的适用性,具有保证工程质量的可靠性,具有使用操作的方便性和安全性。

②主要性能参数指标的确定:主要性能参数是选择机械设备的依据,其参数指标的确定必须满足施工的需要和保证质量的要求。只有正确确定主要的性能参数,才能保证正常的施工,不致引起安全质量事故。

③使用操作要求:合理使用机械设备,正确地进行操作,是保证项目施工质量的重要环节。应贯彻“持证上岗”和“人机固定”原则,实行定机、定人、定岗位职责的使用管理制度,在使用中严格遵守操作规程和机械设备的技术规定,做好机械设备的例行保养,使机械保持良好的技术状态,防止出现安全质量事故,确保工程施工质量。

7.3.3 施工过程的质量控制

1. 技术交底

做好技术交底是保证施工质量的重要措施之一。项目开工前应由项目技术负责人向承担施工的负责人或分包人进行书面技术交底,技术交底资料应办理签字手续并归档保存。每一分部工程开工前均应进行作业技术交底。技术交底书应由施工项目技术人员编制,并经项目技术负责人批准实施。技术交底的内容主要包括:任务范围、施工方法、质量标准和验收标准,施工中应注意的问题,可能出现意外的预防措施及应急方案,文明施工和安全防护措施以及成品保护要求等。技术交底应围绕施工材料、机具、工艺、工法、施工环境和具体的管理措施等方面进行,应明确具体的步骤、方法、要求和完成的时间等。技术交底的形式有书面、口头、会议、挂牌、样板、示范操作等。

2. 测量控制

项目开工前应编制测量控制方案,经项目技术负责人批准后实施。对相关部门提供的测量控制点应在施工准备阶段做好复核工作,经审批后进行施工测量放线,并保存测量记录。在施工过程中应对设置的测量控制点、线妥善保护,不准擅自移动。施工过程中必须认真进行施工测量复核工作,这是施工单位应履行的技术工作职责,其复核结果应报送监理工程师复验确认后,方能进行后续相关工序的施工。常见的施工测量复核如下。

①工业建筑测量复核:厂房控制网测量、桩基施工测量、柱模轴线与高程检测、厂房结构安装定位检测、设备基础与预埋螺栓定位检测等。

②民用建筑测量复核:建筑物定位测量、基础施工测量、墙体皮数杆检测、楼层轴线检测、楼层间高程传递检测等。

③高层建筑测量复核:建筑场地控制测量、基础以上的平面与高程控制、建筑物中垂准检测和施工过程中沉降变形观测等。

④管线工程测量复核:管网或输配电线路定位测量、地下管线施工检测、架空管线施工检测、多管线交会点高程检测等。

3. 计量控制

计量控制是工程项目质量保证的重要内容,是施工项目质量管理的一项基础工作。施工过程中的计量工作,包括施工生产时的投料计量、施工测量、监测计量以及对项目、产品或过程的测试、检验、分析计量等。其主要任务是统一计量单位制度,组织量值传递,保证量值统一。计量控制的工作重点是:建立计量管理部门和配置计量人员;建立健全计量管理的规章制度;严格按规定有效控制计量器具的使用、保管、维修和检验;监督计量过程的实施,保证计量的准确。

4. 工序施工质量控制

施工过程是由一系列相互联系与制约的工序构成的,工序是人、材料、机械设备、施工方法和环境因素对工程质量综合起作用的过程,所以对施工过程的质量控制,必须以工序质量控制为基础和核心。因此,工序的质量控制是施工阶段质量控制的重点。只有严格控制工序质量,才能确保施工项目的实体质量。工序施工质量控制主要包括工序施工条件质量控制和工序施工效果质量控制。

(1)工序施工条件质量控制

工序施工条件是指从事工序活动所用到的各生产要素质量及生产环境条件。工序施工条件质量控制就是控制工序活动的各种投入要素质量和环境条件质量。控制的手段主要有检查、测试、试验、跟踪监督等。控制的依据主要有设计质量标准、材料质量标准、机械设备技术性能标准、施工工艺标准以及操作规程等。

(2)工序施工效果质量控制

工序施工效果是工序产品的质量特征和特性指标的反映。对工序施工效果的控制就是控制工序产品的质量特征和特性指标达到设计质量标准以及施工质量验收标准的要求。工序施工质量控制属于事后质量控制，其控制的主要途径是实测获取数据、统计分析所获取的数据、判断认定质量等级和纠正质量偏差。施工过程质量检测试验的内容应依据国家现行相关标准、设计文件、合同要求和施工质量控制的需要确定。

5. 特殊过程的质量控制

特殊过程是指该施工过程或工序的施工质量不易或不能通过其后的检验和试验而得到充分的验证，或者万一发生质量事故则难以挽救的施工过程。特殊过程的质量控制是施工阶段质量控制的重中之重。对在项目质量计划中界定的特殊过程，应设置工序质量控制点，抓住影响工序施工质量的主要因素进行强化控制。

(1)质量控制点的设置

质量控制点可包括下列内容：

①对施工质量有重要影响的关键质量特性、关键部位或重要影响因素；

②工艺上有严格要求，对下道工序的活动有重要影响的关键质量特性、部位；

③严重影响项目质量的材料质量和性能；

④影响下道工序质量的技术间歇时间；

⑤与施工质量密切相关的技术参数；

⑥容易出现质量通病的部位；

⑦紧缺工程材料、构配件和工程设备或可能对生产安排有严重影响的关键项目；

⑧隐蔽工程验收。

(2)质量控制点的重点控制对象

质量控制点的设置要正确、有效，要根据对重要质量特性进行重点控制的要求，选择施工过程的重点部位、重点工序和重点质量因素作为质量控制的对象，进行重点预控和过程控制，从而有效地控制和保证施工质量。质量控制点中重点控制的对象主要包括以下几个方面。

①人的行为。某些操作或工序，应以人为重点控制对象，比如：高空、高温、水下、易燃易爆、重型构件吊装作业以及操作要求高的工序和技术难度大的工序等，都应从人的生理、心理、技术能力等方面进行控制。

②材料的质量与性能。这是直接影响工程质量的重要因素，在某些工程中应作为控制的重点。例如：钢结构工程中使用的高强度螺栓、某些特殊焊接使用的焊条，都应作为重点，控制其材质与性能。又如水泥的质量是直接影响混凝土工程质量的关键因素，施工中就应对进场的水泥质量进行重点控制，必须检查核对其出厂合格证，并按要求进行强度和安定性的复试等。

③施工方法与关键操作。某些直接影响工程质量的关键操作应作为控制的重点，如预应力钢筋的张拉工艺操作过程及张拉力的控制，是可靠地建立预应力值和保证预应力构件质量的关键过程。同时，那些易对工程质量产生重大影响的施工方法，也应列为控制的重点，如大模板施工中模板的稳定和组装问题、液压滑模施工时支撑杆稳定问题、升板法施工中提升差的控制等。

④施工技术参数。如混凝土的外加剂掺量、水胶比、回填土的含水量、砌体的砂浆饱满度、防水混凝土的抗渗等级、钢筋混凝土结构的实体检测结果及混凝土冬期施工受冻临界强度、装配式混凝土预制构件出厂时的强度等技术参数都属于应重点控制的质量参数与指标。

⑤技术间歇。有些工序之间必须留有必要的技术间歇时间，例如砌筑与抹灰之间，应在墙体砌筑后留6~10 d时间，让墙体充分沉陷、稳定、干燥，再抹灰；抹灰层干燥后，才能喷白、刷浆；混凝土浇筑与模板拆除之间，应保证混凝土有一定的硬化时间，达到规定拆模强度后方可拆除等。

⑥施工顺序。对于某些工序，必须严格控制施工的先后顺序，比如对冷拉的钢筋应当先焊接后冷拉，否则会失去冷强。屋架的安装固定，应采取对角同时施焊的方法，否则会由于焊接应力导致校正好的屋架发生倾斜。

⑦易发生或常见的质量通病。例如:混凝土工程的蜂窝、麻面、孔洞,墙、地面、屋面防水工程渗水、漏水、空鼓、起砂、裂缝等,都与工序操作有关,均应事先研究对策,提出预防措施。

⑧新技术、新材料及新工艺的应用。由于缺乏经验,施工时应将其作为重点进行控制。

⑨产品质量不稳定和不合格率较高的工序应列为重点,认真分析、严格控制。

⑩特殊地基或特种结构。对于湿陷性黄土、膨胀土、红黏土等特殊土地基的处理,以及大跨度结构、高耸结构等技术难度较大的施工环节和重要部位,均应予以特别的重视。

(3)特殊过程质量控制的管理

特殊过程的质量控制除按一般过程质量控制的规定执行外,还应由专业技术人员编制作业指导书,经项目技术负责人审批后执行。作业前,施工员、技术员做好交底和记录,使操作人员在明确工艺标准、质量要求的基础上进行作业。为保证质量控制点的目标实现,应严格按照三级检查制度进行检查控制。在施工中发现质量控制点有异常时,应立即停止施工,召开分析会,查找原因并采取对策予以解决。

6. 成品保护的控制

所谓成品保护一般是指在项目施工过程中,某些部位已经完成,而其他部位还在施工,在这种情况下,施工单位必须对已完成部分采取妥善的措施予以保护,以免因成品缺乏保护或保护不善而造成损伤或污染,影响工程的实体质量。加强成品保护,首先要加强教育,提高全体员工的成品保护意识,同时要合理安排施工顺序,采取有效的保护措施。成品保护的措施一般有防护(就是提前保护,针对被保护对象的特点采取各种保护措施,防止对成品的污染及损坏)、包裹(就是将被保护物包裹起来,以防损伤或污染)、覆盖(就是用表面覆盖的方法,防止堵塞或损伤)、封闭(就是采取局部封闭的办法进行保护)等几种方法。

7.3.4　施工质量验收的规定和方法

1. 施工过程质量验收

根据《建筑工程施工质量验收统一标准》(GB 50300—2013)的规定,施工质量验收分为检验批、分项工程、分部(子分部)工程、单位(子单位)工程的质量验收,即把一个单项建筑工程分为 9 个分部工程、67 个子分部工程、419 个分项工程,并规定了与之配合使用的各专业工程施工质量验收规范。在每一个专业工程施工质量验收规范中,又明确规定了各分项工程的施工质量的基本要求,规定了分项工程检验批的抽查办法和抽查数量,规定了检验批主控项目、一般项目的检查内容和允许偏差,规定了对主控项目、一般项目的检验方法,规定了各分部工程验收的方法和需要的技术资料等,同时对涉及人的生命财产安全、人身健康、环境保护和公共利益的内容以强制性条文作出规定,要求必须坚决、严格遵照执行。

检验批和分项工程是质量验收的基本单元,分部工程是在所含全部分项工程验收合格的基础上进行验收的,它们是在施工过程中"随完工随验收",并留下完整的质量验收记录和资料。单位工程作为具有独立使用功能的完整的建筑产品,进行竣工质量验收。

施工过程的质量验收包括以下验收环节,通过验收后留下完整的质量验收记录和资料,为工程项目竣工质量验收提供依据。

(1)检验批质量验收

检验批是指"按相同的生产条件或按规定的方式汇总起来供检验用的,由一定数量样本组成的检验体","检验批可根据施工及质量控制和专业验收需要按楼层、施工段、变形缝等进行划分"。国家标准《建筑工程施工质量验收统一标准》(GB 50300—2013)作出如下规定。

①检验批应由监理工程师(建设单位项目技术负责人)组织施工单位项目专业质量(技术)负责人等进行验收。

②检验批合格质量应符合下列规定:

a. 主控项目的质量经抽样检验均应合格;

b. 一般项目的质量经抽样检验合格；

c. 具有完整的施工操作依据、质量验收记录。

主控项目是指建筑工程中对安全、卫生、环境保护和公众利益起决定性作用的检验项目。因此，主控项目的验收必须从严要求，不允许有不符合要求的检验结果，主控项目的检查具有否决权。除主控项目以外的检验项目称为一般项目。

（2）分项工程质量验收

按照国家标准《建筑工程施工质量验收统一标准》（GB 50300—2013）的规定：分项工程应按主要工种、材料、施工工艺、设备类别等进行划分。分项工程可由一个或若干检验批组成。

①分项工程应由监理工程师（建设单位项目技术负责人）组织施工单位项目专业质量（技术）负责人进行验收。

②分项工程质量验收合格应符合下列规定：

a. 所含检验批均应验收合格；

b. 所含检验批的质量验收记录应完整。

分项工程的质量验收在检验批验收的基础上进行。一般情况下，两者具有相同或相近的性质，只是批量的大小不同而已。将有关的检验批验收汇集起来就构成分项工程验收。分项工程质量验收合格的条件比较简单，只要构成分项工程的各检验批的验收资料文件完整，并且均已验收合格，则分项工程验收合格。

（3）分部工程质量验收

按照国家标准《建筑工程施工质量验收统一标准》（GB 50300—2013）的规定：分部工程的划分应按专业性质、建筑部位确定；当分部工程较大或较复杂时，可按材料种类、施工特点、施工程序、专业系统及类别等分为若干子分部工程。

①分部工程应由总监理工程师（建设单位项目负责人）组织施工单位项目负责人和技术、质量负责人等进行验收；地基与基础、主体结构分部工程的勘察、设计单位工程项目负责人和施工单位技术、质量部门负责人也应参加相关分部工程验收。

②分部（子分部）工程质量验收合格应符合下列规定：

a. 所含分项工程的质量均应验收合格；

b. 质量控制资料应完整；

c. 有关安全、节能、环境保护和主要使用功能的抽样检验结果应符合相应规定；

d. 观感质量验收应符合要求。

（4）单位工程质量验收

按照国家标准《建筑工程施工质量验收统一标准》（GB 50300—2013）的规定，建筑工程的单位（子单位）工程质量验收合格应符合下列规定：

①所含分部（子分部）工程的质量均应验收合格；

②质量控制资料应完整；

③所含分部工程有关安全、节能、环境保护和主要使用功能的检验资料应完整；

④主要使用功能的抽查结果应符合相关专业质量验收规范的规定；

⑤观感质量应符合要求。

单位工程质量验收也称质量竣工验收。委托监理的工程项目单位工程完工后，施工单位应组织有关人员进行自检。总监理工程师应组织各专业监理工程师对工程质量进行评估。存在施工质量问题时，应由施工单位整改。整改完毕后，由施工单位向建设单位提交工程竣工报告，申请工程竣工验收。

2. 施工过程质量验收不合格的处理

施工过程的质量验收以检验批的施工质量为基本验收单元。检验批质量不合格可能是由于使用的材料不合格或施工作业质量不合格，或质量控制资料不完整等原因所致，按照《建筑工程施工质量验收统一标准》(GB 50300—2013)的规定，其处理方法有如下几种。

①在检验批验收时，主控项目不能满足验收规范或一般项目超过偏差限值的子项数不符合检验规定的要求时，应及时进行处理。其中，对严重的缺陷应推倒重来，一般的缺陷通过翻修或更换器具、设备予以解决后重新进行验收。

②个别检验批发现试块强度等不满足要求等难以确定是否验收时，应请有资质的法定检测单位检测鉴定，当鉴定结果能够达到设计要求时，应通过验收。

③若对工程实体的检测鉴定达不到设计要求，但经原设计单位核算仍能满足结构安全和使用功能的检验批，可予以验收。

④严重质量缺陷或超过检验批范围内的缺陷，经法定检测单位检测鉴定以后，认为不能满足最低限度的安全储备和使用功能要求，则必须进行加固处理，虽然改变外形尺寸，但能满足安全使用要求，可按技术处理方案和协商文件进行验收，责任方应承担经济责任。

⑤通过返修或加固后处理仍不能满足安全使用要求的分部工程、单位(子单位)工程，严禁验收。

3. 竣工质量验收

竣工验收有两层含义：一是指承发包单位之间进行的工程竣工验收，也称作工程交工验收；二是指建设工程项目的竣工验收。两者在验收的范围、依据、时间、方式、程序、组织和权限等方面存在不同。

(1)施工项目竣工质量验收的依据

施工项目竣工质量验收的依据有：

①上级主管部门的有关工程竣工验收的文件和规定；

②国家和有关部门颁发的施工、验收规范和质量标准；

③批准的设计文件、施工图纸及说明书；

④双方签订的施工合同；

⑤设备技术说明书；

⑥设计变更通知书；

⑦有关的协作配合协议书等。

(2)施工项目竣工质量验收的条件

①完成工程设计和合同约定的各项内容。

②施工单位在工程完工后对工程质量进行检查，确认工程质量符合有关法律、法规和工程建设强制性标准，符合设计文件及合同要求，并提出工程竣工报告。工程竣工报告应经项目经理和施工单位有关负责人审核签字。

③对于委托监理的工程项目，监理单位对工程进行质量评估，具有完整的监理资料，并提出工程质量评估报告。工程质量评估报告应经总监理工程师和监理单位有关负责人审核签字。

④勘察、设计单位对勘察、设计文件及施工过程中由设计单位签署的设计变更通知书进行检查，并提出质量检查报告。质量检查报告应经该项目勘察、设计负责人和勘察、设计单位有关负责人审核签字。

⑤有完整的技术档案和施工管理资料。

⑥有工程使用的主要建筑材料、建筑构配件和设备的进场试验报告，以及工程质量检测和功能性试验资料。

⑦建设单位已按合同约定支付工程款。

⑧有施工单位签署的工程质量保修书。

⑨对于住宅工程，进行分户验收并验收合格，建设单位按户出具《住宅工程质量分户验收表》。

⑩建设主管部门及工程质量监督机构责令整改的问题全部整改完毕。

⑪法律、法规规定的其他条件。

(3)竣工质量验收的程序

1)竣工验收准备

施工单位按照合同规定的施工范围和质量标准完成施工任务后,经质量自检并合格后,向现场监理机构(或建设单位)提交工程竣工申请报告,要求组织工程竣工验收。施工单位的竣工验收准备,包括工程实体的验收准备和相关工程档案资料的验收准备,使之达到竣工验收的要求,其中设备及管道安装工程等,应经过试压、试车和系统联动试运行检查并有检查记录。

2)初步验收

监理机构收到施工单位的工程竣工申请报告后,应就验收的准备情况和验收条件进行检查。对工程实体质量及档案资料存在的缺陷,及时提出整改意见,并与施工单位协商整改清单,确定整改要求和完成时间。

3)正式验收

竣工质量验收应当按以下程序进行。

①工程完工并对存在的质量问题整改完毕后,施工单位向建设单位提交工程竣工报告,申请工程竣工验收。实行监理的工程,工程竣工报告须经总监理工程师签署意见。

②建设单位收到工程竣工报告后,对符合竣工验收要求的工程,组织勘察、设计、施工、监理等单位组成验收组,制定验收方案。对于重大工程和技术复杂工程,根据需要可邀请有关专家参加验收组。

③建设单位应当在工程竣工验收7个工作日前将验收的时间、地点及验收组名单书面通知负责监督该工程的工程质量监督机构。

④建设单位组织工程竣工验收。建设、勘察、设计、施工、监理单位分别汇报工程合同履约情况和在工程建设各个环节执行法律、法规和工程建设强制性标准的情况;审阅建设、勘察、设计、施工、监理单位的工程档案资料;实地查验工程质量;对工程勘察、设计、施工、设备安装质量和各管理环节等方面作出全面评价,形成经验收组人员签署的工程竣工验收意见。参与工程竣工验收的建设、勘察、设计、施工、监理等各方不能形成一致意见时,应当协商提出解决的方法,待意见一致后,重新组织工程竣工验收。

(4)竣工验收报告的内容

工程竣工验收合格后,建设单位应当及时提出工程竣工验收报告。工程竣工验收报告主要包括工程概况,建设单位执行基本建设程序情况,对工程勘察、设计、施工、监理等方面的评价,工程竣工验收时间、程序、内容和组织形式,工程竣工验收意见等内容。

工程竣工验收报告还应附有下列文件:

①施工许可证;

②施工图设计文件审查意见;

③上述竣工质量验收的条件中①、③、④、⑧项规定的文件;

④验收组人员签署的工程竣工验收意见;

⑤法规、规章规定的其他有关文件。

(5)工程竣工验收备案

我国实行建设工程竣工验收备案制度。新建、扩建和改建的各类房屋建筑工程和市政基础设施工程的竣工验收,均应按《建设工程质量管理条例》的规定进行备案。

①建设单位应当自建设工程竣工验收合格之日起15日内,将建设工程竣工验收报告和规划、公安、消防、环保等部门出具的认可文件或准许使用文件,报建设行政主管部门或者其他相关部门备案。

②备案部门在收到备案文件资料后的15日内,对文件资料进行审查,符合要求的工程,在验收备案表上加盖"竣工验收备案专用章",并将一份退建设单位存档。如审查中发现建设单位在竣工验收过程中,有违反国家有关建设工程质量管理规定行为的,责令停止使用,重新组织竣工验收。

③建设单位有下列行为之一的，责令改正，处以工程合同价款 2% 以上 4% 以下的罚款，造成损失的依法承担赔偿责任：未组织竣工验收，擅自交付使用的；验收不合格，擅自交付使用的；对不合格的建设工程按照合格工程验收的。

7.4　施工质量事故预防与处理

7.4.1　工程质量事故分类

1. 质量事故相关概念

（1）质量不合格

凡工程产品未满足某个规定的要求，就称为质量不合格。

（2）质量缺陷

未满足与预期或规定用途有关的要求，称为质量缺陷。

（3）质量问题

凡是工程质量不合格，必须进行返修、加固或报废处理，由此造成直接经济损失低于规定限额的称为质量问题。

（4）质量事故

由于项目参建单位违反工程质量有关法律法规和工程建设标准，使工程产生结构安全、重要使用功能等方面的质量缺陷，必须进行返修、加固或报废处理，由此造成直接经济损失在规定限额以上的称为质量事故。

2. 按事故造成损失程度分级

质量事故按照其造成损失的程度可以分为四级。

（1）特别重大事故

特别重大事故是造成 30 人以上死亡，或者 100 人以上重伤，或者 1 亿元以上直接经济损失的事故。

（2）重大事故

重大事故是造成 10 人以上 30 人以下死亡，或者 50 人以上 100 人以下重伤，或者 5 000 万元以上 1 亿元以下直接经济损失的事故。

（3）较大事故

较大事故是造成 3 人以上 10 人以下死亡，或者 10 人以上 50 人以下重伤，或者 1 000 万元以上 5 000 万元以下直接经济损失的事故。

（4）一般事故

一般事故是造成 3 人以下死亡，或者 10 人以下重伤，或者 100 万元以上 1 000 万元以下直接经济损失的事故。

其中“以上”包括本数，“以下”不包括本数。

上述质量事故等级划分标准与《生产安全事故报告和调查处理条例》（中华人民共和国国务院令第 493 号）规定的生产安全事故等级划分标准相同。工程质量事故和安全事故往往会互为因果地连带发生。

3. 按事故责任分类

（1）指导责任事故

指导责任事故指由于工程指导或领导失误而造成的质量事故。例如，由于工程负责人不按规范指导施工，强令他人违章作业，或片面追求施工进度，放松或不按质量标准进行控制和检验，降低施工质量标准等而造成的质量事故。

(2)操作责任事故

操作责任事故指在施工过程中,由于操作者不按规程和标准实施操作而造成的质量事故。例如,浇筑混凝土时随意加水,或振捣疏漏造成混凝土质量事故等。

(3)自然灾害事故

自然灾害事故指由于突发的严重自然灾害等不可抗力造成的质量事故。例如,地震、台风、暴雨、雷电及洪水等造成工程破坏甚至倒塌。这类事故虽然不是人为责任直接造成的,但事故造成的损害程度也往往与事前是否采取了预防措施有关,相关责任人也可能负有一定的责任。

4. 按照产生原因分类

(1)技术原因引发的质量事故

技术原因引发的质量事故是指在工程项目实施中由于设计、施工在技术上的失误而造成的质量事故。例如,结构设计计算错误,对地质情况估计错误,采用了不适宜的施工方法或施工工艺等引发的质量事故。

(2)管理原因引发的质量事故

管理原因引发的质量事故是指管理上的不完善或失误引发的质量事故。例如,施工单位或监理单位的质量管理体系不完善,检验制度不严密,质量控制不严格,质量管理措施落实不力,检测仪器设备管理不善而失准,材料检验不严等原因引起的质量事故。

(3)社会、经济原因引发的质量事故

社会、经济原因引发的质量事故是指由于经济因素及社会上存在的弊端和不正之风导致建设中的错误行为而发生的质量事故。例如,某些施工企业盲目追求利润而不顾工程质量,在投标报价中恶意压低标价,中标后则采用随意修改方案或偷工减料等违法手段而导致发生的质量事故。

(4)其他原因引发的质量事故

其他原因引发的质量事故是指由于其他人为事故(如设备事故、安全事故等)或严重的自然灾害等不可抗力的原因导致连带发生的质量事故。

7.4.2 施工质量事故的预防

1. 质量事故的预防

质量事故的预防可以从分析常见的质量通病入手,深入挖掘和研究可能导致质量事故发生的原因,抓住影响施工质量的各种因素和施工质量形成过程的各个环节,采取针对性的有效预防措施。

2. 施工质量事故发生的原因

施工质量事故发生的原因大致有非法承包,偷工减料;违背基本建设程序,勘察设计的失误;施工的失误;自然条件的影响等。

3. 施工质量事故预防的具体措施

施工质量事故预防的具体措施包括严格依法进行施工组织管理;严格按照基本建设程序办事;认真做好工程地质勘察;科学加固处理好地基;进行必要的设计审查复核;严格把好建筑材料及制品的质量关;对施工人员进行必要的技术培训;加强施工过程的管理;做好对不利施工条件和各种灾害的预案;加强施工安全与环境管理等。

7.4.3　施工质量事故的统计

施工质量事故的统计

7.4.4　施工质量事故的处理

1. 施工质量事故处理的依据

①质量事故的实况资料。

②有关的合同文件。

③有关的技术文件和档案。

④相关的建设法规。

2. 施工质量事故的处理程序

①事故调查。

②事故的原因分析。

③制定事故处理的方案。

④事故处理。

⑤事故处理的鉴定验收。

⑥提交处理报告。

3. 施工质量事故处理的基本方法

①修补处理。

②加固处理。

③返工处理。

④限制使用。

⑤不作处理。

⑥报废处理。

7.5　施工质量的政府监督

7.5.1　政府对施工质量的监督职能

1. 监督管理部门职责的划分

为加强对建设工程质量的管理,《中华人民共和国建筑法》及《建设工程质量管理条例》明确政府行政主管部门设立专门机构对建设工程质量行使监督职能,其目的是保证建设工程质量、保证建设工程的使用安全及环境质量。国务院建设行政主管部门对全国建设工程质量实行统一监督管理,国务院铁路、交通、水利等有关部门按照规定的职责分工,负责对全国有关专业建设工程质量的监督管理。

县级以上地方人民政府建设行政主管部门对本行政区域内的建设工程质量实施监督管理。县级以上地方人民政府交通、水利等有关部门在各自的职责范围内,负责对本行政区域内的专业建设工程质量进行监督管理。

2. 工程质量监督的性质与权限

工程质量监督的性质属于行政执法行为,是为了保护人民生命和财产安全,由主管部门依据有关法律法规和工程建设强制性标准,对工程实体质量和工程建设、勘察、设计、施工、监理单位(此五类单位简称为工程质量责任主体)以及质量检测等单位的工程质量行为实施监督。

工程实体质量监督,是指主管部门对涉及工程主体结构安全、主要使用功能的工程实体质量情况实施监督。

工程质量行为监督,是指主管部门对工程质量责任主体和质量检测等单位履行法定质量责任和义务的情况实施监督。

工程质量监督管理的具体工作可以由县级以上地方人民政府建设主管部门委托所属的工程质量监督机构实施。

主管部门实施监督检查时,有权采取下列措施。

①要求被检查的单位提供有关工程质量的文件和资料。

②进入被检查单位的施工现场进行检查。

③发现有影响工程质量的问题时,责令改正。

有关单位和个人对政府建设行政主管部门和其他有关部门进行的监督检查应当支持与配合,不得拒绝或者阻碍建设工程质量监督检查人员依法执行任务。

3. 政府质量监督的内容

工程质量监督管理包括下列内容。

①执行法律法规和工程建设强制性标准的情况。

②抽查涉及工程主体结构安全和主要使用功能的工程实体质量。

③抽查工程质量责任主体和质量检测等单位的工程质量行为。

④抽查主要建筑材料、建筑构配件的质量。

⑤对工程竣工验收进行监督。

⑥组织或者参与工程质量事故的调查处理。

⑦定期对本地区工程质量状况进行统计分析。

⑧依法对违法违规行为实施处罚。

其中,对涉及工程主体结构安全和主要使用功能的工程实体进行质量抽查的范围应包括:地基基础、主体结构、防水与装饰装修、建筑节能、设备安装等相关建筑材料和现场实体的检测。

7.5.2 政府对施工质量监督的实施

建设行政管理部门对施工质量监督管理的实施程序如下。

1. 受理建设单位办理质量监督手续

在工程项目开工前,监督机构接受建设单位有关建设工程质量监督的申报手续,并对 建设单位提供的有关文件进行审查,审查合格签发有关质量监督文件。建设单位凭工程质量监督文件,向建设行政主管部门申领施工许可证。

2. 制订工作计划并组织实施

监督机构应针对所监督的项目制订具体的质量监督工作计划。在工程项目开工前,监督机构要在施工现场召开由工程建设参与各方代表参加的监督会议,公布监督计划方案,提出监督要求,并进行第一次的监督检查工作。检查的重点是参与工程建设各方主体的质量行为。检查的主要内容如下。

①检查参与工程项目建设各方的质量保证体系建立情况,包括组织机构、质量控制方案及措施、质量责任制等。

②审查参与建设各方的工程经营资质证书和相关人员的资格证书。

③审查按建设程序规定的开工前必须办理的各项建设行政手续是否齐全完备。

④审查施工组织设计、监理规划等文件以及审批手续。

⑤检查结果的记录保存。

3. 对工程实体质量和工程质量责任主体等单位的工程质量行为进行抽查、抽测

①监督机构按照监督方案对工程项目全过程施工的情况进行不定期的检查。检查的内容主要是:参与工程建设各方的质量行为及质量责任制的履行情况,工程实体质量和质量控制资料的完成情况,其中对基础和主体结构阶段的施工应每月安排监督检查。

②工程项目建设中的结构主要部位(如桩基、基础、主体结构等),除进行常规检查外,监督机构还应在分部工程验收时进行监督,监督检查验收合格后,方可进行后续工程的施工,建设单位应将施工、设计、监理和建设单位各方分别签字的质量验收证明在验收后3天内报送工程质量监督机构备案。

③监督机构对在施工过程中发生的质量问题、质量事故进行查处。根据质量监督检查的状况,对查实的问题可签发"质量问题整改通知单"或"局部暂停施工指令单",对问题严重的单位也可根据问题的性质签发"临时收缴资质证书通知书"等处理意见。

4. 监督工程竣工验收

在竣工阶段,监督机构主要是按规定对工程竣工验收工作进行监督。

①竣工验收前,针对在质量监督检查中提出的质量问题的整改情况进行复查,了解其整改的情况。

②竣工验收时,参加竣工验收的会议,对验收的组织形式、程序等进行监督。

工程竣工验收合格后,建设单位应当在建筑物明显部位设置永久性标牌,载明建设、勘察、设计、施工、监理单位等工程质量责任主体的名称和主要责任人姓名。

5. 形成工程质量监督报告

编制工程质量监督报告,提交到竣工验收备案部门,对不符合验收要求的责令改正。对存在的问题进行处理,并向备案部门提出书面报告。

县级以上地方人民政府建设主管部门应当将工程质量监督中发现的涉及主体结构安全和主要使用功能的工程质量问题及整改情况及时向社会公布。

6. 建立工程质量监督档案

建设工程质量监督档案按单位工程建立。要求归档及时,资料记录等各类文件齐全,经监督机构负责人签字后归档,按规定年限保存。

本章小结

本章主要介绍了施工质量和控制的概念和特征;施工质量的基本要求;影响施工质量的主要因素;工程项目施工质量保证体系的建立和运行;工程施工质量分类、预防以及处理;施工质量的监督职能和政府对施工质量监督的实施。通过本章的学习,首先,读者对施工质量管理和控制的概念有一个清晰的认识,从而懂得施工质量管理在项目管理中的重要性,这也是项目管理的核心工作;其次,读者能熟练掌握施工质量管理和控制的方法,施工质量认证体系的建立和运行,施工准备阶段和施工阶段的质量管理;最后,读者能更准确掌握施工质量管理事故的分类、预防以及处理等知识,从而为积极进行施工质量管理做好理论准备。

思考题

1. 简述施工质量管理的概念。
2. 影响施工质量的因素有哪些?
3. 施工质量管理和控制的特点是什么?
4. 施工质量保证体系的运行机制是什么?
5. 施工质量控制的基本内容有哪些?

6. 质量事故按照其造成损失的程度可以分为哪些级别?
7. 如何进行施工质量事故的预防?
8. 如何进行施工质量事故的处理?

第 8 章　建设工程施工成本管理

教学目标

学习目标:熟悉施工成本管理的任务和程序;掌握成本管理的措施;熟悉成本计划的分类;了解施工预算的编制;熟悉成本计划的编制依据、程序和编制方法;了解成本控制的依据和程序;了解成本核算的原则、依据、范围、程序和方法;熟悉成本分析的依据、内容和步骤;掌握成本分析的方法;了解成本考核的依据和方法。

能力目标:初步具备编制施工成本计划的能力;初步具备成本控制的能力;能配合财务部门进行成本核算;初步具备综合成本、成本项目、专项成本分析的能力。

教学情景

理论情景:施工成本管理是施工项目管理的主要内容之一,也是项目管理的目标之一,那么成本管理的任务和措施有哪些?施工成本计划有哪些类型?如何编制成本计划?成本计划编好之后,控制成本的方法有哪些?项目在实施过程中如何核算成本?如何分析项目成本,进而对项目管理机构进行奖惩?这些就是本章要逐一讲解的内容。

实例情景:某工程 1 月份拟完工程计划施工成本 50 万元,已完工程计划施工成本 45 万元,已完工程实际施工成本 48 万元。该工程 1 月底施工成本偏差和成本绩效指数分别是多少?该工程 1 月份成本是节约或是超支?

8.1　施工成本管理的任务和措施

8.1.1　施工成本管理的任务

1. 施工成本的概念

施工成本是指在建设工程项目的施工过程中所发生的全部生产费用的总和,包括所消耗的原材料、辅助材料、构配件等的费用,周转材料的摊销费或租赁费;施工机械的使用费或租赁费;支付给生产工人的工资、奖金、工资性质的津贴以及进行施工组织与管理所发生的全部费用支出等。建设工程项目施工成本由直接成本和间接成本组成。

①直接成本是指施工过程中耗费的构成工程实体或有助于工程实体形成的各项费用支出,是可以直接计入工程对象的费用,包括人工费、材料费和施工机具使用费等。

②间接成本是指准备施工、组织和管理施工生产的全部费用支出,是非直接用于也无法直接计入工程对象,但为进行工程施工必须发生的费用,包括管理人员工资、办公费、差旅交通费等。

成本管理就是要在保证工期和质量满足要求的情况下,采取相应管理措施,包括组织措施、经济措施、技术措施、合同措施,把成本控制在计划范围内,并进一步寻求最大程度的成本节约。

成本管理首先要做好基础工作,成本管理的基础工作是多方面的,成本管理责任体系的建立是其中最根本、最重要的基础工作,涉及成本管理的一系列组织制度、工作程序、业务标准和责任制度的建立。此外,应从以下各方面为成本管理创造良好的基础条件。

①统一组织内部工程项目成本计划的内容和格式。其内容应能反映成本的划分、各成本项目的编码及名称、计量单位、单位工程量计划成本及合计金额等。这些成本计划的内容和格式应由各个企业按照自己的管理习惯和需要进行设计。

②建立企业内部的施工定额并保持其适应性、有效性和相对的先进性,为成本计划的编制提供支持。

③建立生产资料市场价格信息的收集网络和必要的派出询价网点,做好市场行情预测,保证采购价格信息的及时性和准确性。同时,建立企业的分包商、供应商评审注册名录,发展稳定、良好的供方关系,为编制成本计划与采购工作提供支持。

④建立已完项目的成本资料、报告报表等的归集、整理、保管和使用管理制度。

⑤科学设计成本核算账册体系、业务台账、成本报告报表,为成本管理的业务操作提供统一的范式。

2. 成本管理的任务

成本管理的任务包括成本预测、成本计划、成本控制、成本核算、成本分析、成本考核。

(1)成本预测

施工成本预测就是根据近期类似工程成本信息和本施工项目的具体情况,运用一定的专门方法,对未来的成本水平及其可能发展趋势作出科学的估计,是在工程施工以前对成本进行的估算。通过成本预测,可以在满足项目业主和本企业要求的前提下,选择成本低、效益好的最佳成本方案,并能够在施工项目成本形成过程中,针对薄弱环节,加强成本控制,克服盲目性,提高预见性。因此,施工成本预测是施工项目成本决策与计划的依据。施工成本预测,通常是对施工项目计划工期内影响其成本变化的各个因素进行分析,比照近期已完工施工项目或将完工施工项目的成本(单位成本),预测这些因素对工程成本中有关项目(成本项目)的影响程度,预测出工程的单位成本或总成本。

(2)成本计划

成本计划是以货币形式编制的施工项目在计划期内的生产费用、成本水平、成本降低率以及为降低成本所采取的主要措施和规划的书面方案。它是建立施工项目成本管理责任制、开展成本控制和核算的基础。此外,它还是项目降低成本的指导文件,是设立目标成本的依据,即成本计划是目标成本的一种形式。项目成本计划一般由施工单位编制。施工单位应围绕施工组织设计或相关文件进行编制,以确保对施工项目成本控制的适宜性和有效性。具体可按成本组成(如直接费、间接费、其他费用等)、项目结构(如各单位工程或单项工程)和工程实施阶段(如基础、主体、安装、装修等或月、季、年等)进行编制,也可以将几种方法结合使用。

为了编制出能够发挥积极作用的成本计划,在编制成本计划时应遵循以下一些原则。

①从实际情况出发。编制成本计划必须根据国家的方针政策,从企业的实际情况出发,充分挖掘企业内

部潜力，使降低成本指标既积极可靠，又切实可行。施工项目管理部门降低成本的潜力在于正确选择施工方案，合理组织施工，提高劳动生产率，改善材料供应，降低材料消耗，提高机械利用率，节约施工管理费用等。但必须注意避免以下情况发生：第一，为了降低成本而偷工减料，忽视质量；第二，不顾机械的维护修理而过度、不合理地使用机械；第三，片面增加劳动强度，加班加点；第四，忽视安全工作，未给职工办理相应的保险等。

②与其他计划相结合。成本计划必须与施工项目的其他计划，如施工方案、生产进度计划、财务计划、材料供应及消耗计划等密切结合，保持平衡。一方面，成本计划要根据施工项目的生产、技术组织措施、劳动工资、材料供应和消耗等计划来编制；另一方面，其他各项计划指标又影响着成本计划，所以在编制其他各项计划时应考虑降低成本的要求，与成本计划密切配合，不能单纯考虑计划本身的要求。

③采用先进技术经济指标。成本计划必须以各种先进的技术经济指标为依据，并结合工程的具体特点，采取切实可行的技术组织措施作为保证。只有这样，才能编制出既有科学依据，又切实可行的成本计划，从而发挥成本计划的积极作用。

④统一领导、分级管理。编制成本计划时应采用统一领导、分级管理的原则，同时应树立全员进行成本控制的理念。在项目经理的领导下，以财务部门和计划部门为主体，发动全体职工共同进行，总结降低成本的经验，找出降低成本的正确途径，使成本计划的制订与执行更符合项目的实际情况。

⑤适度弹性。成本计划应留有一定的余地，保持计划的弹性。在计划期内，项目管理机构的内部或外部环境都有可能发生变化，尤其是材料供应、市场价格等具有很大的不确定性，这给拟定计划带来困难。因此在编制计划时应充分考虑到这些情况，使计划具有一定的适应环境变化的能力。

(3)成本控制

成本控制是在施工过程中，对影响成本的各种因素加强管理，并采取各种有效措施，将实际发生的各种消耗和支出严格控制在成本计划范围内；通过动态监控并及时反馈，严格审查各项费用是否符合标准，计算实际成本和计划成本之间的差异并进行分析，进而采取多种措施，减少或消除损失浪费。

建设工程项目施工成本控制应贯穿于项目从投标阶段开始直至保证金返还的全过程，它是企业全面成本管理的重要环节。成本控制可分为事先控制、事中控制(过程控制)和事后控制。

(4)成本核算

项目管理机构应根据项目成本管理制度明确项目成本核算的原则、范围、程序、方法、内容、责任及要求，健全项目核算台账。

施工成本核算包括两个基本环节：一是按照规定的成本开支范围对施工成本进行归集和分配，计算出施工成本的实际发生额；二是根据成本核算对象，采用适当的方法，计算出该施工项目的总成本和单位成本。

施工成本核算一般以单位工程为对象，但也可以按照承包工程项目的规模、工期、结构类型、施工组织和施工现场等情况，结合成本管理要求，灵活划分成本核算对象。

项目管理机构应按规定的会计周期进行项目成本核算。

项目管理机构应编制项目成本报告。

对竣工工程的成本核算，应区分为竣工工程现场成本和竣工工程完全成本，分别由项目管理机构和企业财务部门进行核算分析，其目的在于分别考核项目管理绩效和企业经营效益。

(5)成本分析

成本分析是在成本核算的基础上，对成本的形成过程和影响成本升降的因素进行分析，以寻求进一步降低成本的途径，包括有利偏差的挖掘和不利偏差的纠正。成本分析贯穿于成本管理的全过程，它是在成本的形成过程中，主要利用项目的成本核算资料(成本信息)，与目标成本、预算成本以及类似项目的实际成本等进行比较，了解成本的变动情况；同时也要分析主要技术经济指标对成本的影响，系统地研究成本变动的因素，检查成本计划的合理性，并通过成本分析，深入研究成本变动的规律，寻找降低项目成本的途径，以便有效地进行成本控制。成本偏差的控制,分析是关键,纠偏是核心,因此要针对分析得出的偏差发生原因,采取切实措施,加以纠正。

(6)成本考核

成本考核是指在项目完成后,对项目成本形成中的各责任者,按项目成本目标责任制的有关规定,将成本的实际指标与计划、定额、预算进行对比和考核,评定施工项目成本计划的完成情况和各责任者的业绩,并以此给予相应的奖励和处罚。通过成本考核,做到有奖有惩,赏罚分明,才能有效地调动每一位员工在各自施工岗位上努力完成目标成本的积极性,从而降低施工项目成本,提高企业的效益。

成本管理的每一个环节都是相互联系和相互作用的。成本计划是成本决策所确定目标的具体化。成本控制则是对成本计划的实施进行控制和监督,保证决策的成本目标实现,而成本核算又是对成本计划是否实现的最后检验,它所提供的成本信息将为下一个施工项目的成本预测和决策提供基础资料。成本考核是实现成本目标责任制的保证和实现决策目标的重要手段。

3. 成本管理的程序

项目成本管理应遵循下列程序。

①掌握生产要素的价格信息。

②确定项目合同价。

③编制成本计划,确定成本实施目标。

④进行成本控制。

⑤进行项目过程成本分析。

⑥进行项目过程成本考核。

⑦编制项目成本报告。

⑧项目成本管理资料归档。

8.1.2 施工成本管理的措施

为了取得成本管理的理想成效,应当从多方面采取措施实施管理,通常可以将这些措施归纳为组织措施、技术措施、经济措施和合同措施。

1. 组织措施

组织措施是从成本管理的组织方面采取的措施。成本控制是全员的活动,如实行项目经理责任制,落实成本管理的组织机构和人员,明确各级成本管理人员的任务和职能分工、权力和责任。成本管理不仅是专业成本管理人员的工作,各级项目管理人员都负有成本控制责任。

组织措施的另一方面是编制成本控制工作计划、确定合理详细的工作流程。要做好施工采购计划,通过生产要素的优化配置、合理使用、动态管理,有效控制实际成本;加强施工定额管理和施工任务单管理,控制活劳动和物化劳动的消耗;加强施工调度,避免因施工计划不周和盲目调度造成窝工损失、机械利用率降低、物料积压等问题。成本控制工作只有建立在科学管理的基础之上,具备合理的管理体制、完善的规章制度、稳定的作业秩序、完整准确的信息传递才能取得成效。组织措施是其他各类措施的前提和保障,而且一般不需要增加额外的费用,运用得当可以取得良好的效果。

2. 技术措施

施工过程中降低成本的技术措施包括进行技术经济分析,确定最佳的施工方案;结合施工方法进行材料使用的比选,在满足功能要求的前提下,通过代用、改变配合比、使用外加剂等方法降低材料消耗的费用;确定最合适的施工机械、设备使用方案;结合项目的施工组织设计及自然地理条件,降低材料的库存成本和运输成本;应用先进的施工技术,运用新材料,使用先进的机械设备等。在实践中,也要避免仅从技术角度选定方案而忽视对其经济效果的分析论证。

技术措施不仅对解决成本管理过程中的技术问题是不可缺少的，而且对纠正成本管理目标偏差也有相当重要的作用。因此，运用技术纠偏措施的关键，一是要能提出多个不同的技术方案，二是要对不同的技术方案进行技术经济分析比较，选择最佳方案。

3. 经济措施

经济措施是最易被人们接受和采用的措施。管理人员应编制资金使用计划，确定、分解成本管理目标，对成本管理目标进行风险分析，并制定防范性对策。在施工中严格控制各项开支，及时准确地记录、收集、整理、核算实际支出的费用。对各种变更，应及时做好增减账，落实业主签证并结算工程款；通过偏差原因分析和未完工程施工成本预测，发现一些潜在的可能引起未完工程施工成本增加的问题，及时采取预防措施。因此，经济措施的运用绝不仅仅是财务人员的事情。

4. 合同措施

采用合同措施控制成本，应贯穿整个合同周期，包括从合同谈判开始到合同终结的全过程。对于分包项目，首先是选用合适的合同结构，对各种合同结构模式进行分析、比较，在合同谈判时，要争取选用适合工程规模、性质和特点的合同结构模式。其次，在合同的条款中应仔细考虑一切影响成本和效益的因素，特别是潜在的风险因素。通过对引起成本变动的风险因素进行识别和分析，采取必要的风险对策，如通过合理的方式增加承担风险的个体数量以降低损失发生的比例，并最终将这些策略体现在合同的具体条款中。在合同执行期间，合同管理的措施既要密切注视对方合同执行的情况，以寻求合同索赔的机会；同时也要密切关注自己履行合同的情况，以防被对方索赔。

8.2　施工成本计划和成本控制

8.2.1　施工成本计划的类型

对于施工项目而言，其成本计划的编制是一个不断深化的过程。在这一过程的不同阶段形成深度和作用不同的成本计划，若按照其发挥的作用可以分为竞争性成本计划、指导性成本计划和实施性成本计划，也可以按成本组成、项目结构和工程实施阶段分别编制项目成本计划。成本计划的编制以成本预测为基础，关键是确定目标成本。计划的制订需结合施工组织设计的编制过程，通过不断地优化施工技术方案和合理配置生产要素，进行工、料、机消耗的分析，制定一系列节约成本的措施，确定成本计划。一般情况下，成本计划总额应控制在目标成本的范围内，并建立在切实可行的基础上。施工总成本目标确定之后，还需通过编制详细的实施性成本计划把目标成本层层分解，落实到施工过程的每个环节，有效地进行成本控制。

1. 竞争性成本计划

竞争性成本计划是施工项目投标及签订合同阶段的估算成本计划。这类成本计划以招标文件中的合同条件、投标者须知、技术规范、设计图纸和工程量清单为依据，以有关价格条件说明为基础，结合调研、现场踏勘、答疑等情况，根据施工企业自身的工料消耗标准、水平、价格资料和费用指标等，对本企业完成投标工作所需要支出的全部费用进行估算。在投标报价过程中，虽也着重考虑降低成本的途径和措施，但总体上比较粗略。

2. 指导性成本计划

指导性成本计划是选派项目经理阶段的预算成本计划，是项目经理的责任成本目标。它是以合同价为依据，按照企业的预算定额标准制订的设计预算成本计划，且一般情况下以此确定责任总成本目标。

3. 实施性成本计划

实施性成本计划是项目施工准备阶段的施工预算成本计划。它是以项目实施方案为依据，以落实项目经理责任目标为出发点，采用企业的施工定额通过施工预算的编制而形成的实施性成本计划。

以上三类成本计划相互衔接、不断深化，构成了整个工程项目成本的计划过程。其中，竞争性成本计划带有成本战略的性质，是施工项目投标阶段商务标书的基础，而有竞争力的商务标书又是以其先进合理的技术标书为支撑的。因此，它奠定了成本的基本框架和水平。指导性成本计划和实施性成本计划都是战略性成本计划的进一步开展和深化，是对战略性成本计划的战术安排。

8.2.2 施工预算

施工预算是编制实施性成本计划的主要依据，是施工企业为了加强企业内部的经济核算，在施工图预算的控制下，依据企业内部的施工定额，以建筑安装单位工程为对象，根据施工图纸、施工定额、施工及验收规范、标准图集、施工组织设计（或施工方案）编制的单位工程（或分部分项工程）施工所需的人工、材料和施工机械台班用量的技术经济文件。它是施工企业的内部文件，同时也是施工企业进行劳动调配、物资技术供应、控制成本开支、进行成本分析和班组经济核算的依据。施工预算不仅规定了单位工程（或分部分项工程）所需人工、材料和施工机械台班用量，还规定了工种的类型，工程材料的规格、品种，所需各种机械的规格，以便有计划、有步骤地合理组织施工，从而达到节约人力、物力和财力的目的。

施工预算

8.2.3 施工成本计划的编制依据和程序

1. 施工成本计划的编制依据

①合同文件。

②项目管理实施规划。

③相关设计文件。

④价格信息。

⑤相关定额。

⑥类似项目的成本资料。

2. 施工成本计划的编制程序

项目管理机构应通过系统的成本策划，按成本组成、项目结构和工程实施阶段（进度）分别编制施工成本计划。

施工成本计划的编制程序

8.2.4 施工成本计划的编制方法

1. 按成本组成编制成本计划的方法

施工成本可以按成本构成分解为人工费、材料费、施工机具使用费和企业管理费等，如图 8-1 所示。在此基础上，编制按成本构成分解的成本计划。

2. 按项目结构编制成本计划的方法

大中型工程项目通常是由若干单项工程构成的，而每个单项工程包括了多个单位工程，每个单位工程又由若干个分部分项工程所构成。因此，首先要把项目总成本分解到单项工程和单位工程中，再进一步分解到分部工程和分项工程中，如图 8-2 所示。

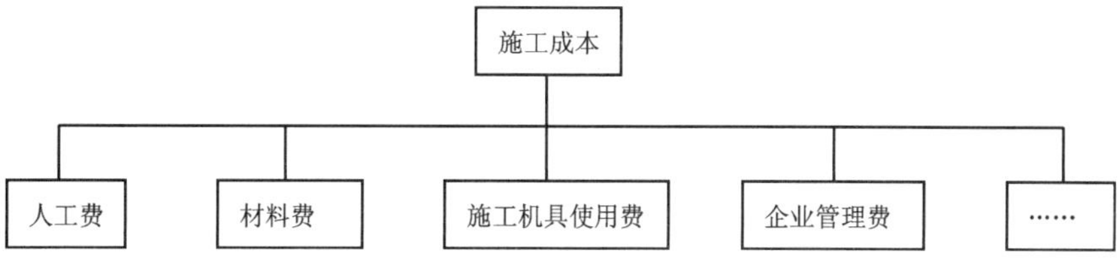

图 8-1　按成本构成分解

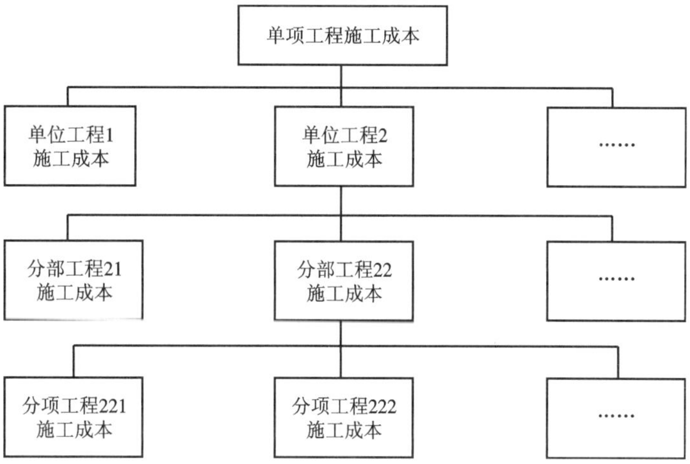

图 8-2　按项目组成分解

在完成项目成本目标分解之后，接下来就要具体地分配成本，编制分项工程的成本支出计划，从而形成详细的成本计划表，见表 8-1。

表 8-1　分项工程成本计划表

分部分项工程编码	工程内容	计量单位	工程数量	计划成本	本分项总计
(1)	(2)	(3)	(4)	(5)	(6)

在编制成本支出计划时，要在项目总体层面上考虑总的预备费，也要在主要的分项工程中安排适当的不可预见费，避免在具体编制成本计划时，可能发现个别单位工程或工程量表中某项内容的工程量计算有较大出入，偏离原来的成本预算。因此，应在项目实施过程中对其尽可能地采取一些措施。

3. 按工程实施阶段编制成本计划的方法

按工程实施阶段编制成本计划，可以按实施阶段，如基础、主体、安装、装修等或按月、季、年等实施进度进行编制。按实施进度编制成本计划，通常可在控制项目进度的网络图的基础上进一步扩充得到，即在建立网络图时，一方面确定完成各项工作所需花费的时间，另一方面确定完成这一工作合适的成本支出计划。在实践中，将工程项目分解为既能方便表示时间，又能方便表示成本支出计划的工作是不容易的，通常如果项目分解程度对时间控制合适的话，则对成本支出计划可能分解过细，以至于不可确定每项工作的成本支出计划，反之亦然。因此在编制网络计划时，在充分考虑进度控制对项目划分要求的同时，还要考虑确定成本支出计划对项目划分的要求，做到两者兼顾。

通过对成本目标按时间进行分解，在网络计划基础上，可获得项目进度计划的横道图，并在此基础上编制成本计划。其表示方式有两种：一种是在时标网络图上按月编制的成本计划直方图，如图 8-3 所示；另一种是用时间—成本累积曲线（S 形曲线）表示，如图 8-4 所示。

时间—成本累积曲线的绘制步骤如下。

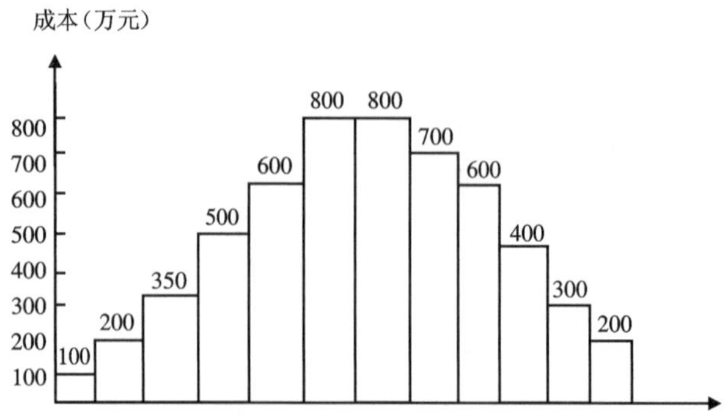

图 8-3　时标网络图上按月编制的成本计划

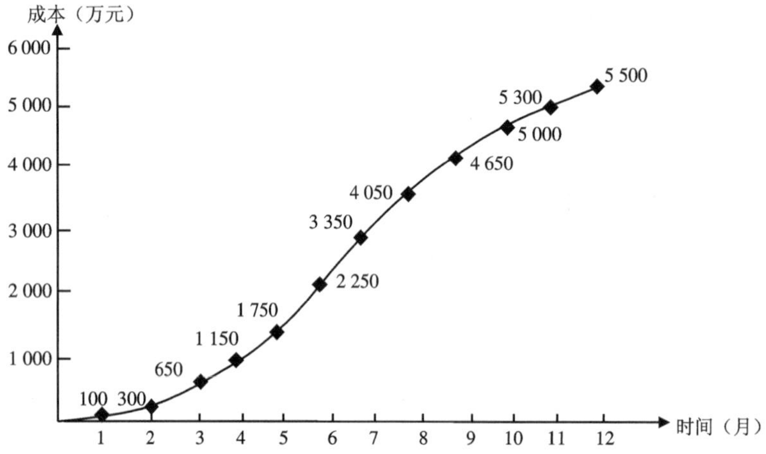

图 8-4　时间—成本累积曲线（S 形曲线）

①确定工程项目进度计划，编制进度计划的横道图。

②根据每单位时间内完成的实物工程量或投入的人力、物力和财力，计算单位时间（月或旬）的成本，在时标网络图上按时间编制成本支出计划，如图 8-3 所示。

③计算规定时间计划累计支出的成本额。其计算方法为：将各单位时间计划完成的成本额累加求和，可按下式计算：

$$Q_t = \sum_{n=1}^{t} q_n \qquad (8\text{-}1)$$

式中：Q_t——某时间内计划累计支出成本额；

q_n——单位时间 n 的计划支出成本额；

t——某规定计划时刻。

④按各规定时间的值，绘制 S 形曲线，如图 8-4 所示。

每一条 S 形曲线都对应某一特定的工程进度计划。因为在进度计划的非关键路线中存在许多有时差的工序或工作，因而 S 形曲线必然包络在由全部工作都按最早开始时间开始和全部工作都按最迟必须开始时间开始的曲线所组成的“香蕉图”内。项目经理可根据编制的成本支出计划来合理安排资金，同时项目经理也可以根据筹措的资金来调整 S 形曲线，即通过调整非关键路线上的工序项目的最早或最迟开工时间，力争将实际的成本支出控制在计划的范围内。

一般而言，所有工作都按最迟开始时间开始，对节约资金贷款利息是有利的。但同时也降低了项目按期竣工的保证率，因此项目经理必须合理地确定成本支出计划，达到既节约成本支出又能控制项目工期的目的。

以上三种编制成本计划的方式并不是相互独立的。在实践中，往往将这几种方式结合起来使用，从而扬长避短。例如,将按项目分解总成本与按成本构成分解总成本两种方式相结合,横向按成本构成分解,纵向按子项目分解,或相反。这种分解方式有助于检查各分部分项工程成本构成是否完整,有无重复计算或漏算。同时还有助于检查各项具体的成本支出的对象是否明确或落实,并且可以从数字上校核分解的结果有无错误。或者还可将按子项目分解项目总成本计划与按时间分解项目总成本计划结合起来,一般纵向按子项目分解,横向按时间分解。

8.2.5　施工成本控制的依据和程序

成本控制是指在项目成本的形成过程中,对生产经营所消耗的人力资源、物资资源和费用开支进行指导、监督、检查和调整,及时纠正将要发生和已经发生的偏差,把各项生产费用控制在计划成本的范围之内,以保证成本目标的实现。

1. 施工成本控制的依据

①合同文件。

②成本计划。

③进度报告。

④工程变更与索赔资料。

⑤各种资源的市场信息。

2. 施工成本控制的程序

要做好成本的过程控制,必须制定规范化的过程控制程序。成本的过程控制中,有两类控制程序:一是管理行为控制程序,二是指标控制程序。管理行为控制程序是成本全过程控制的基础,指标控制程序则是成本过程控制的重点。

(1)管理行为控制程序

管理行为控制的目的是确保每个岗位人员在成本管理过程中的管理行为符合事先确定的程序和方法的要求。从这个意义上讲,首先要清楚企业建立的成本管理体系是否能对成本形成的过程进行有效的控制,其次要考察体系是否处在有效的运行状态。管理行为控制程序就是为规范项目成本的管理行为而制定的约束和激励体系,内容如下。

1)建立成本管理体系的评审组织和评审程序

成本管理体系的建立不同于质量管理体系,质量管理体系反映的是企业的质量保证能力,由社会有关组织进行评审和认证。成本管理体系的建立是企业自身生存发展的需要,没有社会组织来评审和认证。因此,企业必须建立成本管理体系的评审组织和评审程序,定期进行评审和总结,持续改进。

2)建立成本管理体系运行的评审组织和评审程序

成本管理体系的运行有一个逐步推行的渐进过程。一个企业的各分公司、项目管理机构的运行质量往往是不平衡的。因此,必须建立专门的常设组织,依照程序定期地进行检查和评审。发现问题,总结经验,以保证成本管理体系的保持和持续改进。

3)目标考核,定期检查

管理程序文件应明确每个岗位人员在成本管理中的职责,确定每个岗位人员的管理行为,如应提供的报表、提供的时间和原始数据的质量要求等,要把每个岗位人员是否按要求去履行职责作为一个目标来考核。为了方便检查,应将考核指标具体化,并设专人定期或不定期地检查。

应根据检查的内容编制相应的检查表,由项目经理或其委托人检查后填写检查表。检查表要由专人负责整理归档。

4)制定对策,纠正偏差

对管理工作进行检查是为了保证管理工作按预定的程序和标准进行,从而保证项目成本管理能够达到预期的目的。因此，对检查中发现的问题，要及时进行分析，然后根据不同的情况，及时采取对策。

(2)指标控制程序

能否达到成本目标是成本控制成功的关键。对各岗位人员的成本管理行为进行控制，就是为了保证成本目标的实现。项目成本指标控制程序如下。

1)确定成本管理分层次目标

在工程开工之初，项目管理机构应根据公司与项目签订的《项目承包合同》确定项目的成本管理目标，并根据工程进度计划确定月度成本计划目标。

2)采集成本数据，监测成本形成过程

在施工过程中定期收集反映成本支出情况的数据，并将实际发生情况与目标计划进行对比，从而保证有效控制成本的整个形成过程。

3)找出偏差，分析原因

施工过程是一个多工种、多方位立体交叉作业的复杂活动，成本的发生和形成是很难按预定的目标进行的，因此，需要及时分析偏差产生的原因，分清是客观因素(如市场调价)还是人为因素(如管理行为失控)。

4)制定对策，纠正偏差

过程控制的目的就在于不断纠正成本形成过程中的偏差，保证成本项目的发生在预定范围之内，针对产生偏差的原因及时制定对策并予以纠正。

5)调整改进成本管理方法

用成本指标考核管理行为，用管理行为来保证成本指标。管理行为的控制程序和成本指标的控制程序是对项目成本进行过程控制的主要内容，这两个程序在实施过程中是相互交叉、相互制约又相互联系的。只有把成本指标的控制程序和管理行为的控制程序相结合，才能保证成本管理工作有序、富有成效地进行。图 8-5 所示是成本指标控制程序图。

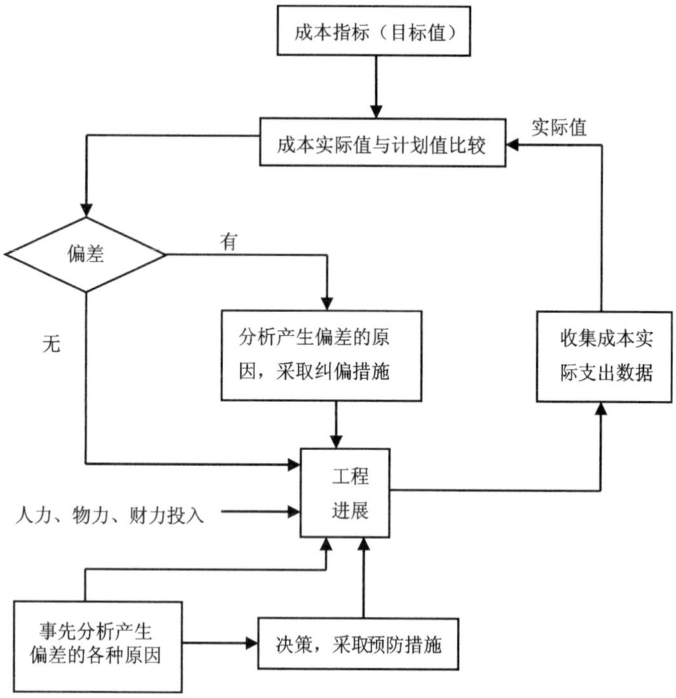

图 8-5　成本指标控制程序

8.2.6　施工成本控制的方法

1. 赢得值法

施工成本控制适宜运用赢得值法。赢得值法(Earned Value Management，EVM)作为一项先进的项目管理技术，最初是美国国防部于 1967 年首次确立的。目前，国际上先进的工程公司已普遍采用赢得值法进行工程项目的费用、进度综合分析控制。用赢得值法进行费用、进度综合分析控制，基本参数有三项，即已完工作预算费用、计划工作预算费用和已完工作实际费用。

(1)赢得值法的三个基本参数

1)已完工作预算费用

已完工作预算费用，简称 *BCWP*(Budgeted Cost for Work Performed)，是指在某一时间已经完成的工作(或部分工作)，以批准认可的预算为标准所需要的资金总额，由于发包人正是根据这个值为承包人完成的工作量支付相应的费用，这个值是承包人获得(挣得)的金额，故称赢得值或挣值。

已完工作预算费用(*BCWP*)= 已完成工作量 × 预算单价 （8-2）

2)计划工作预算费用

计划工作预算费用，简称 *BCWS*(Budgeted Cost for Work Scheduled)，即根据进度计划，在某一时刻应当完成的工作(或部分工作)，以预算为标准所需要的资金总额。一般来说，除非合同有变更，计划工作预算费用在工程实施过程中应保持不变。

计划工作预算费用(*BCWS*)= 计划工作量 × 预算单价 （8-3）

3)已完工作实际费用

已完工作实际费用，简称 *ACWP*(Actual Cost for Work Performed)，即到某一时刻为止，已完成的工作(或部分工作)所实际花费的总金额。

已完工作实际费用(*ACWP*)= 已完成工作量 × 实际单价 （8-4）

(2)赢得值法的四个评价指标

在这三个基本参数的基础上，可以确定赢得值法的四个评价指标，它们都是时间的函数。

1)费用偏差 *CV*(Cost Variance)

费用偏差(*CV*)= 已完工作预算费用(*BCWP*)－ 已完工作实际费用(*ACWP*)

= 已完成工作量 × 预算单价 － 已完成工作量 × 实际单价 （8-5）

当费用偏差 *CV* 为负值时，表示项目运行超出预算费用。当费用偏差 *CV* 为正值时，表示项目运行节支，实际费用没有超出预算费用。

2)进度偏差 *SV*(Schedule Variance)

进度偏差(*SV*)= 已完工作预算费用(*BCWP*)－ 计划工作预算费用(*BCWS*)

= 已完成工作量 × 预算单价 － 计划工作量 × 预算单价 （8-6）

当进度偏差 *SV* 为负值时，表示进度延误，即实际进度落后于计划进度。当进度偏差 *SV* 为正值时，表示进度提前，即实际进度快于计划进度。

3)费用绩效指数(*CPI*)

费用绩效指数(*CPI*)= 已完工作预算费用(*BCWP*) ÷ 已完工作实际费用(*ACWP*)

=(已完成工作量 × 预算单价) ÷ (已完成工作量 × 实际单价) （8-7）

当 $CPI<1$ 时，表示超支，即实际费用高于预算费用；当 $CPI>1$ 时，表示节支，即实际费用低于预算费用。

4)进度绩效指数(*SPI*)

进度绩效指数(*SPI*)= 已完工作预算费用(*BCWP*) ÷ 计划工作预算费用(*BCWS*)

=(已完成工作量 × 预算单价) ÷ (计划工作量 × 预算单价) （8-8）

当 $SPI<1$ 时，表示进度延误，即实际进度比计划进度慢；当 $SPI>1$ 时，表示进度提前，即实际进度比计划进度快。

费用(进度)偏差反映的是绝对偏差，结果很直观，有助于费用管理人员了解项目费用出现偏差的绝对数额，并依此采取一定措施，制订或调整费用支出计划和资金筹措计划。但是，绝对偏差有其不容忽视的局限性。如同样是 10 万元的费用偏差，对于总费用 1 000 万元的项目和总费用 1 亿元的项目而言，其严重性显然是不同的。因此，费用(进度)偏差仅适用于对同一项目作偏差分析。费用(进度)绩效指数反映的是相对偏差，它不受项目层次的限制，也不受项目实施时间的限制，因而在同一项目和不同项目比较中均可采用。

在项目的费用、进度综合控制中引入赢得值法，可以克服过去进度、费用分开控制的缺点，即当发现费用超支时，很难立即知道是由于费用超出预算，还是由于进度提前。相反，当发现费用低于预算时，也很难立即知道是由于费用节省，还是由于进度拖延。引入赢得值法即可定量地判断进度、费用的执行效果。

2. 偏差分析的表达方法

偏差分析可以采用不同的表达方法，常用的有横道图法和曲线法。

（1）横道图法

用横道图法进行费用偏差分析，是用不同的横道标识已完工作预算费用（*BCWP*）、计划工作预算费用（*BCWS*）和已完工作实际费用（*ACWP*），横道的长度与其金额成正比例，如图 8-6 所示。

项目编码	项目名称	费用参数数额（万元）	费用偏差（万元）	进度偏差（万元）	原因
041	木门窗安装	30 30 30	0	0	—
042	钢门窗安装	40 30 50	-10	10	
043	铝合金门窗安装	40 40 50	-10	0	
	……				
		10 20 30 40 50 60 70 80			
	合计	110 100 130	-20	10	
		100 200 300 400 500 600 700			

已完工作预算费用　　计划工作预算费用　　已完工作实际费用

图 8-6　费用偏差分析的横道图法

横道图法具有形象、直观、一目了然等优点，它能够准确表达出费用的绝对偏差，而且能直观地表明偏差的严重性。但这种方法反映的信息量少，一般在项目的较高管理层应用。

（2）曲线法

在项目实施过程中，以上三个参数可以形成三条曲线，即计划工作预算费用（*BCWS*）、已完工作预算费用（*BCWP*）、已完工作实际费用（*ACWP*）曲线，如图 8-7 所示。

图中：*CV=BCWP-ACWP*，由于两项参数均以已完工作为计算基准，所以两项参数之差反映项目进展的费用偏差。

SV=BCWP-BCWS，由于两项参数均以预算值（计划值）作为计算基准，所以两者之差反映项目进展的进度偏差。

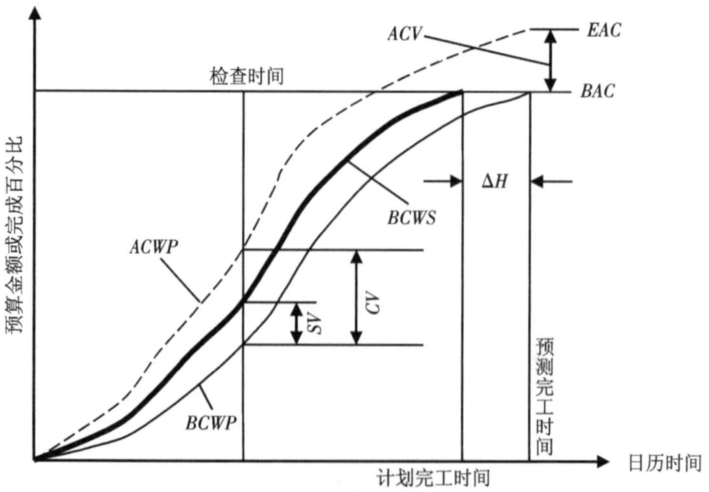

图 8-7　赢得值法评价曲线

采用赢得值法进行费用、进度综合控制，还可以根据当前的进度、费用偏差情况，通过原因分析，对趋势进行预测，预测项目结束时的进度、费用情况。

BAC(Budget At Completion)——项目完工预算，指编制计划时预计的项目完工费用。

EAC(Estimate At Completion)——预测的项目完工估算，指计划执行过程中根据当前的进度、费用偏差情况预测的项目完工总费用。

ACV(At Completion Variance)——预测项目完工时的费用偏差。

$$ACV = BAC - EAC \tag{8-9}$$

【案例 8.1】某项目进展到 11 周时，对前 10 周的工作进行统计，情况见表 8-2。

表 8-2　工作进展情况统计表

工作	计划完成工作预算费用(万元)	已完成工作量(%)	实际发生费用(万元)	挣得值(万元)
A	400	100	400	
B	450	100	460	
C	700	80	720	
D	150	100	150	
E	500	100	520	
F	800	50	400	
G	1 000	60	700	
H	300	100	300	
I	120	100	120	
J	1 200	40	600	
合计				

(1)求出前 10 周每项工作的 *BCWP* 及第 10 周末的 *BCWP*。

(2)计算第 10 周末的合计 *ACWP*、*BCWS*。

(3)计算第 10 周末的 *CV*、*SV*，并进行分析。

(4)计算第 10 周末的 *CPI*、*SPI*，并进行分析。

(5)假设项目计划的预算总成本是 6 400 万元，根据前 10 周的执行情况，求 *EAC*。

【解】

(1)计算前 10 周每项工作的 *BCWP* 及 10 周末的 *BCWP*，见表 8-3。

表 8-3　工作进展情况统计表

工作	计划完成工作预算费用(万元)	已完成工作量(%)	实际发生费用(万元)	挣得值(万元)
A	400	100	400	400
B	450	100	460	450
C	700	80	720	560
D	150	100	150	150
E	500	100	520	500
F	800	50	400	400
G	1 000	60	700	600
H	300	100	300	300
I	120	100	120	120
J	1 200	40	600	480
合计				3 960

（2）计算第 10 周末的合计 *ACWP*、*BCWS*，见表 8-4。

表 8-4　工作进展情况统计表

工作	计划完成工作预算费用（万元）	已完成工作量（%）	实际发生费用（万元）	挣得值（万元）
A	400	100	400	400
B	450	100	460	450
C	700	80	720	560
D	150	100	150	150
E	500	100	520	500
F	800	50	400	400
G	1 000	60	700	600
H	300	100	300	300
I	120	100	120	120
J	1 200	40	600	480
合计	5 620		4 370	3 960

（3）计算第 10 周末的 *CV*、*SV*，并进行分析。

$CV=BCWP-ACWP=3\,960-4\,370=-410$

$CV<0$，超支。

$SV=BCWP-BCWS=3\,960-5\,620=-1660$

$SV<0$，进度拖后。

$BCWS>ACWP>BCWP$，说明效率低，应增加高效人员的投入。

（4）计算第 10 周末的 *CPI*、*SPI*，并进行分析。

$CPI=3\,960/4\,370=0.906$

$CPI<1$，超支。

$SPI=3\,960/5\,620=0.704$

$SPI<1$，进度拖后。

实际发生费用比已完工预算多，但工作进度还是拖后了，须加快进度并控制费用。

（5）假设项目计划的预算总成本是 6 400 万元，根据前 10 周的执行情况，求 *EAC*。

EAC= 总预算成本 ×（$ACWP/BCWP$）$=6\,400\times4\,370/3\,960=7\,062.63$（万元）

3. 偏差原因分析与纠偏措施

（1）偏差原因分析

在实际执行过程中，最理想的状态是已完工作实际费用（*ACWP*）、计划工作预算费用（*BCWS*）、已完工作预算费用（*BCWP*）三条曲线靠得很近、平稳上升，表示项目按预定计划目标进行。如果三条曲线离散度不断增加，则可能出现较大的投资偏差。

偏差分析的一个重要目的就是要找出引起偏差的原因，从而采取有针对性的措施，减少或避免相同问题的再次发生。在进行偏差原因分析时，首先应当将已经导致和可能导致偏差的各种原因逐一列举出来。导致不同工程项目产生费用偏差的原因具有一定共性，因而可以通过对已建项目的费用偏差原因进行归纳、总结，为该项目采取预防措施提供依据。

一般来说，产生费用偏差的原因有以下几种。

①物价上涨：人工涨价、材料涨价、设备涨价、利率和汇率变化。

②设计原因：设计错误、设计漏项、设计标准变化、设计保守、图纸提供不及时和其他。

③业主原因:增加内容、投资规划不当、组织不落实、建设手续不全、协调不佳、未及时提供场地和其他。

④施工原因:施工方案不当、材料代用、施工质量有问题、赶进度、工期拖延和其他。

⑤客观原因:自然因素、基础处理、社会原因、法律法规政策变化、其他。

(2)纠偏措施

通常压缩已经超支的费用而不影响其他目标是十分困难的,一般只有当给出的措施比原计划已选定的措施更为有利的,比如使工程范围减少或生产效率提高等,成本才能降低。

①寻找新的、效率更高的设计方案。

②购买部分产品,而不是采用完全由自己生产的产品。

③重新选择供应商,但会产生供应风险,选择需要时间。

④改变实施过程。

⑤变更工程范围。

⑥索赔,例如向业主、承(分)包商、供应商索赔以弥补费用超支。

8.3　施工成本核算、成本分析和成本考核

8.3.1　施工成本核算的原则、依据、范围和程序

施工成本核算的原则、依据、范围和程序

8.3.2　施工成本核算的方法

施工项目成本核算的方法主要有表格核算法和会计核算法。

1. 表格核算法

表格核算法通过对施工项目内部各环节进行成本核算,以此为基础,核算单位和各部门定期采集信息,按照有关规定填制一系列的表格,完成数据比较、考核和简单的核算,形成工程项目成本的核算体系,作为支撑工程项目成本核算的平台。这种核算的优点是简便易懂,方便操作,实用性较好;缺点是难以实现较为科学严密的审核制度,精度不高,覆盖面较小。

2. 会计核算法

会计核算法建立在会计对工程项目进行全面核算的基础上,利用收支全面核实和借贷记账法的综合特点,按照施工项目成本的收支范围和内容,进行施工项目成本核算。不仅核算工程项目施工的直接成本,而且还要核算工程项目在施工过程中出现的债权债务,为施工生产而自购的工具、器具摊销,向发包单位的报量和收款、分包完成和分包付款等。这种核算方法的优点是科学严密,人为控制的因素较少而且核算的覆盖面较大;缺点是对核算工作人员的专业水平和工作经验都要求较高。项目财务部门一般采用此种方法。

3. 两种核算方法的综合使用

因为表格核算具有操作简单和表格格式自由等特点,因而对工程项目内各岗位成本的责任核算比较实用。施工单位除对整个企业的生产经营进行会计核算外,还应在工程项目上设成本会计,进行工程项目成本核算,以减少数据的传递,提高数据的及时性,便于与表格核算的数据接口。总的来说,用表格核算法进行工程项目施工各岗位成本的责任核算和控制,用会计核算法进行工程项目成本核算,两者互补,相得益彰,确保工程项目成本核算工作的开展。

8.3.3 施工成本分析的依据、内容和步骤

8.3.4 施工成本分析的方法

施工成本分析的依据、内容和步骤

由于项目成本涉及的范围很广，需要分析的内容较多，因此应该在不同的情况下采取不同的分析方法，除了基本的分析方法外，还有综合成本的分析方法、成本项目的分析方法和专项成本的分析方法等。

1. 成本分析的基本方法

成本分析的基本方法包括比较法、因素分析法、差额计算法、比率法等。

(1)比较法

比较法又称“指标对比分析法”，是指对比技术经济指标，检查目标的完成情况，分析产生差异的原因，进而挖掘降低成本的方法。这种方法通俗易懂、简单易行、便于掌握，因而得到了广泛的应用，但在应用时必须注意各技术经济指标的可比性。比较法的应用通常有以下形式。

1)将实际指标与目标指标对比

以此检查目标完成情况，分析影响目标完成的积极因素和消极因素，以便及时采取措施，保证成本目标的实现。在进行实际指标与目标指标对比时，还应注意目标本身有无问题，如果目标本身出现问题，则应调整目标，重新评价实际工作。

2)本期实际指标与上期实际指标对比

通过本期实际指标与上期实际指标对比，可以看出各项技术经济指标的变动情况，反映施工管理水平的提高程度。

3)与本行业平均水平、先进水平对比

通过这种对比，可以反映本项目的技术和经济管理水平与行业的平均及先进水平的差距，进而采取措施提高本项目管理水平。

以上三种对比可以在一张表中同时反映。例如，某项目本年计划节约“三材”10万元，实际节约12万元，上年节约9.5万元，本行业先进水平为节约13万元。根据上述资料编制分析表，见表8-5。

表8-5 实际指标与上期指标、先进水平对比表

单位：元

指标	本年计划数	上年实际数	行业先进水平	本年实际数	差异数		
					与计划比	与上年比	与先进比
“三材”节约额	100 000	95 000	130 000	120 000	20 000	25 000	-10 000

(2)因素分析法

因素分析法又称连环置换法，可用来分析各种因素对成本的影响程度。在进行分析时，假定众多因素中的一个因素发生了变化，而其他因素不变，然后逐个替换，分别比较其计算结果，以确定各个因素的变化对成本的影响程度。因素分析法的计算步骤如下。

①确定分析对象，计算实际与目标数的差异。

②确定该指标是由哪几个因素组成的，并按其相互关系进行排序(排序规则是：先实物量，后价值量；先绝对值，后相对值)。

③以目标数为基础，将各因素的目标数相乘，作为分析替代的基数。

④将各个因素的实际数按照已确定的排列顺序进行替换计算，并将替换后的实际数保留下来。

⑤将每次替换计算所得的结果与前一次的计算结果相比较，两者的差异即为该因素对成本的影响程度。

⑥各个因素的影响程度之和，应与分析对象的总差异相等。

【案例 8.2】商品混凝土目标成本为 443 040 元，实际成本为 473 697 元，比目标成本增加 30 657 元，资料见表 8-6，分析成本增加的原因。

表 8-6　商品混凝土目标成本与实际成本对比表

名称	单位	目标	实际	差额
产量	m^3	600	630	+30
单价	元	710	730	+20
损耗率	%	4	3	-1
成本	元	443 040	473 697	+30 657

【解】

（1）分析对象是商品混凝土的成本，实际成本与目标成本的差额为 30 657 元，该指标是由产量、单价、损耗率三个因素组成的，其排序见表 8-6。

（2）以目标数 443 040 元（=600 × 710 × 1.04）为分析替代的基础。

第一次替代产量因素，以 630 替代 600：

630 × 710 × 1.04=465 192（元）

第二次替代单价因素，以 730 替代 710，并保留上次替代后的值：

630 × 730 × 1.04=478 296（元）

第三次替代损耗率因素，以 1.03 替代 1.04，并保留上两次替代后的值：

630 × 730 × 1.03=473 697（元）

（3）计算差额。

第一次替代与目标数的差额：

465 192−443 040=22 152（元）

第二次替代与第一次替代的差额：

478 296−465 192=13 104（元）

第三次替代与第二次替代的差额：

473 697−478 296=−4 599（元）

（4）产量增加使成本增加了 22 152 元，单价提高使成本增加了 13 104 元，而损耗率下降使成本减少了 4 599 元。

（5）各因素的影响程度之和 =22 152+13 104−4 599=30 657（元），与实际成本与目标成本的总差额相等。

为了使用方便，企业也可以通过运用因素分析表来求出各因素变动对实际成本的影响程度，其具体形式见表 8-7。

表 8-7　商品混凝土成本变动因素分析表

顺序	连环替代计算	差异（元）	因素分析
目标数	600 × 710 × 1.04		
第一次替代	630 × 710 × 1.04	22 152	由于产量增加 30 m^3，成本增加 22 152 元
第二次替代	630 × 730 × 1.04	13 104	由于单价提高 20 元，成本增加 13 104 元
第三次替代	630 × 730 × 1.03	−4 599	由于损耗率下降 1%，成本减少 4 599 元
合计	22 152+13 104−4 599=30 657	30657	

（3）差额计算法

差额计算法是因素分析法的一种简化形式，它利用各个因素的目标值与实际值的差额来计算其对成本的影响程度。

【案例 8-3】某施工项目某月的实际成本降低额比计划提高了 2.40 万元，见表 8-8。

表 8-8　降低成本计划与实际对比表

项目	单位	计划	实际	差额
预算成本	万元	300	320	+20
成本降低率	%	4	4.5	+0.5
成本降低额	万元	12	14.40	+2.40

根据表 8-8 资料，应用"差额计算法"分析预算成本和成本降低率对成本降低额的影响程度。

【解】

（1）预算成本增加对成本降低额的影响程度。

（320−300）× 4%=0.80 万元

（2）成本降低率提高对成本降低额的影响程度。

（4.5%−4%）× 320=1.60 万元

以上两项合计：

0.80+1.60=2.40 万元

（4）比率法

比率法是指用两个以上的指标的比例进行分析的方法。它的基本特点是：先把对比分析的数值变成相对数，再观察其相互之间的关系。常用的比率法有以下几种。

1）相关比率法

由于项目经济活动的各个方面是相互联系、相互依存、相互影响的，因而可以将两个性质不同且相关的指标加以对比，求出比率，并以此来考察经营成果的好坏。例如：产值和工资是两个不同的概念，但它们是投入与产出的关系。在一般情况下，都希望以最少的工资支出完成最大的产值。因此，用产值工资率指标来考核人工费的支出水平，可以很好地分析人工成本。

2）构成比率法

构成比率法又称比重分析法或结构对比分析法。通过构成比率，可以考察成本总量的构成情况及各成本项目占总成本的比重，同时也可看出预算成本、实际成本和降低成本的比例关系，从而寻求降低成本的途径，见表 8-9。

表 8-9　成本构成比例分析表

成本项目	预算成本		实际成本		降低成本		
	金额（万元）	比重	金额（万元）	比重	金额（万元）	占本项比（%）	占总量比（%）
一、直接成本	1 263.79	93.2	1 200.31	92.38	63.48	5.02	4.68
1. 人工费	113.36	8.36	119.28	9.18	−5.92	−5.22	−0.44
2. 材料费	1 006.56	74.23	939.67	72.32	66.89	6.65	4.93
3. 机具使用费	87.6	6.46	89.65	6.9	−2.05	−2.34	−0.15
4. 措施费	56.27	4.15	51.71	3.98	4.56	8.1	0.34
二、间接成本	92.21	6.8	99.01	7.62	−6.8	−7.37	−0.5
总成本	1356	100	1299.32	100	56.68	4.18	4.18
比例（%）	100	—	95.82	—	4.18	—	—

3)动态比率法

动态比率法是将同类指标不同时期的数值进行对比,求出比率,以分析该项指标的发展方向和发展速度。动态比率的计算通常采用基期指数和环比指数两种方法,见表 8-10。

表 8-10　指标动态比较表

指标	第一季度	第二季度	第三季度	第四季度
降低成本(万元)	45.6	47.8	52.5	64.3
基期指数(%)(第一季度 =100)		104.82	115.13	141.01
环比指数(%)(上一季度 =100)		104.82	109.83	122.48

2. 综合成本的分析方法

综合成本是指涉及多种生产要素并受多种因素影响的成本费用,如分部分项工程成本、月(季)度成本、年度成本等。由于这些成本都是随着项目施工的进展而逐步形成的,与生产经营有着密切的关系。因此,做好上述成本的分析工作,无疑将促进项目的生产经营管理,提高项目的经济效益。

(1)分部分项工程成本分析

分部分项工程成本分析是施工项目成本分析的基础。分部分项工程成本分析的对象为已完成分部分项工程,分析的方法是进行预算成本、目标成本和实际成本的“三算”对比,分别计算实际偏差和目标偏差,分析偏差产生的原因,为今后的分部分项工程成本寻求节约途径。

分部分项工程成本分析的资料来源:预算成本来自投标报价成本,目标成本来自施工预算,实际成本来自施工任务单的实际工程量、实耗人工和限额领料单的实耗材料。

由于施工项目包括很多分部分项工程,无法也没有必要对每一个分部分项工程都进行成本分析,特别是一些工程量小、成本费用少的零星工程。但是,对于那些主要分部分项工程必须进行成本分析,而且要做到从开工到竣工进行系统的成本分析。因为通过主要分部分项工程成本的系统分析,可以基本上了解项目成本形成的全过程,为竣工成本分析和今后的项目成本管理提供参考资料。

(2)月(季)度成本分析

月(季)度成本分析,是施工项目定期的、经常性的中间成本分析,对于施工项目来说具有特别重要的意义。通过月(季)度成本分析,可以及时发现问题,以便按照成本目标指定的方向进行监督和控制,保证项目成本目标的实现。

月(季)度成本分析的依据是当月(季)的成本报表,分析通常包括以下几个方面。

①通过实际成本与预算成本的对比,分析当月(季)的成本降低水平。通过累计实际成本与累计预算成本的对比,分析累计的成本降低水平,预测实现项目成本目标的前景。

②通过实际成本与目标成本的对比,分析目标成本的落实情况以及目标管理中的问题和不足,进而采取措施,加强成本管理,保证成本目标的实现。

③通过对各成本项目的成本分析,可以了解成本总量的构成比例和成本管理的薄弱环节。例如,在成本分析中,若发现人工费、机械费等项目大幅度超支,则应该对这些费用的收支配比关系进行研究,并采取应对措施,防止今后再超支。如果是属于规定的“政策性”亏损,则应从控制支出着手,把超支额压缩到最低限度。

④通过主要技术经济指标的实际与目标对比,分析产量、工期、质量、“三材”节约率、机械利用率等对成本的影响。

⑤通过对技术组织措施执行效果的分析,寻求更加有效的节约途径。

⑥分析其他有利条件和不利条件对成本的影响。

（3）年度成本分析

企业成本要求一年结算一次，不得将本年成本转入下一年度。而项目成本则以项目的寿命周期为结算期，要求从开工到竣工直至保修期结束连续计算，最后结算出总成本及其盈亏。由于项目的施工周期一般较长，除进行月（季）度成本核算和分析外，还要进行年度成本的核算和分析。这不仅是企业汇编年度成本报表的需要，同时也是项目成本管理的需要，通过年度成本的综合分析，可以总结一年来成本管理的成绩和不足，为今后的成本管理提供经验和教训，从而可对项目成本进行更有效的管理。

年度成本分析的依据是年度成本报表：年度成本分析的内容，除了月（季）度成本分析的六个方面以外，重点是针对下一年度的施工进展情况制定切实可行的成本管理措施，以保证施工项目成本目标的实现。

（4）竣工成本的综合分析

凡是有几个单位工程（即成本核算对象）且单独进行成本核算的施工项目，其竣工成本分析应以各单位工程竣工成本分析资料为基础，再加上项目管理层的经营效益（如资金调度、对外分包等所产生的效益）进行综合分析。如果施工项目只有一个成本核算对象（单位工程），就以该成本核算对象的竣工成本资料作为成本分析的依据。

单位工程竣工成本分析，应包括以下三方面内容。

①竣工成本分析。

②主要资源节超对比分析。

③主要技术节约措施及经济效果分析。

成本项目的分析方法

通过以上分析，可以全面了解单位工程的成本构成和降低成本的来源，为今后同类工程的成本管理提供参考。

3. 成本项目的分析方法

4. 专项成本分析方法

专项成本分析方法

8.3.5 施工成本考核的依据和方法

成本考核是指衡量成本降低的实际成果，也是对成本指标完成情况的总结和评价。组织应根据项目成本管理制度，确定项目成本考核目的、时间、范围、对象、方式、依据、指标以及组织领导、评价与奖惩原则。

1. 成本考核的依据

成本考核的依据包括成本计划、成本控制、成本核算和成本分析的资料。成本考核的主要依据是成本计划确定的各类指标。

成本计划一般包括以下三类指标。

（1）成本计划的数量指标

①按子项汇总的工程项目计划总成本指标。

②按分部汇总的各单位工程（或子项目）计划成本指标。

③按人工、材料、机具等各主要生产要素划分的计划成本指标。

（2）成本计划的质量指标

$$设计预算总成本计划降低率=\frac{设计预算总成本计划降低额}{设计预算总成本} \tag{8-13}$$

$$责任目标总成本计划降低率=\frac{责任目标总成本计划降低额}{责任目标总成本} \tag{8-14}$$

（3）成本计划的效益指标

设计预算总成本计划降低额 = 设计预算总成本 − 计划总成本

责任目标总成本计划降低额 = 责任目标总成本 − 计划总成本

2. 成本考核的方法

公司应以项目成本降低额、项目成本降低率作为项目管理机构成本考核的主要指标。要加强公司层对项目管理机构的指导，并充分依靠管理人员、技术人员和作业人员的经验和智慧，防止项目管理在企业内部异化为靠少数人承担风险的以包代管模式。成本考核也可分别考核公司层和项目管理机构。

公司应对项目管理机构的成本和效益进行全面评价、考核与奖惩。公司层对项目管理机构进行考核与奖惩时，既要防止虚盈实亏，也要避免实际成本归集差错等的影响，使成本考核真正做到公平、公正、公开，在此基础上落实成本管理责任制的奖惩措施。项目管理机构应根据成本考核结果对相关人员进行奖惩。

本章小结

本章主要介绍了成本管理的任务、程序和措施，成本计划的类型，施工预算和施工图预算的区别及对比，成本计划的编制依据、编制程序和编制方法，成本控制的依据、程序和方法，成本核算的原则、依据、范围、程序和方法，成本分析的依据、内容、步骤和方法，成本考核的依据和方法。

习 题

1. 成本管理的任务和措施各有哪些？
2. 成本计划的类型有哪几种？ 各自的含义是什么？
3. 请简述施工图预算与施工预算的区别。
4. 成本计划的编制方法有哪几种？ 具体内容是什么？
5. 成本控制的程序是怎样的？
6. 赢得值法的三个基本参数和四个评价指标是什么？ 请简述各自的含义。
7. 产生费用偏差的原因和纠偏措施各有哪些？
8. 成本核算的原则、依据和方法是什么？
9. 成本分析的基本方法有哪些？ 什么因素分析法？
10. 专项成本分析方法有哪些？
11. 成本考核的指标有哪些？
12. 某工程项目进展到第 10 周后，对前 9 周的工作进行了统计检查，有关统计情况见表 8-13。

表 8-13 前 9 周成本统计表

工作代号	计划工作预算费用 *BCWS*（元）	已完成工作（%）	已完工作实际费用 *ACWP*（元）	已完工作预算费用 *BCWP*（元）
A	420 000	100	425 200	
B	308 000	80	246 800	
C	230 880	100	254 034	
D	280 000	100	280 000	
9 周末合计				

问题：

（1）将表 8-13 复制到作业本上，在表中计算前 9 周每项工作（A、B、C、D 工作项）的 *BCWP*。

（2）计算第 9 周末的费用偏差 *CV* 与进度偏差 *SV*，并对其结果含义加以说明。

（3）计算第 9 周末的费用绩效指数 *CPI* 与进度绩效指数 *SPI*（计算结果保留至小数点后 2 位），并对其结果含义加以说明。

（4）假设项目计划预算的总成本是 1 550 000 元，根据前 9 周的执行情况，求 *EAC*。

13. 某项目商品混凝土目标成本为 728 175 元，实际成本为 764 400 元，比目标成本增加 36 225 元，资料见表 8-14。请用因素分析法分析成本增加的原因。

表 8-14　商品混凝土目标成本与实际成本对比表

名称	单位	目标	实际	差额
产量	m^3	950	980	+30
单价	元	730	750	+20
损耗率	%	5	4	-1
成本	元	728 175	764 400	+36 225

14. 某施工项目某月的实际成本降低额比计划提高了 5.30 万元，见表 8-15。

表 8-15　降低成本计划与实际对比表

项目	单位	计划	实际	差额
预算成本	万元	620	660	+40
成本降低率	%	5	5.5	+0.5
成本降低额	万元	31	36.3	+5.30

应用“差额计算法”分析预算成本和成本降低率对成本降低额的影响程度。

15. 某施工项目 2018 年度各季度实际比计划降低成本的数据见表 8-16，请计算第二、三、四季度的降低成本的基期指数和环比指数，直接填写在表格中。

表 8-16　指标动态比较表

指标	第一季度	第二季度	第三季度	第四季度
降低成本（万元）	87.5	92.8	84.5	102.6
基期指数（%）（第一季度 =100）	—			
环比指数（%）（上一季度 =100）	—			

第9章　建设工程施工安全管理

教学目标

学习目标:了解我国安全管理体制和安全生产现状;熟悉安全管理的14项制度;掌握危险源的识别和控制;掌握建筑施工安全管理的实施方法和措施;掌握施工现场安全管理的程序;熟悉安全检查的内容。熟悉施工安全管理的目的、管理对象、管理方针、基本原则和工作要求;掌握安全管理的目标与技术和管理措施;掌握安全检查和安全隐患的处理;掌握施工安全预案的编制,熟悉安全事故的处理。

能力目标:能在当前施工现场的背景下编制施工现场安全管理方案;具有能基本抓住施工现场的安全控制点,采取相应安全防范措施的能力;能对施工现场安全管理进行正确的安全检查和评定;结合本章知识和案例能判别一个安全施工方案的全面性。

教学情景

理论情景:"安全第一,预防为主,综合治理",是我国安全生产的基本方针,贯彻这一方针必须要有科学的安全管理方式,针对我国目前建筑施工安全事故,制订安全管理目标,采取怎样的安全管理技术措施和组织措施将在本章结合相关工程案例详细讲述。

9.1　施工安全管理制度体系

施工安全管理的背景

9.1.1　施工安全管理的背景

9.1.2　施工安全管理体系建立的重要性和原则

施工安全管理体系建立的重要性和原则

9.1.3　施工安全管理制度体系的主要内容

《中华人民共和国建筑法》《中华人民共和国安全生产法》《建设工程安全生产管理条

例》《生产安全事故报告和调查处理条例》《特种设备安全监察条例》《安全生产许可证条例》等建设工程相关法律法规对政府主管部门、相关企业及相关人员的建设工程安全生产和管理行为进行了全面的规范，为建设工程施工安全生产管理制度体系的建立奠定了基础。现阶段涉及施工企业的主要安全生产管理制度包括以下几方面。

1. 安全生产责任制度

安全生产责任制是最基本的安全管理制度，是所有安全生产管理制度的核心。安全生产责任制是按照安全生产管理方针和"管生产的同时必须管安全"的原则，将各级负责人员、各职能部门及其工作人员和各岗位生产工人在安全生产方面应做的事情及应负的责任加以明确规定的一种制度。安全生产责任制度的主要内容如下。

①企业和项目相关人员的安全职责：包括企业法定代表人和主要负责人，企业安全管理机构负责人和安全生产管理人员，施工项目负责人、技术负责人、项目专职安全生产管理人员以及班组长、施工员、安全员等项目各类人员的安全责任。

②对各级、各部门安全生产责任制的执行情况制定检查和考核办法，并按规定期限进行考核，对考核结果及兑现情况应有记录。

③明确总、分包的安全生产责任。实行总承包的由总承包单位负责，分包单位向总包单位负责，服从总包单位对施工现场的安全管理，分包单位在其分包范围内建立施工现场安全生产管理制度，并组织实施。

④项目的主要工种应有相应的安全技术操作规程，一般应包括砌筑、拌灰、混凝土、木作、钢筋、机械、电气焊、起重、信号指挥、塔式起重机司机、架子、水暖、油漆等工种，特殊作业应另行补充。应将安全技术操作规程列为日常安全活动和安全教育的主要内容，并应悬挂在操作岗位前。

⑤施工现场应按工程项目大小配备专（兼）职安全人员。以建筑工程为例，建筑面积 1×10^4 m^2 以下的工地至少有一名专职人员；1×10^4 m^2 以上的工地设 2~3 名专职人员；5×10^4 m^2 以上的大型工地，按不同专业组成安全管理组进行安全监督检查。

总之，安全生产责任制纵向方面是各级人员的安全生产责任制，即从最高管理者、管理者代表到项目负责人（项目经理）、技术负责人（工程师）、专职安全生产管理人员、施工员、班组长和岗位人员等各级人员的安全生产责任制。横向方面是各个部门的安全生产责任制，即各职能部门（如安全环保、设备、技术、生产、财务等部门）的安全生产责任制。只有这样，才能建立健全安全生产责任制，做到群防群治。

2. 安全生产许可证制度

国务院自 2004 年 1 月 13 日起公布实施《安全生产许可证条例》，并于 2014 年进行了修正。该条例规定国家对建筑施工企业实施安全生产许可证制度。其目的是严格规范安全生产条件，进一步加强安全生产监督管理，防止和减少生产安全事故。

国务院建设主管部门负责中央管理的建筑施工企业安全生产许可证的颁发和管理。其他企业由省、自治区、直辖市人民政府建设主管部门进行颁发和管理，并接受国务院建设主管部门的指导和监督。

施工企业进行生产前，应当依照《安全生产许可证条例》的规定向安全生产许可证颁发管理机关申请领取安全生产许可证。严禁未取得安全生产许可证的建筑施工企业从事建筑施工活动。

安全生产许可证的有效期为 3 年。安全生产许可证有效期满需要延期的，企业应当于期满前 3 个月向原安全生产许可证颁发管理机关办理延期手续。

企业在安全生产许可证有效期内，严格遵守有关安全生产的法律法规，未发生死亡事故的，安全生产许可证有效期届满时，经原安全生产许可证的颁发管理机关同意，不再审查，安全生产许可证有效期延期 3 年。

企业不得转让、冒用安全生产许可证或者使用伪造的安全生产许可证。

3. 政府安全生产监督检查制度

政府安全生产监督检查制度是指国家法律、法规授权的行政部门，代表政府对企业的安全生产过程实施监督管理。《建设工程安全生产管理条例》第五章“监督管理”对建设工程安全生产监督管理制度的规定内容如下。

①国务院负责安全生产监督管理的部门依照《中华人民共和国安全生产法》的规定，对全国建设工程安全生产工作实施综合监督管理。

②县级以上地方人民政府负责安全生产监督管理的部门依照《中华人民共和国安全生产法》的规定，对本行政区域内建设工程安全生产工作实施综合监督管理。

③国务院建设行政主管部门对全国的建设工程安全生产实施监督管理。国务院铁路、交通、水利等有关部门按照国务院规定的职责分工，负责有关专业建设工程安全生产的监督管理。

④县级以上地方人民政府建设行政主管部门对本行政区域内的建设工程安全生产实施监督管理。县级以上地方人民政府交通、水利等有关部门在各自的职责范围内，负责本行政区域内的专业建设工程安全生产的监督管理。

⑤县级以上地方人民政府负有建设工程安全生产监督管理职责的部门在各自的职责范围内履行安全监督检查职责时，有权纠正施工中违反安全生产要求的行为，责令立即排除检查中发现的安全事故隐患，对重大隐患可以责令暂时停止施工。建设行政主管部门或者其他有关部门可以将施工现场安全监督检查委托给建设工程安全监督机构具体实施。

4. 安全生产教育培训制度

施工企业安全生产教育培训一般包括对管理人员、特种作业人员和企业员工的安全教育。

（1）管理人员的安全教育

①企业领导的安全教育。其主要内容包括：国家有关安全生产的方针、政策、法律、法规及有关规章制度；安全生产管理职责、企业安全生产管理知识及安全文化；有关事故案例及事故应急处理措施等。

②项目经理、技术负责人和技术干部的安全教育。其主要内容包括：安全生产方针、政策和法律、法规；项目经理部安全生产责任；典型事故案例剖析；本系统安全及其相应的安全技术知识等。

③行政管理干部的安全教育。其主要内容包括：安全生产方针、政策和法律、法规；基本的安全技术知识；本职的安全生产责任等。

④企业安全管理人员的安全教育。其主要内容包括：国家有关安全生产的方针、政策、法律、法规和安全生产标准；企业安全生产管理、安全技术、职业病知识、安全文件；员工伤亡事故和职业病统计报告及调查处理程序；有关事故案例及事故应急处理措施等。

⑤班组长和安全员的安全教育。其主要内容包括：安全生产法律、法规、安全技术及技能、职业病和安全文化的知识；本企业、本班组和工作岗位的危险因素、安全注意事项；本岗位安全生产职责；事故抢救与应急处理措施；典型事故案例等。

（2）特种作业人员的安全教育

特种作业是指对操作者本人，尤其对他人或周围设施的安全有重大危害因素的作业。

直接从事特种作业的人，称为特种作业人员。《特种作业人员安全技术培训考核管理规定》已经2010年4月26日国家安全生产监督管理总局局长办公会议审议通过，自2010年7月1日起施行，2015年5月29日国家安全监管总局令第80号第二次修正。调整后的特种作业范围共11个作业类别51个工种。这些特种作业具备以下特点：一是独立性，必须有独立的岗位，由专人操作的作业，操作人员必须具备一定的安全生产知识和技能；二是危险性，必须是危险性较大的作业，如果操作不当，容易对操作者本人、他人或物造成伤害，甚至发生重大伤亡事故；三是特殊性，从事特种作业的人员不能很多，总体上讲每个类别的特种作业人员一般不超过该行业或领域全体从业人员的30%。

特种作业人员应具备的条件是：①年满18周岁，且不超过国家法定退休年龄；②经社区或者县级以上医疗机构体检健康合格，并无妨碍从事相应特种作业的器质性心脏病、癫痫病、美尼尔氏症、眩晕症、癔症、震颤麻痹症、精神病、痴呆症以及其他疾病和生理缺陷；③具有初中及以上文化程度；④具备必要的安全技术知识与技能；⑤相应特种作业规定的其他条件。危险化学品特种作业人员除符合第①项、第②项、第④项和第⑤项规定的条件外，应当具备高中或者相当于高中及以上文化程度。

由于特种作业较一般作业的危险性更大，所以，特种作业人员必须经过安全培训和严格考核。对特种作业人员的安全教育应注意以下三点。

①特种作业人员上岗作业前，必须进行专门的安全技术和操作技能的培训教育，这种培训教育要实行理论教学与操作技术训练相结合的原则，重点放在提高其安全操作技术和预防事故的实际能力上。

②培训后，经考核合格方可取得操作证，并准许独立作业。

③取得操作证的特种作业人员，必须定期进行复审。特种作业操作证每 3 年复审 1 次。

特种作业人员在特种作业操作证有效期内，连续从事本工种 10 年以上，严格遵守有关安全生产法律法规的，经原考核发证机关或者从业所在地考核发证机关同意，特种作业操作证的复审时间可以延长至每 6 年 1 次。

（3）企业员工的安全教育

企业员工的安全教育主要有新员工上岗前的三级安全教育、改变工艺和变换岗位安全教育、经常性安全教育三种形式。

1）新员工上岗前的三级安全教育

新员工上岗前的三级安全教育，通常是指进厂、进车间、进班组三级，对建设工程来说，具体指企业（公司）、项目（或工区、工程处、施工队）、班组三级。

企业新员工上岗前必须进行三级安全教育，企业新员工须按规定通过三级安全教育和实际操作训练，并经考核合格后方可上岗。

第一，企业（公司）级安全教育由企业主管领导负责，企业职业健康安全管理部门会同有关部门组织实施，内容应包括安全生产法律、法规，通用安全技术、职业卫生和安全文化的基本知识，本企业安全生产规章制度及状况、劳动纪律和有关事故案例等内容。

第二，项目（或工区、工程处、施工队）级安全教育由项目级负责人组织实施，专职或兼职安全员协助，内容包括工程项目的概况，安全生产状况和规章制度，主要危险因素及安全事项，预防工伤事故和职业病的主要措施，典型事故案例及事故应急处理措施等。

第三，班组级安全教育由班组长组织实施，内容包括遵章守纪，岗位安全操作规程，岗位间工作衔接配合的安全生产事项，典型事故及发生事故后应采取的紧急措施，劳动防护用品（用具）的性能及正确使用方法等内容。

2）改变工艺和变换岗位时的安全教育

第一，企业（或工程项目）在实施新工艺、新技术或使用新设备、新材料时，必须对有关人员进行相应级别的安全教育，要按新的安全操作规程教育和培训参加操作的岗位员工和有关人员，使其了解新工艺、新设备、新产品的安全性能及安全技术，以适应新的岗位作业的安全要求。

第二，当组织内部员工发生从一个岗位调到另外一个岗位，或从某工种改变为另一工种，或因放长假离岗一年以上重新上岗的情况，企业必须进行相应的安全技术培训和教育，以使其掌握现岗位安全生产特点和要求。

3）经常性安全教育

无论何种教育都不可能是一劳永逸的，安全教育同样如此，必须坚持不懈、经常不断地进行，这就是经常性安全教育。在经常性安全教育中，安全思想、安全态度教育最重要。进行安全思想、安全态度教育，要通过采取多种多样形式的安全教育活动，激发员工搞好安全生产的热情，促使员工重视和真正实现安全生产。经常性安全教育的形式有每天的班前班后会上说明安全注意事项、安全活动日、安全生产会议、事故现场会、张贴安全生产招贴画、宣传标语及标志等。

5. 安全技术措施计划制度

安全技术措施计划制度是指企业进行生产活动时，必须编制安全措施计划。它是企业有计划地改善劳动条件和安全卫生设施，防止工伤事故和职业病的重要措施之一，对企业加强劳动保护、改善劳动条件、保障职工的安全和健康、促进企业生产经营的发展都起着积极作用。

安全技术措施计划的范围应包括改善劳动条件、防止事故发生、预防职业病和职业中毒等内容，具体包括以下几方面。

（1）安全技术措施

安全技术措施是预防企业员工在工作过程中发生工伤事故的各项措施，包括防护装置、保险装置、信号装置和防爆炸装置等。

（2）职业卫生措施

职业卫生措施是预防职业病和改善职业卫生环境的必要措施，其中包括防尘、防毒、防噪声、通风、照明、取暖、降温等措施。

（3）辅助用房间及设施

辅助用房间及设施是为了保证生产过程安全卫生所必需的房间及一切设施，包括更衣室、休息室、淋浴室、消毒室、妇女卫生室、厕所和冬季作业取暖室等。

（4）安全宣传教育措施

安全宣传教育措施是为了宣传普及有关安全生产法律、法规、基本知识所需要的措施，其主要内容包括：安全生产教材、图书、资料，安全生产展览，安全生产规章制度，安全操作方法训练设施，劳动保护和安全技术的研究与实验等。

安全技术措施计划编制可以按照“工作活动分类→危险源识别→风险确定→风险评价→制订安全技术措施计划→评价安全技术措施计划的充分性”的步骤进行。

6. 特种作业人员持证上岗制度

根据《建设工程安全生产管理条例》第二十五条：垂直运输机械作业人员、起重机械安装拆卸工、爆破作业人员、起重信号工、登高架设作业人员等特种作业人员，必须按照国家有关规定经过专门的安全作业培训，并取得特种作业操作证后，方可上岗作业。

根据2015年5月29日国家安全监管总局令第80号第二次修正的《特种作业人员安全技术培训考核管理规定》，特种作业操作资格证书在全国范围内有效。特种作业操作证每3年复审一次。连续从事本工种10年以上的，经用人单位进行知识更新教育后，复审时间可延长至每6年一次。离开特种作业岗位达6个月以上的特种作业人员，应当重新进行实际操作考核，经确认合格后方可上岗作业。

对于未经培训考核，即从事特种作业的，《建设工程安全生产管理条例》第六十二条规定了行政处罚。造成重大安全事故，构成犯罪的，对直接责任人员，依照刑法的有关规定追究刑事责任。

7. 专项施工方案专家论证制度

《建设工程安全生产管理条例》第二十六条规定：施工单位应当在施工组织设计中编制安全技术措施和施工现场临时用电方案，对下列达到一定规模的危险性较大的分部分项工程编制专项施工方案，并附具安全验算结果，经施工单位技术负责人、总监理工程师签字后实施，由专职安全生产管理人员进行现场监督：基坑支护与降水工程；土方开挖工程；模板工程；起重吊装工程；脚手架工程；拆除、爆破工程；国务院建设行政主管部门或者其他有关部门规定的其他危险性较大的工程。对所列工程中涉及深基坑、地下暗挖工程、高大模板工程的专项施工方案，施工单位还应当组织专家进行论证、审查。

8. 严重危及施工安全的工艺、设备、材料淘汰制度

严重危及施工安全的工艺、设备、材料是指不符合生产安全要求，极有可能导致生产安全事故发生，致使人民生命和财产遭受重大损失的工艺、设备和材料。

《建设工程安全生产管理条例》第四十五条规定："国家对严重危及施工安全的工艺、设备、材料实行淘汰制度。具体目录由国务院建设行政主管部门会同国务院其他有关部门制定并公布。"淘汰制度的实施,一方面有利于保障安全生产;另一方面也体现了优胜劣汰的市场经济规律,有利于提高施工单位的工艺水平,促进设备更新。

对于已经公布的严重危及施工安全的工艺、设备和材料,建设单位和施工单位都应当严格遵守和执行,不得继续使用此类工艺和设备,也不得转让他人使用。

9. 施工起重机械使用登记制度

《建设工程安全生产管理条例》第三十五条规定:"施工单位应当自施工起重机械和整体提升脚手架、模板等自升式架设设施验收合格之日起三十日内,向建设行政主管部门或者其他有关部门登记。登记标志应当置于或者附着于该设备的显著位置。"

这是对施工起重机械的使用进行监督和管理的一项重要制度,能够有效防止不合格机械和设施投入使用。同时,还有利于监管部门及时掌握施工起重机械和整体提升脚手架、模板等自升式架设设施的使用情况,以利于监督管理。

进行登记应当提交施工起重机械有关资料,应包括:生产方面的资料,如设计文件、制造质量证明书、监督检验证书、使用说明书、安装证明等;使用的有关情况资料,如施工单位对于这些机械和设施的管理制度和措施、使用情况、作业人员的情况等。

监管部门应当对登记的施工起重机械建立相关档案,及时更新,加强监管,减少生产安全事故的发生。施工单位应当将标志置于显著位置,便于使用者监督,保证施工起重机械的安全使用。

10. 安全检查制度

(1)安全检查的目的

安全检查制度是清除隐患、防止事故、改善劳动条件的重要手段,是企业安全生产管理工作的一项重要内容。通过安全检查可以发现企业及生产过程中的危险因素,以便有计划地采取措施,保证安全生产。

(2)安全检查的方式

检查方式有企业组织的定期安全检查,各级管理人员的日常巡回安全检查,专业性安全检查,季节性安全检查,节假日前后的安全检查,班组自检、互检、交接检查,不定期安全检查等。

(3)安全检查的内容

安全检查包括查思想、查管理、查隐患、查整改、查伤亡事故处理等。安全检查的重点是检查"三违"和安全责任制的落实。检查后应编写安全检查报告,报告应包括已达标项目、未达标项目、存在问题、原因分析、纠正和预防措施等内容。

(4)安全隐患的处理程序

对查出的安全隐患,不能立即整改的,要制订整改计划,定人、定措施、定经费、定完成日期。在消除安全隐患前,必须采取可靠的防范措施,如有危及人身安全的紧急险情,应立即停工,并应按照"登记→整改→复查→销案"的程序处理安全隐患。

11. 生产安全事故报告和调查处理制度

关于生产安全事故报告和调查处理制度,《中华人民共和国安全生产法》《中华人民共和国建筑法》《建设工程安全生产管理条例》《生产安全事故报告和调查处理条例》《特种设备安全监察条例》等法律法规都对此作出了相应规定。

《中华人民共和国安全生产法》第八十条规定:"生产经营单位发生生产安全事故后,事故现场有关人员应当立即报告本单位负责人。单位负责人接到事故报告后,应当迅速采取有效措施,组织抢救,防止事故扩大,减少人员伤亡和财产损失,并按照国家有关规定立即如实报告当地负有安全生产监督管理职责的部门,不得隐瞒不报、谎报或者拖延不报，不得故意破坏事故现场、毁灭有关证据。”

《中华人民共和国建筑法》第五十一条规定：“施工中发生事故时，建筑施工企业应当采取紧急措施减少人员伤亡和事故损失，并按照国家有关规定及时向有关部门报告。”

《建设工程安全生产管理条例》第五十条规定：“施工单位发生生产安全事故，应当按照国家有关伤亡事故报告和调查处理的规定，及时、如实地向负责安全生产监督管理的部门、建设行政主管部门或者其他有关部门报告。特种设备发生事故的，还应当同时向特种设备安全监督管理部门报告。接到报告的部门应当按照国家有关规定，如实上报。”本条是关于发生伤亡事故时的报告义务的规定。一旦发生安全事故，及时报告有关部门是及时组织抢救的基础，也是认真进行调查分清责任的基础。因此，施工单位在发生安全事故时，不能隐瞒事故情况。

《特种设备安全监察条例》第六十二条规定：“特种设备发生事故，事故发生单位应当迅速采取有效措施，组织抢救，防止事故扩大，减少人员伤亡和财产损失，并按照国家有关规定，及时、如实地向负有安全生产监督管理职责的部门和特种设备安全监督管理部门等有关部门报告。不得隐瞒不报、谎报或者拖延不报。”条例规定在特种设备发生事故时，应当同时向特种设备安全监督管理部门报告。这是因为特种设备的事故救援和调查处理专业性、技术性更强，因此，由特种设备安全监督部门组织有关救援和调查处理更方便一些。

2007 年 6 月 1 日起实施的《生产安全事故报告和调查处理条例》对生产安全事故报告和调查处理制度作了更加明确的规定。

12.“三同时”制度

“三同时”制度是指凡是我国境内新建、改建、扩建的基本建设项目（工程），技术改建项目（工程）和引进的建设项目，其安全生产设施必须符合国家规定的标准，必须与主体工程同时设计、同时施工、同时投入生产和使用。安全生产设施主要是指安全技术方面的设施、职业卫生方面的设施、生产辅助性设施。

《中华人民共和国劳动法》第五十三条规定：“新建、改建、扩建工程的劳动安全卫生设施必须与主体工程同时设计、同时施工、同时投入生产和使用。”

《中华人民共和国安全生产法》第二十八条规定：“生产经营单位新建、改建、扩建工程项目的安全设施，必须与主体工程同时设计、同时施工、同时投入生产和使用。安全设施投资应当纳入建设项目概算。”

新建、改建、扩建工程的初步设计要经过行业主管部门、安全生产管理部门、卫生部门和工会的审查，同意后方可进行施工。工程项目完成后，必须经过主管部门、安全生产管理行政部门、卫生部门和工会的竣工检验。建设工程项目投产后，不得将安全设施闲置不用，生产设施必须和安全设施同时使用。

13. 安全预评价制度

安全预评价是在建设工程项目前期，应用安全评价的原理和方法对工程项目的危险性、危害性进行预测性评价。

开展安全预评价工作，是贯彻落实“安全第一、预防为主、综合治理”方针的重要手段，是企业实施科学化、规范化安全管理的工作基础。科学、系统地开展安全评价工作，不仅直接起到了消除危险有害因素、减少事故发生的作用，有利于全面提高企业的安全管理水平，而且有利于系统地、有针对性地加强对不安全状况的治理、改造，最大限度地降低安全生产风险。

14. 工伤和意外伤害保险制度

根据 2010 年 12 月 20 日修订后重新公布的《工伤保险条例》规定，工伤保险属于法定的强制性保险。工伤保险费的征缴按照《社会保险费征缴暂行条例》关于基本养老保险费、基本医疗保险费、失业保险费的征缴规定执行。而自 2011 年 7 月 1 日起实施的新《中华人民共和国建筑法》第四十八条规定：“建筑施工企业应当依法为职工参加工伤保险缴纳工伤保险费。鼓励企业为从事危险作业的职工办理意外伤害保险，支付保险费。”修正后的《中华人民共和国建筑法》与修订后的《中华人民共和国社会保险法》和《工伤保险条例》等法律法规的规定保持一致，明确了建筑施工企业作为用人单位，为职工参加工伤保险并缴纳工伤保险费是其应尽的法定义务，但为从事危险作业的职工投保意外伤害险并非强制性规定，是否投保意外伤害险由建筑施工企业自主决定。

9.2 危险源的识别和风险控制

9.2.1 危险源的分类

危险源是安全管理的主要对象，在实际生活和生产过程中的危险源是以多种多样的形式存在的。虽然危险源的表现形式不同，但从本质上说，能够造成危害后果的（如伤亡事故、人身健康受损害、物体受破坏和环境污染等），均可归结为能量的意外释放或约束、限制能量和危险物质措施失控的结果。

根据危险源在事故发生发展中的作用，危险源可分为两大类，即第一类危险源和第二类危险源。

1. 第一类危险源

能量和危险物质的存在是危害产生的根本原因，通常把可能发生意外释放的能量（能源或能量载体）或危险物质称作第一类危险源。

第一类危险源是事故发生的物理本质，危险性主要表现为导致事故而造成后果的严重程度方面。第一类危险源危险性的大小主要取决于以下几个方面。

①能量或危险物质的量。

②能量或危险物质意外释放的强度。

③意外释放的能量或危险物质的影响范围。

2. 第二类危险源

造成约束、限制能量和危险物质措施失控的各种不安全因素称作第二类危险源。第二类危险源主要体现在设备故障或缺陷（物的不安全状态）、人为失误（人的不安全行为）和管理缺陷等几个方面。

3. 危险源与事故

事故的发生是两类危险源共同作用的结果，第一类危险源是事故发生的前提，第二类危险源是第一类危险源导致事故的必要条件。在事故的发生和发展过程中，两类危险源相互依存，相辅相成。第一类危险源是事故的主体，决定事故的严重程度，第二类危险源出现的难易，决定事故发生可能性的大小。

9.2.2 危险源识别

危险源识别是安全管理的基础工作，主要目的是找出与每项工作活动有关的所有危险源，并考虑这些危险源可能会对什么人造成什么样的伤害，或导致什么设备设施损坏等。

1. 危险源的识别

我国在 2009 年发布了国家标准《生产过程危险和有害因素分类与代码》（GB/T 13861—2009），该标准适用于各个行业在规划、设计和组织生产时对危险源的预测和预防、伤亡事故的统计分析和应用计算进行管理。在进行危险源识别时，可参照该标准的分类和编码。

按照该标准，危险源分为以下四类：人的因素、物的因素、环境因素和管理因素。

2. 危险源识别的方法

危险源识别的方法有询问交谈、现场观察、查阅有关记录、获取外部信息、工作任务分析、安全检查表、危险与操作性研究、事故树分析和故障树分析等。这些方法各有特点和局限性，往往采用两种或两种以上的方法识别危险源。以下简单介绍常用的两种方法。

（1）专家调查法

专家调查法是通过向有经验的专家咨询、调查，识别、分析和评价危险源的一类方法，其优点是简便、易行，缺点是受专家的知识、经验和占有资料的限制，可能出现遗漏。常用的有头脑风暴法（Brainstorming）和德尔菲（Delphi）法。

（2）安全检查表法

安全检查表（Safety Check List，SLC）实际上是实施安全检查和诊断项目的明细表。运用已编制好的安全检查表，进行系统的安全检查，识别工程项目存在的危险源。检查表的内容一般包括分类项目、检查内容及要求、检查以后处理意见等。可以用“是”“否”作回答或“√”“×”符号作标记，同时注明检查日期，并由检查人员和被检单位同时签字。安全检查表法的优点是简单易懂、容易掌握，可以事先组织专家编制检查内容，使安全、检查做到系统化、完整化。缺点是只能作出定性评价。

9.2.3　危险源的评估

危险源的评估

9.2.4　安全风险的控制

1. 风险控制策划

风险评价后，应分别列出所有识别的危险源和重大危险源清单，对已经评价出的、不容许的和重大风险（重大危险源）进行优先排序，由工程技术主管部门的相关人员进行风险控制策划，制订风险控制措施计划或管理方案。对于一般危险源可以通过日常管理程序来实施控制。

2. 风险控制措施计划

不同的组织，不同的工程项目需要根据不同的条件和风险量来选择适合的控制策略和管理方案。表 9-2 所表示的是针对不同风险水平的风险控制措施计划表。在实际应用中，应该根据风险评价所得出的不同风险源和风险量大小（风险水平）选择不同的控制策略。

风险控制措施计划在实施前宜进行评审。评审主要包括以下内容。

①更改的措施是否使风险降低至可允许水平。

②是否产生新的危险源。

③是否已选定了成本效益最佳的解决方案。

④更改的预防措施是否能得以全面落实。

表 9-2　基于不同风险水平的风险控制措施计划表

风险等级	措　施
可忽略的	不采取措施且不必保留文件记录
可容许的	不需要另外的控制措施，应考虑投资效果更佳的解决方案或不增加额外成本的改进措施，需要监视来确保控制措施得以维持
中度的	应努力降低风险，但应仔细测定并限定预防成本，并在规定的时间期限内实施降低风险的措施。在中度风险与严重伤害后果相关的场合，必须进一步评价，以更准确地确定伤害的可能性，以确定是否需要改进控制措施
重大的	直至风险降低后才能开始工作。为降低风险有时必须配给大量的资源。当风险涉及正在进行中的工作时，就应采取应急措施
不容许的	只有当风险已经降低时，才能开始或继续工作。如果无限的资源投入也不能降低风险，就必须禁止工作

3. 风险控制的方法

（1）第一类危险源控制方法

可以采取消除危险源、限制能量和隔离危险物质、个体防护、应急救援等方法控制第一类危险源。建设工程可能遇到不可预测的各种自然灾害引发的风险，只能采取预测、预防、应急计划和应急救援等措施，以尽量消除或减少人员伤亡和财产损失。

（2）第二类危险源控制方法

第二类危险源控制方法有提高各类设施的可靠性以消除或减少故障、增加安全系数、设置安全监控系统、改善作业环境等。最重要的是加强员工的安全意识培训和教育，克服不良的操作习惯，严格按章办事，并在生产过程中保持良好的生理和心理状态。

9.3 施工安全管理

9.3.1 施工安全管理概述

1. 施工安全管理的含义

施工安全管理是指在既定的安全方针下，确定安全管理目标和职责，并在安全体系中，通过安全策划、安全检查、安全检验和安全改进等，使其实施全部管理职能的所有活动。

2. 施工安全管理的目的

施工安全管理的目的是预防、消灭事故，防止或消除事故伤害，保护劳动者的安全与健康。

3. 施工安全管理的主体

施工安全管理的主体包括以下几方面。

①建设行政主管部门，它对建设活动中的安全问题所进行的行业管理。

②从事建设活动的主体，它们对自己建设活动的安全生产所进行的企业管理，包括建设单位对安全生产的管理、设计单位对安全生产的管理、施工单位对建设工程安全生产的管理、监理单位对建设工程安全生产的监理等。

4. 施工安全管理的客体

施工安全管理主要以施工活动中的人力、物力和环境为控制对象，建立一个安全的生产体系，确保施工活动的顺利进行。施工安全管理控制对象见表9-3。

表9-3 施工安全管理控制对象

对象	措施	目的
劳动者	依法制定有关安全的政策、法规、条例，对劳动者进行安全教育，增强劳动者的安全意识、知识和技能，给予劳动者人身安全、健康用品及法律保障的措施	约束控制劳动者的不安全行为，消除或减少主观上的安全隐患
劳动手段 劳动对象	改善施工工艺、改进设备性能，以消除和控制生产过程中可能出现的危险因素，避免损失扩大的安全技术保证措施	规范物的状态，以消除和减轻其对劳动者的威胁和造成财产损失
劳动条件 劳动环境	防止和控制施工中高温、严寒、粉尘、噪声、振动、毒气、毒物等对劳动者安全与健康影响的医疗、保健、防护措施及对环境的保护措施	改善和创造良好的劳动条件，防止职业伤害，保护劳动者身体健康和生命安全

5. 安全生产管理的五种关系

"安全要确保零事故，质量要确保零缺陷"是工程质量与安全追求的目标。为有效地将生产因素的状态控制好，在实施安全管理过程中，必须正确处理好五种关系。

①安全与危险并存。有危险才要进行安全管理。保持生产的安全状态，必须采取多种措施，以预防为主，危险因素就可以得到控制。

②安全与生产的统一。安全是生产的客观要求。生产有了安全保障,才能持续稳定地进行。生产活动中事故不断,生产势必陷于混乱甚至瘫痪状态。

③安全与质量的包含。从广义上看,质量包括安全工作质量,安全概念也包含着质量,二者交互作用,互为因果。

④安全与速度的互保。安全与速度成正比例关系,速度应以安全作为保障。一味强调速度,置安全于不顾的做法是极其有害的。一旦形成安全事故,非但没有加快速度,反而会延误时间。

⑤安全与效益的兼顾。安全技术措施的实施,定会改善劳动条件,调动职工积极性,由此带来的经济效益足以使原来的投入得以补偿。

6. 施工安全生产管理的方针

建设工程安全生产、文明施工是党和国家一直以来十分关注的大事,我国安全生产从立法上出台了一系列的法律、法规和部门规章,各地建设行政主管部门根据当地的实际,结合住房与城乡建设部发布的诸多新规定、新标准,针对建筑施工企业建立健全了安全生产许可证制度,建筑施工企业"三类人员"(企业负责人、项目负责人、专职安全管理人员,简称"三类人员")安全生产任职考核制度,建筑工程安全施工措施备案制度,建筑工程开工安全条件审查制度,施工现场特种作业人员持证上岗制度,施工起重机械使用登记制度,建筑工程生产安全事故应急救援制度,危及施工安全的工艺、设备、材料淘汰制度等一系列建筑工程安全生产监督管理制度,其目的就是要解决建筑工程安全生产和管理上存在的突出问题,切实贯彻"安全第一、预防为主、综合治理"的方针,从根本上保护建筑工程从业人员的生命和社会财产安全,促进行业和国家建筑事业的发展。

安全第一和预防为主是国家安全生产工作长期经验的总结,是我国安全生产的总方针,它明确了安全的重要地位,是我们处理安全同各项工作的关系及确定安全工作的根本依据。建设单位、勘察单位、设计单位、施工单位、工程监理单位及其他与建筑工程安全生产有关的单位,必须遵守安全生产法律、法规的规定,保证建筑工程安全生产,依法承担建筑工程安全生产责任。

7. 施工安全管理的基本原则

(1)管生产同时管安全的原则

安全管理是生产管理的重要组成部分。生产和安全是一个有机统一的整体,两者不能分割更不能对立起来,应将安全寓于生产之中,各级管理人员在管理生产的同时,必须负责管理安全工作。企业中各有关专职机构都应在各自的业务工作范围内,对实现安全生产的要求负责。

要通过采取一系列安全预控措施,使项目部形成人人懂安全、人人讲安全、人人重视安全的良好氛围,打造一道坚固的安全防火墙。如从细节入手,加强高空作业知识、安全用电知识、消防安全知识、机械设备安全防护知识的培训与事前安全交底,使大家真正从思想上、从内心里提高警惕,敲响警钟,使安全生产始终处于受控状态。

(2)坚持安全管理的目的性原则

没有明确目的的安全管理是一种盲目行为,既劳民伤财,又不能消除危险因素的存在。只有有针对性地进行两类控制——控制人的不安全行为和物的不安全状态,消除或避免事故,才能达到保护劳动者安全与健康的目的。

(3)坚持预防为主的控制原则

安全管理不是事故处理,而是在生产活动中,针对生产中人的不安全行为和物的不安全状态进行动态控制,必须把事前控制作为安全管理的重点,防止不安全因素的发展与扩大,把可能发生的安全事故消灭在萌芽状态。

(4)坚持"四全"动态管理的原则

安全管理涉及生产活动的方方面面,涉及从开工到竣工交付使用的全部生产过程,涉及全部的生产时间和一切变化着的生产因素，是一切与生产有关的人员共同的工作。因此，在生产过程中，必须坚持全员、全过程、全方位、全天候的动态安全管理。

（5）坚持安全管理的“四必须”原则

“四必须”即所有工程开工前必须编制有安全技术的施工组织设计及施工作业指导书，严格编、审、批程序；每一工序开工前，必须进行安全交底，所有制定的施工方案必须有安全注意事项和安全保证措施；特种作业人员必须进行专业培训，经考试合格后，持证上岗；班组在班前必须进行上岗交底、上岗检查、上岗记录和每周一次的“一讲评”安全活动等。

（6）坚持安全管理“四不伤害”与“三不违反”原则

安全生产全体人员必须牢记“四不伤害”：不伤害自己、不伤害别人、不被别人伤害、努力帮助别人不被伤害；切实落实“三不违反”：不违章指挥、不违章操作、不违反劳动纪律等安全禁止性规定。

（7）坚持“安全具有否决权”的原则

安全生产工作是衡量建设工程项目管理的一项基本内容，它要求在对项目各项指标考核、评优创先时，首先必须考虑安全指标的完成情况。安全指标没有实现，其他指标顺利完成，仍无法实现项目的最优化，安全具有一票否决的作用。

（8）坚持安全事故处理“四不放过”原则

国家法律法规要求，在处理事故时必须坚持和实施“四不放过”原则：事故原因没有查清不放过；责任人员没有受到处理不放过；职工群众没有受到教育不放过；防范措施没有落实不放过。

9.3.2 施工项目安全管理

9.3.3 施工项目安全管理的实施措施

施工项目安全管理

1. 施工安全管理措施

①建设工程施工前，负责项目管理的技术人员应当对有关安全施工的技术要求向施工作业班组、作业人员作出详细说明，并由双方签字确认。

②应当在施工现场入口处、施工起重机械、临时用电设施、脚手架、出入通道口、楼梯口、电梯井口、孔洞口、桥梁口、隧道口、基坑边沿、爆破物及有害危险气体和液体存放处等危险部位，设置明显的安全警示标志。安全警示标志必须符合国家标准。

③应当将施工现场的办公、生活区与作业区分开设置，并保持安全距离；办公、生活区的选址应当符合安全性要求。职工的膳食、饮水、休息场所等应当符合卫生标准。不得在尚未竣工的建筑物内设置员工集体宿舍。

④对因建设工程施工可能造成损害的毗邻建筑物、构筑物和地下管线等，应当采取专项防护措施。

⑤应当在施工现场建立消防安全责任制度，确定消防安全责任人，制定用火、用电、使用易燃易爆材料等各项消防安全管理制度和操作规程，设置消防通道、消防水源，配备消防设施和灭火器材，并在施工现场入口处设置明显标志。

⑥应当向作业人员提供安全防护用具和安全防护服装，并书面告知危险岗位的操作规程和违章操作的危害。

⑦作业人员应当遵守安全施工的强制性标准、规章制度和操作规程，正确使用安全防护用具、机械设备等。

⑧采购、租赁的安全防护用具、机械设备、施工机具及配件，应当具有生产（制造）许可证、产品合格证，并在进入施工现场前进行查验。

⑨在使用施工起重机械和整体提升脚手架、模板等自升式架设设施前和后，都应当组织有关单位进行验

收，也可以委托具有相应资质的检验检测机构进行验收；使用承租的机械设备和施工机具及配件的，由施工总承包单位、分包单位、出租单位和安装单位共同进行验收。验收合格的方可使用。

⑩施工单位的主要负责人、项目负责人、专职安全生产管理人员应当经建设行政主管部门或者其他有关部门考核合格后方可任职。

⑪作业人员进入新的岗位或者新的施工现场前，应当接受安全生产教育培训。未经教育培训或者教育培训考核不合格的人员，不得上岗作业。

⑫应当为施工现场从事危险作业的人员办理意外伤害保险。

2. 施工安全技术措施

施工安全技术措施是指在施工项目生产活动中，针对工程特点、施工现场环境、施工方法、劳动组织、作业使用的机械、动力设备、变配电设施、架设工具以及各项安全防护设施等制定的确保安全施工的技术措施。施工安全技术措施应具有超前性、针对性、可靠性和可操作性。施工安全技术措施的主要内容见表 9-4和表 9-5。

表 9-4　施工准备阶段安全技术措施

项 目	内 容
技术准备	1）了解工程设计对安全施工的要求 2）调查工程的自然环境和施工环境对施工安全的影响 3）改、扩建工程施工或与建设单位使用、生产发生交叉，可能造成双方伤害时，应签订安全施工协议，搞好施工与生产的协调，明确双方责任，共同遵守安全事项 4）在施工组织设计中制定切实可行的安全技术措施，并严格履行审批手续
物资准备	1）及时供应质量合格的安全防护用品（安全帽、安全带、安全网等），满足施工需要 2）保证特殊工种（电工、焊工、爆破工、起重工等）使用工器具质量合格，技术性能良好 3）施工机具、设备（起重机、卷扬机、电锯、平面刨、电气设备）等经安全技术性能检测合格，防护装置齐全，制动装置可靠，方可使用 4）施工周转材料须经认真挑选，不符合要求严禁使用
施工现场准备	1）按施工总平面图要求做好现场施工准备，现场各种临时设施、库房，特别是炸药库、油库的布置，易燃易爆品存放都必须符合安全规定和消防要求 2）电气线路、配电设备符合安全要求，有安全用电防护措施 3）场内道路通畅，设交通标志，危险地带设危险信号及禁止通行标志，保证行人、车辆通行安全 4）现场周围和陡坡、沟坑处设围栏、防护板，现场入口处设警示标志 5）塔吊等起重设备安置要与输电线路、永久或临设工程间有足够的安全距离，避免碰撞，以保证搭设脚手架、安全网的施工距离 6）现场设消防栓，或有足够的有效的灭火器材、设施
施工队伍准备	1）总包单位及分包单位都应持有《施工企业安全资格审查认可证》方可组织施工 2）新工人、特殊工种工人须经岗位技术培训、安全教育后，持合格证上岗 3）高、险、难作业工人须经身体检查合格，具有安全生产资格，方可施工作业，特殊工种作业人员，必须持有《特种作业操作证》方可上岗

表 9-5　施工阶段安全技术措施

项 目	内 容
一般工程	1）单项工程、单位工程均有安全技术措施，分部分项工程有安全技术具体措施，施工前由技术负责人向参加施工的有关人员进行安全技术交底，并应逐级签发和保存“安全交底单” 2）安全技术应与施工生产技术统一，各项安全措施必须在相应的工序施工前落实好，如：根据基坑、基槽、地下室开挖深度、土质类别，选择开挖方法，确定边坡的坡度并采取防止塌方的护坡支撑方案；脚手架及垂直运输设施的选用、设计、搭设方案和安全防护措施；施工洞口的防护方法和主体交叉施工作业区的隔离措施；场内运输道路及人行通道的布置；针对采用的新工艺、新技术、新设备、新结构制定专门的施工安全技术措施；在明火作业现场（焊接、切割、熬沥青等）的防火、防爆措施 3）考虑不同季节、气候对施工生产带来的不安全因素和可能造成的各种安全隐患，从技术上、管理上做好专门安全技术措施
特殊工程	对于结构复杂、危险性大的特殊工程，应编制单项安全技术措施，如爆破、大型吊装、沉箱、沉井、烟囱、水塔、特殊架设作业、高层脚手架、井架等

施工过程中若发生设计变更，原安全技术措施必须及时变更，否则不准施工。施工过程中由于各方面原

因所致，确实需要修改原安全技术措施时，必须经原编制人同意，并办理修改审批手续。

施工安全技术交底

施工安全检查

3. 施工安全技术交底

4. 施工安全检查

5. 施工安全隐患的处理与防范

（1）施工安全隐患的处理原则

施工安全隐患是指在建筑施工过程中，给生产施工人员的生命安全带来威胁的不利因素，一般包括人的不安全行为、物的不安全状态以及管理不当等。在工程建设过程中，安全隐患是难以避免的，但要尽可能预防和消除安全隐患的发生。处理安全隐患应遵循以下原则。

1）冗余安全度处理原则

为确保安全，在处理安全隐患时应考虑设置多道防线，即使有一两道防线无效，还有冗余的防线可以控制事故隐患。例如，道路上有一个坑，既要设防护栏及警示牌，又要设照明及夜间警示红灯。

2）单项隐患综合处理原则

人、机、料、法、环境五者任一环节产生安全隐患，都要从五者安全匹配的角度考虑，调整匹配的方法，提高匹配的可靠性。一个单项隐患问题的整改需综合（多角度）处理。人的隐患，既要治人，也要治机具及生产环境等各环节。例如某工地发生触电事故，一方面要进行人的安全用电操作教育，同时现场也要设置漏电开关，对配电箱、用电电路进行防护改造，也要严禁非专业电工乱接乱拉电线。

3）直接隐患与间接隐患并治原则

对人机环境系统进行安全治理，同时还需制定安全管理措施。

4）预防与减灾并重处理原则

处理安全事故隐患时，需尽可能减少肇发事故的可能性，如果不能控制事故的发生，也要设法将事故等级降低。但是不论预防措施如何完善，都不能保证事故绝对不会发生，还必须对事故减灾做充分准备，研究应急技术操作规范。

5）重点处理原则

按对隐患的分析评价结果实行危险点分级治理，也可以用安全检查表打分对隐患危险程度分级。

6）动态处理原则

动态处理就是对生产过程进行动态随机安全化治理，生产过程中发现问题及时治理，既可以及时消除隐患，又可以避免小的隐患发展成大的隐患。

（2）施工安全隐患的处理

在建设工程中，安全隐患的发现可以来自各参与方，包括建设单位、设计单位、监理单位、施工单位自身、供货商、工程监管部门等。各方对于事故安全隐患处理的义务和责任以及相关的处理程序在《建设工程安全生产管理条例》中已有明确的界定。这里仅从施工单位角度谈其对事故安全隐患的处理方法。

1）当场指正，限期纠正，预防隐患发生

对于违章指挥和违章作业行为，检查人员应当场指出，并限期纠正，预防事故的发生。

2）做好记录，及时整改，消除安全隐患

对检查中发现的各类安全事故隐患，应做好记录，分析安全隐患产生的原因，制定消除隐患的措施，并报相关方审查批准后进行整改，及时消除隐患。对重大安全事故隐患排除前或者排除过程中无法保证安全的，责令从危险区域内撤出作业人员或者暂时停止施工，待隐患消除再行施工。

3）分析统计，查找原因，制定预防措施

对于反复发生的安全隐患，属于多个部位存在的同类型隐患，即“通病”，属于重复出现的隐患，即“顽症”，应通过分析统计查找产生“通病”和“顽症”的原因，修订和完善安全管理措施，制定预防措施，从源头上消除安全事故隐患。

4)跟踪验证

检查单位应对受检单位的纠正和预防措施的实施过程和实施效果进行跟踪验证,并保存验证记录。

(3)施工安全隐患的防范

1)施工安全隐患防范的主要内容

施工安全隐患防范主要包括基坑支护和降水工程、土方开挖工程、人工挖扩孔桩工程、地下暗挖、顶管及水下作业工程、模板工程和支撑体系、起重吊装和安装拆卸工程、脚手架工程、拆除及爆破工程、现浇混凝土工程、钢结构、网架和索膜结构安装工程、预应力工程、建筑幕墙安装工程以及采用新技术、新工艺、新材料、新设备及尚无相关技术标准的危险性较大的分部分项工程等方面的防范。防范的主要内容包括掌握各工程的安全技术规范,归纳总结安全隐患的主要表现形式,及时发现可能造成安全事故的迹象,抓住安全控制的要点,制定相应的安全控制措施等。

2)施工安全隐患防范的一般方法

安全隐患主要包括人、物、管理三个方面。人的不安全因素,主要是指个人在心理、生理和能力等方面的不安全因素以及人在施工现场的不安全行为。物的不安全状态,主要是指设备设施、现场场地环境等方面的缺陷。管理上的不安全因素,主要是指对物、人、工作的管理不当。根据安全隐患的内容而采用的安全隐患防范的一般方法包括:对施工人员进行安全意识的培训;对施工机具进行有序监管,投入必要的资源进行保养维护;建立施工现场的安全监督检查机制。

9.4 施工生产安全事故应急预案和事故处理

9.4.1 施工生产安全事故应急预案

1. 施工生产安全事故应急预案的概念

生产安全事故应急预案是指事先制定的关于生产安全事故发生时进行紧急救援的组织、程序、措施、责任及协调等方面的方案和计划,是对特定的潜在事件和紧急情况发生时所采取措施的计划安排,是应急响应的行动指南。

编制应急预案的目的是避免紧急情况发生时出现混乱,确保按照合理的响应流程采取适当的救援措施,预防和减少可能随之引发的职业健康安全和环境影响。

2. 施工生产安全事故应急预案体系的构成

生产安全事故应急预案应形成体系,针对各级各类可能发生的事故和所有危险源制定专项应急预案和现场应急处置方案,并明确事前、事中、事后的各个过程中相关部门和有关人员的职责。生产规模小、危险因素少的施工单位,综合应急预案和专项应急预案可以合并编写。

(1)综合应急预案

综合应急预案是从总体上阐述事故的应急方针、政策,应急组织结构及相关应急职责,应急行动、措施和保障等基本要求和程序,是应对各类事故的综合性文件。

(2)专项应急预案

专项应急预案是针对具体的事故类别(如基坑开挖、脚手架拆除等事故)、危险源和应急保障而制订的计划或方案,是综合应急预案的组成部分,应按照综合应急预案的程序和要求组织制订,并作为综合应急预案的附件。专项应急预案应制定明确的救援程序和具体的应急救援措施。

(3)现场处置方案

现场处置方案是针对具体的装置、场所或设施、岗位所制定的应急处置措施。现场处置方案应具体、简单、针对性强。现场处置方案应根据风险评估及危险性控制措施逐一编制,做到事故相关人员应知应会,熟练掌握,并通过应急演练,做到迅速反应、正确处置。

3. 施工生产安全事故应急预案编制原则和主要内容

(1)生产安全事故应急预案编制原则

制定安全生产事故应急预案时,应当遵循以下原则。

①重点突出、针对性强。应急预案编制应结合本单位安全方面的实际情况,分析可能导致事故的原因,有针对性地制定预案。

②统一指挥、责任明确。预案实施的负责人以及施工单位各有关部门和人员如何分工、配合、协调,应在应急救援预案中加以明确。

③程序简明、步骤明确。应急预案程序要简明,步骤要明确,具有高度可操作性,保证发生事故时能及时启动、有序实施。

(2)生产安全事故应急预案编制的主要内容

①制定应急预案的目的和适用范围。

②组织机构及其职责。明确应急预案救援组织机构、参加部门、负责人和人员及其职责、作用和联系方式。

③危害辨识与风险评价。确定可能发生的事故类型、地点、影响范围及可能影响的人数。

④通告程序和报警系统。包括确定报警系统及程序、报警方式、通信联络方式,向公众报警的标准、方式、信号等。

⑤应急设备与设施。明确可用于应急救援的设施和维护保养制度,明确有关部门可利用的应急设备和危险监测设备。

⑥求援程序。明确应急反应人员向外求援的方式,包括与消防机构、医院、急救中心的联系方式。

⑦保护措施程序。保护事故现场的方式方法,明确可授权发布疏散作业人员及施工现场周边居民指令的机构及负责人,明确疏散人员的接收中心或避难场所。

⑧事故后的恢复程序。明确决定终止应急、恢复正常秩序的负责人,宣布应急取消和恢复正常状态的程序。

⑨培训与演练。包括定期培训、演练计划及定期检查制度,对应急人员进行培训,并确保合格者上岗。

⑩应急预案的维护。更新和修订应急预案,根据演练、检测结果完善应急预案。

9.4.2 施工生产安全事故应急预案的管理

施工生产安全事故应急预案的管理

9.4.3 职业健康安全事故的分类

1. 按照安全事故伤害程度分类

根据《企业职工伤亡事故分类》(GB 6441—1986)规定,安全事故按伤害程度分为以下几类。

①轻伤:指损失 1 个工作日至 105 个工作日的失能伤害。

②重伤:指损失工作日等于或超过 105 个工作日的失能伤害,重伤的损失工作日最多不超过 6 000 工日。

③死亡:指损失工作日超过 6 000 工日,这是根据我国职工的平均退休年龄和平均寿命计算出来的。

2. 按照安全事故类别分类

《企业职工伤亡事故分类》(GB 6441—1986)将事故类别划分为 20 类,即物体打击、车辆伤害、机械伤害、起重伤害、触电、淹溺、灼烫、火灾、高处坠落、坍塌、冒顶片帮、透水、放炮、瓦斯爆炸、火药爆炸、锅炉爆炸、容器爆炸、其他爆炸、中毒和窒息、其他伤害。

3. 按照安全事故受伤性质分类

受伤性质是指人体受伤的类型，实质上是从医学的角度给予创伤的具体名称，常见的有电伤、挫伤、割伤、擦伤、刺伤、撕脱伤、扭伤、倒塌压埋伤、冲击伤等。

4. 按照生产安全事故造成的人员伤亡或直接经济损失分类

根据 2007 年 4 月 9 日国务院发布的《生产安全事故报告和调查处理条例》第三条规定：按生产安全事故（以下简称事故）造成的人员伤亡或者直接经济损失，事故一般分为特别重大事故，重大事故，较大事故和一般事故。（参见第 7 章相关内容）

9.4.4 施工生产安全事故的处理

1. 生产安全事故报告和调查处理的原则

根据国家法律法规的要求，在进行生产安全事故报告和调查处理时，要坚持实事求是、尊重科学的原则。既要及时、准确地查明事故原因，明确事故责任，使责任人受到追究，又要总结经验教训，落实整改和防范措施，防止类似事故再次发生。因此，施工项目一旦发生安全事故，必须实施“四不放过”的原则。

2. 事故报告的要求

根据《生产安全事故报告和调查处理条例》等相关规定的要求，事故报告应当及时、准确、完整，任何单位和个人对事故不得迟报、漏报、谎报或者瞒报。

（1）施工单位事故报告要求

生产安全事故发生后，受伤者或最先发现事故的人员应立即用最快的传递手段，将发生事故的时间、地点、伤亡人数、事故原因等情况，向施工单位负责人报告。施工单位负责人接到报告后，应当在 1 小时内向事故发生地县级以上人民政府建设主管部门和有关部门报告。实行施工总承包的建设工程，由总承包单位负责上报事故。

情况紧急时，事故现场有关人员可以直接向事故发生地县级以上人民政府建设主管部门和有关部门报告。

（2）建设主管部门事故报告要求

建设主管部门接到事故报告后，应当依照下列规定上报事故情况，并通知安全生产监督管理部门、公安机关、劳动保障行政主管部门、工会和人民检察院。

①较大事故、重大事故及特别重大事故逐级上报至国务院建设主管部门。

②一般事故逐级上报至省、自治区、直辖市人民政府建设主管部门。

③建设主管部门依照规定上报事故情况时，应当同时报告本级人民政府。国务院建设主管部门接到重大事故和特别重大事故的报告后，应当立即报告国务院。

④必要时，建设主管部门可以越级上报事故情况。

建设主管部门按照上述规定逐级上报事故情况时，每级上报的时间不得超过 2 小时。

（3）事故报告的内容

①事故发生的时间、地点和工程项目、有关单位名称。

②事故的简要经过。

③事故已经造成或者可能造成的伤亡人数（包括下落不明的人数）和初步估计的直接经济损失。

④事故的初步原因。

⑤事故发生后采取的措施及事故控制情况。

⑥事故报告单位或报告人员。

⑦其他应当报告的情况。

事故报告后出现新情况以及事故发生之日起30日内伤亡人数发生变化的，应当及时补报。

3. 事故调查

根据《生产安全事故报告和调查处理条例》等相关规定的要求，事故调查处理应当坚持实事求是、尊重科学的原则，及时、准确地查清事故经过、事故原因和事故损失，查明事故性质，认定事故责任，总结事故教训，提出整改措施，并对事故责任者依法追究责任。

事故调查报告的内容应包括以下几方面。

①事故发生单位概况。

②事故发生经过和事故救援情况。

③事故造成的人员伤亡和直接经济损失。

④事故发生的原因和事故性质。

⑤事故责任的认定和对事故责任者的处理建议。

⑥事故防范和整改措施。

事故调查报告应当附具有关证据材料，事故调查组成人员应当在事故调查报告上签名。

4. 事故处理

（1）施工单位的事故处理

1）事故现场处理

事故处理是落实"四不放过"原则的核心环节。当事故发生后，事故发生单位应当严格保护事故现场，做好标识，排除险情，采取有效措施抢救伤员和财产，防止事故蔓延扩大。

事故现场是追溯判断发生事故原因和事故责任人责任的客观物质基础。因抢救人员、疏导交通等，需要移动现场物件时，应当作出标志，绘制现场简图并作出书面记录，妥善保存现场重要痕迹、物证，有条件的可以拍照或录像。

2）事故登记

施工现场要建立安全事故登记表，作为安全事故档案，对发生事故人员的姓名、性别、年龄、工种等级、负伤时间、伤害程度、负伤部门及情况、简要经过及原因记录归档。

3）事故分析记录

施工现场要有安全事故分析记录，对发生轻伤、重伤、死亡、重大设备事故及未遂事故必须按"四不放过"的原则组织分析，查出主要原因，分清责任，提出防范措施，应吸取的教训要记录清楚。

4）要坚持安全事故月报制度，若当月无事故也要报空表。

（2）建设主管部门的事故处理

建设主管部门应当依据有关人民政府对事故的批复和有关法律法规的规定，对事故相关责任者实施行政处罚。处罚权限不属本级建设主管部门的，应当在收到事故调查报告批复后15个工作日内，将事故调查报告（附具有关证据材料）、结案批复、本级建设主管部门对有关责任者的处理建议等转送有权限的建设主管部门。

建设主管部门应当依照有关法律法规的规定，对因降低安全生产条件导致事故发生的施工单位给予暂扣或吊销安全生产许可证的处罚，对事故负有责任的相关单位给予罚款、停业整顿、降低资质等级或吊销资质证书的处罚。

建设主管部门应当依照有关法律法规的规定，对事故发生负有责任的注册执业资格人员给予罚款、停止执业或吊销其注册执业资格证书的处罚。

5. 法律责任

(1)事故报告和调查处理的违法行为

根据《生产安全事故报告和调查处理条例》规定,对事故报告和调查处理中的违法行为,任何单位和个人有权向安全生产监督管理部门、监察机关或者其他有关部门举报,接到举报的部门应当依法及时处理。

事故报告和调查处理中的违法行为,包括事故发生单位及其有关人员的违法行为,还包括政府、有关部门及有关人员的违法行为,其种类主要有以下几种。

①不立即组织事故抢救。

②在事故调查处理期间擅离职守。

③迟报或者漏报事故。

④谎报或者瞒报事故。

⑤伪造或者故意破坏事故现场。

⑥转移、隐匿资金、财产,或者销毁有关证据、资料。

⑦拒绝接受调查或者拒绝提供有关情况和资料。

⑧在事故调查中作伪证或者指使他人作伪证。

⑨事故发生后逃匿。

⑩阻碍、干涉事故调查工作。

⑪对事故调查工作不负责任,致使事故调查工作有重大疏漏。

⑫包庇、袒护负有事故责任的人员或者借机打击报复。

⑬故意拖延或者拒绝落实经批复的对事故责任人的处理意见。

(2)法律责任

事故发生单位主要负责人有上述①~③条违法行为之一的,处上一年年收入 40%~80% 的罚款。属于国家工作人员的,依法给予处分。构成犯罪的,依法追究刑事责任。

事故发生单位及其有关人员有上述④~⑨条违法行为之一的,对事故发生单位处 100 万元以上 500 万元以下的罚款,对主要负责人、直接负责的主管人员和其他直接责任人员处上一年年收入 60%~100% 的罚款,属于国家工作人员的,依法给予处分。构成违反治安管理行为的,由公安机关依法给予治安管理处罚。构成犯罪的,依法追究刑事责任。

有关地方人民政府、安全生产监督管理部门和负有安全生产监督管理职责的有关部门有上述①、③、④、⑧、⑩条违法行为之一的,对直接负责的主管人员和其他直接责任人员依法给予处分。构成犯罪的,依法追究刑事责任。

参与事故调查的人员在事故调查中有上述⑪、⑫条违法行为之一的,依法给予处分。构成犯罪的,依法追究刑事责任。

有关地方人民政府或者有关部门故意拖延或者拒绝落实经批复的对事故责任人的处理意见的,由监察机关对有关责任人员依法给予处分。

本章小结

本章从施工安全管理体制和施工企业安全生产的现状入手,介绍了我国安全生产管理的 14 项制度,力图从危险源的识别角度,去寻找施工安全事故发生的根源,从而教会学生采取针对性措施将安全隐患消除在萌芽状态,杜绝施工安全事故的发生;重点讲述了施工安全管理的目的、方针、基本原则、工作要求、程序和安全预评价,施工安全管理的组织措施、管理措施、技术措施以及安全技术交底、安全检查的内容和安全隐患的处理,还介绍了施工安全生产应急预案和安全事故发生之后如何处理的知识。

通过本章的学习,学生能对施工现场有哪些危险源有一个清楚的认识;通过学习施工现场安全管理的程序、方法和措施，能基本抓住施工现场的安全控制点，采取相应的安全防范措施，能对施工现场安全管理进行正确的安全技术交底、安全检查和发现安全隐患，初步具备编制施工安全生产应急预案和处理安全生产事故的能力，结合本章知识和案例能判别一个安全施工方案的全面性。

思考题

1. 我国当前的安全管理体制是什么？
2. 我国的施工安全管理制度有哪些？
3. 什么是安全生产责任制度？
4. 什么是专项施工方案专家论证制度？
5. 什么是“三同时”制度？
6. 什么是第一类危险源和第二类危险源？如何控制？
7. 施工安全管理的目的、方针、基本原则分别是什么？
8. 施工项目安全要做哪些预评价工作？
9. 在施工阶段安全管理的技术措施有哪些？
10. 施工安全技术交底的内容是什么？
11. 施工安全检查的内容和方式是什么？
12. 施工生产安全事故应急预案有哪些主要内容？
13. 按照造成的人员伤亡或直接经济损失，生产安全事故是如何分类的？
14. 事故报告的内容是什么？
15. 生产事故发生之后，施工单位如何处理？

工程案例

某项目职业健康安全管理方案

请扫描二维码阅读某项目职业健康安全管理方案。

案例阅读

第 10 章 建设工程职业健康安全与环境管理

教学目标

学习目标：熟悉建设工程职业健康安全与环境管理的目的、目标、内容和要求；掌握建设工程职业健康安全管理与环境管理体系及其建立运行模式；掌握建筑工程施工现场文明施工的内容、要求和措施，施工现场环境影响类型及其处理措施，环境保护措施；熟悉绿色施工的内涵及其评价框架和评价方法。

能力目标：初步具有编制施工现场职业健康管理方案的能力，对施工现场的环境保护措施能区分侧重点，具有协助编制事故调查报告的能力；会用本章的知识判别施工现场职业健康管理与环境保护的全面性。

教学情景

理论情景：在熟悉我国建设工程职业健康安全管理体系和环境管理体系的构成，明确建设工程职业健康安全管理与环境管理的目的、目标和要求后，才能在施工现场制定合理的职业健康安全和环境保护措施，才能提前采取措施预防职业健康安全事故和环境污染事故。本章结合工程案例帮助大家掌握环境管理方案的有关知识。

10.1 建设工程职业健康安全与环境管理概述

10.1.1 建设工程职业健康安全与环境管理的目标和要求

1. 建设工程职业健康安全与环境管理目标

确定建设工程职业健康安全与环境管理目标（指标），是组织制定有效管理方案的基础，也是项目经理部目标的重要组成部分。施工企业制定的建设工程职业健康安全与环境管理目标主要有以下内容。

①控制和杜绝因公负伤、死亡事故的发生（负伤频率在 6‰以下，死亡率为零）。

②一般事故频率控制目标(通常在6‰以内)。

③无重大设备、火灾、中毒事故及扰民事件。

④环境污染物控制目标。

⑤能源、资源节约目标。

⑥及时消除重大事故隐患,一般隐患整改率达到的目标(不应低于95%)。

⑦扬尘、噪声、职业危害作业点合格率(应为100%)。

⑧施工现场创建安全文明工地目标。

⑨其他需满足的总体目标。

2. 施工职业健康安全管理的基本要求

根据《建设工程安全生产管理条例》《职业健康安全管理体系 要求》(GB/T 28001—2011)及《职业健康安全管理体系 实施指南》(GB/T 28002—2011),建设工程对施工职业健康安全管理的基本要求如下。

①坚持安全第一、预防为主和防治结合的方针,建立职业健康安全管理体系并持续改进职业健康安全管理工作。

②施工企业在其经营生产的活动中必须对本企业的安全生产负全面责任。企业的法定代表人是安全生产的第一负责人,项目经理是施工项目生产的主要负责人。施工企业应当具备安全生产的资质条件,取得安全生产许可证的施工企业应设立安全生产管理机构,配备合格的专职安全生产管理人员,并提供必要的资源。施工企业要建立健全职业健康安全体系以及有关的安全生产责任制和各项安全生产规章制度。施工企业对项目要编制切合实际的安全生产计划,制定职业健康安全保障措施。实施安全教育培训制度,不断提高员工的安全意识和安全生产素质。项目负责人和专职安全生产管理人员应持证上岗。

③在工程设计阶段,设计单位应按照有关建设工程法律法规的规定和强制性标准的要求,进行安全保护设施的设计。对涉及施工安全的重点部分和环节在设计文件中应注明,并对防范生产安全事故提出指导意见,防止因设计考虑不周而导致生产安全事故的发生。对于采用新结构、新材料、新工艺的建设工程和特殊结构的建设工程,设计文件中应提出保障施工作业人员安全和预防生产安全事故的措施和建议。

④在工程施工阶段,施工企业应根据风险预防要求和项目的特点,制订职业健康安全生产技术措施计划。在进行施工平面图设计和安排施工计划时,应充分考虑安全、防火、防爆和职业健康等因素。施工企业应制定安全生产应急救援预案,建立相关组织,完善应急准备措施。发生事故时,应按国家有关规定向有关部门报告。处理事故时,应防止二次伤害。

⑤建设工程实行总承包的,由总承包单位对施工现场的安全生产负总责并自行完成工程主体结构的施工。分包单位应当接受总承包单位的安全生产管理,分包合同中应当明确各自的安全生产方面的权利、义务。分包单位不服从管理导致生产安全事故的,由分包单位承担主要责任,总承包和分包单位对分包工程的安全生产承担连带责任。

⑥应明确和落实工程安全环保设施费用、安全文明施工和环境保护措施费等各项费用。

⑦施工企业按有关规定必须为从事危险作业的人员在现场工作期间办理意外伤害保险。

⑧现场应将生产区与生活、办公区分离,配备紧急处理医疗设施,使现场的生活设施符合卫生防疫要求,采取防暑、降温、保温、消毒、防毒等措施。

⑨施工职业健康安全管理应遵循下列程序:识别并评价危险源及风险;确定职业健康安全目标;编制并实施项目职业健康安全技术措施计划;职业健康安全技术措施计划实施结果验证;持续改进相关措施和绩效。

3. 施工环境管理的基本要求

根据《中华人民共和国环境保护法》和《中华人民共和国环境影响评价法》等有关法律法规的规定,建设工程对施工环境管理的基本要求如下。

①涉及依法划定的自然保护区、风景名胜区、生活饮用水水源保护区及其他需要特别保护的区域时，工程施工应符合国家有关法律法规及该区域内建设工程项目环境管理的规定。

②建设工程应当采用节能、节水等有利于环境与资源保护的建筑设计方案、建筑材料、建筑构配件及设备。建筑材料和装修材料必须符合国家标准。禁止生产、销售和使用有毒、有害物质超过国家标准的建筑材料和装修材料。

③建设工程项目中防治污染的设施，必须与主体工程同时设计、同时施工、同时投产使用。防治污染的设施必须经原审批环境影响报告书的环境保护行政主管部门验收合格，该建设工程项目方可投入生产或者使用。

④尽量减少建设工程施工所产生的噪声对周围生活环境的影响。

⑤拟采取的污染防治措施应确保污染物排放达到国家和地方规定的排放标准，满足污染物总量控制要求。涉及可能产生放射性污染的，应采取有效预防和控制放射性污染措施。

⑥应采取生态保护措施，有效预防和控制对生态的破坏。

⑦禁止引进不符合我国环境保护规定要求的技术和设备。

⑧任何单位不得将产生严重污染的生产设备转移给没有污染防治能力的单位使用。

建设工程职业健康安全管理体系与建设工程环境管理体系

10.1.2　建设工程职业健康安全管理体系

10.1.3　建设工程环境管理体系

10.1.4　职业健康安全管理体系与环境管理体系的建立和运行

职业健康安全管理体系与环境管理体系的建立和运行

10.2　施工现场文明施工、环境保护与绿色施工

10.2.1　施工现场文明施工

1. 施工现场文明施工的内容

根据《建设工程施工现场管理规定》中的“文明施工管理”和《建设工程项目管理规范》中“项目现场管理”的规定以及各省、市有关建设工程文明施工管理的要求，施工单位应规范施工现场，创造良好的生产、生活环境，保障职工的安全与健康，做到文明施工、安全有序、整洁卫生、不扰民、不损害公众利益。

文明施工是指保持施工现场良好的作业环境、卫生环境和工作秩序。文明施工主要包括：规范施工现场的场容，保持作业环境的整洁卫生；科学组织施工，使生产有序进行；减少施工对周围居民和环境的影响；遵守施工现场文明施工的规定和要求，保证职工的安全和身体健康，进行现场文明建设等。

2. 施工现场文明施工的要求

施工现场文明施工应符合以下要求。

①有整套的施工组织设计或施工方案，施工总平面布置紧凑、施工场地规划合理，符合环保、市容、卫生的要求。

②有健全的施工组织管理机构和指挥系统，岗位分工明确。工序交叉合理，交接责任明确。

③有严格的成品保护措施和制度，大小临时设施和各种材料、构件、半成品按平面布置堆放整齐。

④施工场地平整，道路畅通，排水设施得当，水电线路整齐，机具设备状况良好，使用合理。施工作业符合消防和安全要求。

⑤搞好环境卫生管理，包括施工区、生活区环境卫生和食堂卫生管理。

⑥文明施工应贯穿施工结束后的清场。

3. 施工现场文明施工的措施

（1）文明施工的组织措施

1）建立文明施工的管理组织

应确立以项目经理为现场文明施工的第一责任人，以各专业工程师及施工质量、安全、材料、保卫、后勤等现场项目经理部人员为成员的施工现场文明管理组织，共同负责本工程的现场文明施工工作。

2）文明施工组织设计

在施工方案确定前，建设单位应会同设计、施工单位和有关部门对可能造成周围建筑物、构筑物、防汛设施、道路、地下管线损坏或堵塞的施工现场进行检查，并制定相应的技术措施，纳入施工组织设计。一般文明施工设计内容如下。

①施工现场平面布置图。这包括临时设施、现场交通、现场作业区、施工设备及机具的布置，成品、半成品、原材料的堆放位置等。大型工程平面布置因施工期较长，可按基础、主体、装修三阶段进行施工平面图设计。

②现场围栏的设计。

③现场工程标志牌的设计。

④临时建筑物、构筑物、硬化道路等单体设计。

⑤现场污水处理排放设计。

⑥粉尘、噪声控制措施。

⑦施工区域内现有市政管网和周围的建、构筑物的保护。

⑧现场卫生及安全保卫措施。

⑨现场文明施工管理组织机构及责任人。

3）健全文明施工的管理制度

这包括建立各级文明施工岗位责任制，将文明施工工作考核列入经济责任制，建立定期的检查制度，实行自检、互检、交接检制度，建立奖惩制度，开展文明施工立功竞赛，加强文明施工教育培训等。

（2）文明施工的管理措施

1）现场围挡设计

①工地大门：施工现场设置钢制大门，大门高度不得低于 4 m，大门上应有企业标识。

②围挡：围挡封闭是创建文明工地的重要组成部分。施工现场的围挡必须沿工地四周连续设置，与外界隔绝进行封闭施工，不得有缺口，并且要坚固、平稳、严密、整洁、美观。围挡高度按不同地段的要求进行设置，市区主要路段和其他涉及市容景观路段的工地设置围挡的高度不低于 2.5 m，其他工地的围挡高度不低于 1.8 m，围挡材料应选用砌体、金属板材等硬质材料，禁止使用彩条布、竹笆等易变形材料。

③安全网：结构外墙脚手架设置安全网（2 000 目 /100 cm^2），防止杂物、灰尘外散，也防止人与物的坠落。安全网的使用不得超出其合理使用期限，重复使用的应进行检验，检验不合格的不得使用。

2）现场封闭管理

①施工现场出入口设专职门卫人员，加强对现场材料、构件、设备的进出监督管理。

②为加强对出入现场人员的管理，施工人员应佩戴工作卡以示证明。

③根据工程的性质和特点，出入大门口的形式，各企业各地区可按各自的实际情况 确定。

3）现场临设布置

①五牌一图：施工现场大门内必须设置明显的“五牌一图”，即工程概况牌、安全生产制度牌、文明施工制度牌、环境保护制度牌、消防保卫制度牌及施工现场平面图，标明工程项目名称、建设单位、设计单位、施工单位、监理单位、工程概况及开竣工日期。

②标志设置：对于环境保护和易发生伤亡事故处，应设置明显的、符合国家标准要求的安全警示标牌。设置施工现场安全“五标志”，即指令标志（佩戴安全帽、系安全带等）、禁止标志（禁止通行、严禁抛物等）、警告标志（当心落物、小心坠落等）、电力安全标志（禁止合闸、当心用电等）和提示标志（安全通道、火警、盗警、急救中心电话等）。

③运输道路：现场主要运输道路尽量采用循环方式设置或有车辆调头的位置，保证道路平整、坚实和畅通并设防护设施和安全标志。现场道路也应进行硬化处理，有条件的可采用混凝土路面，无条件的可采用其他硬化路面，以免现场扬尘，雨后泥泞。

④排水设施：施工现场必须有良好的排水设施，保证排水畅通。

⑤三区设置：现场内的施工区、办公区和生活区要分开设置，保持安全距离，并设标志牌。办公区和生活区应根据实际条件进行绿化。

⑥活动板房：各类临时设施必须根据施工总平面图布置，而且要整齐、美观。办公和生活用的临时设施宜采用轻质保温或隔热的活动房，既可多次周转使用，降低暂设成本，又可达到整洁美观的效果。

⑦临电线路：施工现场临时用电线路的布置按施工组织设计进行架设，严禁任意拉线接电。

⑧泥浆废水排放：工程施工的废水、泥浆应经流水槽或管道流到工地集水池统一沉淀处理，不得随意排放和污染施工区域以外的河道、路面。

4）现场材料、工具堆放

①账物相符：仓库做到账物相符。进出仓库有手续，凭单收发，堆放整齐。保持仓库整洁，专人负责管理。

②按规定堆放：施工现场的材料、构件、工具必须按施工平面图规定的位置堆放，不得侵占场内道路及安全防护等设施。

③按品种规格堆放：各种材料、构件堆放应按品种、分规格整齐堆放，并设置明显标牌。

④工完场清：施工作业区的垃圾不得长期堆放，要随时清理，做到每天工完场清。

⑤高危品勿混：易燃易爆物品不能混放，要有集中存放的库房。班组使用的零散易燃易爆物品，必须按有关规定存放。

⑥楼梯临边勿放：对于楼梯间、休息平台、阳台临边等地方不得堆放物料。

5）安全防护布置

根据住房和城乡建设部有关建设工程安全防护的规定，项目经理部必须做好施工现场安全防护工作。

①临边防护：施工临边、洞口交叉、高处作业层及楼板、屋面、阳台等临边防护，必须采用密目式安全立网全封闭，作业层要另加防护栏杆和 18 cm 高的踢脚板。

②通道口防护：通道口设防护棚，防护棚应为不小于 5 cm 厚的木板或两道相距 50 cm 的竹笆，两侧应沿栏杆架用密目式安全网封闭。

③预留洞口防护：预留洞口用木板全封闭防护，对于短边超过 1.5 m 长的洞口，除封闭外，四周还应设有防护栏杆。

④电梯井口防护：电梯井口设置定型化、工具化、标准化的防护门，在电梯井内每隔两层（不大于 10 m）设置一道安全平网。

⑤楼梯边防护：楼梯边设 1.2 m 高的定型化、工具化、标准化的防护栏杆，18 cm 高的踢脚板。

⑥垂直交叉防护：垂直方向交叉作业，应设置防护隔离棚或其他防护设施。

6）施工现场防火布置

①订立消防制度：施工现场应根据工程实际情况，订立消防制度或消防措施。

②配备消防器材：按照不同作业条件和消防有关规定，合理配备消防器材，符合消防要求。消防器材设置点要有明显标志，夜间设置红色警示灯，消防器材应垫高设置，周围 2 m 内不准乱放物品。

③配备消防水源：当建筑施工高度超过 30 m（或当地规定）时，为防止单纯依靠消防器材灭火不能满足要求，应配备有足够的消防水源和自救用水量。扑救电气火灾不得用水，应使用干粉灭火器。

④特殊消防措施：在容易发生火灾的区域施工或储存、使用易燃易爆物品时，必须采取特殊的消防安全措施。

⑤动火批准：现场动火，必须经有关部门批准，设专人管理。五级风及以上时禁止使用明火。

⑥防火"五不走"：坚决执行现场防火"五不走"的规定，即交接班不交代不走、用火设备火源不熄灭不走、用电设备不拉闸不走、可燃物不清干净不走、发现险情不报告不走。

7）施工现场临时用电布置

①临时用电配电线路：按照 TN-S 系统要求配备五芯电缆、四芯电缆和三芯电缆；按要求架设临时用电线路的电杆、横担、瓷夹、瓷瓶等，或设电缆埋地的地沟；对靠近施工现场的外电线路，设置木质、塑料等绝缘体防护设施。

②配电箱、开关箱：按三级配电要求，配备总配电箱、分配电箱、开关箱三类标准电箱，开关箱应符合一机、一箱、一闸、一漏，三类电箱中的各类电器应是合格品；按两级保护的要求，选取符合容量要求和质量合格的总配电箱和开关箱中的漏电保护器。

③接地保护：装置施工现场保护零线的重复接地应不少于三处。

8）施工现场生活设施布置

①生活设施总要求：职工生活设施要符合卫生、安全、通风、照明等要求，明确施工现场各区域的卫生责任人。

②膳食饮水要求：食堂必须有卫生许可证，并应符合卫生标准。职工的膳食、饮水供应等应符合卫生要求。炊事员必须有卫生防疫部门颁发的体检合格证。生熟食分别存放，炊事员要穿白工作服，食堂卫生要定期清扫。

③厕所要求：施工现场应设置符合卫生要求的厕所，有条件的应设水冲式厕所。现场应保持卫生，不得随地大小便。

④淋浴设施要求：生活区应设置满足使用要求的淋浴设施和管理制度。

⑤垃圾要求：生活垃圾要及时清理，不能与施工垃圾混放，并设专人管理。

⑥季节性要求：职工宿舍要考虑到季节性的要求，冬季应有保暖、防煤气中毒措施；夏季应有防暑降温措施、防虫叮咬措施，保证施工人员的良好睡眠。

⑦生活用品要求：宿舍内床铺及各种生活用品放置要整齐，通风良好，并要符合安全疏散要求。

⑧周围环境要求：生活设施的周围环境要保持良好的卫生条件，周围道路、院区平整，并要设置垃圾箱和污水池，不得随意乱泼乱倒。

9）施工现场综合治理

①治安保卫：项目部应做好施工现场安全保卫工作，建立治安保卫制度和责任分工，并有专人负责管理。

②业余生活场所：施工现场在生活区域内适当设置职工业余生活场所，以便施工人员工作后能劳逸结合。

③有毒有害物质：现场不得焚烧有毒有害物质，该类物质必须按有关规定进行处理。

④防扰民措施：现场施工必须采取不扰民措施，要设置防尘和防噪声设施，做到噪声不超标。

⑤医药保健：为适应现场可能发生的意外伤害，现场应配备相应的保健药箱和一般常用药品及应急救援器材，以便保证及时抢救，不扩大伤势。

⑥流行病防治：为保障施工作业人员的身心健康，应在流行病发生季节及平时，定期开展卫生防疫的宣传教育工作。

⑦垃圾分类：施工现场应设置密闭式垃圾站，施工垃圾、生活垃圾应分类存放。施工垃圾必须采用相应容器或管道运输。

10）施工现场文化建设

①创造良好环境：做好文明施工教育，管理者首先应为建设者营造一个良好的施工、生活环境，保障施工人员的身心健康。

②遵守法律法规：开展文明施工教育，教育施工人员应遵守和维护国家的法律法规，防止和杜绝盗窃、斗殴及黄、赌、毒等非法活动的发生。

③统一编号管理：现场施工人员均佩戴胸卡，按工种统一编号管理。

④多种形式教育：进行多种形式的文明施工教育，如例会、报栏、录像及辅导、参观学习。

⑤全员管理理念：强调全员管理的理念，提高现场人员的文明施工意识。

10.2.2　施工现场环境保护

建设工程是人类社会发展过程中的一项规模浩大、旷日持久的频繁生产活动。在这个生产过程中，人类不仅改变了自然环境，还不可避免地对环境造成污染和损害。因此，在建设工程生产过程中，要竭尽全力控制工程对资源、环境的污染和损害程度，采用组织、技术、经济和法律的手段，对不可避免的环境污染和资源损坏予以治理，保护环境，造福人类，防止人类与环境关系的失调，促进经济建设、社会发展和环境保护的协调发展。

1. 环境保护的目的

①保护和改善环境质量，从而保护人民的身心健康，防止人体在环境污染影响下产生遗传突变和退化。

②合理开发和利用自然资源，减少或消除有害物质进入环境，加强生物多样性的保护，维护生物资源的生产能力，使之得以恢复。

2. 环境保护的原则

①经济建设与环境保护协调发展的原则。

②预防为主、防治结合、综合治理的原则。

③依靠群众保护环境的原则。

④污染者付费的原则。

3. 环境保护的要求

①工程的施工组织设计中应有防治扬尘、噪声、固体废物和废水等的有效措施，并在施工作业中认真组织实施。

②施工现场应建立环境保护管理体系，层层落实，责任到人，并保证有效运行。

③对施工现场防治扬尘、噪声、水污染及环境保护管理工作进行检查。

④定期对职工进行环保法规知识的培训考核。

4. 建设工程施工环境影响的类型

通常施工环境影响的类型见表 10-1。

表 10-1　施工环境影响的类型

序号	环境因素	产生的地点、工序和部位	环境影响
1	噪声	运行中的施工机械、运输设备、电动工具	影响人体健康、居民休息

续表

序号	环境因素	产生的地点、工序和部位	环境影响
2	粉尘的排放	场地平整、土堆、砂堆、石灰、现场路面、进出车辆车轮带泥砂、水泥搬运、混凝土搅拌、喷砂、除锈	污染大气、影响居民身体健康
3	运输的遗撒	现场渣土、商品混凝土、生活垃圾、原材料运输过程中	污染路面，损害人员健康
4	化学危险品、油品泄漏或挥发	实验室、油漆库、油库、化学材料库及其作业面	污染土地，损害人员健康
5	有毒有害废弃物排放	施工现场、办公区、生活区	污染土地、水体、大气
6	生产、生活污水的排放	现场搅拌站、厕所、现场洗车处、生活服务设施、食堂等	污染水体
7	生产用水、用电的消耗	现场、办公室、生活区	资源浪费
8	办公用纸的消耗	办公室、现场	资源浪费
9	光污染	现场焊接、切割作业、夜间照明	影响居民生活、休息和邻近人员健康
10	离子辐射	放射源的储存、运输、使用	严重危害居民、人员健康
11	混凝土防冻剂的排放	使用混凝土	影响健康

5. 环境保护的措施

（1）环境保护的组织措施

施工现场环境保护的组织措施是施工组织设计或环境管理专项方案中的重要组成部分，是具体组织与指导环保施工的文件，旨在从组织和管理上采取措施，消除或减轻施工过程中的环境污染与危害。主要的组织措施如下。

1）建立施工现场环境管理体系，落实项目经理责任制

项目经理全面负责施工过程中现场环境保护的管理工作，根据工程规模、技术复杂程度和施工现场的具体情况，建立施工现场管理责任制并组织实施，将环境管理系统化、科学化、规范化，做到责权分明、管理有序，防止互相扯皮，提高管理水平和效率。

施工现场环境管理体系主要包括环境岗位责任制、环境检查制度、环境保护教育制度以及环境保护奖惩制度。

2）加强施工现场环境的综合治理

加强全体职工自觉保护环境的意识，做好思想教育、纪律教育以及社会公德、职业道德和法制观念相结合的宣传教育。

（2）环境保护的技术措施

根据《建设工程施工现场环境与卫生标准》（JGJ 146—2013）的规定，施工单位应当采取下列防止环境污染的技术措施。

①施工现场的主要道路要进行硬化处理。裸露的场地和堆放的土方应采取覆盖、固化或绿化等措施。

②施工现场土方作业应采取防止扬尘措施，主要道路应定期清扫、洒水。

③拆除建筑物或者构筑物时，应采用隔离、洒水等降噪、降尘措施，并及时清理废弃物。

④土方和建筑垃圾的运输必须采用封闭式运输车辆或采取覆盖措施。施工现场出口处应设置车辆冲洗设施，并应对驶出的车辆进行清洗。

⑤建筑物内的垃圾应采用容器或搭设专用封闭式垃圾道的方式清运，严禁凌空抛掷。

⑥施工现场严禁焚烧各类废弃物。

⑦在规定区域内的施工现场应使用预拌混凝土及预拌砂浆。采用现场搅拌混凝土或砂浆的场所应采取封闭、降尘、降噪措施。水泥和其他易飞扬的细颗粒建筑材料应密闭存放或采取覆盖等措施。

⑧当环境空气质量指数达到中度及以上污染时，施工现场应增加洒水频次，加强覆盖措施，减少宜造成

大气污染的施工作业。

⑨施工现场应设置排水管及沉淀池,施工污水应经沉淀处理达到排放标准后,方可排入市政污水管网。

⑩废弃的降水井应及时回填,并应封闭井口,防止污染地下水。

⑪施工现场宜选用低噪声、低振动的设备,强噪声设备宜设置在远离居民区的一侧,并应采用隔声、吸声材料搭设的防护棚或屏障。

施工单位应当遵守国家有关环境保护的法律规定,对施工造成的环境影响采取针对性措施,有效控制施工现场的各种粉尘、废气、废水、固体废弃物以及噪声、振动对环境的污染和危害。

(3)运用装配式建筑进行环境保护

根据国务院 2016 年 9 月 27 日颁布的《国务院办公厅关于大力发展装配式建筑的指导意见》,装配式建筑是用预制部品部件在工地装配而成的建筑。发展装配式建筑是建造方式的大变革,是推进供给侧结构性改革和新型城镇化发展的重要举措。装配式建筑将大量施工工序移到场外,有效简化了现场工作,将极大减少施工工序对施工现场环境的污染,对施工现场安全环境控制具有重大的意义。

6. 施工现场环境污染的处理措施

(1)施工现场空气污染的处理措施

①施工现场外围设置的围挡不得低于 1.8 m,以避免或减少污染物向外扩散。

②施工现场的主要运输道路必须进行硬化处理,采用焦渣、级配砂石、混凝土等作为道路面层,有条件的可利用永久性道路,并指定专人定时洒水和清扫养护,防止道路扬尘。

③施工现场堆土应合理选定位置,并洒水覆膜封闭或表面临时固化或植草,防止扬尘污染。

④易飞扬材料入库密闭存放或覆盖存放,如水泥、白灰、珍珠岩粉等易飞扬的细颗粒散体材料,应入库存放。若室外临时露天存放,必须下垫上盖,严密遮盖防止扬尘。运输水泥、白灰、珍珠岩粉等易飞扬的细颗粒粉状材料时,要采取遮盖措施,防止沿途遗撒、扬尘。卸货时,应采取措施,以减少扬尘。

⑤对于多层或高层建筑物内的施工垃圾,应采用封闭的专用垃圾道或容器吊运,严禁随意凌空抛撒造成扬尘。现场内还应设置密闭式垃圾站,施工垃圾和生活垃圾分类存放。施工垃圾要及时消运,消运时应尽量洒水或覆盖,减少扬尘。

⑥拆除旧建筑物、构筑物时,应配合洒水,减少扬尘污染。

⑦禁止施工现场焚烧产生有毒、有害烟尘和恶臭气体的物资,如焚烧沥青、包装箱袋和建筑垃圾等。

⑧土方、渣土的运输必须采取封盖措施。现场出入口处设置冲洗车辆的设施,出场时必须将车辆清洗干净,不得将泥砂带出现场。

⑨市政道路施工铣刨作业时,应采用冲洗等措施,控制扬尘污染。灰土和无机料应采用预拌进场,碾压过程中要洒水降尘。

⑩在城区内施工,应使用商品混凝土,从而减少搅拌扬尘;在城区外施工,混凝土搅拌站应搭设封闭的搅拌棚,搅拌机上应设置喷淋装置(如 JW-1 型搅拌机雾化器)。

⑪尾气排放超标的车辆,应安装净化消声器,防止噪声和冒黑烟。

⑫现场内的锅炉、茶炉、大灶等,必须设置消烟除尘设备。

⑬在城区、郊区城镇和居民稠密区、风景旅游区、疗养区及国家规定的文物保护区内施工的工程,严禁使用敞口锅熬制沥青。进行沥青防潮防水作业时,要使用密闭和带有烟尘处理装置的加热设备。

(2)施工现场水污染的处理措施

①施工现场搅拌站的污水、水磨石的污水等须经排水沟排放和沉淀池沉淀后再排入城市污水管道或河流,污水未经处理不得直接排入城市污水管道或河流。

②禁止将有毒有害废弃物作为土方回填,避免污染水源。

③施工现场存放油料、化学溶剂等应设专门的库房,必须对库房地面和高 250 mm 的墙面进行防渗处理,如采用防渗混凝土或刷防渗漏涂料等。使用油料时,要采取措施,防止油料跑、冒、滴、漏而污染水体。

④现场气焊用的乙炔发生罐产生的污水严禁随地倾倒,要求用专用容器集中存放,并倒入沉淀池处理,以免污染环境。

⑤施工现场100人以上的临时食堂,污水排放时可设置简易有效的隔油池,定期掏油、清理杂物,防止污染水体。

⑥施工现场临时厕所的化粪池应采取防渗漏措施,防止污染水体。

⑦施工现场的化学药品、外加剂等要妥善入库保存,防止污染水体。

(3)施工现场固体废物的处理措施

1)施工现场产生的固体废物

①拆建废物,包括渣土、砖瓦、废料、废水泥、废石灰、碎玻璃、碎石、混凝土碎块、废木材、废钢铁、废沥青、废塑料。

②化学废物,包括废油漆材料、废玻璃纤维等。

③生活固体废物,包括炊厨废物、丢弃食品、废纸、废电池、生活用具、煤灰渣、粪便等。

2)固体废物的治理方法

废物处理是指采用物理、化学、生物处理等方法,将废物在自然循环中迅速有效、无害地分解处理。根据环境科学理论,可将固体废物的治理方法概括为无害化、安定化和减量化三种。

①无害化(亦称安全化):是将废物内的生物性或化学性有害物质进行无害化或安全化处理。例如,利用焚化处理的化学法,将微生物杀灭,促使有毒物质氧化或分解。

②安定化:是指为了防止废物中的有机物质腐化分解,产生臭味或衍生有害微生物,通过有效的处理方法,使其不再继续分解或变化。如以厌氧性的方法处理生活废物,使其实时产生甲烷气,使处理后的残余物完全腐化安定,不再发酵腐化分解。

③减量化:大多废物疏松膨胀、体积庞大,不但增加运输费用,而且占用堆填处置场地大。减量化废物处理是将固体废物压缩或液体废物浓缩,或将废物无害焚化处理,烧成灰烬,使其体积缩小至1/10以下,以便运输堆填。

3)固体废物的处理措施

①施工现场设立专门的固体废弃物临时贮存场所,用砖砌成池,废弃物应分类存放,对有可能造成二次污染的废弃物,必须单独贮存、设置安全防范措施且有醒目标识。对储存物应及时收集并处理,可回收的废弃物做到回收再利用。

②固体废弃物的运输应分类、密封、覆盖,避免泄漏、遗漏,并送到政府批准的单位或场所进行处理。

③施工现场应使用环保型的建筑材料、工器具、临时设施、灭火器和各种物质的包装箱袋等,减少固体废弃物污染。

④提高工程施工质量,减少或杜绝工程返工,减少固体废弃物的产生。

⑤施工中及时回收使用落地灰和其他施工材料,做到工完料尽,减少固体废弃物污染。

⑥回收利用和循环再造,将拆建物料作为建筑材料再利用;做好挖填土方的平衡设计,减少土方外运;重复使用场地围挡、模板、脚手架等物料;将可用的废金属、沥青物料循环使用。

(4)施工现场噪声污染的处理措施

①合理布局施工场地,优化作业方案和运输方案,尽量降低施工现场附近敏感点的噪声,避免噪声扰民。

②在人口密集区进行较强噪声施工时,须严格控制作业时间,一般避开晚10时到次日早6时的作业。对环境的污染不能控制在规定范围内的,必须昼夜连续施工时,要尽量采取措施降低噪声。

③夜间运输材料的车辆进入施工现场,严禁鸣笛和乱轰油门,装卸材料要做到轻拿轻放。

④进入施工现场不得高声喊叫和乱吹哨,不得无故甩打模板、钢筋铁件和工具设备等,严禁使用高音喇叭,禁止机械设备空转,避免不应当的碰撞其他物件(如混凝土振捣器碰撞钢筋或模板等),减少噪声扰民。

⑤加强各种机械设备的维修保养，缩短维修保养周期，尽可能降低机械设备噪声的强度。

⑥施工现场超噪声值的声源，采取如下措施降低噪声或转移声源：尽量选用低噪声设备和工艺来代替高噪声设备和工艺（如用电动空压机代替柴油空压机，用静压桩施工方法代替锤击桩施工方法等）；在声源处安装消声器消声，如在鼓风机、内燃机、压缩机等各类排气装置进出风管的适当位置设置消声器（如阻性消声器、抗性消声器、阻抗复合消声器、穿微孔板消声器等）；加工成品、半成品的作业（如预制混凝土构件、制作门窗等）尽量放在工厂车间，以转移声源来消除噪声。

⑦在施工现场噪声的传播途径方面，采取吸声、隔声等声学处理方法来降低噪声。

⑧建筑施工过程中场界环境噪声不得超过《建筑施工场界环境噪声排放标准》（GB 12523—2011）规定的排放限值：建筑施工场界环境噪声限值，昼间为 70 dB（A），夜间为 55 dB（A）。夜间噪声最大声级超过限值的幅度不得高于 15 dB（A）。

（5）光污染的处理

对施工现场照明器具的种类、灯光亮度加以控制，不对着居民区照射并设置隔离屏障（如采用灯罩，搭设排架密挂草帘或篷布等）。电气焊应尽量远离居民区或在工作面设蔽光屏障。

10.2.3　施工现场绿色施工

国家于 2007 年发布了绿色施工导则，2010 年颁布了《建筑工程绿色施工评价标准》（GB/T 50640—2010），2014 年又颁布了《建筑工程绿色施工规范》（GB/T 50905—2014）。其中心内容是“四节一环保”，即节能、节地、节水、节材和环境保护。也就是说，在保证施工项目质量、安全等基本要求的前提下，通过技术进步和科学管理，最大限度地节约资源与减少对环境负面影响的施工活动称为绿色施工，这也是文明施工的延伸和拓展。绿色施工评价的主要内容如下。

施工现场绿色施工

本章小结

本章重点讲述了职业健康安全管理体系与环境管理体系的构成、内容和实施特点；阐述了职业健康安全管理体系和环境管理体系的建立及运行模式；主要介绍了建设工程施工现场文明施工的内容、要求及措施，现场环境保护的原则、要求及措施；还介绍了绿色施工的框架和评价方法。通过本章的学习，学生要熟悉职业健康安全管理及环境管理体系，初步具有编制施工现场职业健康安全管理方案和环境管理方案的能力；针对施工现场的环境影响类型，具有采取环境保护措施和污染处理措施的能力；会用本章的知识判断施工现场职业健康安全管理与环境保护管理方案的全面性。

思考题

1. 建设工程职业健康安全与环境管理的目的和目标分别是什么？
2. 建设工程职业健康安全体系与环境管理体系的总体结构及内容分别是什么？
3. 建设工程职业健康安全体系与环境管理体系如何建立和运行？
4. 施工现场文明施工的内容和要求有哪些？
5. 施工现场文明施工的管理措施有哪些？
6. 施工现场环境保护的目的、原则和要求是什么？
7. 建设工程施工环境影响的类型有哪些？
8. 根据《建设工程施工现场环境与卫生标准》（JGJ 146—2013）的规定，环境保护的技术措施有哪些？
9. 施工现场空气污染的处理措施有哪些？

10. 施工现场水污染的处理措施有哪些？
11. 施工现场固体废物污染的处理措施有哪些？
12. 施工现场噪声污染的处理措施有哪些？
13. 绿色施工的中心内容是什么？绿色施工的评价框架体系是怎样的？

工程案例

某项目环境管理方案

请扫描二维码阅读某项目环境管理方案。

案例阅读

第 11 章　施工项目信息管理、风险管理和工程验收备案保修

教学目标

学习目标：通过本章的学习，熟悉施工现场信息的特点和表现形式，掌握信息管理的主要措施，熟悉风险、风险量及相关概念，熟悉风险的分类、风险管理过程和目标，熟悉风险识别、风险评估和风险监控，掌握风险应对，熟悉单位工程验收的要求、条件和合格标准，掌握验收的程序和组织，掌握保修的范围、年限和责任。

能力目标：能认识信息管理的重要性，能进行一定的信息管理工作，能正确认识风险的存在，并能结合施工项目的实际，初步具有风险识别和风险评价能力，并根据风险等级，采取相应的应对措施，减少或降低风险，初步具有参与并组织竣工验收的能力。

教学情景

建设工程项目的实施，不仅需要人力资源、物资资源，还需要信息资源。在项目管理中，信息管理最为薄弱，施工中加强信息的管理，才能减少诸多损失。

工程项目的立项、可行性研究及设计等都是基于正常的、理想的技术、管理和组织以及对将来情况(政治、经济、社会等各方面)预测的基础之上的。在项目的实际建造过程中，所有这些因素都可能发生变化，而这些变化将可能使原定的目标受到干扰甚至不能实现，这些事先不能确定的内部和外部的干扰因素，称为风险。任何工程项目的实施都存在风险，风险会影响工程项目目标的实现，如工期延长、成本增加、质量失控等，这些都会造成经济效益的降低，甚至项目的失败。正是由于风险会造成很大的损失，那我们应如何去认识建设工程项目实施中的风险？如何识别和评价风险？根据风险的大小，采取哪些对策来控制风险？这些就是我们本章探讨的内容。

11.1 建设工程施工项目信息管理

11.1.1 信息管理概述

11.1.2 施工项目管理信息的特点

11.1.3 施工项目信息管理的主要措施

信息管理概述、施工项目管理信息的特点及施工项目信息管理的主要措施

11.2 施工项目风险管理

11.2.1 风险管理概述

近20年来，美国、英国、法国、德国、日本等国家先后建立起全国性和地区性的风险管理协会。1983年在美国召开的风险和保险管理协会年会上，世界各国专家学者云集纽约，共同讨论并通过了“101条风险管理准则”，它标志着风险管理的发展已进入了一个新的发展阶段。

中国对于风险管理的研究开始于20世纪80年代，作为一门学科，风险管理学在中国仍旧处于起步阶段。随着我国国民经济的高速发展和现代化建设的日益加快，工程项目的数量越来越多，规模越来越大。同时，瞬息万变的社会环境又给工程项目带来了更多的不确定因素，由此产生的项目风险与日俱增，风险损失也越来越严重。因此，对工程项目的风险管理问题进行深入研究，努力探索规避和化解项目风险、降低风险损失的有效途径非常具有现实指导意义。

1. 风险的定义

《城市轨道交通地下工程建设风险管理规范》（GB 50652—2011）对风险作了如下的定义：“不利事件或事故发生的概率（频率）及其损失的组合。”而其中事故指的是：“工程建设中，可造成人员伤亡、环境影响、经济损失、工期延误和社会影响等损失的不利事件和灾害的统称。”

《城市轨道交通地下工程建设风险管理规范》（GB 50652—2011）的《条文说明》对人员伤亡和环境影响事故的说明如下。

①人员伤亡，包括工程建设直接参与人员及场地周边第三方人员发生的伤害、死亡及职业健康危害。

②环境影响事故，包括施工对邻近既有建（构）筑物、道路、管线或其他设施等的破坏；工程建设活动对周边区域的土地与水资源的破坏、对动（植）物的伤害；施工发生的空气污染、光电磁辐射、光干扰、噪声及振动等；周边环境改变或第三方活动对本工程造成的破坏。

2. 风险要具备的条件

风险要具备两方面条件：不确定性；产生损失后果，否则就不能称为风险。

3. 与风险相关的概念

（1）风险量

风险量指的是不确定的损失程度和损失发生的概率。某个可能发生的事件，若其可能的损失程度和发生的概率都很大，则其风险量就很大，如图 11-1 所示的风险区 A。

若某事件经过风险评估，它处于风险区 A，则应采取措施，降低其概率，以使它移位至风险区 B。或采取措施降低其损失量，以使它移位至风险区 C。风险区 B 和 C 的事件则应采取措施，使其移位至风险区 D。

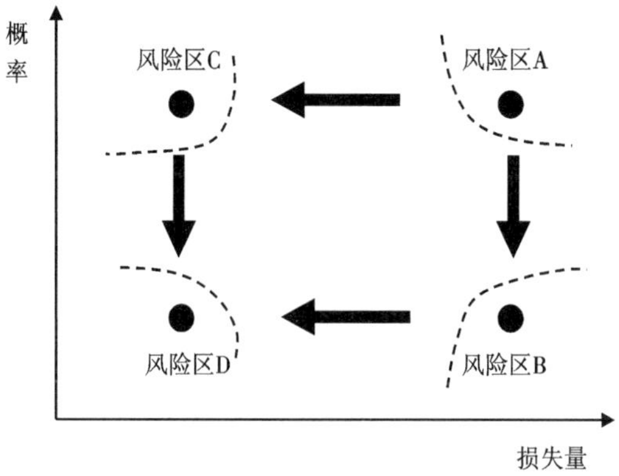

图 11-1　事件风险量区域

（2）风险因素

风险因素是指能产生或增加损失概率和损失程度的条件或因素，是风险事件发生的潜在原因，是造成损失的内在或间接原因，分为以下三种：自然风险因素；道德风险因素；心理风险因素。风险因素是风险事件发生的基础和条件，我们对风险进行控制，实际上是对引发风险事件的风险因素进行控制。在建设工程领域的众多风险因素中，技术因素、人员因素、设备因素、材料因素和环境因素是引起风险事件的五个基本因素。

（3）风险事件

风险事件是指造成损失的事件，是造成损失的外在原因或直接原因，如失火和地震等事件。

（4）损失

损失是指非故意的、非计划的和非预期的经济价值的减少。损失一般可分为直接损失和间接损失两种，也可分为直接损失、间接损失和隐蔽损失三种。风险损失大小用风险等级衡量。风险损失等级包括直接经济损失等级、周边环境影响损失等级以及人员伤亡等级，当三者同时存在时，以较高的等级作为该风险事件的损失等级。

（5）损失机会

损失机会是指损失出现的概率，分为客观概率和主观概率两种。客观概率是某事件在长时期内发生的频率。采用这种方法时，要有足够多的统计资料。主观概率是个人对某事件发生可能性的估计。对于工程风险的概率，以专家作出的主观概率代替客观概率是可行的，必要时可综合多个专家的估计结果。对损失机会这个概念，要特别注意其与风险的区别。损失出现的概率大小用风险发生概率等级衡量。

（6）风险等级

风险事件的风险等级由风险发生概率等级和风险损失等级间的关系矩阵确定。《建设工程项目管理规范》（GB/T 50326—2017）将工程建设风险事件按照不同风险程度分为 4 个等级。

①一级风险：风险等级最高，风险后果是灾难性的，并造成恶劣社会影响和政治影响。

②二级风险：风险等级较高，风险后果严重，可能在较大范围内造成破坏或人员伤亡。

③三级风险：风险等级一般，风险后果一般，对工程建设可能造成破坏的范围较小。

④四级风险：风险等级较低，风险后果在一定条件下可以忽略，对工程本身以及人员等不会造成较大损失。

通过风险概率和风险损失得到的风险等级应符合表 11-1 的规定。

表 11-1　风险等级矩阵表

风险等级		损失等级			
		1	2	3	4
概率等级	1	Ⅰ	Ⅰ	Ⅱ	Ⅱ
	2	Ⅰ	Ⅱ	Ⅱ	Ⅲ
	3	Ⅱ	Ⅱ	Ⅲ	Ⅲ
	4	Ⅱ	Ⅲ	Ⅲ	Ⅳ

4. 风险因素、风险事件、损失与风险之间的关系

由图 11-2 可知，风险因素引发风险事件，风险事件导致损失，而损失所形成的结果就是风险。

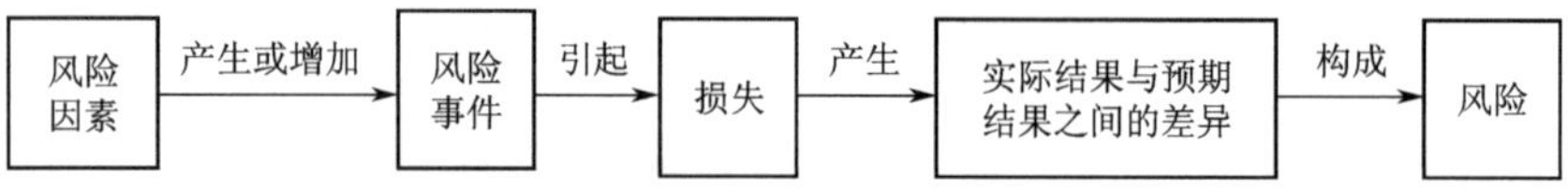

图 11-2　风险成因

5. 风险的分类

（1）按风险的后果分类

按风险的后果，可将风险分为纯风险和投机风险。

纯风险是指只会造成损失而不会带来收益的风险，如水灾、火灾、地震和意外事故等。人们通常所称的“危险”，也就是指这种纯风险。投机风险则是指既可能造成损失也可能创造额外收益的风险。其所致结果有损失、无损失和赢利三种。例如，有价证券价格的涨跌、市场风险等，都有一定的诱惑性，可以促使某些人为了获利而冒险。纯风险与投机风险还有一个重要区别，即在相同的条件下，纯风险重复出现的概率较大，而投机风险重复出现的概率较小。

（2）按风险产生的原因分类

按风险产生的原因，可将风险分为政治风险、社会风险、经济风险、自然风险、技术风险等。

政治风险、社会风险和经济风险之间存在一定的联系，有时表现为相互影响，有时表现为因果关系，难以截然分开。

（3）按风险的影响范围分类

按风险的影响范围，可将风险分为基本风险和特殊风险。

基本风险是指作用于整个经济或大多数人群的风险，具有普遍性，影响范围大，后果严重。特殊风险是指仅作用于某一特定单体（如个人或企业）的风险，不具有普遍性，影响范围小，虽然就个体而言，损失有时亦相当大，但对整个经济而言，后果不严重。

（4）按风险分析依据分类

按风险分析依据，可将风险分为客观风险和主观风险，按风险分布情况分为国别（地区）风险、行业风险，按风险潜在损失形态分为财产风险、人身风险和责任风险等。

（5）按产生的阶段分类

建设工程风险按产生的阶段分为项目决策的风险和项目实施的风险。项目实施的风险包括设计的风险、施工的风险以及材料、设备和其他建设物资的风险等。

（6）按构成风险的因素分类

建设工程施工风险按构成风险的因素进行分类：

①组织风险，如承包商管理人员和一般技工的知识、经验和能力，施工机械操作人员的知识、经验和能力，损失控制和安全管理人员的知识、经验和能力等。

②经济与管理风险，如工程资金供应条件、合同风险、现场与公用防火设施的可用性及其数量、事故防范措施和计划、人身安全控制计划、信息安全控制计划等。

③工程环境风险，如自然灾害、岩土地质条件和水文地质条件、气象条件、引起火灾和爆炸的因素等。

④技术风险，如工程设计文件、工程施工方案、工程物资、工程机械等。

6. 对建设工程风险的认识

对建设工程风险的认识，要明确如下两个基本点。

①建设工程风险大。建设工程风险因素和风险事件发生的概率均较大，往往造成比较严重的损失。

②参与工程建设的各方均有风险，但即使是同一风险事件，对建设工程不同参与方的后果有时迥然不同。

在对建设工程风险作具体分析时，分析的出发点不同，分析的结果自然也就不同，对于业主来说，建设工程决策阶段的风险主要表现为投机风险，而在实施阶段的风险主要表现为纯风险。

7. 风险管理过程

风险管理过程包括风险识别、风险评价（评估）、风险应对、风险监控四方面内容。对风险应对所作出的决策还需要进一步落实到督促检查的计划和措施，在建设工程实施过程中，要对各项风险对策的执行情况不断地进行检查，并评价各项风险对策的执行效果。风险管理流程如图 11-3 所示。

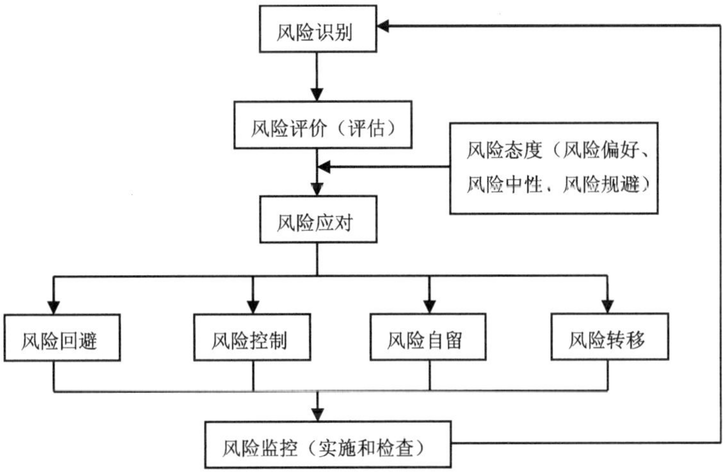

图 11-3　风险管理流程

8. 风险管理目标

风险管理目标的确定一般要满足风险管理目标与风险管理主体（如企业或建设工程的业主）总体目标的一致性要求以及目标的现实性、明确性和层次性要求。就建设工程而言，在风险事件发生前，风险管理的首要目标是使潜在损失最小；其次是减少忧虑及相应的忧虑价值；最后是满足外部的附加义务。

建设工程风险管理的目标通常更具体，表述为：实际投资不超过计划投资；实际工期不超过计划工期；实际质量满足预期的质量要求；建设过程安全。

9. 建设工程项目管理与风险管理的关系

风险管理是项目管理理论体系的一个部分，风险管理是为目标控制服务的。通过风险管理的一系列过程，可以分析和评价各种风险因素和风险事件对建设工程预期目标和计划的影响，从而使目标规划更合理，使计划更可行。

风险对策是目标控制措施的重要内容。风险对策的具体内容体现了主动控制与被动控 制相结合的要求，风险对策更强调主动控制。

11.2.2 建设工程风险识别

1. 风险识别的概念

风险识别是风险管理的第一步，是指通过一定的方式，对风险进行调查、分析，发现影响建设工程目标的风险事件的过程，必要时还需要对风险事件的后果作出定性分析。

2. 风险识别的特点和原则

（1）风险识别的特点

①全员性，项目风险的识别不只是项目经理或项目组个人的工作，而是项目组全体成员参与并共同完成的任务。

②主观性，风险识别采取计算机辅助以人工作业为主，由于个人在知识水平、实践经验、个性偏好等方面的差异，风险识别的结果往往因人而异。

③复杂性，建设工程所涉及的风险因素和风险事件均很多，而且关系复杂、相互影响，风险识别无论是方法还是过程都很复杂。风险识别是一项综合性很强的工作，在人员参与、信息收集、识别范围、识别工具和技术等方面具有综合性和复杂性。

④不确定性。这一特点可以说是主观性和复杂性共同作用的结果。由风险的定义可知，风险识别本身也是风险。因而避免和减少风险识别的风险，减少不确定性也是风险管理的内容。

（2）风险识别的原则

在风险识别过程中应遵循以下原则。

①由粗及细，由细及粗。由粗及细是指对风险因素进行全面分析，逐渐细化，从而得到工程初始风险清单。而由细及粗是指从工程初始风险清单的众多风险中，确定主要风险，作为风险评价以及风险对策决策的主要对象。

②严格界定风险内涵并考虑风险因素之间的相关性。

③先怀疑，后排除，不要轻易否定或排除某些风险。

④ 排除与确认并重。对于肯定不能排除但又不能肯定予以确认的风险按确认考虑。

⑤ 必要时可进行实验论证。

3. 风险识别的过程

风险识别的任务是识别施工全过程存在哪些风险，风险识别的结果是建议建设工程风险清单。在建设工程风险识别过程中，核心工作是“建设工程风险分解”和“识别建设工程风险因素、风险事件及后果”。具体过程如下。

①收集与项目施工风险有关的信息。

②确定风险因素。

③编制施工风险识别报告。

4. 风险识别的流程

风险识别的流程如图 11-4 所示。

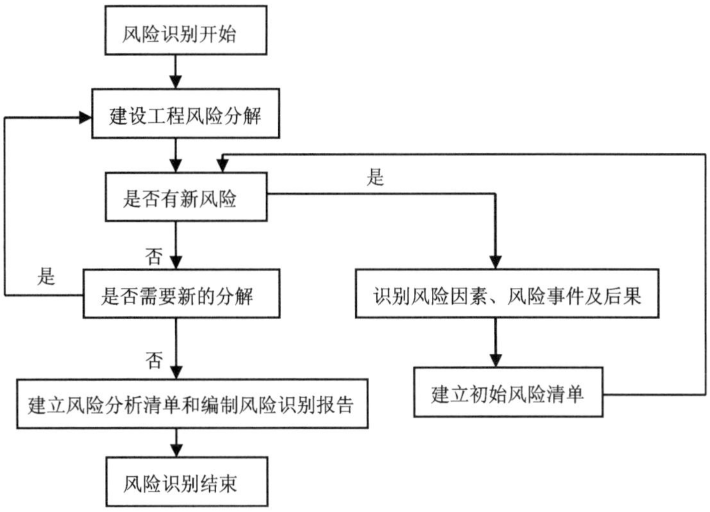

图 11-4　风险识别流程

5. 建设工程风险的分解

建设工程风险的分解可以按以下途径进行。

①目标维，即按建设工程目标进行分解，也就是考虑影响建设工程投资、进度、质量和安全目标实现的各种风险。

②时间维，即按建设工程实施的各个阶段进行分解，也就是考虑建设工程实施不同阶段的不同风险。

③结构维，即按建设工程组成内容进行分解，也就是考虑不同单项工程、单位工程的不同风险。

④因素维，即按建设工程风险因素的分类分解，如政治、社会、经济、自然、技术等方面的风险。

常用的组合分解方式是由时间维、目标维和因素维三方面从总体上进行建设工程风险的分解，如图 11-5 所示。

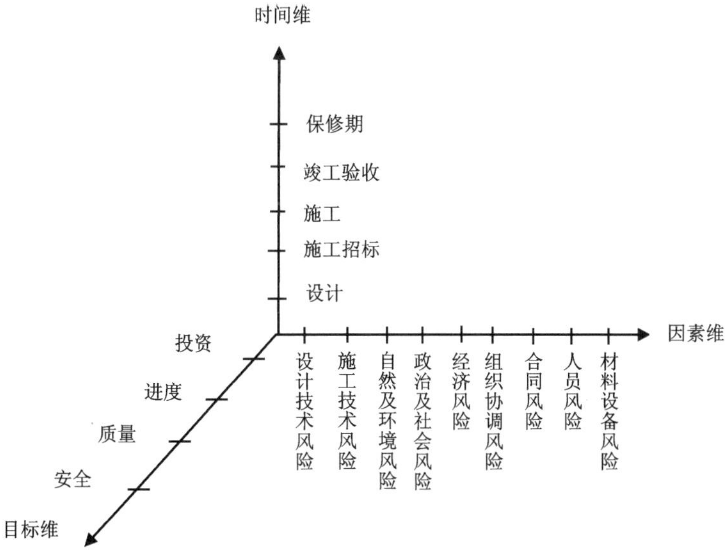

图 11-5　风险分解流程图

6. 风险识别的方法

建设工程风险识别的方法有专家调查法、财务报表法、流程图法、初始清单法、经验数据法和风险调查法。其中，前三种方法为风险识别的一般方法，后三种方法为建设工程风险识别的具体方法。

(1)专家调查法

这种方法又有两种方式:一种是组织有关专家开会;另一种是采用问卷式调查。对专家的意见要由风险管理人员加以归纳分类、整理分析。

(2)财务报表法

采用财务报表法进行风险识别,要对财务报表中所列的各项会计科目作深入的分析研究,需要结合工程财务报表的特点来识别建设工程风险。

(3)流程图法

流程图法是指将一项特定的生产或经营活动按步骤或阶段顺序以若干个模块形式组成一个流程图系列,在每个模块中都标出各种潜在的风险因素或风险事件。

(4)初始清单法

建立建设工程的初始风险清单有两种途径。常规途径是采用保险公司或风险管理学会(或协会)公布的潜在损失一览表。通过适当的风险分解方式来识别风险,也是建立建设工程初始风险清单的有效途径。从初始风险清单的作用来看,因素维仅分解到各种不同的风险因素是不够的,还应进一步将各风险因素分解到风险事件。

在初始风险清单建立后,还需要结合特定建设工程的具体情况进一步识别风险,从而对初始风险清单作一些必要的补充和修正。为此,需要参照同类建设工程风险的经验数据或针对具体建设工程的特点进行风险调查。

(5)经验数据法

经验数据法也称为统计资料法,即根据已建各类建设工程与风险有关的统计资料来识别拟建建设工程的风险。由于不同的风险管理主体的角度不同、数据或资料来源不同,其各自的初始风险清单一般多少有些差异。但是,当经验数据或统计资料足够多时,这种差异性就会大大减小。这种基于经验数据或统计资料的初始风险清单可以满足建设工程风险识别的需要。

(6)风险调查法

风险调查应当从分析具体建设工程的特点入手:一方面对通过其他方法已识别出的风险进行鉴别和确认;另一方面,通过风险调查可能发现此前尚未识别出的重要的工程风险。

风险调查可以从组织、技术、自然及环境、经济、合同等方面分析拟建建设工程的特点以及相应的潜在风险。风险调查也应该在建设工程实施全过程中不断地进行。对于建设工程的风险识别来说,一般都应综合采用两种或多种风险识别方法,才能取得较为满意的结果。不论采用何种风险识别方法组合,都必须包含风险调查法。

11.2.3 建设工程风险评价(评估)

1. 风险评价(评估)的概念

风险评价是指在工程项目风险识别和风险估测的基础上,根据规定的或公认的安全指标,综合考虑工程项目风险发生频率的高低和损失程度的大小,通过定量和定性分析,以确定是否采取风险控制措施及其力度的过程。

2. 风险评价的作用

通过定量方法进行风险评价的作用主要表现在以下几方面。

(1)更准确地认识风险

通过定量方法进行风险评价,可以定量地确定建设工程各种风险因素和风险事件发生的概率大小或概率分布,及其发生后对建设工程目标影响的严重程度或损失严重程度,包括不同风险的相对严重程度和各种风险的绝对严重程度。

（2）保证目标规划的合理性和计划的可行性

建设工程数据库只能反映各种风险综合作用的后果，不能反映各种风险各自作用的后果。只有对特定建设工程的风险进行定量评价，才能正确反映各种风险对建设工程目标的不同影响，才能使目标规划的结果更合理、更可靠，使在此基础上制订的计划更具有现实的可行性。

（3）合理选择风险对策，形成最佳风险对策组合

不同风险对策的适用对象各不相同。风险对策的适用性需从效果和代价两个方面考虑。风险对策的效果表现在降低风险发生概率和（或）降低损失严重程度的幅度。风险对策一般都要付出一定代价。在选择风险对策时，应将不同风险对策的适用性与不同风险的后果结合起来考虑，对不同的风险选择最适宜的风险对策，从而形成最佳的风险对策组合。

3. 风险评价的方法

风险评价的专业方法有专家打分法、盈亏平衡分析法、敏感性分析法、决策树法和蒙特卡罗模拟技术法等。

4. 风险评价的工作

（1）风险发生概率的衡量

利用已有数据资料（主要是类似项目有关风险的历史资料）和相关专业方法分析各种风险因素发生的概率。

衡量建设工程风险概率有两种方法：相对比较法和概率分布法。

1）相对比较法

相对比较法将风险概率表示为：①几乎是 0；②很小；③中等；④一定，即可以认为风险事件发生的概率较大。在采用相对比较法时，建设工程风险导致的损失也将相应划分为重大损失、中等损失和轻度损失。

2）概率分布法

概率分布法的常见表现形式是建立概率分布表。为此，需参考外界资料和本企业历史资料。在运用时还应当充分考虑资料的背景和拟建建设工程的特点。

理论概率分布是根据建设工程风险的性质，分析大量的统计数据，当损失值符合一定的理论概率分布或与其近似吻合时，可由特定的几个参数来确定损失值的概率分布。

风险概率的衡量结果形成风险概率发生等级：1 级、2 级、3 级和 4 级。

（2）风险损失的衡量

分析各种风险的损失量，建设工程风险损失包括投资风险、进度风险、质量风险和安全风险，即包括可能发生的工期损失、费用损失和安全损失以及对工程的质量、功能和使用效果等方面的影响。

投资增加可以直接用货币来衡量；进度的拖延则属于时间范畴，同时也会导致经济损失；质量事故和安全事故既会产生经济影响又可能导致工期延误和第三者责任。第三者责任除了法律责任之外，一般都是以经济赔偿的形式来实现的。因此，这四方面的风险最终都可以归纳为经济损失。

风险损失的衡量结果形成风险损失等级：1 级、2 级、3 级和 4 级。

（3）风险量与风险等级

根据各种风险发生的概率和损失量，确定各种风险的风险量和风险等级，将风险量的大小分成四个等级：Ⅰ（很大）、Ⅱ（较大）、Ⅲ（一般）、Ⅳ（小）。

11.2.4　建设工程风险应对（对策）

1. 风险回避

风险回避就是以一定的方式中断风险源，使其不发生或不再发展，从而避免可能产生的潜在损失。回避风险有两种基本途径：一是拒绝承担风险，如了解到某工程项目风险较大，则不参与该工程的投标或拒绝业

主的投标邀请；二是放弃以前所承担的风险，如了解到某一研究计划有许多新的过去未发现的风险，决定放弃研究以避免风险。采用风险回避这一对策时，有时需要作出一些牺牲。在采用风险回避对策时需要注意以下问题。

①回避一种风险可能产生另一种新的风险。

②回避风险的同时也失去了从风险中获益的可能性。

③回避风险可能不实际或不可能。

2. 损失控制（风险控制）

（1）损失控制的概念

损失控制可分为预防损失和减少损失两方面的工作。预防损失措施的主要作用在于降低或消除损失发生的概率，而减少损失措施的作用在于降低损失的严重性或遏制损失的进 一步发展，使损失最小化。一般来说，损失控制方案都应当是预防损失措施和减少损失措施的有机结合。

（2）制定损失控制措施的依据和代价

制定损失控制措施必须以定量风险评价的结果为依据。风险评价特别要注意间接损失和隐蔽损失。制定损失控制措施还必须考虑其付出的代价，这包括费用和时间两方面的代价。

（3）损失控制计划系统

损失控制计划系统由预防计划（或称为安全计划）、灾难计划和应急计划三部分组成。

1）预防计划（预防措施）

预防计划（预防措施）的目的在于有针对性地预防损失的发生，其作用是降低损失发生的概率，也能在一定程度上降低损失的严重性。采取的措施包括组织措施、管理措施、合同措施和技术措施。

2）灾难计划（应急预案）

灾难计划（应急预案）是事先编制好的、目的明确的工作程序和具体措施，为现场人员提供明确的行动指南，使其在各种严重、恶性的紧急事件发生后，可以做到从容不迫，及时、妥善地处理，从而减少人员伤亡及财产和经济损失。

3）应急计划（恢复计划）

应急计划（恢复计划）是在风险损失基本确定后的处理计划，其宗旨是使因严重风险事件而中断的工程实施过程尽快全面恢复，并减少进一步的损失，使其影响程度减至最小。

3. 风险自留

风险自留是从企业内部财务的角度应对风险。它不改变建设工程风险的客观性质，既不改变工程风险的发生概率，也不改变工程风险潜在损失的严重性。

（1）风险自留的类型

1）非计划性风险自留

非计划性风险自留指没有意识到建设工程某些风险的存在，或者不曾有意识地采取有效措施，以致风险发生后只好自己承担。导致非计划性风险自留的主要原因有：缺乏风险意识；风险识别失误；风险评价失误；风险决策延误和风险决策实施延误。

2）计划性风险自留

计划性风险自留是主动的、有意识的、有计划的选择，是风险管理人员在经过正确的风险识别和风险评价后作出的风险对策决策，是整个建设工程风险对策计划的一个组成部分。风险自留绝不可能单独运用，而应与其他风险对策结合使用。在风险自留时，应保证重大和较大的建设工程风险已经进行了工程保险或实施了损失控制计划。

计划性风险自留的计划主要体现在风险自留水平和损失支付方式两方面。所谓风险自留水平，是指选择哪些风险事件作为风险自留的对象，一般应选择风险量小或较小的风险量或较小的风险事件作为风险自留的对象。所谓损失支付方式,指的是在风险事件发生之后,对所造成的损失通过什么方式或渠道来支付。

(2)损失支付方式

计划性风险自留应预先制订损失支付计划,常见的损失支付方式有从现金净收入中支出、建立非基金储备、自我保险、母公司保险。

(3)风险自留的适用条件

计划性风险自留至少要符合以下条件之一才应予以考虑。

①别无选择,既不能回避,又不可能预防,且没有转移的可能性,只能自留。

②期望损失不严重,指风险管理人员对期望损失的估计低于保险公司的估计。

③损失可准确预测,指仅考虑风险的客观性。

④企业有短期内承受最大潜在损失的能力。对于建设工程的业主来说,与此相应的是要具有短期内筹措大笔资金的能力。

⑤投资机会很好(或机会成本很大)。保险的机会成本大,将保险作为投资,以取得较多的投资回报。

⑥内部服务优良。在这种情况下,风险自留是合理的选择。

4. 风险转移

风险转移分为非保险转移和保险转移两种形式。风险分担的原则是任何一种风险都应由最适宜承担该风险或最有能力进行损失控制的一方承担。符合这一原则的风险转移是合理的,可以取得双赢或多赢的结果。

(1)非保险转移

非保险转移又称为合同转移,建设工程风险最有效的非保险转移有以下三种情况。

①业主将合同责任和风险转移给对方当事人。

②承包商进行工程分包。

③第三方担保(工程担保)。担保方所承担的风险仅限于合同责任,即由于委托方履行或不适当履行合同以及违约所产生的责任,如投标担保、履约担保、预付款担保和维修担保。

非保险转移的优点主要有:一是可以转移某些不可保的潜在损失;二是被转移者往往能较好地进行损失控制。但是,非保险转移可能因为双方当事人对合同条款的理解发生分歧而导致失效,或因被转移者无力承担实际发生的重大损失而导致仍然由转移者来承担损失。

(2)保险转移

工程保险作为转移风险的一种方式,是应对工程项目风险的一种重要措施。工程项目保险是指业主、承包人或其他被保险人向保险人缴纳一定的保险费,一旦所投保的风险事件发生造成财产或人身伤亡时,则由保险人给予补偿的一种制度。建设工程业主或承包商作为投保人将本应由自己承担的工程风险(包括第三方责任)转移给保险公司。业主和承包商经常采用保险方法,支付少量的保险费用,以换得受到损失时得到补偿的保障。

在有工程保险的情况下,建设工程在发生重大损失后可以从保险公司及时得到赔偿,使建设工程实施能不中断地、稳定地进行,还可以使决策者和风险管理人员对建设工程风险的担忧减少,而且保险公司可向业主和承包商提供较为全面的风险管理服务。

工程保险按是否具有强制性分为两大类:强制保险和非强制保险。强制保险系工程所在国政府以法规明文规定承包人必须办理的保险,如我国的工伤保险。非强制保险是承包人根据自身利益的需要,自愿购买的保险,这种保险非强行规定,但对承包人转移风险很有必要。如我国的建筑工程一切险、安装工程一切险和意外伤害保险。

保险这一风险对策的缺点表现在:机会成本增加、保险谈判常常耗费较多的时间和精力、投保人可能产生麻痹心理而疏于损失控制计划。

此外，还需考虑与保险有关的几个具体问题：保险的安排方式、选择保险类别的保险人、可能要进行保险合同谈判。

11.2.5 建设工程风险监控

在施工过程中应收集和分析与风险相关的各种信息，预测可能发生的风险，对其进行监控并提出预警。根据《城市轨道交通地下工程建设风险管理规范》（GB 50652—2011）第 9 部分“施工风险管理”的相关规定，建设工程风险监控的内容如下。

1. 建设工程施工风险管理应做的工作

①建设各方施工风险分析及职责划分。

②制定现场工程建设风险管理实施制度。

③编制关键节点建设风险管理专项文件。

④编制突发事件或事故应急预案。

2. 动态跟踪与控制

工程施工必须实施动态风险管理，利用现场监测数据和风险记录，实现施工风险动态跟踪与控制。

3. 预案与呈报

工程施工风险管理应编制风险控制预案、建立重大风险事故呈报制度。

4. 实施全过程风险监控

工程施工风险管理实施的主要阶段宜包括施工准备期、施工期、试运行期和竣工验收阶段。

11.3 工程验收备案与保修

11.3.1 单位工程验收

单位工程验收

11.3.2 竣工备案

按国家现行管理制度，建筑工程及市政基础设施工程验收合格后，尚需在竣工验收合格后 15 日内，将建设工程竣工验收报告和规划、公安消防、环保等部门出具的认可文件或者准许使用文件报建设行政主管部门或其他有关部门备案。

1. 建筑工程竣工验收备案程序

建设单位办理工程竣工验收备案首先应当提交下列文件。

①工程竣工验收备案表。

②工程竣工验收报告。

③法律法规规定应当由规划、公安消防、环保等部门出具的认可文件或者准许使用文件。

④施工单位签署的工程质量保修书。

⑤法律规章规定必须提供的其他文件。

备案机关收到竣工验收备案文件且验收文件齐全后，在工程竣工验收备案表上签署收讫，一式两份，一份建设单位保存，一份留备案机关存档。

2. 验收备案中的一些问题

①工程质量监督机构应在工程竣工验收之日起 5 日内，向备案机关提交工程质量监督报告。

②备案机关发现建设单位在竣工验收过程中有违反规定行为的，应当在收讫竣工验收备案文件 15 日内，责令停止使用，重新组织竣工验收。

③建设单位在工程竣工验收合格之日起 15 日内未办理工程竣工验收备案的，备案机关责令限期改正，处 20 万元以上、30 万元以下罚款。

④备案机关决定重新组织竣工验收的工程，建设单位在重新组织竣工验收前擅自使用的，备案机关将处以工程合同价 2% 以上、4% 以下罚款。

⑤建设单位采用虚假证明文件办理工程竣工验收备案的，工程竣工验收无效，重新组织竣工验收，处以 20 万元以上、50 万元以下罚款。

⑥备案机关决定重新组织竣工验收并责令停止使用的工程，建设单位擅自使用并造成使用人损失的，建设单位依法承担赔偿责任。

⑦竣工验收备案文件齐全，备案机关不办理备案手续的，由有关机关责令改正，对直接责任人员给予行政处分。

11.3.3　竣工后保修

竣工后保修

本章小结

本章讲述了施工项目信息管理的重要性，施工项目管理的信息流，管理信息的特点以及信息管理的措施；介绍了施工风险管理相关的概念及管理目标、流程，着重讲了风险识别、风险评价、风险管理对策（应对）和风险监控；讲述了单位工程验收条件、程序、组织以及验收合格标准，竣工验收备案和保修的要求。通过本章的学习，学生应基本了解信息管理的特点和措施，熟悉风险管理的相关概念，初步掌握风险识别、风险评价方法和风险应对，初步掌握单位工程验收的条件、程序和组织，熟悉竣工验收备案和保修的要求。

思考题

1. 施工项目管理的信息流有哪些？
2. 施工项目管理信息的特点是什么？
3. 施工项目信息管理的主要措施有哪些？
4. 风险因素、风险事件、损失与风险之间有什么样的关系？
5. 施工项目有哪些风险管理目标？
6. 风险管理的过程有哪些？
7. 风险的等级是如何划分的？
8. 风险识别的方法有哪些？
9. 风险评价有哪些工作？
10. 风险对策（应对）的措施有哪些？
11. 风险监控的工作有哪些？
12. 单位工程验收的条件、程序和组织是怎样的？
13. 根据《房屋建筑工程质量保修办法》的规定，房屋建筑工程质量保修的年限是如何规定的？

参 考 文 献

[1] 李君宏. 建筑施工组织与项目管理 [M]. 北京:中国建筑工业出版社,2017.

[2] 项建国. 建筑工程项目管理 [M].3 版. 北京:中国建筑工业出版社,2017.

[3] 中华人民共和国住房和城乡建设部. 建设工程项目管理规范: GB/50326—2017[S]. 北京:中国建筑工业出版社,2017.

[4] 全国二级建造师执业资格考试用书编写委员会. 建设工程施工管理 [M]. 北京:中国建筑工业出版社,2019.

[5] 徐友全. 建设工程监理概论 [M]. 北京:中国建筑工业出版社,2011.

[6] 中华人民共和国住房和城乡建设部. 建筑施工组织设计规范: GB/T 50502—2009[S]. 北京:中国建筑工业出版社,2009.

[7] 王军,韩秀彬. 建设工程监理概论 [M]. 北京:机械工业出版社,2007.

[8] 中华人民共和国住房和城乡建设部. 建筑工程施工质量验收统一标准: GB 50300—2013[S]. 北京:中国建筑工业出版社,2013.

[9] 中国建设监理协会. 建设工程进度控制 [M]. 北京:中国建筑工业出版社,2013.

[10] 丁士昭. 工程项目管理 [M].2 版. 北京:中国建筑工业出版社,2013.

[11] 中华人民共和国住房和城乡建设部. 建筑工程绿色施工评价标准: GB/T 50640—2010 [S]. 北京:中国建筑工业出版社,2011.

[12] 中华人民共和国住房和城乡建设部. 建筑工程绿色施工规范: GB/T 50905—2014 [S]. 北京:中国建筑工业出版社,2014.

[13] 中华人民共和国住房和城乡建设部. 施工企业安全生产评价标准: JGJ/T 77—2010 [S]. 北京:中国建筑工业出版社,2010.

[14] 中华人民共和国住房和城乡建设部. 建筑施工安全技术统一规范: GB 50870—2013 [S]. 北京:中国建筑工业出版社,2013.

[15] 中华人民共和国住房和城乡建设部. 建设工程监理规范: GB/T 50319—2013 [S]. 北京:中国建筑工业出版社,2013.

[16] 中华人民共和国住房和城乡建设部. 建设工程文件归档规范: GB/T 50328—2014[S]. 北京:中国建筑工业出版社,2014.